평신도를 위한 구약개론

평신도를 위한
구약개론

초판 1쇄 발행　2023년 12월 26일

지은이　이형원
펴낸곳　엎드림출판사
등 록　제2021-000013호
주 소　17557 경기도 안성시 공도읍 심교길 24-5
발행처　엎드림출판사
전 화　010-6220-4331

값 19,000원
ISBN 979-11-982828-6-6 03230

평신도를 위한

구약개론

An Introduction to the Old Testament

이형원 지음

UP DREAM

　이 책은 평신도지도자들과 신학도들에게 구약성경 각 권의 신학적 핵심 주제들과 실제적인 교훈을 이해하도록 돕는다. 저자는 27년간의 구약학 교수 경력과 더불어 담임목사로서 목회 경험도 있는 성실한 성서학자이면서 진실한 목회자이다. 소위 지성과 영성을 고루 갖춘 몇 안 되는 경험의 소유자이다. 이 책은 신학교 교단과 교회 강단이 절묘하게 공존한다. 이 점이 이 책의 특징이며 장점이다. 저자는 학술적 논쟁을 드러내지 않으면서도, 학술적 결과를 잘 녹여서 반영하며, 학자로서 자신의 분명한 입장을 제시한다. 여기서 멈추지 않고 독특한 신앙적 교훈들과 삶의 지침들을 발굴해낸다. 구약본문을 신약본문과도 연결하여 구약과 신약의 연속성과 불연속성을 기술함으로 구약 본래의 의미를 존중할 뿐만 아니라, 신약의 새로운 해석도 소개한다. 이 책은 평신도들의 수준에서 접할 수 있는 가장 고급스러운 구약개론이다.

차준희
한세대학교 구약학 교수, 한국구약학연구소 소장,
한국구약학회 회장 역임

한국침례신학대학교에서 구약학 교수로 27년 동안 가르치다가, 반포침례교회를 섬기고 계신 이형원 목사님이 「평신도를 위한 구약개론」을 발간하신 것을 기뻐하며 축하합니다. 특별히 이 책이 한국 교회 성도들로 하여금 구약성경 각 책의 기록 목적, 사회 상황, 구조, 주제들을 체계적으로 이해하고, 각 책이 제공하는 독특한 교훈을 삶에 적용할 수 있도록 도와줄 수 있어서 기쁩니다.

오랜 세월 한국 교회의 강단에서 전해진 설교들이 구약성경보다는 신약성경의 본문에 치우치고, 구약성경 본문조차도 몇 권의 책에 편중되는 추세 속에서, 「평신도를 위한 구약개론」은 평신도들로 하여금 구약성경 각 책이 제시하는 독특한 감동과 교훈을 체계적이고도 종합적으로, 그리고 쉽게 이해하도록 도와줄 것이라고 확신합니다. 그러므로 저는 평신도들이 이 책을 개인적인 성경 공부 시간에 사용할 뿐만 아니라, 교회나 구역에서의 소그룹 성경공부반에서도 교재로 사용하기를 적극 추천합니다.

장경동 목사
대전중문교회 담임목사

예언서: 후기 예언서

시가서

지혜서

역사서

묵시서

구약학자들의 로망 중에 하나가 있다면 「구약개론」과 「구약신학」을 발간하는 것입니다. 일반적으로 구약학자들이 신학교에서 십여 년 혹은 이십여 년 동안 구약개론 과목을 강의한 후 「구약개론」을 발간한 다면, 「구약신학」은 구약학과 관련된 다양한 과목을 평생 연구한 후에 자신의 신학과 삶을 집대성하여 발간합니다. 그래서 자신의 연구 결과가 목회자들과 성도들의 신앙과 삶의 성화를 위해 도움이 될 수 있기를 기대합니다.

저는 한국침례신학대학교에서 27년 동안 구약학 교수로서 구약개론을 비롯한 여러 과목을 가르쳤습니다(구약해석학, 오경 연구, 예언서 연구, 성문서 연구, 구약 지혜문학, 바벨론 포로기 예언서 연구, 구약성경과 설교, 구약성경과 수사학, 구약성경과 리더십 등). 현재는 서울 반포침례교회를 섬기면서 선교지의 교회 지도자들을 훈련하는 사역에도 참여합니다.

2023년을 시작하는 즈음에 저의 로망을 실현할 수 있는 기회가 주어졌습니다. 국제 SET선교회 대표 송홀다 목사와 엎드림 출판사 대표이요섭 목사가 평신도 지도자들과 목회와 선교 사역을 준비하는 신학도들에게 실제적인 도움을 줄 수 있는 「구약개론」을 출간하자고 제안하셨습니다. 그래서 지난 27년간 신학교에서 구약개론을 비롯하여 구약학에 관련한 여러 분야를 연구하고 가르친 것을 토대로 하여 「구약개론」과 「구약신학」을 아우르는 책을 썼습니다.

아마도 영미와 독일에서 발간된 「구약개론」만 해도 수백 권이 넘을 것이고, 한국의 구약학자들이 발간한 것과 영미와 독일학자들의 책을 번역한 것을 합하면 수십여 권은 족히 될 것입니다. 이렇게 많은 「구약개론」이 목회자, 신학도, 그리고 성도들에게 나름대로 기여하고 있을 터인데, 또 하나의 책을 발간해야 하는가 하는 질문을 해보았습니다. 그럴수록 제가 쓰고자 하는 「평신도를 위한 구약개론」의 주된 목적과 연구, 관심이 명확해졌습니다.

- 「평신도를 위한 구약개론」의 주된 목적은 평신도 지도자들과 신학도들이 구약성경 각 책에서 소개하는 신학적 핵심 주제들과 현재의 삶을 위한 실제적인 교훈들을 이해할 수 있도록 돕는 것입니다. 한 걸음 더 나아가, 자신들이 속한 교회에서 구약성경을 가르칠 때 놓치지 말아야 할 메시지들을 발견하도록 돕는 것입니다.

- 「평신도를 위한 구약개론」은 구약성경 각 책의 저자, 기록/편집 연대, 문학적 양식, 본문에 소개되는 인물이나 사건의 역사성 등에 관한 구약학자들의 논쟁을 거의 배제했습니다. 오랜 세월 동안 신학교에서 구약개론 강의를 하면서 오경의 문서가설에 관한 다양한 주장들, 출애굽의 연대에 관한 논쟁들, 각 예언서의 편집

과정에 관한 다양한 주장들을 소개했지만, 이러한 것들이 구약성경을 통해 삶과 신앙을 위한 교훈을 얻고자 하는 성도들에게 실제적인 도움이 되지 않는다는 생각이 들었습니다. 한 걸음 더 나아가, 어떤 학자의 주장은 구약성경의 역사성이나 진실성을 무시함으로 말미암아 구약성경이 하나님의 말씀으로서 지니는 권위를 해쳐서 독자들에게 신앙적으로 시험에 빠지게 하는 경우도 많기 때문입니다.

• 「평신도를 위한 구약개론」은 구약성경 각 책의 기록 목적, 특징과 유의점, 시대 상황, 구조, 그리고 주제들과 교훈을 소개하는 형식으로 되었습니다. 그런데 시대 상황에 관한 논의가 그다지 필요하지 않다고 생각되는 책들에서는 이 논의를 생략했습니다.

• 각 장의 끝부분에 "묵상과 토론을 위한 질문"을 첨가하여, 독자들이 개인적으로나 소그룹 성경 공부 모임을 통해 구약성경 각 책이 제공하는 교훈과 적용점을 보다 깊이 이해할 수 있도록 기회를 제공하고자 했습니다.

저는 「평신도를 위한 구약개론」을 읽는 독자들이 구약성경 각 책에서 제공하는 독특한 신앙적 교훈들과 삶의 지침들을 골고루 이해하고 실천하여 풍성한 삶을 누릴 뿐만 아니라, 주님의 교회와 세상을 위해 선한 영향력을 끼치는 주체들이 되시기를 간절히 기도합니다.

이형원

01 삶의 "네비"(Navigation)가 되는 성경

저는 구약개론 강의 첫 시간에 우리 그리스도인들이 왜 성경을 읽어야 하는지, 그리고 어떤 관점으로 읽어야 하는지 간략하게 소개하고자 합니다. 아울러, 구약성경이 우리 그리스도인들에게 정경/경전(canon)이 된 과정도 설명하고자 합니다.

1. 성경과 관련한 사실들

(1) 성경은 역사상 가장 많이 출판된 책이며 여전히 '베스트셀러'입니다. 2021년 영국 해외 성경공회(British and the Foreign Bible Society)의 연구에 따르면, 성경이 정경화된 이후 지난 1,500여 년 동안 발간된 숫자는 50~70억 부에 이른다고 합니다.[1]

(2) 위클리프 성경 번역 단체(Wycliff Global Alliance)의 2022년 통계에 따르면, 성경전서가 724개 언어로, 신약성경이 1,617개 언어로, 그리고

---

1 https://www.guinnessworldrecords.com/world-records/best-selling-book-of-non-fiction

구약성경이나 신약성경의 일부가 1,248개 언어로 번역되었습니다.[2] 로울링(J.K. Rowling)의 「해리 포터」가 4억 5,000만 부 이상 발행되고, 73 개 언어로 번역되었다고 하지만, 결코 성경에 비할 수 없습니다.

(3) 사람들이 호텔이나 가정집 서재에서 가장 많이 훔쳐 가는 책이 성경이라는 사실도 흥미롭습니다.[3]

2. 그러면 왜 사람들이 성경을 읽습니까?

다시 질문한다면, 성경은 독자들에게 어떤 유익을 제공합니까? 성경의 기능과 역할은 무엇입니까?

(1) 예술적, 문학적 기능

성경은 수많은 예술가와 문학가에게 영감을 제공하여 그들 작품의 주제(theme)나 소재(motif)가 성경의 내용과 관련이 깊습니다. 존 스타인 벡의 「에덴의 동쪽」, 카뮈의 「타락」, 밀턴의 「실락원」, 헨델의 「메시야」 등이 대표적인 예입니다. 제가 즐겨 듣는 팝송도 예외가 아닙니다. 베트 미들러의 "저 멀리서"(From a Distance), 보니 M(Bonny M)의 "바벨론 강가에서"(By the River of Babylon), 피트 시거의 "모든 일에 때가 있다"(Turn! Turn! Turn!/ To Everything There is a Season) 등은 성경 내용을 그대로 인용하거나 성경의 중요한 사건이나 주제를 사용합니다.

---

2   https://www.wycliffe.net/resources/statistics/
3   https://www.christianpost.com/voices/10-surprising-facts-the-bible.html

(2) 역사적인 기능

성경은 고대 근동 국가들, 즉 현재 중동 국가들의 역사에 관한 중요한 자료들을 제공합니다. 블레셋, 모압, 에돔, 앗수르, 바벨론(지금의 이라크), 바사(지금의 이란), 헬라(지금의 그리스) 등에 관한 구약성경의 역사적 기록들이 그러합니다. 한 걸음 더 나아가, 구약성경은 유대인의 기원과 초기 역사를 소개하는 유일하게 현존하는 책입니다.

(3) 법적, 윤리적 기능

영국, 미국, 프랑스 등을 비롯하여 사회적 정의와 인권을 존중하는 국가들의 법률제정 과정을 살펴보면 법률제정가들이 성경의 사회 정의 사상과 인권 존중 사상을 수용했다는 것을 발견할 수 있습니다. 아울러 남미에서 출현했던 해방신학 운동, 미국이나 아프리카에서의 흑인 인권 운동, 아시아의 토착화신학 운동 등도 성경의 출애굽 사건, 예언자들의 설교, 예수님의 산상보훈 등을 실존적인 삶의 현실 속에서 적용하려는 몸부림이었습니다.

(4) 신앙적인 기능

위에서 언급한 성경의 다양한 기능을 이해하는 것이 중요하지만, 우리 그리스도인들이 망각하지 말아야 할 기능은 성경이 우리의 신앙생활을 위해 제공하는 역할입니다. 다시 말하자면, 성경은 우리 그리스도인들의 신앙생활을 위한 유일한 지침서가 됩니다.

성경이 그리스도인들의 삶과 신앙을 위해 제공하는 역할에 관해 설명할 때, 오랜 세월 동안 성경학자들과 교회 지도자들은 "정경/경전(canon)"이라는 용어를 사용했습니다. 정경이라고 번역하는 헬라어

κανών은 원래 '갈대, 막대기, 자'라는 의미를 지니다가, '표준, 규정'이라는 의미를 추가했습니다. 그래서 무엇의 길이를 재는 기준, 어떤 행동을 평가하는 표준이나 규범 등의 의미를 포함했습니다.

그러므로 성경학자들과 교회 지도자들이 오랜 세월 동안 성경을 정경으로 간주한 이유는 그리스도인들이 성경을 하나님께서 계시의 말씀으로 주신 것으로, 신앙생활을 위한 유일한 표준이요 규범으로 간주해야 한다는 점을 강조하기 위한 것입니다.

3. 그리스도인의 삶을 위한 "네비"(navigation)가 되는 성경

저는 성경학자들과 교회 지도자들이 성경을 정경/경전으로 간주해야 한다고 오랫동안 가르쳐왔지만, 이 정경/경전이라는 용어가 그리스도인들의 삶과 신앙을 위한 지침이 된다는 점을 이해하는데 어려운 용어일 수도 있겠다는 생각이 들었습니다. 그래서 현시대에 누구나 일상적으로 사용하고 쉽게 이해할 수 있는 용어로 대체하려고 했을 때, 가장 먼저 떠오른 용어는 "네비"(navigation)였습니다.

우리가 이전에 한 번도 가본 적이 없는 곳을 여행하더라도, 네이버 지도 앱, 구글 지도 앱, 혹은 다른 네비게이션 앱을 사용하여 목적하는 곳을 방황하지 않고 안전하게 도착합니다. 마찬가지로 성경은 하나님께서 그리스도인들로 하여금 삶의 목적을 잃어버리고 방황하는 것을 막고, 죄에 빠지지 않게 하며, 하나님께서 인도하시는 대로 따라가면서 최고의 행복을 누리게 만드는 유일한 "네비"입니다. 사실 저의 이 표현은 성경 말씀과 연관된 것이기도 합니다.

주의 말씀은 내 발의 등이요 내 길에 빛이니이다(시 119:105)

4. 구약성경의 형성 과정과 관련한 몇 가지 사실들

1) 성경은 오랜 세월 성령님의 감동을 받은 여러 저자와 편집자의 수고로 완성되었습니다. 그리고 수많은 저자와 편집자가 활동하는 모든 과정에 성령께서 함께하셔서 하나님께서 전하고자 하시는 뜻들이 오류 없이 기록되도록 하셨다고 믿습니다. 성경을 기록한 저자 중에는 모세, 솔로몬, 이사야, 아모스, 예레미야, 마태, 마가, 요한, 바울 등과 같은 유명한 인물들도 있지만, 이름이나 정체가 드러나지 않는 인물들도 많습니다(사무엘상·하의 저자, 열왕기상·하의 저자, 역대상·하의 저자 등).

특히 중요한 한 가지 사실은 성경의 편집자들이 이전 시대로부터 전해져 온 성경 내용을 축자적으로 베낀 것이 아니라, 그것을 기초로 하여 자신들의 시대에 필요한 말씀들로 새롭게 편집하는 활동도 했다는 점입니다. 예를 들면, 다윗 왕이 하나님의 성전을 건축하려는 의도를 기록한 사무엘상 17장은 수백 년 후에 바벨론 포로기 이후 시대에 기록된 역대하 7장에서 다시 언급되는데, 이 두 내용을 비교해보면 몇 부분에서 기록의 차이점을 볼 수 있습니다. 이것은 역대하의 저자가 당대에 필요한 신학적 강조점을 부각하려는 의도로 볼 수 있습니다.

성경의 저자들이나 편집자들과 관련한 또 하나의 발견은 이들이 하나님께서 자신들에게 개인적으로 주신 계시를 기록했지만, 아울러 자신들이 속했던 신앙적 전통(제사장적 전통, 예언자적 전통, 현인적 전통 등)의 가르침들을 반영한다는 점입니다. 예를 들어, 아모스, 호세아, 이사야 등의 예언서들은 각 예언자의 독특한 사상을 소개하지만, 이들 모두는 예언자적 전통의 가르침을 반영합니다. 아울러, 잠언, 전도서, 욥기 등은 현인적 전통의 가르침들을 소개합니다.

2) 개신교와 가톨릭에서 사용하는 구약성경의 범위가 차이가 있습니다. 우리 개신교에서는 구약성경을 39권으로 한정하지만, 가톨릭에서는 개신교에서 외경(apocrypha)으로 간주하는 책 중의 몇 권을 정경으로 포함합니다(예: 토비트, 유딧, 솔로몬의 지혜서, 집회서, 바룩, 수산나 이야기, 세 아이의 노래, 벨과 뱀의 이야기, 마카비 상, 마카비 하 등).[4] 다시 말하여, 개신교에서 그리스도인들의 삶과 신앙을 위한 유일한 지침이 되는 정경으로 간주하지 않는 여러 책에 대해 가톨릭에서는 정경으로서의 권위를 부여합니다. 아울러, 개신교에서 위경(pseudepigrapha)으로 간주하는 책들을 가톨릭에서는 외경으로 봅니다.[5]

3) 개신교와 유대교에서 사용하는 구약성경은 내용에 있어서 차이가 없지만, 각 책의 순서와 문학 양식에 따른 구분에 있어서는 차이가 있습니다. 다시 말하여, 개신교에서는 구약성경 39권을 전통적으

---

4 개신교에서 외경으로 간주하는 책들의 내용에 관해서는 성서 사전을 참고하면 좋을 것입니다.

5 위경(pseudepigrapha)이란 구약성경과 신약성경이 기록된 사이의 300년 정도의 역사를 기록한 책으로, 저자를 과거의 역사 속에서 유명했던 사람들의 이름으로 붙인 책입니다. 개신교에서는 정경화 된 성경의 내용을 바르게 이해하는데 외경과 위경을 참고자료로 간주하지만, 결코 삶과 신앙을 위한 지침으로서의 권위를 인정하지 않습니다.

로 율법서(오경), 역사서, 예언서(소예언서와 대예언서), 그리고 시가서 등으로 구분해왔습니다. 그러나 유대교에서는 구약성경을 24권으로 엮었는데, 개신교에서 소예언서를 12권으로 나눈 것과 달리 유대교에서는 이들을 한 권으로 간주하고, 아울러 사무엘상·하, 열왕기상·하, 역대상·하 등을 한 권씩으로 간주한 결과입니다.

유대교인들은 구약성경을 "타나크"(Tanak)라고 부릅니다. 이 용어는 히브리어로 "토라(Torah/ 율법서, 오경)," "느비임(Nevi'im/ 예언서)," 그리고 "케투빔(Ketuvim/ 성문서)"이라는 세 단어의 첫 자음을 모아서 만든 것입니다. 결과적으로, 우리는 히브리어 구약성경을 세 부분으로 나눈다는 점을 알 수 있는데, 각 부분에 포함된 책의 내용과 순서는 개신교의 그것들과 차이가 있습니다. 예를 들면,

(1) 랍비들과 유대인 구약학자들은 예언서를 전기 예언서와 후기 예언서로 나누고, 전기 예언서에 여호수아, 사사기, 사무엘상·하, 열왕기상·하를 포함합니다. 그리고 후기 예언서에 이사야, 예레미야, 에스겔을 포함하지만 다니엘은 성문서에 배치했습니다. 아마도, 다니엘의 편집이 완성된 시기가 다른 예언서들이 한 묶음의 정경으로 간주된 때보다 훨씬 이후였기 때문에 성문서에 위치한 것으로 추정할 수 있습니다.

(2) 히브리어 구약성경 중에서 성문서로 불리는 부분에는 오경과 예언서에 포함되지 않은 나머지 책들이 포함되는데, 이 책들은 일반적으로 각 책의 편집이 완성되고 정경으로 간주된 시기가 오경과 예언서가 정경으로 간주된 시기보다 이후이었기 때문에 성문서에 속했다고 봅니다.

히브리어 구약성경 각 책의 순서

1) 토라(오경): 창, 출, 레, 민, 신
2) 느비임(예언서)
   (1) 전기 예언서: 수, 삿, 삼상, 삼하, 왕상, 왕하
   (2) 후기 예언서: 사, 렘, 겔,
      소예언서 12권(호, 욜, 암, 옵, 욘, 미, 나, 합, 습, 학, 슥, 말)
3) 케투빔(성문서): 시, 욥, 잠, 룻, 아, 전, 애, 에, 단, 스, 느, 대상, 대하

4) 개신교와 가톨릭의 구약학자 중에서 구약성경을 크게 세 부분으로 나누는 히브리어 구약성경의 구분을 선호하는 이들이 많이 생겨났습니다. 왜냐하면, 이러한 분류가 히브리어 성경에 수록하는 각 책의 순서에 부합함과 아울러 비슷한 문학 양식을 사용하는 몇 책들에서 독특하게 제공하는 감동이나 교훈을 발견하는 데 더 유익하기 때문입니다. 한 걸음 더 나아가서, 이들은 성문서 부분에 속하는 각 책을 독특한 문학 양식에 따라 다시 세분하여 소개합니다.

율법서
• 오경: 창, 출, 레, 민, 신

예언서
• 전기 예언서: 수, 삿, 삼상, 삼하, 왕상, 왕하
• 후기 예언서: 기원전 8세기 예언서: 암, 호, 사, 미
   기원전 7세기 예언서: 습, 나, 합, 렘
   기원전 6세기 예언서/ 바벨론 포로기 예언서: 겔
   바벨론 포로기 이후 시대 예언서: 학, 슥, 말, 옵
   시대 분류가 난해한 예언자와 예언서: 욜, 욘

> **성문서**
> - 시가서: 시, 아, 애
> - 역사서: 대상, 대하, 스, 느, 에, 룻
> - 지혜서: 잠, 전, 욥
> - 묵시서: 단

제가 이 책에서 구약성경 각 책의 개론을 소개하는 순서는 히브리어 구약성경에 따라 율법서, 예언서, 성문서 순으로 나열할 것입니다. 그러나 후기 예언서들은 예언자가 활동한 시대를 중심으로 소개하기 위하여 위와 같은 순서로 편성할 것입니다. 아울러, 성문서도 비슷한 문학 양식에 따라 배열하여 위와 같은 순서로 소개하고자 합니다.

5. 성경의 정의

앞으로 저와 함께 구약성경 각 책의 기록 목적, 문학 양식, 구조, 주요 주제, 그리고 현재의 삶을 위한 적용점 등을 살펴보게 될 것인데, 먼저 제가 지니는 성경에 관한 관점을 한 문장으로 집약한 것을 이 자리에서 소개하고자 합니다.

> 성경은 역사 안에서 행하시는 하나님의 활동과 인간을 향한 선한 계획을 영감받은 저자들이 그들의 모든 재능을 다 동원하여 기록한 책들을 후대에 정경화에 참여한 사람들이 성령의 인도하심에 따라 오류 없이 편집하여 모은 책입니다.

02 창세기 개론

1. 오경의 뜻과 성격

1) 오경의 뜻

(1) 오경(Pentateuch)은 헬라어 "penta"(다섯)와 "teuchos"(두루마리, 책)의 합성어입니다. 다시 말하여, 구약성경의 처음 다섯 권의 책을 뜻합니다.

(2) 히브리어로는 "토라"(torah)라고 하는데, 이 단어는 율법, 교훈, 가르침 등의 의미를 지닙니다. "토라"라는 용어는 주로 '율법'으로 번역되는데(신 33:4; 요 1:7), 그 결과 오경이 살아가면서 범하지 말아야 할 것들을 명령하는 딱딱한 책으로 오해하게 만들었습니다. 한 걸음 더 나아가, 어떤 이들은 신약성경에서 강조하는 복음과 대조되는 개념으로 간주하기도 합니다. 그러나 토라(오경)는 하나님의 백성이 하나님의 백성답게 살아가면서 행복을 누리기 위해 실천해야 하는 긍정적 교훈들(신 10:12-13)과 믿음의 조상들의 삶 이야기들로 가득 차 있습니다.

2) 오경의 성격

(1) 구약성경의 처음 다섯 권에는 율법들만 소개되지 않습니다. 엄밀하게 말해서 율법과 규례들은 출애굽기, 레위기, 신명기 등에서 소개되지만 오경의 많은 분량을 차지하지 않습니다.

(2) 오경에 소개되는 구체적인 율법들은 마지못해서 지켜야만 하는, 삶을 귀찮게 만드는 법규들이 아닙니다. 오히려, 하나님의 구원과 선하신 인도하심을 경험한 백성들이 거룩한 공동체로 유지되기 위하여 지켜야 하는 실제적이고도 필수적인 지침들과 교훈들입니다.

(3) 오경은 하나님을 창조주요, 이스라엘의 조상들을 택하신 분이요, 그들과 그들의 후손을 민족적인 어려움 속에서 기적적으로 건져주신 구원자로 소개하는 이야기들로 가득 차 있습니다. 그래서 하나님의 구원 이야기(story of salvation)들을 읽어가는 독자들이 자신들의 삶 속에서도 하나님의 구원 역사가 재현될 것이라는 믿음을 가지게 만듭니다.

3) 오경의 구조

오경의 각 책에서 중요하게 다루는 사안들을 간략하게 소개한다면 아래와 같습니다.

창세기	원역사, 족장 이야기
출애굽기	출애굽 사건, 시내 산 언약, 성막 건축
레위기	다섯 가지 제사 제도, 성결 법전(holiness code)
민수기	광야 생활 이야기, 모압 평원에서의 사건들
신명기	출애굽기, 레위기, 민수기의 주요 내용을 집약한 설교

2. 오경의 저자와 형성 과정에 관한 논의

　오랜 세월 동안 오경의 저자는 모세로 간주되었습니다. 그러나 17세기 이후부터 오경의 용어와 문체, 하나님의 명칭, 신학 등이 일관성이 없다고 주장하는 학자들이 오경의 형성 과정과 오경에 포함된 것으로 추정되는 다양한 문서들을 찾아내려고 노력했습니다. 구약학자들은 이러한 노력을 '오경의 문서가설'이나 '오경의 자료비평'이라고 부릅니다. 그런데 오경 자체에서 이러한 연구 관심에 대한 결정적인 해답을 제공하지 않은 상황에서 너무나 다양한 가설들이 펼쳐집니다. 이 분야에 관해 관심이 있으신 분은 오경의 문서가설이나 자료비평적 연구의 변천사에 대해서 자세하게 소개하는 책들을 참고할 수 있습니다. 저는 이러한 연구가 오경 본문이 제공하는 신학적 주제들과 삶과 신앙을 위한 교훈을 찾는 데 유익하지 않다고 생각하기에 이러한 논의에 많은 관심을 기울이지 않습니다.

　그럼에도 불구하고 오경의 저자와 형성 과정에 관한 저의 견해를 언급한다면, 저는 모세가 오경을 기록하면서 이전부터 기록으로나 구전으로 전해져 온 자료들을 참조했을 뿐만 아니라(특히 창세기), 자신이 하나님으로부터 직접 계시를 받은 내용(시내 산 율법)과 자신이 경험한 것을 기록으로 남겼다고 봅니다.[6] 아울러 모세가 죽은 후에, 이후 시대의 저자나 편집자들이 첨가한 부분들도 있습니다(예: 모세의 장사, 전래된 기록에 대한 재해석). 그럼에도 불구하고 오경의 주된 저자는 모세로 간주할 수 있습니다. 특히 중요한 사실은, 오경의 형성 과정에 참여한 자

6　Peter T. Vogt, 「모세오경을 어떻게 해석할 것인가?」, 류근상 옮김 (고양: 크리스챤, 2010), 146, 148.

들이 누구였든 간에 성령께서 각자에게 영감을 주셔서 하나님께서 전하고자 하시는 뜻을 오류 없이 온전하게 기록하게 하셨다고 믿고 오경을 읽는 것입니다.

3. 창세기의 특징과 유의점

1) 히브리어 성경에서는 창세기의 책 제목을 이 책의 맨 처음 단어인 'bereshit'(태초에/처음에)라고 정했습니다. 비록 창세기의 편집자들이 '태초에/처음에'를 책 이름으로 정했을 때 의도하지는 않았겠지만, 창세기는 사실 "우주의 시작, 시간, 사건, 공간의 시작, 인류의 시작, 죄의 시작, 구속의 시작, 그리고 이스라엘의 시작" 등을 소개합니다.[7]

2) 창세기는 인류의 역사를 마치 일지를 기록하듯이 기술해놓은 연대기가 아닙니다. 오히려 인간을 죄로부터 구원하시려는 하나님의 구원 계획과 활동을 선별하여 기록한 구원 이야기(story of salvation) 책입니다. 그리고 이러한 구원 이야기들을 시대별로 모은 구원사(salvation history) 책입니다.

3) 창세기는 이 세상의 기원에 관해 현대인들이 제기하는 과학적인 질문들에 모두 답하지 않습니다. 오히려 고대 사람들이 이해했던 우주관에 기초하여 하나님의 창조 활동과 구원 활동을 소개하는 신앙적 목적을 이루는 책입니다. 그러므로 현대인들이 온 우주와 인류의 기원에 관련한 다양한 과학적 질문을 제기하며 창세기(특히 창조 기사, 노

---

7 마일즈 반 펠트 외, 「성경신학적 구약개론: 약속된 복음」 (서울: 부흥과 개혁사, 2018), 41.

아 시대의 홍수 기사)로부터 모든 답을 얻으려는 것은 잘못된 기대입니다. 창세기를 과학 교과서로 대하기보다 우리들의 삶과 신앙을 바르게 이끌어주는 정경/경전이요 신앙적 '네비'로 읽어야 합니다.

4. 창세기의 기록 목적

창세기는 세상과 인류의 역사가 시작될 때와 관련하여 사람들이 제기하는 원인론적(aetiological/ 原人論的) 질문들에 신앙적인 대답을 하면서 하나님을 창조주와 인류 역사의 주관자로 소개하는 것과(1-11장), 하나님께서 이스라엘의 조상들과 함께하시면서 당신의 선한 계획을 실현해나가신 분이라는 점을 밝히고 있습니다(12-50장). 그래서 독자들이 여호와 하나님에 대한 믿음을 바르게 정립할 수 있도록 돕는 것이 창세기의 기록 목적입니다.

창세기 1장부터 11장에 의하면, 우주와 인간의 기원에 관한 원인론적 질문들에는 어떤 것이 포함되고 있을까요? 그리고 이러한 질문들에 대한 신앙적인 대답들은 어디에서 찾을 수 있을까요?

이 세상은 처음에 어떻게 만들어졌을까?	창세기 1장
왜 남자는 여자를, 여자는 남자를 그리워할까?	창세기 2장
왜 사람은 죄를 지을까?	창세기 3장
왜 사람은 죽을까?	창세기 3장
왜 사람들은 뱀을 그리도 싫어할까?	창세기 3장
왜 여인들은 해산하면서 심한 고통을 경험할까?	창세기 3장
왜 사람들은 칠, 팔십 년 정도밖에 살지 못할까?	창세기 5장

| 무지개는 왜 생길까? | 창세기 6-9장 |
| 왜 세상에 이렇게 언어가 다양하고 다를까? | 창세기 11장 |

5. 창세기의 구조

비록 창세기가 50장이나 되는 방대한 분량의 책이지만 그 속에서 소개되는 내용을 핵심 사건이나 인물 그리고 주제를 중심으로 구분해 보면 다음과 같이 나눌 수 있습니다.

1-11장: 태고적 사건들	12-50장: 이스라엘 족장들의 전기
1-2장 창조 사건	12-25장 아브라함의 생애
3장 인간의 죄의 기원	21-28장 이삭의 생애
4장 가인과 아벨 사건	25-36장 야곱의 생애
5장 아담 자손의 족보	37-50장 요셉의 생애
6-9장 노아 시대의 홍수 사건	
10장 노아 후손의 족보	
11장 바벨탑 사건	

6. 창세기의 주제들과 교훈들

창세기는 태초부터 장구한 세월 동안의 인간 역사 속에서 발생한 중요한 사건들과 이스라엘 족장들의 생애를 소개합니다. 그래서 창세기의 주제를 몇 개로 선별하여 소개하는 것이 쉽지 않을뿐더러, 창세기의 다양한 교훈을 제한하는 결과를 초래할 수도 있을 것입니다. 그

래서 저는 창세기에서 소개하는 중요한 사건들과 인물들에 따라 중요
한 주제들과 교훈들을 소개하고자 합니다.

이 시점에서 언급하고 지나가야 할 중요한 점이 하나 있습니다. 그
것은 창세기뿐만 아니라 모든 성경의 중요한 주제는 하나님이라는 것
입니다. 창세기를 비롯하여 성경 각 책에 소개되는 중요한 사건들과
인물들의 삶을 통해 그 책의 중심 주제와 교훈을 찾지만, 더 중요한 것
은 이러한 사건들과 인물들 배후에 하나님께서 어떻게 개입하고 주관
하셔서 자신의 선한 뜻을 실현하고 계신지를 발견하는 것이 더욱 중
요하다고 봅니다. 그러므로 저는 이 구약개론 강의에서 각 책의 주제
들과 교훈들을 소개하면서 이러한 관점을 유지하고자 합니다.

1) 1-11장(태고적 사건들/ 원역사)에서 강조되는 주제들과 교훈들

(1) 1-2장: 하나님은 이 세상 만물과 인간의 창조주이십니다.
창세기 1장과 2장은 이러한 장엄한 선포와 아울러 몇 가지 구체
적인 교훈들을 제공합니다.

가) 하나님의 창조는 "말씀을 통한" 무에서 유의 창조입니다(1:3,
6, 9, 11, 14, 20, 24, 26, 28, 29).

나) 하나님의 창조는 선한 창조입니다. "보시기에 좋았다"(1:4, 10,
18, 21, 25, 31).

다) 하나님의 창조는 질서 있는 창조입니다.

라) 하나님 창조의 최고 걸작품은 인간입니다. 하나님의 형상
(하나님의 대리인/대리 통치자: 1:26, 27).[8]

---

8 고대 근동국가들에서 "형상"(tselem)은 일반적으로 나라를 다스리는 왕의 동상을 의
미하는 것으로 이해되었습니다. 자신이 통치하는 땅의 중심지나 변방에 자신의 동

(2) 3-11장: 인간의 역사는 죄의 역사입니다.

창세기 3장부터 11장까지 소개되는 사건들은 인간의 역사가 흘러가면서 인간의 죄가 다양한 면모로 발전한다는 점을 보여줍니다: 아담과 하와의 죄(3장), 가인과 라멕의 죄(4장), 노아 시대 사람들의 죄(6장), 바벨탑 사건(11장). 이 주제는 하나님의 약속을 믿지 못한 아브라함의 죄로 인한 하갈과 이스마엘 사건(16장), 소돔을 위한 기도(18장), 롯과 두 딸의 사건(19장), 야곱과 에서의 사건(27장) 등에서도 이어집니다.[9]

(3) 인간의 죄에 대해 하나님께서는 반드시 의롭게 심판하십니다.

하나님께서는 아담과 하와가 하나님의 말씀에 불순종했을 때, 가인이 동생 아벨을 죽였을 때, 노아 시대 사람들이 성적으로 부패했을 때, 사람들이 교만하여 하나님의 명령을 어기고 바벨탑을 쌓았을 때, 죄에 합당한 저주와 심판을 내렸습니다.

(4) 하나님께서는 죄인들에 대해 합당하게 심판하시지만, 그렇다고 해서 그들을 즉시 처단해 버리지 않으시고 이후에 은혜를 베푸시고 구원의 기회를 제공하시고, 언약을 새롭게 하십니다. 그래서 죄인들을 완전히 멸하시려는 마음보다 그들에게 은혜를 베푸시려는 마음이 더 크다는 것을 보여주십니다. 벌거벗은 아

상을 세워서 자신의 통치권을 상징했던 것이죠. 그러므로 "하나님의 형상"에 대한 여러 해석이 있지만, 볼 수 없는 영적인 존재이신 하나님을 대신하여 이 땅에서 하나님의 통치를 이루어가는 대리인(representative) 역할을 감당하는 존재로서의 인간 이해도 강조해야 합니다: 반 펠트, 「성경신학적 구약개론」, 49. 그리산티(Michael A. Grisanti)는 인간을 하나님의 "대리 통치자"("자신의 피조물을 대신 다스릴 도구")로 표현합니다: 유진 H. 메릴, 마크 F. 루커, 마이클 A. 그리산티, 「현대인을 위한 구약개론」(서울: CLC, 2016), 319; 차준희, 「최근 구약성서의 신앙」(서울: 프리칭 아카데미, 2010), 42.

9   김영진, 「구약성서의 세계」(서울: 하늘기획, 2009), 342.

담과 하와에게 가죽옷을 입히신 것이나(3:21), 가인을 해치지 못하도록 표를 주신 것이나(4:15), 홍수 이후에 무지개를 표징으로 주신 것은(9:12) 죄인 된 인간들을 향한 하나님의 크신 은혜를 생각나게 합니다. 그러므로 우리는 창세기부터 하나님의 은혜의 복음이 드러나고 있다는 점을 기억해야 할 것입니다.

2) 12-50장: 이스라엘 족장들의 전기에서 강조되는 주제들과 교훈들

우리가 이스라엘 족장들의 전기에서 교훈을 얻으려 할 때 주의해야 할 점이 하나 있습니다. 그것은 각 족장과 관련하여 기록하는 사소한 사건들 하나하나로부터 교훈을 얻으려 하기보다는 그 족장의 일생을 종합적으로 평가하면서 교훈을 얻는 것이 바람직하다는 것입니다. 그렇지 않으면, 어떤 족장이 실수했을 때 그를 나쁜 사람으로 단정했다가, 그가 올바른 행동을 했을 때는 한없이 높이는 것과 같은 이중적인 평가를 하기 때문입니다. 이 일을 위해 각 족장의 생애에 관한 기록을 발단, 전개, 절정, 대단원으로 나누어 살펴보는 것도 좋을 것입니다. 그래서 각 족장의 삶의 전반적인 과정을 통해 하나님께서 어떻게 그들을 변화시키고 사용하시는지를 보면서 교훈을 얻는 것이 중요하다고 봅니다.

이스라엘 족장들의 전기들을 포함하여 성경을 연구하고 교훈을 찾아내려 할 때, 또 하나 주의를 기울여야 할 점이 있다면, 그것은 본문에서 거듭 반복하여 언급하는 단어나 구절이 본문의 주제가 될 가능성이 높다는 점입니다. 아울러 본문에 등장하는 주인공의 중요한 고백이나, 해설(narration) 부분에도 관심을 기울여야 하는데, 그 부분들이 본문의 신학적 주제들을 집약하는 경우가 많기 때문입니다.

(1) 아브라함의 전기에서 강조되는 주제와 교훈들

    가) 발단: 나이에 상관없이 하나님의 부르심에 순종하는 이에게는 하나님께서 복을 약속하십니다(12장). 보통 75세라는 나이가 되면 살아오면서 많은 것을 이루고 안정된 삶을 누릴 수도 있기에 하나님께서 인생의 새로운 도전을 제시할 때 거절할 수도 있었겠지만, 아브라함은 하나님의 부르심에 응답하여 이전에 경험하지 못한 복을 누리는 삶을 살아갔습니다.

        12장, 15장, 17장, 18장에서 반복하여 언급되는 아브라함을 향한 하나님의 복은 세 가지입니다: 자손의 복, 약속하신 땅의 복, 그리고 하나님께서 동행하시는 복. 이러한 복을 경험하며 땅의 모든 족속이 복을 얻게 만드는 삶이야말로 진정으로 행복한 삶일 것입니다(12:3).

    나) 전개: 아브라함은 가는 곳마다 단을 쌓은 사람이요(12:7, 8; 13:4, 18; 15:10), 양보할 줄 아는 사람이요(13:8-13), 나그네를 대접할 줄 아는 사람이요(18:1-8), 중보 기도의 사람이었습니다(18:22-33). 또한 그는 여호와 하나님을 철저하게 믿었기에 (히브리어로 aman은 견고히 서다, 신뢰하다, 인내하다), 하나님 앞에서 의로운 사람으로 인정받았습니다(15:6).

    다) 절정: 아브라함은 사랑하는 아들 이삭을 번제로 바치라는 하나님의 명령까지도 순종할 줄 아는 순종의 사람이었습니다(22장). 그는 하나님을 향한 절대적인 순종과 사랑 때문에, 자신이 가장 아끼고 사랑하는 아들까지도 번제로 드리려는 결단을 내렸던 사람입니다. 하나님을 향한 사랑과 순종을

표현하려 할 때, 때로는 우리가 가장 아끼고 사랑하는 것조차 희생해야 하는 경우가 있습니다.

(2) 이삭의 전기에서 강조되는 주제들과 교훈들

이삭은 아브라함, 야곱, 요셉에 비해서 신앙적 교훈을 얻을 만한 일을 하지 않은 사람으로 오해되는 듯합니다. 여러 면에서 소극적이거나 수동적인 모습, 주위 사람들과의 갈등이 야기되는 상황에서는 회피해버리는 모습을 보이기 때문입니다. 그러나 이삭 역시 하나님을 의지했던 믿음의 사람의 모습을 보여줍니다.

가) 이삭도 아버지 아브라함처럼 하나님으로부터 복을 약속받은 사람입니다(26:12, 24).

나) 이삭은 아내 리브가가 잉태하지 못했을 때에 하나님께 간구할 줄 아는 사람이었습니다(25:21).

다) 이삭은 자신이 누리는 물질적인 풍요에 대해 하나님께서 주신 것으로 고백하는 겸손함을 보였습니다(26:22).

(3) 야곱의 전기에서 강조되는 주제들과 교훈들

가) 발단: 야곱은 엄마 뱃속에서부터 쌍둥이 형, 에서보다 먼저 나오려고 발꿈치를 잡았지만 이기지 못했던 사람으로 묘사됩니다(25:26). 이 사건은 앞으로 야곱의 생애 속에서 그가 수단과 방법을 가리지 않고 자신이 원하는 것을 획득하려는 수완꾼임을 암시합니다.

나) 전개: 야곱이 자신이 만든 팥죽을 먹고 싶어 하는 형 에서

에게 장자의 명분을 파는 모습(25:31), 연로한 아버지 이삭이 눈이 어두워 보지 못할 때 어머니와 공모하여 아버지를 속여서 장자의 축복을 가로채는 모습(27장), 사랑하는 라헬과 결혼하려고 외삼촌 라반을 7년 동안 섬겨주기로 약속하고 결혼을 했지만, 첫날밤을 보내고 난 후 자기 곁에 레아가 있는 것을 발견한 야곱이 다시 7년을 더 섬기고 드디어 라헬을 자기의 아내로 맞이하는 집요한 모습(29장), 자신의 가축을 늘리기 위해 버드나무, 살구나무, 신풍나무의 푸른 가지 껍질을 벗겨 흰 무늬를 내고 개천의 물구유에 세워 양 떼를 향하게 하고 양 떼를 교배하게 하는 모습(30장) 등은 야곱이 평생 자신이 얻고자 하는 것은 수단, 방법을 가리지 않고 끝내 얻어내는 수완꾼이요 자기중심적인 사람이었음을 보여 줍니다.

야곱이 이렇게 살아가면 결과가 좋아야 하는데, 안타깝게도 그는 형 에서의 분노를 피해 멀리 외삼촌 집으로 도망을 가는 신세가 되었고, 사기를 치는데 있어서 야곱보다 한 수 위인 외삼촌을 만나게 됩니다. 그리고 오랜 세월동안 에서가 자기를 해칠 것이라는 두려움 속에 살게 됩니다.

야곱 생애의 전개 부분에서 중요한 점은 도망자 신세가 되어 외로운 도피 생활을 시작하는 야곱에게 하나님께서 벧엘에서 나타나셔서, 그에게 아브라함과 이삭에게 주기로 하셨던 복을 똑같이 약속하셨다는 점입니다(28:10-22). 사람들이 볼 때에는 사랑할만한 점이 없고 부족한 점이 많은 사람이었지만, 하나님의 관점에서는 그를 존귀하게 보셔서 하나님의 사람답게 빚어나가신 것입니다.

다) 절정: 야곱 생애의 절정은 그가 에서를 만나는 것이 두려워 얍복 강가에서 밤새도록 기도하는 중에 하나님의 사자를 만나 삶의 자세(인생관, 인격)가 바뀐 경험일 것입니다. 에서가 자기를 잡으러 오는 것을 두려워하며 에서의 손에서 자신을 건져달라고 기도하던 야곱에게 하나님께서는 자신의 사자를 통하여 "네 이름이 무엇이냐?"고 물으시고, 앞으로는 야곱으로 살지 말고 이스라엘(Let God Contend)로 살라고 말씀하셨습니다(32:27-28).[10] 더 이상 자신의 꾀와 수완을 앞세워서 살지 말고, 하나님께서 싸워주시는 것을 경험하고 살라고 하셨습니다. 그래서 우리가 하나님께 하는 기도들에 대한 최고의 응답 중의 하나는 우리의 인격이 '야곱'에서 '이스라엘'로 변하는 것임을 가르쳐줍니다.

(4) 요셉의 전기에서 강조되는 주제들과 교훈들

아브라함, 이삭, 야곱의 전기와는 다르게 요셉의 전기는 각 사건이 정교하게 엮어져서 독자들로 하여금 요셉이 경험했던 인생의 반전(역전)을 생생하게 느끼게 만듭니다. 보다 정확하게 표현한다면, 하나님께서 요셉의 삶의 여정에 함께하셔서 그의 인생에 극적인 반전을 이루어주셨다는 것을 깨닫게 해줍니다.

가) 발단: 17살 때 요셉이 꿈을 꾸었는데, 형들과 아버지의 해석

---

10   Francis Brown, *New Brown-Driver-Briggs-Gesenius Hebrew English Lexicon* (Peabody: Hendrickson Publishers, 1979), 975. G. B. Gray와 Gerhard von Rad의 견해입니다.

에 의하면 요셉이 가족들을 다스리는 자가 된다는 것입니다(37:8, 10). 그러므로 발단 부분에 소개되는 이 사건은 독자들로 하여금 요셉이 사는 동안 삶에서 이 꿈이 실현되는지 그렇지 못한지에 관심을 기울이게 만듭니다.

나) 전개: 요셉은 자신이 꾼 꿈을 형들에게 설명했다가 미움을 받아 형들에 의해 미디안 상인들에게 종으로 팔리고, 결국에는 애굽 바로의 친위대장 보디발의 종으로 팔리는 신세가 되었습니다. 그가 보디발의 집에서 종으로 있던 시절의 사건들을 기록하는 39장에서 반복되는 구절이 있는데, 그것은 "여호와께서 요셉과 함께하셨다"는 구절과 "여호와께서 그를 범사에 형통하게 하셨다"는 구절입니다(39:2, 3, 21, 23).

   39장은 하나님께서 요셉과 함께하시고, 그를 형통하게 하셨다는 주제가 반복됨과 아울러, 요셉이 하나님께서 자신과 늘 동행하신다는 믿음에 기초하여 자신의 삶을 하나님 앞에서 거룩하고 정결하게 유지하고 있었다는 점도 강조합니다. 이 점은 보디발의 아내가 '꽃미남' 요셉을 성적으로 유혹할 때, 그가 했던 고백 속에서 분명하게 드러납니다. "내가 어찌 이 큰 악을 행하여 하나님께 죄를 지으리이까?"(39:9). 오늘날 그리스도인 중에서 다양한 유혹이 다가올 때, 하나님께 잠시 자리를 피해달라고 요청하는 이들도 있는 것을 볼 때, 자신의 일거수일투족을 하나님께서 보고 계신다는 '코람 데오'(Coram Deo: In the face/presence of God)의 믿음을 지녔던 요셉은 세상의 유혹과 시험 앞에서 우리가 어떻게 처신해야 하는지를 일깨워줍니다.

다) 절정: 요셉의 생애에 있어서 절정 부분은 요셉이 마침내 형들과 부모를 만나는 장면일 것입니다. 요셉이 17살 때 꿈 이야기를 했을 때, "네가 참으로 우리의 왕이 되겠느냐 참으로 우리를 다스리는겠느냐"(37:8)라고 형들이 미워하며 말했는데, 이 일이 현실화되었습니다. 요셉은 애굽의 총리가 되어 기근 속에 있는 애굽 백성을 지혜롭게 다스렸고, 그의 형들은 기근 속에 먹을 것을 구하러 애굽까지 와서 애굽의 총리가 된 요셉 앞에 절을 했습니다.

이 절정 부분에서 가장 빛나는 것은 요셉의 고백입니다. 요셉을 미워하고 시기하여 미디안 상인들에게 종으로 팔아 버렸던 형들은 요셉이 자기들에게 복수할 것을 두려워했습니다. 그때 요셉이 그들 앞에서 한 말은 요셉이 고난의 시절을 지나면서도 여호와께서 자신의 삶을 선하게 주관하고 계시다는 믿음을 지녔다는 것을 입증해줍니다.

당신들이 나를 이 곳에 팔았다고 해서 근심하지 마소서 한탄하지 마소서 하나님이 생명을 구원하시려고 당신들보다 먼저 보내셨나이다 … 하나님이 큰 구원으로 당신들의 생명을 보존하고 당신들의 후손을 세상에 두시려고 나를 당신들보다 먼저 보내셨나니 그런즉 나를 이리로 보낸 이는 당신들이 아니요 하나님이시니라 … (45:5-8)

세월이 지난 후에 아버지 야곱이 죽자, 요셉의 형들은 다시 요셉을 두려워했습니다. 전에는 아버지께서 살아 계셔서 요셉이 자기들을 살려두었지만, 이제 아버지께서 돌아가셨으니 자기들에게 복수할 것이라고 생각한 것이죠. 그러나 이러한 형들 앞에서 요셉은 다시 한번 여호와의 주권을 굳게 믿는 신앙 고백을 합니다. 요셉의 감동적인 신앙 고백은 오늘날 그리스도인들도 삶 속에서 실천해야 할 모범임에 틀림이 없습니다.

두려워하지 마소서 내가 하나님을 대신하리이까 당신들은 나를 해하려 했으나 하나님은 그것을 선으로 바꾸사 오늘과 같이 많은 백성의 생명을 구원하게 하시려 하셨나니(50:19-20)

묵상과 토론을 위한 질문

01 자신이 가 본 곳 중에서 창조주 하나님의 능력에 감탄하며 찬양하던 곳은 어디입니까?

02 인간의 역사는 죄의 역사라고 했는데, 자신이 범한 죄와 실수에 관한 기억이 가끔 떠오르면 어떻게 반응을 하나요?

03 족장 이야기에 나오는 인물들(아브라함, 이삭, 야곱, 요셉)로부터 발견하게 된 신앙적 교훈 중에서 가장 기억에 남는 것은 무엇인가요?

03 출애굽기 개론

1. 출애굽기의 기록 목적

하나님께서 애굽에서 고통받고 있던 이스라엘 백성들을 구원하신 사건과 그들이 하나님께서 약속하신 땅에서 거룩한 사회를 건설하도록 필수적으로 지켜야 하는 율법들을 소개함으로써, 택한 백성들을 위한 하나님의 구원 활동과 그들을 향한 계획을 독자들이 깨닫도록 하기 위한 목적으로 기록되었습니다.

2. 특징과 유의점

1) 히브리어 성경은 이 책의 이름을 맨 처음 두 단어('이것들이 이름이다')로 정했습니다. 여기에서 언급한 이름이란, 야곱과 함께 애굽으로 이주한 이스라엘 아들들의 이름을 말합니다.

2) 출애굽기는 족장들의 생애를 다루는 역사로부터 이스라엘이라는 민족 공동체가 형성되는 과정을 소개하는 역사로 바뀌는 면을 보

여쭙니다.

3) 출애굽기는 오경의 핵심 주제 중에서 출애굽 사건과 시내 산 언약이라는 두 주제를 소개합니다.

4) 출애굽 사건의 연대, 이동 경로, 출애굽 한 백성의 숫자 등에 관한 논의들이 많이 있지만 합의점을 찾지는 못합니다. 전통적으로는 출애굽의 시기를 기원전 15세기로 보지만, 13세기로 보는 학자들도 많이 있습니다.

3. 구조

출애굽기는 출애굽 사건, 홍해에서 시내 산까지의 여정, 그리고 시내 산에서 모세를 통해 주신 율법으로 나눌 수 있습니다.

1) 1:1-15:21 출애굽 사건	
(1) 1:1-4:31	모세의 성장과 소명
(2) 5:1-13:22	바로 앞에 선 모세, 열 가지 재앙, 유월절
(3) 14:1-15:21	홍해에서의 기적

2) 15:22-19:25 홍해에서 시내 산까지의 여정	
(1) 15:22-26	마라에서 쓴 물이 단물로 변함
(2) 15:27	물 샘 열둘과 종려나무 일흔 그루가 있는 엘림
(3) 16:1-36	만나와 메추라기
(4) 17:1-7	르비딤에서 반석을 쳐서 물이 나오게 함
(5) 17:8-16	아말렉과의 전투
(6) 18:1-27	천부장, 백부장, 오십부장, 십부장을 세움
(7) 19:1-20	시내 산에 도착함

4. 출애굽기의 주제들과 교훈들

출애굽기의 주제들과 교훈들을 이 책의 개략적인 구조에 따라 살펴보고자 합니다.

1) 출애굽 사건

출애굽 사건은 기원전 15세기에 애굽에서 "요셉을 알지 못하는 새왕"(바로: pharaoh)이 등극하여 이스라엘 백성들을 억압하자, 하나님께서 모세라는 지도자를 중심으로 하여 홍해를 육지처럼 건너게 하시면서까지 그들을 애굽에서 기적적으로 구출하신 사건을 말합니다. 이 사건은 출애굽기의 주된 주제일 뿐만 아니라, 하나님께서 다윗 왕을 택하신 일, 유다 백성을 바벨론으로부터 해방시키신 일 등과 아울러 구약성경에서 가장 중요한 주제 중의 하나로 간주됩니다.

(1) 하나님께서 이스라엘 백성들을 애굽에서 건져내신 사건의 배경은 무엇입니까? 그것은 하나님의 택한 백성인 이스라엘 백성들이 그

들의 고통스러운 삶을 하나님께 부르짖었기 때문입니다. "내가 애굽에 있는 내 백성의 고통을 분명히 보고 그들이 그들의 감독자로 말미암아 부르짖음을 듣고 그 근심을 알고 내가 내려가서 그들을 애굽인의 손에서 건져내고 그들을 그 땅에서 인도하여 아름답고 광대한 땅, 젖과 꿀이 흐르는 땅…데려가려 하노라"(3:7-8). 하나님은 자기 백성의 고통을 보시고, 부르짖음을 들으시고, 근심을 아시고, 직접 구원하시는 활동을 하시는 분이십니다.

(2) 출애굽 사건의 과정

    가) 먼저 지도자 모세를 택하셔서 애굽 왕 바로로 하여금 이스라엘 백성들을 광야로 보내라고 말하게 합니다(5:1).

    나) 완악한 마음을 가진 바로가 허락하지 않자, 애굽에 열 가지 재앙을 내리게 합니다(7-12장).

    다) 첫 유월절: 특히 마지막 재앙(사람과 가축의 처음 난 것을 죽게 하는 재앙)이 일어날 때에는 이스라엘 백성들에게만 양을 잡아 그 피를 문 인방과 좌우 설주에 뿌리게 하고 자기 집 문 밖에 나가지 못하게 했습니다(12:22). 그래서 애굽에 장자가 죽임을 당하지 않은 집이 하나도 없었지만, 이스라엘 백성들의 장자들은 살아남게 하셨습니다(12:30). 이스라엘 백성들이 하나님의 명령에 따라 행한 이 의식은 유월절의 시작이 되었습니다.

    라) 애굽 전역에서 장자의 죽음을 목격한 애굽 왕이 이스라엘 백성들로 하여금 애굽에서 나가도록 허락했지만, 이후에 마음을 바꾸어 그들을 죽이려고 군대를 보내었습니다. 모세와

이스라엘 백성들이 애굽에서 벗어나 홍해로 가는 광야 길을 가다가, 뒤에서는 애굽 군대가 쫓아오고 앞으로는 홍해가 가로막는 것을 보면서 심히 두려워했을 때, 하나님께서는 모세로 하여금 지팡이를 들고 손을 바다 위로 내밀어 그것이 갈라지게 하셨습니다(14:16). 그래서 큰 동풍이 밤새도록 바닷물을 물러가게 하셔서 바다가 마른 땅이 되어 이스라엘 자손이 바다 가운데를 육지처럼 걸었고, 애굽 군대의 병거 바퀴는 벗겨져서 달리기가 어렵게 하셔서 바닷물이 그들을 덮어버리게 하셨습니다(14:21-28).

(3) 기적적인 출애굽 사건에 대한 이스라엘 백성들의 반응

하나님께서 자신들로 하여금 홍해를 육지처럼 건너게 하시고, 애굽 군대는 바다에 빠져 죽게 하신 것을 직접 목격한 이스라엘 백성들은 여호와 하나님의 큰 능력을 보고 여호와를 경외했습니다(14:31). 아울러 모세와 이스라엘 백성들이 여호와께 찬양하고, 모세와 아론의 누이이자 선지자인 미리암도 손에 소고를 잡고 모든 여인과 함께 춤추며 여호와를 찬양했습니다(15장).

(4) 고통 가운데 있는 이스라엘 백성들을 초자연적인 활동을 일으키면서까지 구원하시는 하나님의 구원 활동은 출애굽 사건으로만 그치지 않았습니다. 그 이후에도 이스라엘 백성들이 위기에 처할 때마다 부르짖었을 때 응답하시고 그들을 구원하셨습니다. 그리고 하나님의 정하신 때에 모든 인간을 죄로부터 구원하도록 하나님의 아들 예수님을 이 땅에 보내시고, 십자가에 달려서 죄인들의 죄 값을 대신 치

르게 하셨습니다. 그래서 누구든지 예수님을 구세주와 주님으로 믿으면 더는 하나님 앞에서 죄인으로 간주되지 않고 하나님의 아들, 딸로 삼아주셨습니다. 그러므로 우리 그리스도인에게는 모세와 이스라엘 백성들이 경험했던 출애굽 사건보다 더 감격스러운 출애굽 사건이 있습니다. 우리 주 예수 그리스도의 십자가 사건을 통해 우리의 모든 죄가 용서함을 받게 된 영적인 출애굽 사건이 바로 그것입니다.

2) 홍해에서 시내 산까지의 여정

이 부분에서 반복되는 사건은 출애굽 한 이스라엘 백성들이 마실 물이 없거나 먹을 것이 부족할 때 원망과 불평을 하고, 하나님께서는 그들에게 필요한 것들을 성실하게, 그리고 신비한 방식으로 채워주신 것입니다. 흥미로운 점 하나는, 출애굽기에서는 백성들의 원망과 불평을 하나님께서 심판하지 않으시지만, 민수기에서는 그들의 원망과 불평이 거듭되자 하나님께서 엄하게 심판하셨다는 점입니다. 여호와의 인내의 한계를 넘어섰기 때문이죠.

(1) 마라에서 물이 써서 마시지 못하였을 때 백성들이 원망하자, 하나님께서는 한 나뭇가지를 물에 던지게 하여 쓴 물을 단물로 만들어 주셨습니다(15:22-26). 그리고 그들이 하나님의 말씀에 순종하면 애굽 사람에게 내린 질병을 하나도 내리지않겠다고 약속하시며, 자신이 치료의 하나님이심을 기억하게 하셨습니다(15:26).

(2) 이스라엘 백성들이 마라를 지나 엘림에 이르렀을 때, 거기에는 물 샘 열둘과 종려나무 일흔 그루가 있어서 그들이 목마르지 않고 쉴 수 있었습니다(15:27). 그러므로 우리는 살아가다가 '마라'와 같은 고통스러운 상황을 만나게 될 때 원망하거나 불평하지 말고, '엘림'을 준비

하신 하나님을 기억하며 좀 더 인내할 수 있으면 좋겠습니다.

(3) 하나님께서는 광야에서 먹을 것이 없다고 원망하는 이스라엘 백성들에게 만나와 메추라기를 주심으로써 일용할 양식을 성실하게 제공하셨습니다(16장). 지금도 하나님께서는 우리를 위해서도 일용할 양식을 채워주십니다.

(4) 이스라엘 백성들이 아말렉과 싸웠을 때, 모세가 산꼭대기에서 손을 들어 기도했는데, 그가 손을 들면 이스라엘이 이기고 손을 내리면 아말렉이 이겼습니다(17:11). 그래서 모세의 손이 피곤할 때 곁에서 아론과 훌이 양쪽 손을 잡아주었습니다. 이 사건은 오늘날 교회를 통해 하나님의 나라를 확장하고 잃어버린 영혼들을 구원하는 사역을 감당하는데 있어서, 서로 도와주며 동역하는 것이 얼마나 중요한지를 일깨웁니다. 교회 안에는 모세와 같은 지도자가 필요하지만, 그를 돕는 아론과 훌과 같은 돕는 자들도 필요하고 중요합니다.

(5) 모세가 광야에서 백성들의 소송에 대해 판가름하도록 혼자 힘쓰는 모습을 보고 그의 장인 이드로가 행정적인 조언을 했는데, 이것은 교회의 행정적인 안정과 질서를 위해서 반드시 필요한 것이라고 봅니다. 이드로는 먼저, 광야 생활을 하는 수많은 백성을 모세 혼자서 이끌지 말고, 천부장, 백부장, 오십부장, 십부장을 세워서 그들에게 책임을 위임하라고 조언했습니다. 또한, 백성들의 지도자들을 세우는 조건 세 가지를 분명하게 제시했습니다. "너는 온 백성 가운데서 능력 있는 사람들 곧 하나님을 두려워하며 진실하며 불의한 이익을 미워하는 자를 살펴서…"(18:21). 교회에도 주님을 경외하는 사람, 진실한 사람, 교회 헌금을 사적으로 빼돌리지 않는 사람이 지도자가 되어야 합니다.

(6) 출애굽 한 이스라엘 백성들이 시내 산에 도착했을 때 하나님께서는 모세를 통하여 그들의 민족적인 정체성과 사명을 일깨워주는 말씀을 전하십니다.

> 세계가 다 내게 속했나니 너희가 내 말을 잘 듣고 내 언약을 지키면 너희는 모든 민족 중에서 내 소유가 되겠고 너희가 내게 대하여 제사장 나라가 되며 거룩한 백성이 되리라(19:5-6)

이스라엘의 역사를 되돌아보면 이스라엘 백성들은 하나님께서 주신 이 귀한 사명을 이루는 일에 무관심하거나 거역했습니다. 그래서 하나님께서는 자신의 섭리에 따라 예수님을 구세주와 주님으로 믿는 이들을 통해 교회를 세우시고, 동일한 정체성과 소명감을 일깨워주셨습니다.

> 그러나 너희는 택하신 족속이요 왕 같은 제사장들이요 거룩한 나라요 그 소유가 된 백성이니 이는 너희를 어두운 데서 불러 내어 그의 기이한 빛에 들어가게 하신 이의 아름다운 덕을 선포하게 하려 하심이라. 너희가 전에는 백성이 아니더니 이제는 하나님의 백성이요 전에는 긍휼을 얻지 못했더니 이제는 긍휼을 얻는 자니라(벧전 2:9-10)

3) 모세를 통해 율법들을 주심

출애굽기의 중요한 주제 중 하나가 되는 모세의 율법들은 하나님께서 출애굽 한 이스라엘 백성들을 통해 건설하고자 하신 거룩한 사회의 청사진입니다. 이 율법들은 제사, 절기, 안식일 등을 잘 지키게 하는 법을 비롯하여, 부모를 공경하고 고아나 과부처럼 사회적 약자의 인권을 보호하도록 하는 법, 이웃의 재산이나 신체에 피해를 입힌 것에 대해서 정당하게 보상하는 법, 성적으로 정결한 삶을 살도록 명령하는 법 등과 같이 하나님의 선민들이 거룩한 사회를 유지하기 위해 반드시 실천해야 하는 삶의 다양한 범주들과 연관이 있습니다.

그러므로 출애굽기의 율법들이 단순히 출애굽 하여 광야 생활을 하던 이스라엘 백성들만이 지켜야 하는 제사법이나 절기법 등으로만 구성되어서 우리의 현재의 삶에 적용할 필요가 없다고 생각하는 것은 오해입니다. 그리스도인들은 출애굽기의 율법들에서 강조하는 거룩한 신앙 공동체를 위한 다양한 원리들을 가감 없이 실천해야 합니다.

(1) 20장에 소개되는 십계명은 인간이라면 누구나 지켜야 할 삶의 기본 도리들을 집약합니다. 동서고금을 막론하고 발생한 다양한 종류의 죄악들을 분석해보면 십계명의 가르침들은 불순종한 결과와 연관이 깊다고 볼 수 있습니다. 그러므로 우리는 십계명의 가르침들을 삶에 실천함으로써 거룩한 공동체를 이룩하는 주체가 되어야 할 것입니다. 앞으로 교회 안팎에서 십계명을 암송하고, 강해하고, 삶에 적용하는 운동이 활성화되면 좋겠습니다.

(2) 언약 법전(Covenant Code: 20:22-23:33)

구약학자들은 오경의 다양한 율법 중에서 특히 현재 우리가 속한 사회에서도 적용할 가치가 있는 약자 보호법, 보상법, 성적 정결법 등을 소개하는 부분들을 법전(Code)이라는 용어를 통해 소개하는데, 출애굽기의 언약 법전(20:22-23:33), 레위기의 성결 법전(17-26장), 신명기의 신명기 법전(12-26장)이 여기에 속합니다. 출애굽기에서는 아래와 같은 법들이 소개됩니다.

21:2-11	안식년 제도
21:12-36	살인과 상해에 관한 법들
22:1-15	가축이나 재산에 대한 보상법
22:16-20	성적 불륜에 관한 법, 우상 숭배에 관한 법
22:21-31	가난한 자들에게 자비를 베풀라

(3) 성막에 관한 율법(25-40장)

하나님께서는 출애굽 한 이스라엘 백성들이 약속의 땅 가나안에 들어가기 전에 오랜 광야 생활을 하는 동안 하나님의 임재를 느끼게 하고, 안식일과 정해진 절기마다 하나님께 제사를 드리도록 성막 건축을 명령하셨습니다. 그리고 성막의 구조와 성막 안에 두는 각 기구의 용도, 그리고 성막의 재료들을 자세히 설명하셨습니다.

그런데 이 부분에서 특히 강조하는 것은 성막을 짓는데 필요한 재료들을 드리는 백성들과 성막을 건축하는 기술자들의 마음가짐에 관한 것인데, 그것은 바로 하나님의 영에 감동을 받아, 기쁜 마음, 자원하는 마음으로 드려야 한다는 것입니다(25:2; 31:2; 35:21, 29). 백성들이 성막을 짓는데 필요한 예물들을 너무 많이 가져와서 모세가 그들에게 그만 가져오라고 명령한 것을 읽을 때는 큰 감동이 되며, 오늘날 교회당을 건축하거나 교회의 필수적인 사역을 감당하는 데도 이와 같은 역사가 재현되기를 바라는 마음입니다.

저는 성막에 관한 다각적인 연구 중에서 성막의 기능에 관한 연구와 아울러 현재적 적용점을 찾는 것에 특별한 관심을 기울일 필요가 있다고 봅니다. 출애굽한 이스라엘 백성들이 오랜 세월 척박한 광야에서 지내는 동안 하나님의 임재의 상징인 성막을 중심으로 제사와 찬양을 드리고, 하나님의 말씀을 상고하고, 함께 음식을 나누며 서로 교제할 수 있었기에 그들은 힘든 광야 생활을 이겨나갈 수 있었습니다. 현대인들에게는 사회적인 교제와 개인적인 취미 생활을 위해 다양한 장소들이 제공되지만, 광야 생활을 하던 이스라엘 백성들에게는 오로지 성막을 중심으로 하여 이웃들과 친구들과의 교제가 이루어졌습니다. 그러므로 성막은 그들의 신앙생활과 사회생활의 구심점이 되었습니다.

그래서 저는 오늘날 교회가 성막과 같은 역할을 감당해야 한다고 봅니다. 교회는 현대를 살아가는 그리스도인뿐만 아니라 이웃들에게 예배의 처소, 말씀 공부와 기도의 처소를 제공할 뿐만 아니라, 어린아이들과 젊은이들이 주님께서 주신 소명을 발견하고 그것을 이루기 위해 실력을 쌓을 수 있는 처소가 되어야 하며, 연로한 어르신들이 인생의 황혼기에 함께 모여 의미 있고 즐거운 일들을 함께 나눌 수 있는 공간도 제공할 수 있어야 합니다.

제가 기도하고 기대하기는 현대의 교회들이 주일 하루만 교회당을 열어 예배를 드리고 주중에는 문을 잠가두는 것이 아니라, 한 주 내내 성도들과 이웃들의 복지를 위해 의미 있는 사역들을 균형 있게 감당할 수 있기를 바랍니다. 맞벌이 부부의 자녀들을 위한 공부방이나 독서실, 치매 어르신들을 돌봐드리는 주간 보호실, 노숙자들을 위한 주거 공간, 체육 시설, 그리고 카페, 어학 교실과 컴퓨터 강좌 등을 통해 성도들과 이웃들을 섬기는 것은 교회가 성막의 역할을 잘 감당하는 예가 될 것입니다.

4) 출애굽기의 유월절과 유월절 어린 양 되신 예수님

애굽 백성들에게 내린 열 가지 재앙 중에서 장자의 재앙이 임할 때, 이스라엘 백성들만 양을 잡아 그 피를 문 인방과 좌우 설주에 뿌리게 하고 자기 집 문 밖에 나가지 못 하게 함으로써 죽음을 면하게 한 유월절 사건(12:22)은 예수님께서 온 세상 죄인들의 죄 값을 대신 치르고 구원하도록 십자가에 달려 피 흘리고 죽으신 사건과 유사합니다. 그래서 예수님의 십자가 사건이 인간을 죄로부터 구원하시려는 하나님의 섭리였다는 것을 깨닫게 해줍니다. 사도 바울은 예수님을 '유월절 어린 양'으로 묘사합니다(고전 5:7). 유월절에 바쳐진 양의 뼈를 꺾지 말라(출 12:46)는 명령처럼, 로마 군사가 십자가에 달려 죽으신 예수님의 다리뼈를 꺾지 않은 것도 예수님께서 유월절 어린양이 되신다는 점을 암시해줍니다(요 19:33). 아울러, 예수님께서 십자가에 달리신 사건이 유대인들이 유월절을 지키는 때였는데, 이 절기가 이스라엘 백성이 애굽에서 해방된 것을 기념하는 절기란 점을 고려한다면, 예수님의 십자가 사건이 온 세상 죄인들을 죄로부터 해방하고자 하신 하나님의 또 다른 출애굽 사건(영적인 출애굽 사건?)이 된다는 점을 깨닫게 합니다(눅 22:14-20). 그러므로 출애굽 사건과 유월절 절기는 "예수님이라는 실체의 그림자"로 간주할 수 있을 것입니다.[11]

---

11 트램퍼 롱맨 3세, 「손에 잡히는 구약 개론」, 김동혁 역 (서울: IVP, 2015), 34.

묵상과 토론을 위한 질문

 출애굽 사건에 관한 본문을 읽으면서 마음속에 새긴 신앙적 확신은 무엇입니까?

 십계명을 암송할 수 있을까요?

 성막의 기능에 관한 논의에 근거하여 볼 때, 자신이 속한 교회가 성도들과 이웃들을 위하여 독특하게 섬길 수 있는 일이 어떤 것일까요?

04 레위기 개론

1. 기록 목적

출애굽 한 이스라엘 백성들이 하나님 앞에서 거룩한 신앙 공동체이자 예배/제사 공동체로 유지되도록 하기 위해 제사장들과 레위인들의 자세와 다양한 책임을 소개하는 내용을 통해 독자들에게 신앙적 교훈을 제공하는 것이 주된 목적입니다.

2. 특징과 유의점

1) 출애굽기에서는 하나님께서 출애굽 한 이스라엘 백성들을 구름 기둥과 불기둥으로 인도하셨지만, 레위기에서는 하나님께서 성막에 임재하시면서 자신을 계시하신다는 점을 강조합니다. 아울러 성막을 통해 여호와의 임재를 경험한 백성이 어떻게 살아야 하는지를 구체적으로 소개합니다.

2) 레위기는 광야 생활을 하던 이스라엘 백성들의 "예배/제사 지침서" 이자 "생활 지침서"입니다.

3) 레위기를 지나치게 문자적으로 해석하거나 상징적으로 해석하지 말아야 합니다. 오히려 신앙적, 윤리적 원리들을 찾아 삶에 적용해야 합니다.

4) 랍비 문헌은 이 책을 유대 어린이들이 가장 먼저 읽어야 할 책으로 제시했고, 탈무드의 반은 레위기에 대한 해석을 제공합니다.[12] 유대 어린이들이 어릴 때부터 삶의 다양한 상황 속에서도 예배를 드리는 것을 습관화할 수 있도록 하기 위한 것으로 추측할 수 있습니다.

3. 구조

레위기는 다섯 가지 제사들, 제사장들의 임무, 정결한 것과 부정한 것에 관한 규례, 속죄일에 관한 규례, 성결 법전, 그리고 서원과 십일조에 관한 규례 등으로 나눌 수 있습니다.

1) 1-7장 다섯 가지 제사들	
(1) 1:1-6:7: 백성들을 위한 제사 안내서	(2) 6:8-7:38: 제사장들을 위한 제사 안내서
가) 1장: 번제 나) 2장: 소제 다) 3장: 화목제 라) 4:1-5:13: 속죄제 마) 5:14-6:7: 속건제	• 다섯 가지 제사에 관한 추가적인 설명

---

12   메릴, 루커, 그리산티, 「현대인을 위한 구약개론」, 364-365.

4. 주제들과 교훈들

1) "너희는 거룩하라 이는 나 여호와 너희의 하나님이 거룩함이니라"(19:2).

많은 구약학자가 이 구절을 레위기의 주제 구절로 간주합니다. 그런데 사실 레위기에는 여호와께서 거룩하시기 때문에 제사장을 비롯하여 온 백성이 거룩해야 한다는 명령이 자주 언급됩니다(11:44; 19:7-8; 20:26; 21:8). 거룩하신 하나님께서 자신이 택하시고, 애굽에서 구출하시고, 광야에서 인도하시는 이스라엘 백성도 거룩한 사회를 이룩하기를 원하셨습니다. 그래서 그들이 제사와 절기를 지키는 일뿐만 아니라, 먹고 마시는 일, 자신을 비롯하여 공동체 구성원들의 건강을 지키는 일, 가족과 이웃들과 교제하는 일, 가난한 자들을 대하는 일, 사업하는 일, 재판하는 일, 그리고 성적인 생활까지도 거룩하도록 구체적인 율법들과 규례들을 주셨습니다. 그러므로 우리는 레위기를 읽으면서 우리의 삶이 전인격적으로 거룩하기를 원하시는 하나님의 뜻을 분명하게 깨닫고 삶 속에서 거룩함을 나타내야 합니다.

그런데 레위기의 주제이자 성경 전체의 주제 중의 하나이기도 한 '거룩함(qadosh)'이라는 용어는 안타깝게도 단편적으로 이해되는 것 같습니다. 왜냐하면, 히브리어 qadosh의 기본적인 의미가 '구별하다, 분리하다'라는 뜻이기에, 거룩함에 관해 논의할 때 일반적으로 죄로부터 분리되는 삶(separation from sin)을 부각시키는 것 같습니다. 그런데 레위기를 비롯한 성경 전체에서 또한 강조하는 바는 하나님의 뜻을 이루고 하나님의 영광을 위해 자신을 온전히 구별하여 바치는 거룩함입니다(separation for the purpose of God). 제사장들을 성별된 이들로 간주하고(출 30:30), 성막에 드려진 것들을 성물로 간주하는 것이 대표적인 예입니다(제단/출 29:37; 진설병/삼상 21:6; 모든 기구들/ 출 30:28-29). 그러므로 앞으로 우리의 삶이 거룩하고 성화되기 위해서는 날마다 죄로부터 벗어나려는 결단뿐만 아니라 주님의 나라와 뜻을 이루기 위해 헌신할 바들을 찾아 실천하는 모습들도 보여야 할 것입니다(롬 12:1-2).

2) 예배/제사의 중요성과 '테마'가 있는 예배

레위기 1장부터 7장에 소개되는 다섯 가지 제사는 출애굽 한 이스라엘 백성이 광야 생활을 할 때뿐만 아니라 약속의 땅에 정착한 후에도 지속적으로 드려야 할 다섯 가지 종류의 제사들을 소개합니다. 그래서 하나님께서 이스라엘 백성의 삶 속에서 제사와 예배가 끊이지 않기를 바라셨다는 점을 일깨워줍니다. 하나님께서 이스라엘 백성에게 다섯 가지 제사들을 드리게 한 이유가 무엇일까요? 그것은 그들이 힘든 광야 생활 속에서 제사/예배를 통하여, 그들과 동행하시는 하나님의 임재를 느끼고 하나님과 교제하며 하나님께 기도하여 응답을 받을 수 있도록 하기 위해서 입니다.

레위기 1장부터 7장에 소개되는 다섯 가지 제사는 각자 독특한 의미를 지니고 있습니다.

번제	일반적인 죄에 대한 속죄, 하나님과의 관계 회복, 하나님께 대한 순종, 감사, 헌신의 의미
소제	번제를 통해 죄를 용서하신 것을 확신하며 감사의 뜻을 표함 일용할 양식에 대한 감사, 제사장들과 레위인들을 위한 양식으로 사용
화목제 (감사제, 구원제)	하나님께 대한 서원, 자원, 감사. 드려진 제물의 고기 일부를 제사를 드리는 자들이 함께 먹는 교제
속죄제	부지중에 혹은 실수로 지은 죄를 용서받기 위해 드린 제사(4:13, 22, 27)
속건제	하나님과 사람들 앞에서 범한 죄들에 대한 보상의 의미 하나님의 성물을 범했을 때(5:15), 거짓 맹세하여 물건을 취했을 때(6:5), 손해를 입힌 대상에게 오분의 일을 더하여 갚음(5:16, 23, 24)

위의 다섯 가지 제사 중에서 번제, 소제, 화목제는 자원적으로 드리는 것이었지만, 속죄제와 속건제는 반드시 드려야 하는 것이었습니다. 그러면 왜 하나님께서는 속죄제와 속건제를 반드시 드리게 했을까요? 저 자신을 포함하여 많은 사람이 죄를 짓거나 실수를 하고 나면 마음속에 죄책감, 후회감, 자괴감 등이 생겨서 우리의 행복을 빼앗아 갈 뿐만 아니라 우울감에 빠지게 만드는 것을 경험하곤 합니다.

하나님께서는 이스라엘 백성의 이러한 모습을 잘 아시고 그들을 죄와 죄책감으로부터 자유롭게 하도록 속죄제와 속건제를 통해 죄와 죄책감의 문제를 재빨리 해결하라고 제안하신 것으로 보입니다. 그리고 때가 이르자 온 세상 죄인들의 죄와 죄책감의 문제를 단번에 해결하시기 위해 예수님을 이 땅에 보내셨습니다. 그래서 십자가에 달려 희생 제물이 되게 하셔서 온 세상 죄인들의 죄 값을 대신 치러주셨습니다. 그리고는 "만일 우리가 우리 죄를 자백하면 그는 미쁘시고 의로우사 우리 죄를 사하시며 우리를 모든 불의에서 깨끗하게 하실 것이요"(요일 1:9)라고 약속하셨습니다. 또한 "그런즉 누구든지 그리스도 안에 있으면 새로운 피조물이라 이전 것은 지나갔으니 보라 새 것이 되었도다"(고후 5:17)라고 약속하셨습니다. 그러므로 우리는 그리스도인으로서 하나님께 예배를 드리는 자로 살아야 합니다. 또한, 살아가면서 범하는 크고 작은 죄와 실수들에 대해 재빨리 회개해야 합니다.

레위기 1장부터 7장에 소개되는 다섯 가지 제사들은 우리의 예배 생활과 관련하여, 다양한 주제, 테마로 예배를 드려야 한다는 점을 일깨워줍니다. 주님께서 우리에게 베풀어주신 것들에 대해 감사, 헌신, 순종, 일용할 양식에 대한 감사, 성도들과의 교제, 죄로부터의 회개 등과 같은 신앙의 주제들이 우리의 개인적인 예배와 기도 생활 속에서뿐만 아니라 함께 모여 예배드리는 대중예배 속에서도 균형 있게 이루어져야 할 것입니다.

3) 제사장들의 자세와 임무

(1) 8장부터 10장에서는 이스라엘 백성을 위해 제사를 인도하는 제사장들이 안수식/위임식을 통해 자신들의 몸가짐과 옷차림부터 정결

하게 해야 함을 강조합니다. 이 일을 위해 제사장들이 먼저 자신들의 죄에 대해 속죄해야 하고(8:14-17) 제사장 사역을 위한 전적인 헌신을 각오해야 함을 가르칩니다(8:18-21).

(2) 제사장 안수식/위임식의 절정은 8장 22절부터 30절에 소개되는데, 모세가 숫양의 피를 가져다가 아론의 오른쪽 귓불과 오른쪽 엄지손가락과 오른쪽 엄지발가락에 바른 행위는 제사장이 전인격적으로 정결해야 하지만, 그중에서도 특히 듣는 것, 손으로 행하는 것, 그리고 발로 가는 곳이 정결해야 함을 상징적으로 강조합니다. 이 점은 오늘날 교회 사역을 감당하는 목회자들과 평신도 지도자들도 반드시 명심해야 할 것입니다.

(3) 11장부터 15장은 하나님의 백성이 구성하는 사회 전체가 정결하고 거룩하기를 원하시는 하나님의 뜻을 일깨워줍니다. 고대 이스라엘에서 거룩한 삶은 정결한 것과 부정한 것을 분리하는 일과 긴밀하게 연관되었습니다. 하나님께서는 거룩하시기에, 인간이 부정한 것들로부터 깨끗하게 하고 난 다음에야 하나님 앞에 나아갈 수 있었습니다. 그런데 중요한 한 가지 사실은, 고대 이스라엘 사회에서 악성 피부병에 걸린 사람과 일반 피부병에 걸린 사람들을 분별하여 전자를 격리함으로써 주위에 전염되는 것을 예방하는 역할을 한 지도자가 바로 제사장들이라는 점입니다(13-14장). 뿐만 아니라, 의복이나 가죽에 생기는 악성 곰팡이와 악성 피부병 환자 집에 생기는 색점을 분별하고, 악성 피부병에 걸렸던 환자가 회복된 것을 판별하는 일도 제사장이 했다는 것은 제사장들이 공동체의 보건위생을 위해서 중요한 역할을 했다는 점을 상기해줍니다. 그러므로 이 점은 오늘날 교회 지도자들이 교회와 사회 구성원들의 영적 복지와 아울러 전인적인 건강과 복

지를 위해서도 기여할 것을 도전합니다.

4) 속죄일에 관한 규례

속죄일은 온 이스라엘 백성으로 하여금 일 년에 하루(7월 10일)를 지난 한 해의 삶에 대해 속죄하는 제사와 기도를 드리도록 지정한 날입니다(16:34). 이 날에 이스라엘 백성은 염소 두 마리를 준비하여 한 마리는 속죄 제사를 위해 드리고, 다른 한 마리는 "이스라엘 자손의 모든 불의와 그 범한 모든 죄를 아뢰고 그 죄를 염소의 머리에 두어 미리 정한 사람에게 맡겨 광야로" 보내었습니다(16:21). 지금도 이스라엘 사람들은 매년 속죄일을 지키는데, 흥미로운 점은 그들이 하루 내내 회당에서 지내며 24시간이 아닌 25시간 동안 금식과 기도를 한다는 것입니다. 아마도 그들이 지난 한 해의 삶을 되돌아볼 때, 24시간이라는 하루의 속죄 기도만으로는 부족하다고 생각한 것 같습니다.

속죄일에 관한 규례는 우리 그리스도인에게 특히 중요한 의미를 지닙니다. 왜냐하면, 우리 주 예수님께서 이 땅에 오셔서 공생애를 시작하실 즈음에 예수님을 본 침례자(세례자) 요한이 외친 고백이 이 속죄일의 염소를 암시하기 때문입니다. "보라 세상 죄를 지고 가는 하나님의 어린 양이로다"(요 1:29). 이스라엘 백성이 지난 한 해의 삶 속에서 범한 모든 죄를 용서받기 위해 광야로 아사셀 염소를 보내서 죽게 한 것처럼, 예수님께서 십자가에 달려 죽으심으로 온 인류의 죄를 단번에 용서하셨습니다(히 9:11-12, 28). 이것이 우리가 믿는 복음의 기본입니다.

5) 성결 법전(Holiness Code)

성결 법전은 출애굽기의 언약 법전과 마찬가지로 하나님께서 이스라엘 백성의 삶의 모든 분야에서 거룩함을 유지하기를 원하신다는 점을 상기하게 합니다. 1장부터 7장이 이스라엘 백성이 제사를 드리는 일에 충실하도록 가르치고, 11장부터 15장이 정결하고 부정한 것을 구별하는 일(특히 먹는 것과 질병에 있어서)에 주의하도록 일깨우고 있다면, 17장부터 26장의 성결 법전은 그들이 성별되어야 할 여러 다른 분야에 관하여 자세히 소개합니다. 이 법전에 언급되는 규례들과 원리들은 오늘날 그리스도인들도 삶에 적용해야 할 것들입니다. 주요한 몇 가지들을 언급한다면 아래와 같습니다.

17장	피와 관련한 규례들-생명 존중 사상
18장	성적으로 거룩하라: 근친상간, 이웃의 아내 탐하기, 성적 학대, 동성애, 수간 등을 멀리하라
19장	부모를 공경하라(3) 곡식을 거두거나 포도원의 열매를 따거나 떨어진 열매를 주울 때 가난한 사람과 거류민을 위하여 남겨두라(9-10) 도둑질, 거짓말, 거짓 맹세를 하지 말라(11-13) 이웃을 억압하거나 착취하지 말라(13) 장애인을 저주하거나 괴롭히지 말라(14절) 공의롭게 판결하라(15-16) 이웃을 사랑하라(17-18) 성적으로 정결하고 음행하지 말라(20-22, 29) 신접한 자나 점쟁이를 찾아다니지 말라(31) 노인을 공경하라(32) 거류민에 관한 관심(33-34) 사업상의 정직(35-36)
20장	사형에 해당하는 죄들: 자식을 몰렉에게 주는 자/ 신접한 자와 박수무당을 음란하게 따르는 자/ 부모를 저주하는 자/ 성적으로 무질서한 자들
24:17-23	법이 공정하게 집행되는 사회를 만들어라
25:1-7	안식년 제도

25:8-12	희년 제도
25:13-55	땅과 사람들의 자유를 위한 규례들

6) 레위기와 신약성경

레위기는 신약성경 여러 곳에서 인용되거나 암시되어 예수님이나 신약성경 저자들의 가르침을 강화하거나 그들의 가르침과 대조되기도 합니다. 예를 들면,

(1) 예수님의 정결 의식에서	눅 2:24 - 레 5:11
(2) 침례 요한의 성별된 삶과 관련한 천사의 예언에서	눅 1:15 - 레 10:9
(3) 율법에 근거한 의와 믿음에 근거한 의를 대조할 때	롬 10:5; 갈 3:12 - 레 18:5
(4) 성도들의 거룩한 행실을 강조할 때	벧전 1:16 - 레 11:44-45; 19:2.
(5) "네 이웃 사랑하기를 네 자신 같이 하라"	마 22:39; 막 12:31; 갈 5:14 - 레 19:18
(6) "헛맹세를 하지 말고 네 맹세한 것을 주께 지키라"	마 5:33 - 레 19:12
(7) 부모를 비방하는 자에 관하여	마 15:4; 막 7:10 - 레 20:9
(8) 간음하는 자에 관하여	요 8:5 - 레 20:10
(9) "눈은 눈으로 이는 이로 갚으라"	마 5:38 - 레 24:20
(10) 주님께서 주의 백성들 가운데 거하심	고후 6:16; 히 8:10 - 레 26:12

그런데 여호와께서 이스라엘 백성에게 여호와의 임재를 경험하고, 자신들의 죄를 용서받도록 만드신 제사의 규례들을 소개하는 레위기는 예수님께서 왜 이 땅에 오셔서 죄인들을 대신하여 희생 제물이 되

어야 했는지를 이해하도록 도움을 제공합니다. 특히 제물로 드려지는 동물들이 흠이 없어야 하며, 그것들이 죄인들을 대신하여 피를 흘려 죽어야 한다는 점(레 4:3-7, 32-35; 5:15-16)은 죄가 없으신 예수님께서 십자가에 달려 피 흘리고 돌아가셔야 했던 이유를 깨닫게 합니다. 특히 신약성경 히브리서는 레위기에 소개되는 여러 가지 제사들과는 달리, 예수님께서 십자가에서 단번에 치르신 완전한 희생 제사로 말미암아 죄인들을 구원하기 위한 또 다른 제사가 필요 없다는 점을 강조합니다(히 10:1-10).

한 걸음 더 나아가, 히브리서는 예수님을 구약성경에 언급되는 아론 계통의 제사장들과 아울러 멜기세덱과 같은 특별한 제사장보다 월등한 새 언약의 대제사장으로서 염소와 송아지의 피가 아닌 자기의 피로 영원한 속죄를 이루신 분으로 묘사합니다(히 2:17-18; 3:1; 4:14-5:10; 7:1-9:28).

묵상과 토론을 위한 질문

 자신에게 예배는 어떤 의미가 있습니까?

 예배 중에 하나님의 임재를 경험하고, 삶을 위한 거룩한 결단을 내려 본 때가 언제인가요?

 요즘 죄로부터 분리된 거룩한 삶을 살기 위해 과감하게 단절하거나 절제해야 하는 것이 있나요? 요즘 하나님의 목적을 이루기 위해 '올인'하는 거룩한 삶의 모습은 어떤 것인가요?

05 민수기 개론

1. 기록 목적

출애굽한 이스라엘 백성이 시내 산에서 출발하여 모압 땅에 이르기까지 발생했던 중요한 사건들을 기록하여 독자들에게 신앙적 교훈을 얻도록 하기 위해 기록한 책입니다.

2. 특징과 유의점

(1) 민수기(民數記)라는 책 이름은 출애굽 한 이스라엘 백성이 광야 생활을 시작하면서 "이십 세 이상으로 싸움에 나갈 만한 모든 자"를 지파별로 계수한 것을 기억하게 합니다. 이것은 히브리어 성경의 헬라어 번역본 중의 하나인 칠십인 역(Septuagint)과 라틴어 역본인 벌게이트(Vulgate)를 따른 것입니다. 그러나 히브리어 성경에서 이 책의 이름은 "광야에서"(wa-yedabber)입니다. 그래서 독자들로 하여금 출애굽

한 이스라엘 백성이 광야에서 생활하는 동안 발생했던 중요한 사건들에 더 관심을 기울이게 만듭니다.

(2) 민수기에서 반복적으로 언급하는 것은 이스라엘 백성이 광야 생활을 하는 동안 여호와와 모세 앞에서 보였던 원망과 불평, 그리고 그것에 대한 하나님의 준엄한 심판입니다. 그래서 독자들이 비슷한 실수를 저지르지 않도록 경종을 울립니다.

(3) 민수기는 출애굽 한 이스라엘 백성이 광야에서 40년이나 보내야 했던 이유를 말해 주며, 애굽을 떠난 1세대가 약속의 땅에 들어갈 2세대로 교체되는 과정도 보여줍니다.[13]

3. 구조

1) 1:1-10:23 시내 광야에서의 출발 준비

(1) 1-2장	지파별 장정 소집과 진영 배치
(2) 3-4장	레위 지파의 임무
(3) 5장	진영을 정결케 하기: 부정한 자들의 축출(1-4), 배상의 규정(5-10), 의심의 소제(11-31)
(4) 6장	나실인의 서원(1-21), 아론의 축도(22-27)
(5) 7장	지파 지도자들이 드려야 할 예물
(6) 8장	제사장과 레위인의 직무
(7) 9:1-10:10	광야 행군을 위한 마지막 점검: 유월절을 지켜라(9:1-14), 구름 기둥과 불기둥으로 인도하시는 하나님/하나님의 명령에 따라 이동함(9:15-23), 출발 나팔 신호(10:1-10)

---

13 롱맨, 「손에 잡히는 구약 개론」, 43.

2) 10:11-19:22 시내 광야에서 가데스까지의 여정

(1) 10:11-36 시내 광야에서 출발하는 이스라엘 백성과 하나님의 인도하심
(2) 11장   다베라에서의 원망과 진영 끝의 불(1-3), 만나에 대한 불평(4-9), 모세의 기도(10-15), 칠십 장로를 세움(16-30), 메추라기를 보내심(31-32), 식탐에 사로잡혀 불평하는 자들을 향한 재앙(33-35)
(3) 12장   모세를 비방한 아론과 미리암에 대한 하나님의 심판
(4) 13-14장 가나안 땅 정탐꾼들의 보고, 백성들의 원망, 하나님의 심판
(5) 15장   제사의 규례들: 소제, 번제, 서원제, 낙헌제, 부지 중에 죄를 범한 자들을 위한 제사, 안식일을 범했을 때
(6) 16-17장 모세와 아론을 거역한 자들을 향한 심판
(7) 18장   제사장과 레위인의 임무와 분깃(몫)
(8) 19장   정결법

3) 20:1-21:35 가데스에서 모압 광야까지의 여정

(1) 20장   가데스에서 물이 없는 것에 대한 백성들의 원망, 모세의 거룩하지 못함에 대한 하나님의 심판
(2) 21장   놋뱀 사건(4-9), 요단강 동쪽 아모리와 바산 지역을 점령함 (21-35)

4) 22:1-32:42 모압 광야에서 있었던 일들

(1) 22-24장 모압 왕 발락과 시리아의 점쟁이 발람 사건
(2) 25장   싯딤에서의 음행 사건과 하나님의 심판
(3) 26장   두 번째 인구조사[14]
(4) 27장   슬로보핫 딸들의 유산 상속과 여호수아의 지도자 계승
(5) 28-29장 공적인 제사들: 매일 제사, 안식일, 월초 제사, 유월절, 칠칠절, 나팔절, 속죄일, 장막절
(6) 30장   서원을 지키는 것의 중요성
(7) 31장   미디안 족속과의 전쟁
(8) 32장   르우벤 자손과 갓 자손의 제안

---

14 올슨(D. T. Olson)은 26장의 두 번째 인구조사를 기초로 하여, 1장부터 25장이 광야에서 죽은 이스라엘 세대를 소개한다면, 26장부터 36장까지는 약속의 땅으로 들어간 세대에 관해 언급하고 있다고 보았습니다: *Numbers*. Louisville: John Knox Press, 1996; 고든 웬함, 「모세 오경」 (서울: 성서유니온선교회, 2007), p. 165.

	5) 33:1-36:13 광야 생활의 여정 회고와 가나안 진입 준비
(1) 33장	출애굽 사건부터 모압 땅에 도착할 때까지의 여정 회고
(2) 34장	가나안 땅의 경계와 땅 분배를 위한 지도자 임명
(3) 35장	도피성
(4) 36장	슬로보핫의 딸들의 지혜로운 행동

4. 주제들과 교훈들

1) 구름 기둥과 불기둥으로 인도하시는 하나님

출애굽한 이스라엘 백성이 하나님께서 약속하신 가나안 땅에 이르기 위해 광야를 지나야 했던 40여 년 동안 여호와께서는 기적적인 방법들을 동원하여 인도하셨습니다. 여호와께서는 그들이 낮에 뙤약볕 아래에서 사막 길을 걸을 때 구름 기둥으로 더위를 가려주셨고, 강추위가 몰아치는 밤에는 불기둥으로 지켜주셨습니다(출 13:21-22; 40:36-38; 민 9:15-23). 또한 성막 위에 낮에는 구름 기둥을, 그리고 밤에는 불기둥을 세워서 하나님의 임재를 드러내셨습니다. 이스라엘 백성은 여호와의 명령에 따라 구름이 성막에서 떠오르는 때는 행진을 시작했고, 구름이 머무는 곳에 진을 쳤습니다(민 9:17). "이틀이든지 한 달이든지 일 년이든지 구름이 성막 위에 머물러 있을 동안에는 이스라엘 자손이 진영에 머물고 행진하지 아니하다가 떠오르면 행진했다"는 사실은 이스라엘 백성이 하나님의 선하시고 주권적인 인도하심에 순종할 때도 있었다는 점을 깨닫게 해줍니다(민 9:22). 우리 그리스도인들도 우리의 삶을 주권적으로 인도하셔서 모든 것이 합력하여 선을 이루게 하시는 하나님을 믿고 철저하게 순종하는 자세로 살아야 할 것입니다.

2) 이스라엘 백성의 거듭된 원망과 불평, 그리고 하나님의 재앙

이것은 민수기의 핵심 주제 중의 하나가 됩니다. 출애굽기에 의하면 이스라엘 백성이 광야에서 먹는 것, 마시는 것이 부족하여 하나님과 모세 앞에서 원망하고 불평할 때, 여호와께서 그들에게 필요한 것을 채워주시고 심판하지는 않으셨습니다. 그러나 민수기에 의하면 그들의 원망과 불평이 계속되자 여호와께서 그들에게 필요한 것을 채워주시고는 재앙도 같이 주셨습니다. 또 하나의 안타까운 사실은 광야 생활이 길어지면 길어질수록 이스라엘 백성이 원망하고 불평하는 이유와 방법이 다양해졌다는 점입니다.

11:1 "여호와께서 들으시기에 백성이 악한 말로 원망하매"

11:4 "그들 중에 섞여 사는 다른 인종들이 탐욕을 품으매 이스라엘 자손도 다시 울며 이르되 누가 우리에게 고기를 주어 먹게 하랴…"

12:1 "모세가 구스 여자를 취했더니 그 구스 여자를 취했으므로 미리암과 아론이 모세를 비방하니라"

14:2 "이스라엘 자손이 다 모세와 아론을 원망하며 온 회중이 그들에게 이르되 우리가 애굽 땅에서 죽었거나 이 광야에서 죽었으면 좋았을 것을…"

16:1-2 고라, 다단, 아비람, 온을 비롯한 250명이 모세를 거역함

16:41 "이튿날 이스라엘 자손의 온 회중이 모세와 아론을 원망하여 이르되 너희가 여호와의 백성을 죽였도다…"

20:3 "백성이 모세와 다투어 말하여 이르되 우리 형제들이 여호와 앞에서 죽을 때에 우리도 죽었더라면 좋을 뻔했도다"

21:4-5 "백성이 호르 산에서 출발하여 홍해 길을 따라 에돔 땅을
우회하려 했다가 길로 말미암아 백성의 마음이 상하니라.
백성이 하나님과 모세를 향하여 원망하되 …"

광야 생활을 하던 이스라엘 백성이 다양한 이유와 핑계로 때로는
악한 말로, 때로는 울면서, 때로는 집단행동을 통하여 원망과 불평을
쏟아내었을 때, 오래 참으신 여호와께서는 그들의 습관적인 죄악을
멈추도록 재앙을 내리셨습니다. 아울러 약속의 땅에 들어갈 수 없을
것이라는 준엄한 경고를 주셨습니다.

> 내 영광과 애굽과 광야에서 행한 내 이적을 보고서도 이같이 열 번
> 이나 나를 시험하고 내 목소리를 청종하지 아니한 그 사람들은 내
> 가 그들의 조상들에게 맹세한 땅을 결단코 보지 못할 것이요 또 나
> 를 멸시하는 사람은 한 사람도 그것을 보지 못하리라
>
> (민 14:22-23)

민수기가 보여주는 이스라엘 백성의 거듭된 반역, 원망, 불평은 독
자들에게 인간의 마음이 죄성으로 말미암아 어두우며 아무도 반역,
원망, 불평에서 자유로울 수 없다는 사실을 상기하게 해줍니다.[15] 그
러므로 그리스도인들은 하나님께서 이스라엘 백성에게 주신 준엄한
경고가 우리의 신앙생활과 교회생활에서도 그대로 적용될 수 있다는
사실을 기억해야 합니다. 사도 바울은 민수기의 기록들, 즉 이스라엘

---

15 메릴, 루카, 그리산티, 「현대인을 위한 구약개론」, 411.

백성들의 원망과 불평에 대해 하나님께서 재앙을 내리신 기록들이 고린도 교회 성도들의 신앙생활에 본보기가 된다는 점을 분명히 밝히고 있습니다(고전 10장). 그러므로 우리는 주님의 일을 하면서 주님께나 성도들에게 원망하고 불평하는 일이 없도록 항상 조심해야 할 것입니다(고전 10:9-11; 빌 2:13-15).

3) 레위 지파의 임무

민수기 3장과 4장은 레위 지파의 임무를 구체적으로 소개합니다. 그들은 성막에서 봉사하는 사람들로서 제사장들이 제사를 인도할 때 도와주는 사람들이었습니다(3:6). 뿐만 아니라, 회막의 모든 기구를 맡아 지켰는데, 레위 지파 중의 고핫 자손, 게르손 자손, 므라리 자손의 역할이 구분되었습니다.

고핫 자손 (4:1-20)	법궤를 비롯하여 회막 안의 거룩한 것들(떡상과 도구, 등잔과 기구, 금향단, 번제단, 기타 기구들)을 어깨에 메고 운반함
게르손 자손 (4:21-28)	회막을 이동할 때 회막의 덮개와 휘장과 줄, 장비들과 작업 도구 등을 수레로 운반함
므라리 자손 (4:29-33)	무거운 것들, 회막의 기둥, 널판, 줄을 수레로 운반함

제사장들을 도와 성막에서 섬겼던 레위 지파의 활동은 오늘날 교회 사역에서 목회자들을 도와 섬기는 교회 직분자들의 활동을 떠올리게 해줍니다. 어느 교회이든지 훌륭한 목회자들이 필요하지만 이에 못지않게 교회 직분자들의 동역과 섬김도 중요합니다.

광야 생활을 하던 이스라엘 백성이 성막을 중심으로 제사를 드리는 일에 있어서 레위 지파의 각 자손이 자신들에게 주어진 구체적인 임무를 성실하게 수행하는 것이 필수적이었던 것처럼, 오늘날 주님의 교회가 다양한 사역들을 균형 있게 이루기 위해서는 교회 직분자들의 역할 분담과 서로를 위한 격려가 필수적입니다(고전 12장).

8장은 제사장들을 도와서 성막과 제사를 섬기던 레위인들을 위한 봉헌식을 언급합니다. 그래서 레위인들도 정결 의식을 거치고, 안수하고, 자신들의 죄를 위한 속죄제와 번제를 드려 거룩하게 구별되어야 했습니다. 이 점은 오늘날 교회 직분자들도 주님과 성도들을 섬기는 데 있어서 죄를 멀리해야 할 뿐만 아니라 자신이 맡은 사역에 최선을 다하는 성별된 모습을 유지해야 한다는 점을 일깨워줍니다.

4) 놋뱀 사건(21:4-9)

놋뱀 사건은 이스라엘 백성이 광야에서 하나님과 모세에게 원망하다가 재앙을 당한 사건과 연관이 있습니다. 이스라엘 백성이 출애굽하여 40년 정도를 광야에서 배회한 후에 가데스 지역에서 에돔을 거쳐 요단강 동쪽 모압 지역으로 직진하려 했습니다. 그런데 에돔 사람들이 자기들의 땅을 지나가는 것을 허락하지 않자, 이스라엘 백성은 다시 홍해 길을 따라 돌아가야만 했고, 이 상황에 대해 그들은 마음이 상했습니다(새번역은 "조급하여졌다"라고 번역합니다). 이어서 그들은 하나님과 모세에게 원망의 말을 쏟아내었고, 하나님께서는 "불뱀들을 백성 중에 보내어 백성을 물게 하시므로 이스라엘 백성 중에 죽은 자가" 많았습니다(21:6).

이윽고 백성은 자신들이 하나님께 원망한 것을 뉘우치며, 하나님께 기도하여 불뱀들이 떠나가게 해달라고 모세에게 간청했습니다. 모세는 백성을 위하여 하나님께 기도했고, 하나님께서는 그들이 재앙을 피할 수 있는 길을 제시했습니다. "불뱀을 만들어 장대 위에 매달아라 물린 자마다 그것을 보면 살리라"(21:8). 모세가 놋으로 뱀을 만들어 장대 위에 달았을 때, 뱀에게 물린 자들이 놋뱀을 쳐다보면 모두 살아났습니다(21:9). 그래서 놋뱀 사건은 비록 하나님을 원망하는 죄를 범한 자들이 재앙을 맞아 죽었지만, 회개하고 하나님께서 마련하신 구원의 방편을 믿고 순종하면 사는 구원 이야기로 끝을 맺습니다.

놋뱀 사건은 특히 우리 그리스도인들에게 중요한 의미를 지닙니다. 왜냐하면, 예수님께서 이 땅에 오셔서 백성들에게 죄로부터 회개하고 하나님의 백성이 되도록 전도하시는 중에 니고데모를 만나셨을 때, 이 놋뱀 사건을 인용하시면서 자신이 죄인들의 죄를 용서하도록 십자가에 달리실 것을 비유적으로 설명하셨기 때문입니다.

> 모세가 광야에서 뱀을 든 것 같이, 인자도 들려야 하리니 이는 그를 믿는 자마다 영생을 얻게 하려 하심이니라(요 3:14-15)

그러므로 우리는 민수기의 놋뱀 사건을 읽을 때마다, 광야에서 하나님을 향하여 원망하고 불평한 결과로 불뱀에 물려 죽어가다가 장대에 높이 달린 놋뱀을 쳐다보고 살아난 사람들만 생각해서는 안 됩니다. 이 사건에서 일어난 구원의 기적처럼, 죄인들을 위한 속죄 제물이 되어 십자가에 달리신 예수님을 쳐다보면 구원받게 하시는 하나님의 구원 계획도 믿을 수 있어야 합니다. 그리고 십자가에 달리신 예수님께서 베풀어주신 죄 용서함과 영생의 은혜를 경험한 이들로서, 주위에서 아직도 예수님 보혈의 능력을 모르고 살아가는 이로 하여금 예수님을 바라보도록 권해야 합니다.

5) 모압 왕 발락과 시리아의 점쟁이 발람 사건(22-24장)

민수기에서 세 장에 걸쳐 소개되는 발락과 발람 사건은 이 책이 강조하고자 하는 중요한 주제 하나(하나님의 주권)를 소개합니다. 어떤 독자들은 이들과 관련한 사건이 전개되는 과정에서 엉뚱한 일이 발생하는 부분들을 접하면서 난해하다고 여기기도 합니다. 아모리 족속을 무찌른 이스라엘 백성이 모압을 쳐들어오는 시점에 모압 왕이 당대 최고의 점쟁이라고 알려져 있던 시리아의 발람을 불러 이스라엘 백성을 저주해달라고 했습니다. 그런데 발람이 발락의 요청을 수락해야 할지 여호와께 여쭈었을 때, 처음에는 모압 왕에게 가지 말라고 하신 여호와께서 다음에는 가라고 하십니다. 또한 발람이 나귀를 타고 가는 중에 여호와의 사자가 다시 나귀를 막으십니다. 이러한 일들이 독자들에게는 의아하게 여겨지기도 합니다. 그러나 이 사건이 전개되는 동안 아주 중요한 문학적 기교가 사용되었다고 보는데, 그것은 "아이러니" 혹은 "반전"이라고 할 수 있을 것입니다. 예를 들어,

(1) 여호와 하나님께서 이방 점쟁이 발람에게 나타나셔서 질문하시고, 대답하시고, 또 명령하시는 것이 일상적인 이해를 뛰어넘는 아이러니로써, 하나님의 주권을 더욱 부각합니다.

(2) 이스라엘 백성을 저주해달라는 모압 왕의 요청에 대해 발람이 어떻게 할지를 여호와께 물었을 때, 여호와께서 처음에는 가지 말라고 하셨습니다. 그런데 발람이 다시 물었을 때에 모압 왕이 준비한 선물들에 욕심이 생겨서 가고 싶어 하는 마음을 여호와

께서 아시고, 발람을 모압 왕에게 가게 하여 이스라엘 백성을 저주하는 것이 아니라 네 번이나 축복하게 하셨는데, 이것도 신적인 반전이요 아이러니입니다(23:7-10; 23:20-24; 24:3-9; 24:15-19).

하나님이 저주하지 않으신 자를 내가 어찌 저주하며 여호와께서 꾸짖지 않으신 자를 내가 어찌 꾸짖으랴(23:8)
내가 축복할 것을 받았으니 그가 주신 복을 내가 돌이키지 않으리라(23:20)

(3) 발람이 나귀를 타고 모압 왕에게 가고 있을 때, 나귀로 하여금 발람이 보지 못하는 여호와의 사자를 보게 하시고, 나귀의 입을 열어 발람을 꾸짖게 하시고, 이어서 발람의 눈을 밝혀 손에 칼을 든 여호와의 사자를 보게 하심으로 하나님의 말씀만 전하게 하신 것도 상황적인 아이러니요 반전입니다.

(4) 시리아 점쟁이의 입을 통해 여호와 하나님의 성품과 활동을 선포하게 하신 것도 아이러니요 반전입니다. 그래서 독자들의 뇌리에 그의 고백이 오래 기억되도록 만들어 줍니다.

하나님은 사람이 아니시니 거짓말을 하지 않으시고 인생이 아니시니 후회가 없으시도다 어찌 그 말씀하신 바를 행하지 않으시며 하신 말씀을 실행하지 않으시랴(23:19)

(5) 시리아 점쟁이 발람의 입을 통해 전해진 이스라엘 백성을 위한 축복이 여호와께서 아브라함에게 주신 축복과 동일하다는 점

은 그들에게 자신들이 지닌 축복과 아울러 모든 족속에게 복을 끼쳐야 하는 사명(창 12:1-3)을 상기시켜 주는 것으로서 신선한 아이러니가 됩니다.

너를 축복하는 자마다 복을 받을 것이요 너를 저주하는 자마다 저주를 받을지로다(24:9b)

묵상과 토론을 위한 질문

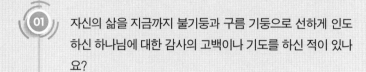 자신의 삶을 지금까지 불기둥과 구름 기둥으로 선하게 인도 하신 하나님에 대한 감사의 고백이나 기도를 하신 적이 있나요?

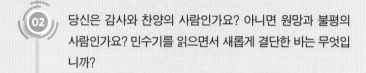 당신은 감사와 찬양의 사람인가요? 아니면 원망과 불평의 사람인가요? 민수기를 읽으면서 새롭게 결단한 바는 무엇입니까?

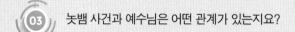 놋뱀 사건과 예수님은 어떤 관계가 있는지요?

06 신명기 개론

1. 기록 목적

출애굽 한 이스라엘 백성이 사십 년 동안의 광야 생활을 끝내는 시점에, 모세가 광야에서 태어나 가나안 땅으로 들어가는 새 세대에게 여호와의 율법을 전한 내용을 기록함으로써, 하나님께서 그들에게 원하신 거룩한 사회가 어떤 모습이었는지 독자들에게 다시 한번 가르쳐 주는 것이 이 책의 기록 목적입니다.

2. 특징과 유의점

1) 신명기라는 책 이름과 관련하여, 神命記(하나님의 명령을 기록한 책)로 오해하기가 쉬운데, 사실은 申命記(거듭된 명령을 기록한 책)입니다. 이 이름은 칠십인 역을 비롯한 헬라어 역본들의 이름(Δευτερονόμιον)을 따른 것인데, 신명기 17장 18절의 내용을 근거로 지어진 것입니다: "그가

왕위에 오르거든 이 율법서의 등사본을 레위 사람 제사장 앞에서 책에 기록하여." 히브리어 성경에서는 1장 1절의 첫 두 단어, "이것들이 그 말씀들이다"(elle hadevarim)를 책 이름으로 삼았습니다.

2) 신명기의 내용은 출애굽기, 레위기, 민수기에서 언급하는 교훈 중에서 중요한 것들을 선별하여 가나안으로 들어가는 새 세대들에게 소개합니다.

3) 구약학자들은 신명기의 가르침을 기초로 하여 이스라엘의 후대 역사를 평가하는 책들을 신명기적 역사서(Deuteronomic history)로 간주하는데, 여호수아, 사사기, 사무엘상, 사무엘하, 열왕기상, 열왕기하를 포함시키고 있습니다(Martin Noth, Terrence E, Fretheim). 아울러 신명기적 역사서와는 다른 신학적 관점으로 이스라엘의 역사를 기록한 책들을 역대기적 역사서(Chronicler's history)라고 부르는데, 역대상, 역대하, 에스라, 느헤미야를 포함시킵니다. 일반적으로 구약학자들은 신명기적 역사서는 예언자적 관점에서, 그리고 역대기적 역사서는 제사장적인 관점에서 이스라엘의 역사를 평가한다고 봅니다.

3. 구조

1) 1:1-4:43 광야에서의 40년 역사를 회고함
민수기의 중요한 사건들을 소개함으로써 과거 선조들의 실수를 되풀이하지 않도록 함

2) 4:44-26:19 구체적인 율법들	
(1) 4:44-5:33	새 세대를 위한 십계명
(2) 6장	"쉐마"(shema)와 불순종에 대한 경고

3) 27-30장 율법을 지키도록 초청함

4) 31-34장 새 지도자의 선택과 모세의 죽음

4. 주제들과 교훈들

1) 언약 사상과 신앙적 인과응보 사상

신명기에는 언약(berith)이라는 용어가 27번 언급됩니다. 하나님께서는 선민으로 택하신 이스라엘 백성에게 원하시는 바들을 명령하시고, 그들이 명령에 순종하면 그들에게 약속한 바들을 신실하게 실행하실 것이라고 말씀하셨습니다(4:12-13; 8:18).

> 우리 하나님 여호와께서 호렙 산에서 우리와 언약을 세우셨나니 이 언약은 여호와께서 우리 조상들과 세우신 것이 아니요 오늘 여기 살아 있는 우리 곧 우리와 세우신 것이라(5:2-3)
> 너희가 이 모든 법도를 듣고 지켜 행하면 네 하나님 여호와께서 네 조상들에게 맹세하신 언약을 지켜 네게 인애을 베푸실 것이라(7:12)

출애굽기, 레위기, 민수기에 언급되는 율법과 규례와 법도들에서도 강조한 것과 마찬가지로, 신명기의 율법과 규례와 법도들도 이스라엘 백성이 가나안 땅에 들어가서 건설해야 할 나라의 사회 전반적인 면(정치적, 사회적, 특히 신앙적인 면)이 어떠해야 할지 그 청사진을 제시합니다. 그래서 하나님의 율법에 순종하면 삶의 전반적인 면에서 복을 경험하게 될 것이라고 약속하셨습니다: 성읍에서의 복, 들에서의 복, 자녀의 복, 토지소산의 복, 짐승 새끼의 복, 광주리와 떡 반죽 그릇의 복, 출입의 복, 전쟁에서의 승리, 손으로 하는 모든 일의 복, 꼬리가 되지 않고 머리가 되는 복 등(28:1-19). 아울러 그들이 하나님의 율법에 불순종하면 온갖 종류의 저주를 경험하게 될 것이라고 경고하셨습니다: 멸망과 파멸, 염병, 폐병, 열병, 염증, 학질, 한재, 풍재, 썩는 재앙, 하늘이 놋이 되고 땅이 철이 되는 재앙, 비 대신에 티끌과 모래가 내리는 재앙, 전쟁에서의 패배, 치질과 괴혈병과 피부병을 치유 받지 못함, 미치고 눈멀게 됨, 정신병, 자녀와 가축을 빼앗김 등(28:20-68).

신명기에서 특히 강조하는 언약 사상과 신앙적 인과응보 사상은 이 시대에 하나님의 백성이라는 정체성을 가지고 살아가는 그리스도인들에게도 동일하게 적용되는 신앙적 기본 원리가 됩니다. 그러므로 그리스도인들은 하나님께서 신명기를 통해 이스라엘 백성에게 가르치신 거룩한 삶의 원리들을 실천해야 합니다. 한 걸음 더 나아가, 우리 주 예수 그리스도께서 그리스도인들에게 주신 새로운 언약을 귀하게 간주하며 순종해야 할 것입니다.

새 계명을 너희에게 주노니 서로 사랑하라 내가 너희를 사랑한 것 같이 너희도 서로 사랑하라 너희가 서로 사랑하면 이로써 모든 사람이 너희가 내 제자인 줄 알리라(요 13:34-35)

선생님 율법 중에서 어느 계명이 크니이까 예수께서 이르시되 네 마음을 다하고 네 목숨을 다하고 뜻을 다하여 주 너의 하나님을 사랑하라 하셨으니 이것이 크고 첫째 되는 계명이요 둘째도 그와 같으니 네 이웃을 네 자신 같이 사랑하라 하셨으니 이 두 계명이 온 율법과 선지자의 강령이니라 (마 22:36-40; 막 12:28-34; 눅 10:25-28)

2) 미래를 위해 과거를 회고하는 일의 중요성 (1-4장)

모세가 모압 땅에서 이스라엘 백성의 광야 생활 40년을 회고하며 설교한 것은 과거를 회고함으로 말미암아 미래의 삶을 위한 교훈을 제공하기 위해서였습니다 (1-4장). 모세는 광야 생활의 회고(1-4장)를 통해 특히 두 가지를 강조하는데, 첫째는, 하나님께서 이스라엘 백성을 선하게 인도하신 은혜를 잊지 말라는 것이었습니다 (예를 들어, 천부장, 백부장, 오십부장, 십부장을 세우심/ 헤스본, 바산 지역에서 승리하게 하심). 그리고 둘째는, 가나안 땅으로 들어가는 새 세대 백성이 선조들이 반복하여 저질렀던 죄악과 실수를 범하지 않도록 경고하는 것이었습니다 (예를 들어, 가데스 바네아에서의 정탐꾼 사건/ 므리바에서 반석을 쳐서 물을 낸 사건). 그러므로 우리는 개인적으로나 교회적인 차원에서도 시시때때로 과거를 되돌아보며 하나님께서 우리를 성실하게 인도하시고 은혜를 베풀어주신 것에 대해 감사하는 시간을 가져야 합니다. 아울러 과거에 우리가 범했던 죄악과 실수에 대해서 주님 앞에 철저하게 회개하고 동일한 실수를 다시 범하지 않으려고 결단해야 합니다.

3) "쉐마 이스라엘(Shema Israel)"의 교훈

신명기 6장 4절부터 9절은 이 본문이 기록된 지 3,500년 정도가 지난 지금까지도 이스라엘 백성이 아침과 저녁의 기도 시간에 암송하고 노래하고 있을 만큼 중요하게 간주하는 기도문입니다. 우리 주 예수 님께서도 이 구절이 구약성경의 다양한 가르침들을 종합한 것으로 간 주하셨습니다(마 12:28-34). 그러므로 우리 그리스도인들에게도 중요한 의미를 지닙니다.

"우리 하나님 여호와는 오직 유일한 여호와이시니"(4절)라는 선포 는 가나안 땅에 다양한 신들과 우상들을 섬기는 족속들이 있었기에, 이스라엘 백성이 그들에게 물들지 않도록 경고하는 것입니다. 고대 가나안의 여러 족속은 엘 신과 아세라 여신을 포함하여 수십 명의 신 들을 섬겼습니다.[16] 이러한 신들 중에서 많은 것이 해, 폭풍과 바람, 비, 해일 등과 같은 자연 현상을 주관하면서 농사의 수확과 풍요를 보 장하는 신이거나, 자녀를 많이 출산하게 하는 신들로 소개됩니다. 그 리고 이렇게 다양한 신들을 섬기는 제사 의식을 통해 신들의 복을 받 기 원하는 자들이 성전 매춘부들과 성적인 관계를 맺는 것이 허용되 기도 했습니다.

결과적으로, 가나안에 사는 족속들이 다신들을 통해 풍요로운 삶 을 기대하며, 성적인 쾌락도 즐기는 무질서한 사회를 만들었을 때, 하 나님께서는 이스라엘 백성이 그러한 삶에서 벗어나 거룩한 사회를 만 들기 원하시는 유일하신 하나님 여호와만을 섬기라고 명령했습니다. 이 명령이 주어진 지 수천 년이 지난 현재에도 이 세상에는 여전히 수 많은 종류의 신을 섬기는 자들이 있는가 하면, 물질만능주의나 향락 주의가 현대판 신이 되어 사람들을 유혹합니다. 그러므로 그리스도인

16　http://en.wikipedia.org/wiki/Ancient_Canaanite_religion

들은 "쉐마 이스라엘"을 암송하고 지키는 일을 삶의 우선순위에 두어야 할 것입니다.

"너는 마음을 다하고 뜻을 다하고 힘을 다하여 네 하나님 여호와를 사랑하라"는 말씀은 우리의 감정과 지식과 의지를 다하여 여호와를 사랑하라는 것입니다. 그래서 하나님의 성품과 뜻, 그리고 베풀어주신 은혜를 지식적으로 잘 깨달아서 하나님을 사랑하라는 것이요, 우리의 감정과 정열과 욕구까지도 하나님을 향한 사랑으로 가득 채우라는 것입니다. 아울러 우리의 육체적인 힘뿐만 아니라 모든 물질과 재능과 인맥까지도 이용하여 하나님을 향한 사랑을 표현하는데 사용하라는 말씀으로 이해할 수 있을 것입니다.

"쉐마 이스라엘"은 하나님의 백성이 유일하신 하나님을 마음과 뜻과 힘을 다하여 사랑하도록 하나님의 뜻이 담겨 있는 말씀을 마음에 새겨야 한다고 명령합니다. 이 일을 위해 하나님의 말씀을 손목에 매어 기호로 삼고, 미간에 붙여 표로 삼고, 집 문설주와 바깥문에 기록해 두기까지 해야 한다고 제안합니다.

"쉐마 이스라엘"과 관련한 또 하나의 적용점은 이것을 자녀들에도 부지런히 가르쳐야 한다는 점입니다. 집에서든지 길을 걸어가고 있을 때든지 잠자리에 들었을 때까지도 하나님의 말씀을 가르쳐서 그들의 삶이 하나님의 말씀을 실천하므로 말미암아 얻는 복을 누리도록 명령했습니다. 한 걸음 더 나아가, 자녀들이 종종 하나님의 명령과 규례와 법도에 관해 물으면, 그 질문들에 대해 명확하게 답할 뿐만 아니라 자신들이 체험한 하나님의 은혜도 전할 수 있어야 한다고 가르쳤습니다 (6:20-25).

그러므로 우리 그리스도인들도 자신의 믿음을 돈독하게 할 뿐만 아니라, 자녀들도 하나님의 말씀 안에서 잘 자라나서 복을 누리며 그리스도의 제자로 살도록 자녀들에게 성경을 부지런히 가르치고, 우리가 그리스도 안에서 경험한 은혜를 자주 간증해야 할 것입니다.

4) 하나님께서 이스라엘을 택하신 이유(7:7-8)

신명기 7장 7절과 8절은 하나님께서 이스라엘 백성을 선민으로 택하신 이유를 가장 명확하게 언급합니다.

> 여호와께서 너희를 기뻐하시고 너희를 택하심은 너희가 다른 민족보다 수효가 많기 때문이 아니라 너희는 오히려 모든 민족 중에 가장 적으니라 여호와께서 다만 너희를 사랑하심으로 말미암아, 또는 너희의 조상들에게 하신 맹세를 지키려 하심으로 말미암아 자기의 권능의 손으로 너희를 인도하여 내시되 너희를 그 종 되었던 집에서 애굽 왕 바로의 손에서 속량하셨나니(7:7-8)

하나님께서 이스라엘 백성을 선민으로 택하신 이유는 첫째로, 하나님의 사랑 때문이요, 둘째는 조상들에게 약속을 맺은 것을 지키시는 하나님의 성실하심 때문이었습니다. 모세가 제시한 선택 사상은 하나님의 백성에게 하나님의 사랑과 성실하심에 대해 감사하며 겸손하도록 도전합니다. 안타깝게도 이스라엘의 역사를 되돌아보면 그들은 그릇된 선민사상에 빠져서 교만하게 살다가 민족적인 어려움을 자주 당했습니다. 그러므로 우리 그리스도인들은 하나님께서 예수 그리스도를 통해 우리를 죄와 지옥의 형벌로부터 구원하시고 하나님의 아들, 딸로 삼아주시고, 우리를 통해 하나님의 나라를 이 땅에 실현하려는 섭리를 항상 감사하며 겸손하게 살아야 합니다(롬 5:8; 갈 2:2).

5) 하나님께서 사십 년 동안 광야 길을 걷게 하신 이유(8:2-10)

신명기 8장 2절부터 10절은 이스라엘 백성이 사십 년 동안이나 광야 길을 걷게 된 것에 대한 이유를 세 가지로 언급합니다. 그래서 오늘날 그리스도인들이 살아가면서 인생이 마치 광야를 지나는 것처럼 고통스럽다고 여기며 신앙적으로 많은 질문을 던지게 될 때 되새겨 보아야 할 말씀이 됩니다.

(1) "이는 너를 낮추시며(8:2)": 3절에서도 "너를 낮추시며"라고 반복하여 언급합니다. 그러므로 하나님께서 이스라엘 백성으로 하여금 사십 년 동안 광야 길을 걷게 하신 것은 자신들의 공로가 아니라 하나님의 주권적인 인도하심과 채워 주심으로 사십 년 동안의 광야 생활을 감당할 수 있었다는 겸손한 마음을 잊지 않도록 하셨습니다.

(2) "너를 시험하사 네 마음이 어떠한지 그 명령을 지키는지 지키지 않는지 알려 하심이라"(8:2): 고통스러운 광야 생활 속에서도 하나님의 명령에 순종하는지를 알아 보기 위해서 오랜 광야 생활을 경험하게 하셨습니다. 그러므로 우리도 광야를 걸어가는 것처럼 힘들고 고통스러울 때, 하나님께서 우리의 믿음을 시험하시는 때로 생각하고, 하나님의 입에서 나오는 말씀에 철저하게 순종하는 자세로 살아야 합니다 (8:3).

(3) "이 사십 년 동안에 네 의복이 해어지지 아니하였고, 네 발이 부르트지 아니하였느니라(8:4)." 하나님께서 먹는 것, 입는 것을 비

롯하여 필요한 것들을 성실하게 채워 주신 분이라는 것을 실감
하도록 했습니다.

(4) "너는 사람이 그 아들을 징계함 같이 네 하나님 여호와께서 너
를 징계하시는 줄 마음에 생각하고 네 하나님 여호와의 명령을
지켜 그의 길을 따라가며 그를 경외할지니라(8:5-6)." 출애굽한
백성이 사십 년 동안이나 광야 생활을 할 수밖에 없었던 것은
그들의 수많은 불순종한 행위들에 대한 하나님의 징계로 이해
할 수 있습니다. 또한 개역개정역에서 "징계하다"로 번역된 히
브리어 동사 'yasar'는 새번역의 번역처럼 "훈련시키다, 교육하
다"라는 보다 긍정적인 의미로 번역할 수도 있기에, 이스라엘
백성들의 사십 년의 광야 생활을 하나님의 뜻에 순종하는 삶을
배워가는 연단과 훈련의 기간으로 간주할 수 있습니다.

6) 신명기 법전(신 12-26장)

출애굽기의 언약 법전(출 20:22-23:33)과 레위기의 성결 법전(레 17-26
장)과 마찬가지로 신명기 법전도 하나님께서 이스라엘 사회의 전반적
인 분야에서 거룩함을 유지하기를 원하신다는 점을 보여줍니다. 그래
서 신앙적으로는 우상숭배를 멀리하고 각종 제사와 절기를 지키는 공
동체가 되고, 재판에서 공의가 실현되는 공동체가 되며, 사회의 약자
들인 고아, 과부, 가난한 자, 거류민 등의 인권이 보장되는 공동체, 이
웃들 간의 평화와 사랑이 넘치는 공동체를 만들기 위해 백성이 지켜
야 할 구체적인 규례와 법도들을 제시합니다.

12장	하나님께서 택하신 처소에서 제사를 드릴 때 가난한 레위인들도 함께 참여하게 하기
14장	십일조를 가난한 레위인들을 위해 사용하기/ 삼 년마다 십일조를 거류민, 고아, 과부를 대접하는 데 사용하기
15장	면제년, 히브리 종 해방하기
16장	절기들 지키기, 재판을 공의롭게 실행하기, 우상을 멀리하기
17장	우상 숭배자 죽이기, 제사장과 재판장을 경멸하는 자를 죽이기, 왕의 도리
18장	제사장과 레위인의 분깃, 참 예언자와 거짓 예언자 구분하기
19장	부지중에 살인하게 된 자들이 정당한 재판을 받을 때까지 도피성에 피하게 하기
20장	전쟁에서 예외가 될 수 있는 이들: 집을 짓고 준공식을 못한 사람, 포도원을 만들어 놓고 아직 열매를 맛보지 못한 사람, 약혼하고 아직 결혼하지 못한 사람
21장	여자 포로를 아내로 삼을 때의 규례, 장자의 권리, 패역한 아들에 대한 규례
22장	성적인 성결을 위한 규례(레 18장)
23장	총회에 들어가지 못하는 사람들, 진영을 거룩하게 하는 법, 형제에게 이자를 받지 않고 꾸어주기, 여호와께 서원한 것을 지키기, 이웃의 포도원에 들어갈 때의 규례
24장	이혼과 재혼, 전당물에 관한 규례, 객이나 고아의 송사를 억울하게 하지 않기, 밭에서 곡식을 벨 때 나그네와 고아와 과부를 위해 곡식을 남겨두기
25장	악인에 대한 태형 횟수 제한하기, 죽은 형제에 대한 의무, 공정한 저울추와 되 사용하기
26장	가나안에서의 첫 추수 감사 제사 드리기-레위인과 거류인들과 함께 먹고 즐거워하기

차준희 교수가 소개하는 신명기의 메시지는 신명기 법전의 의미를 바르게 풀이합니다.

신명기는 오직 한 하나님을 한 장소에서 모든 백성이 하나가 되어 섬길 것을 요구한다. 동일하신 한 분 하나님을 섬기는 공동체도 하나가 되어야 함을 강조한다. 이 하나 됨은 사회경제적인 차이를 방치할 수 없다. 하나가 된 공동체는 그 구성원 중 사회적으로, 경제적으로 연약한 자를 반드시 도와주어야 한다(신 15:10). 따라서 신명기는 "공동체적 영성"을 가르친다.[17]

5. 신명기와 신약성경

구약성경 중에서 신약성경에 가장 많이 인용되는 책 중의 하나가 신명기입니다(창세기, 시편, 이사야 등). 예수님께서는 광야에서 마귀에게 시험을 받으실 때(마 4:4-10; 신 8:3; 6:13,16) 신명기를 인용하셨고, 산상설교 중에 신명기의 이혼법, 동태복수법 등을 언급하시면서 자신을 따르는 제자들의 삶이 이러한 법들을 뛰어넘기를 기대하셨습니다(마 5:31-42). 아울러 쉐마를 가장 중요한 계명으로 인용하셨습니다(막 12:29-30; 눅 10:27).

사도 바울은 신명기를 자신의 신학적 근거로 자주 이용했는데, 예를 들어, 회개하지 않는 사람들을 고린도 교회에서 출교시키도록 한 교훈은 처형이 아니라 출교의 방식이긴 하지만 신명기에 근거한 것으로 볼 수 있습니다(신 18:9-14; 21:18-21; 고전 5:13).[18]

---

17 차준희, 「최근 구약성서의 신앙」 (서울: 프리칭 아카데미, 2010), 24.
18 반 펠트, 「성경신학적 구약개론」, 158.

교회 재판에서, 여러 명의 증인이 있어야 한다는 원칙은 여전히 유효했고(고후 13:1; 참조, 신 19:15), 임금은 제때에 정당하게 지불되어야 했다(고전 9:9). 바울이 신명기의 마지막, 특별히 27-30장과 32장을 통해 자신의 고유한 사도적 직무와 자라가는 교회 안에서 이방인의 위치를 이해하게 되었다는 주장은 설득력이 있다.[19]

---

19   Ibid.

묵상과 토론을 위한 질문

01 하나님께서 출애굽 한 이스라엘 백성과 언약을 맺었습니다.
그러면 하나님께서 우리와는 어떤 언약을 맺으셨을까요?

02 "쉐마 이스라엘"을 암송하시나요?

03 하나님께서 우리를 구원하시고, 하나님의 백성으로 삼으신
이유가 무엇이라고 생각하십니까?

LESSON

07 여호수아 개론

1. 기록 목적

출애굽 한 이스라엘 백성의 자녀들이 광야 생활을 끝내고 가나안 땅으로 진입하여 여호와께서 조상들에게 약속하신 땅을 정복하고 지파에 따라 땅을 분배한 내용과 아울러 그 과정에서 생긴 다양한 사건들을 소개함으로써 독자들에게 신앙적 교훈을 제공하는 것이 이 책의 기록 목적입니다.

2. 특징과 유의점

1) 여호수아라는 이름의 뜻은 '여호와께서 구원하시다'입니다.
2) 여호수아의 문학 양식과 관련하여 개신교에서는 역사서로 간주해왔지만, 유대교 랍비들은 전기 예언서(the former prophet)로 간주하여 지도자 여호수아의 예언자적 역할에 관해 더 많은 관심을 기울이고

있습니다.

3. 여호수아의 사회적 배경이 되는
가나안 사회와 종교

출애굽 한 이스라엘 백성의 자녀들이 지도자 여호수아의 인도 하에 약속의 땅 가나안으로 진입했을 때, 가나안에는 이미 오랜 세월 동안 독특한 문화와 언어와 종교를 지닌 가운데 삶의 터전을 잡고 있었던 족속들이 있었습니다. 그리하여 하나님의 선민 이스라엘 백성의 삶에 직, 간접적으로 영향을 끼쳤습니다. 그러므로 이 자리에서 가나안에 대해 간략하게 설명합니다.

1) 지역
가나안은 북쪽으로는 튀르키에 남단까지 이르고 남쪽으로는 애굽의 북쪽 국경까지 이르는 지역을 말합니다.

2) 가나안의 의미
무역하는 사람

3) 사회적 특징
거류민들이 주로 농사를 짓는 농경 사회였으며, 도시마다 자치적인 정치 체제를 지녔고, 설형문자, 애굽의 상형문자 등을 사용했습니다.

4) 종교

가나안 종교의 특징으로 다산 종교(fertility cult)와 다신교, 그리고 바알 신화와 성적 문란 등을 언급할 수 있을 것입니다.

(1) 다산 종교: 가나안에 거주하는 족속들은 농사를 짓고 가축을 기를 때 많은 수확과 열매를 얻는 것을 기원하는 신앙생활을 했습니다. 특히 여러 가지 자연재해로 농사의 피해를 자주 경험했기에, 이것을 막아줄 수 있는 신들의 도움을 간구했습니다.

(2) 다신교: 가나안에 거주하는 족속들은 수십 명의 신들을 섬기고 있었습니다. 대표적인 몇 신들을 소개한다면 다음과 같습니다.[20]

엘(El)	다신 중의 최고의 신, 하늘의 신, 여러 신들을 낳게 한 아버지 신, 소로 상징
아세라(Asherah/Ashirat)	엘(El)의 배우자, 어머니 신
바알(Baal)	엘이 아세라와의 사이에서 낳은 70명의 신 중에서 가장 뛰어난 신, 날씨와 태풍을 주관하는 신, 농사를 지을 때 풍성한 수확을 맺게 하는 신
아낫(Anath)	바알의 누이 혹은 아내가 되는 여신, 전쟁의 여신, 바알을 향한 사랑과 열정을 가진 여신
아스다롯(Astarte)	전쟁과 성적 사랑의 여신, 풍요를 가져다주는 여신, 아낫의 누이이거나 아낫과 동일한 여신으로 간주되기도 함
얌(Yam/ Leviathan)	일곱 개의 머리를 가진 바다 신, 바알과 싸워 짐
못(Mot)	죽음의 신, 여름 가뭄의 신, 가축과 모든 생물을 황폐케 만드는 파괴적인 힘을 가진 신, 바알과 싸우는 신

---

20   Lawrence Boadt, *Reading the Old Testament*(New York: Paulist Press, 1984), 218.

(3) 바알 신화: 「바알 신화」(The Epic of Baal)에 의하면, 날씨와 태풍을 주관하는 바알에게 바다의 신 얌이 도전하여 온 땅에 해일과 쓰나미와 같은 자연재해가 생겼습니다.[21] 그러자 바알은 대장장이 신이 만든 신비한 무기로 얌을 제압했습니다. 그러자 온 땅은 다시 질서를 되찾고 풍요를 회복했습니다.

바알이 왕권을 얻어서 아낫과 아세라 여신과 함께 왕궁에 머물고 있을 때, 죽음의 신 못(Mot)이 바알을 시기하여 엘 신과 신들의 무리에게 바알을 자기의 권세 아래로 넘기라고 말합니다. 이 사실을 알게 된 바알은 못과 싸우기 위해 지하 세계로 내려가 싸우다가 죽음의 빵을 먹고 죽게 됩니다. 그러자 온 땅에 비가 내리지 못해서 땅이 메마르고 시들었습니다.

바알을 너무나도 사랑했던 누이/아내 여신 아낫은 사라진 바알을 찾아다니다가 해의 여신 샤파스(Shapash)의 도움으로 못이 다스리는 지하 세계로 갔고, 못과 처절한 결투를 벌인 결과, 승리했습니다. 그러자 바알이 다시 살아났고, 바알과 아낫이 서로 성적인 관계를 맺자 온 땅에 적당한 바람과 비가 내리며 풍요로운 열매가 맺혔습니다.

그래서 바알을 섬기는 가나안의 많은 족속이 바알 신화에 따라 바알 신이 제공하는 풍요로운 수확을 기대하며 바알 성전에 있는 성전 남창들이나 여창들과 성적인 관계를 맺는 풍습이 생겼습니다.[22] 결과적으로, 바알 신화에 기초하여 바알 성전에서 행해진 음행의 풍습은 가나안으로 진입하여 거주하게 된 이스라엘 백성의 삶에 심각한 성적

---

21 Ibid., 219.
22 James K. West, *Introduction to the Old Testament*(New York: Macmillan Publishing Co., Inc., 1981), 216.

유혹을 제공하였고, 많은 이가 이러한 유혹에 빠졌습니다(왕하 23:7; 렘 3:6-10; 암 2:7; 호 4:11-14).

가나안 족속이 가졌던 다신론적 믿음과 아울러 농사를 지을 때 풍성한 수확을 보장한다는 바알 신화는 40년 가까이 광야를 맴돌다가 약속의 땅 가나안에서 농사를 짓기 시작한 이스라엘 백성에게 실존적인 유혹으로 다가왔습니다. 그래서 그들은 여호와와 아울러 바알을 섬기는 혼합종교(syncretism)를 택하였고, 이것에 대해 여호수아를 비롯한 많은 예언자가 신랄하게 비판했습니다(수 24:14-18, 23; 삿 2:11-15; 왕하 23:4-14; 호 4:11-14).

4. 구조

여호수아는 여호수아의 지휘 아래 이스라엘 백성이 가나안 땅을 정복하는 과정과 주요한 지역들을 정복한 후에 땅을 지파별로 분배하는 내용, 그리고 여호수아가 백성들에게 고별 설교를 하고 세겜에서 언약을 맺는 내용으로 구분할 수 있습니다.

1) 1장 여호수아를 지도자로 세움	
2) 2:1-12:24 가나안 땅 진입과 정복	
(1) 2장	여리고 정탐
(2) 3장	요단강 건너기
(3) 4장	길갈에서 기념비 세우기
(4) 5장	할례와 유월절
(5) 6장	여리고성 함락: 순종의 결과로 얻은 승리

5. 주제들과 교훈들

1) 이스라엘 조상들과의 언약을 지키신 하나님

여호와 하나님께서 이스라엘 백성의 조상인 아브라함, 이삭, 야곱에게 큰 민족을 이루게 하고 거주할 땅을 주겠다고 하신 언약은 이스라엘 백성이 여호수아를 중심으로 하여 가나안을 정복하고 지파별로 땅을 나누어 가진 것을 통해 드디어 성취되었습니다(창 12, 15, 17, 26, 28장). 아울러 이스라엘 백성이 애굽에서 고통 가운데 있을 때, 모세에게 주신 땅의 언약도 하나님께서 성실하게 이루셨습니다(출 3:7-8). 그래서 여호수아의 저자는 이스라엘 백성이 가나안 땅을 정복한 것에 대해 여호와께서 이스라엘 조상들에게 맹세하신 것을 다 주셨고, 여호와께서 이스라엘 족속에게 말씀하신 선한 말씀이 하나도 남김없이 다 응했다고 밝힙니다(21:43-45). 그러므로 여러 구약학자가 여호수아의 핵심 주제를 여호와의 신실하심으로 간주합니다(R. B. Chisholm Jr., Mark F. Rooker). 그런데 여호수아는 여호와께서 이스라엘의 조상들에게 하신 약속을 신실하게 이루기 위해 다양한 기적을 행하시고 자연 현상까지도 주관하셨다는 점을 강조합니다. 예를 들어,

- 요단강을 마른 땅을 건너듯이 건너게 하셨습니다(2:12-17).
- 여리고 성을 엿새 동안 하루에 한 번씩, 칠 일에는 일곱 번을 돌았을 때 성이 무너지게 하셨습니다(6장).
- 아모리 족속의 다섯 왕과 싸울 때 하늘에서 큰 우박 덩이를 내리셔서 이스라엘 자손의 칼에 죽은 자보다 우박에 죽은 자가 더 많게 하셨습니다(10:11).
- 아모리 족속과 싸울 때, 태양이 중천에 머물러서 거의 종일토록 속히 내려가지 않게 하셔서 대적에게 원수를 갚도록 하셨습니다(10:13).
- 아모리 두 왕과 싸울 때 왕벌을 보내어 그들을 쫓아내게 하셨습니다(24:12).

그러므로 우리는 여호수아를 읽으면서 하나님께서 자기 백성에게 약속하신 것은 반드시 이루어주시는 신실하신 분이요, 능력이 많으신 분이라는 점을 잊지 말아야 합니다. 한 걸음 더 나아가서, 이러한 하나님께서 죄인들을 구원하도록 메시야를 보내실 것이라는 약속도 예수

그리스도를 통해 성취하셨고, 예수 그리스도를 구세주와 주님으로 신뢰하는 이들을 이 땅에서뿐만 아니라 천국에까지 이끄신다는 약속도 반드시 이루실 것이라는 믿음을 가져야합니다(요 14:1-3; 계 21, 22장).

2) 거룩한 하나님의 전쟁

이스라엘 백성이 여리고 성을 함락시킨 사건을 비롯하여 아모리 족속의 다섯 왕과 전쟁하여 승리한 것에 대해 다수의 학자가 '거룩한 전쟁'(holy war)의 대표적인 예로 간주합니다. 그러나 저는 이 용어보다도 더 정확한 것이 '거룩한 하나님의 전쟁'(holy God's war)이라고 봅니다. 왜냐하면, 하나님의 명령에 따라, 하나님께서 지시하신 방법대로, 그리고 하나님께서 이끄신 전쟁이기 때문입니다. 그러므로 여호수아가 백성의 장로들과 수령들과 재판장들과 관리들 앞에서 한 고백은 '거룩한 하나님의 전쟁'이라는 용어를 가장 잘 설명하고 있다고 봅니다. "너희의 하나님 여호와 그는 너희를 위하여 싸우신 이시니라"(23:3).

이스라엘 백성이 여리고 성을 함락시킬 수 있었던 것은 그들의 군사력이 뛰어나서가 아닙니다. 오히려 그들은 여호와께서 명령하신 대로 하루에 한 번씩 여리고 성을 돌면서 제사장들은 나팔을 불고 백성은 큰 소리로 외쳤고, 일곱 째 날에는 일곱 바퀴를 돌면서 제사장들이 나팔을 불고 백성은 여호와께서 외치라고 할 때에 외쳤습니다. 전쟁 전문가들의 관점에서는 상상할 수도 없는 전략이었지만, 여호와께서 명령하신 것이기에 이스라엘 백성은 순종했고, 여리고 성은 무너졌습니다(6장). 또한 아모리 족속의 다섯 왕과 싸울 때에 이스라엘 자손의 칼에 죽은 자보다 여호와께서 하늘로부터 내리게 하신 우박에 죽은 자가 더 많았다는 기록이나, 이스라엘 백성이 대적에게서 원수를 갚을 때까지 태양이 머물고 달이 멈추게 하셨다는 기록 역시 여호와께서 자기 백성을 위해 초자연적인 기적까지 일으키면서 싸워주신 것을 극적으로 보여줍니다(10:11, 13).

여호와께서 지시한 대로 순종함으로 말미암아 여리고 성을 함락시킨 이스라엘 백성은 안타깝게도 아이 성(이름의 뜻: '쓰레기 더미')을 공격할 때 실패했습니다. 그 이유는 여리고 성에서 포획한 것을 온전히 여호와의 곳간에 들이도록 명령했지만(6:18-19), 아간이 "시날 산의 아름다운 외투 한 벌과 은 이백 세겔과 그 무게가 오십 세겔 되는 금덩이 하나를 보고 탐내어" 가졌기 때문입니다(7:21).

그러므로 오늘날 그리스도인들도 주님의 뜻을 이루기 위해 '영적인 전쟁'에 참여하는 자신들을 위해 거룩한 하나님께서 다양한 방법들을 통해 기적을 행하시고 싸워주신다는 사실을 믿어야 합니다. 그리고 하나님께서 하나님의 말씀과 성령의 인도하심 가운데서 지시하신 대로 살아야 합니다. 한 걸음 더 나아가, 주님의 교회와 잃어버린 영혼들을 섬기는 중에 아간처럼 사리사욕을 취해서 공동체를 어려움에 빠트리는 일을 하지 말아야 합니다.

3) 여호수아에 소개되는 이스라엘 백성들의 실수들

여호수아는 이스라엘 조상들에게 약속하신 바들을 신실하게 이루시는 여호와의 활동을 중요한 주제로 소개함과 아울러 이스라엘 백성이 시시때때로 여호와의 명령에 불순종하거나 신실하지 못했던 사건들을 몇 가지 소개합니다.

(1) 첫째는, 아간이 여리고 성에서 포획한 것을 사적으로 취하지 말

라는 하나님의 명령을 어기고 외투 한 벌과 은 이백 세겔과 무게가 오십 세겔 되는 금덩이 하나를 훔쳤던 사건입니다(7:21). 아간 한 사람의 죄와 불순종은 온 이스라엘 백성의 공동체적인 죄로 간주되어, 그들이 아이 성을 침공했을 때 패배하여 삼십육 명쯤이나 죽은 비참한 결과를 초래했습니다(7:5). 이 사건은 여호와의 관점에서 볼 때, 한 사람의 죄가 죄를 지은 개인에게만 영향을 미치는 것이 아니라, 그가 속한 공동체에도 영향을 끼치는 원리를 가르쳐줍니다. 다시 말하여, 각 사람은 항상 '공동체의 일원으로서의 개인'(corporate person)이기에 자신의 행동이 공동체에 좋은 방향으로든 나쁜 방향으로든 영향을 끼치게 된다는 연대 책임 사상을 가르쳐줍니다. 이러한 이해는 사도 바울의 가르침 속에서도 발견할 수 있습니다.

> 한 사람의 범죄로 말미암아 사망이 그 한 사람을 통하여 왕 노릇 했은즉 더욱 은혜와 의의 선물을 넘치게 받는 자들은 한 분 예수 그리스도를 통하여 생명 안에서 왕 노릇하리로다 … 한 사람이 순종하지 아니함으로 많은 사람이 죄인 된 것 같이 한 사람이 순종하심으로 많은 사람이 의인이 되리라(롬 5:17-19)

(2) 둘째는, 이스라엘 백성이 가나안 내의 족속들을 진멸하라는 하나님의 명령을 어기고(신 20:16-18), 기브온 주민들과 화친하여 그들을 살려주겠다는 조약을 맺었던 것입니다(9:14-15). 가나안의 여러 족속과의 전투에서 승승장구하는 이스라엘 백성을 두려워 하여 자신들을 마치 먼 나라에서 온 백성인 것처럼 치장하고, 이스라엘 백성의 종이 되겠다는 기브온 주민들의 제안에 대해 이스라엘 백성이 솔깃해 하며

그 제안을 쉽사리 받아들인 것입니다. 그래서 여호수아의 저자는 "무리가 그들의 양식을 취하고 어떻게 할지를 여호와께 묻지 아니하고" 조약을 맺은 것에 대해 분명히 지적합니다(9:14).

　여호수아와 이스라엘 백성의 이러한 실수는 다윗의 모습과 대조되어 우리에게 중요한 교훈을 제공합니다. 다윗은 삶의 중요한 결정을 내려야 할 시점마다 여호와께 물었습니다. 그는 아말렉과 전투할 때(삼상 30:8), 헤브론으로 성읍을 옮길 때(삼하 2:1-4), 블레셋과 전쟁을 하려 할 때(5:19), 그리고 블레셋과의 전투에서 어떤 방식으로 싸워야 하는지도 여호와께 여쭙는 겸손함과 하나님의 절대 주권을 인정할 줄 아는 믿음을 가졌습니다.

　그러므로 우리 그리스도인도 매사에 하나님께 기도로 묻는 겸손함을 지녀야 할 것입니다. 뿐만 아니라, 교회를 섬기는 중에 목회자들은 자신들이 계획하는 것을 독단적으로 진행하기보다는 평신도 지도자들에게 먼저 의견을 묻고, 평신도 지도자들도 목회자들에게 자신들의 의견들을 묻는 가운데 서로를 존중하고 동역하여 행복한 교회생활을 유지해야 할 것입니다.

4) 갈렙의 교훈(14:6-15)

　이스라엘 백성이 가나안을 정복하여 지파별로 땅을 나눈 시점에 갈렙이 여호수아에게 제안했던 것은 독자들에게 커다란 감동을 제공합니다. 그는 마흔 살 때 가데스 바네아에서 출발하여 가나안을 정탐한 경험을 언급하면서, 자신은 그때부터 여호와께 충성했고 그로 말미암아 "네 발로 밟는 땅은 영원히 너와 네 자손의 기업이 되리라"는 약속을 받았다고 고백합니다(14:7-9). 그런데 사십오 년이 지나 팔십오

세가 된 시점에도 여전히 강건하여 싸울 수 있으니, 거인 아낙 사람들이 거주하는 크고 견고한 성읍 헤브론에 올라가 싸워서 그 성읍을 차지하도록 허락해달라고 여호수아에게 부탁했습니다(14:10-12). 여호수아가 갈렙으로 하여금 헤브론을 기업으로 삼도록 허락한 것에 대해, 여호수아의 저자는 갈렙이 하나님 여호와께 충성했기 때문이라는 해설을 덧붙이는데(14:4), 여기에서 '충성하다'로 번역한 male는 '가득 차다, 충분하다'라는 뜻을 지니고 있으면서, 갈렙이 평생, 온전히, 변함없이 하나님께 충성했다는 점을 강조합니다.

그러므로 우리는 갈렙을 통해 젊은 시절부터 연로한 시절까지 변함없이, 끝까지 하나님을 섬기는 충성스러운 믿음을 배워야 할 것입니다. 아울러 주님을 섬길 때, 남들이 꺼리고 부담스러워하는 일까지도 감당하려는 자원적이고 희생적인 섬김의 자세도 배워야 할 것입니다.

5) 여호수아의 고별 설교와 세겜 언약(23-24장)

여호수아는 이스라엘 백성을 위해 평생 위대한 일들을 많이 행했습니다. 젊은 시절에는 모세의 종으로 활동하다가, 백성들을 위한 군사적 지도자가 되고, 이윽고 모세의 후계자로서 온 백성을 이끌고 하나님께서 약속하신 가나안 땅을 정복하고 땅을 분배하는 위대한 역사를 이루었습니다. 그래서 백십 세의 나이로 죽기 직전까지 평안한 나날을 추구할 수도 있었을 것입니다. "여호와께서 주위의 모든 원수들로부터 이스라엘을 쉬게 하신 지"(23:1) 오래되었기 때문에 자신은 백성을 위해 할 일이 더 없다고 생각하며 여생을 즐길 수도 있었을 것입니다. 그러나 23장과 24장은 그가 죽기 직전까지 백성 앞에서, 자신의 평생에 하나님께서 이스라엘 백성을 위해 베풀어주신 기적들과 은혜들을 자세하게 언급하며, 백성이 우상을 섬기는 죄악에 빠지지 않고 오직 하나님만을 섬기도록 도전합니다. 그리고 그들로부터 여호와만 섬기고 청종하겠다는 다짐을 받아(24:21, 24), 세겜에서 백성과 더불어 언약을 맺고 그들을 위하여 율례와 법도까지 제정했습니다(24:25).

그러므로 백성이 하나님 앞에서 올바른 삶을 살아가면서 복을 누리는 공동체로 유지되기를 간절히 원하는 여호수아의 마지막 모습은 오늘날 교회 지도자들이 어떻게 사역을 마감해야 하는지를 일깨워줍니다.

여호수아의 저자가 이 책의 마지막 부분을 여호수아의 연설과 세겜에서의 언약으로 끝맺는 것은 중요한 의미가 있습니다. 이 부분에서 강조하는 것처럼, 이스라엘 백성에게 우상 숭배를 멀리하고 오직 하나님의 명령과 규례와 법도에 따라 살아가도록 도전하는 일은 모세가 신명기에서도 강조한 것으로서, 이후의 왕정 시대에 통치했던 여러 왕의 업적을 평가하는 중요한 기준이 되기 때문입니다. 그러므로 이 부분은 신명기적 역사가가 이스라엘의 역사를 평가하는 기준을 가장 잘 표현하는 본문 중의 하나로 간주할 수 있습니다.

묵상과 토론을 위한 질문

 이스라엘 백성을 약속하신 땅으로 인도하신 하나님의 신실
하심이 당신의 삶에서도 경험되고 있나요?

 삶의 크고 작은 결정들을 위해 하나님께 묻고 있나요?

 여호와께 끝까지 충성을 다했던 갈렙처럼 당신도 주님과 교
회를 위해 끝까지 충성하고 있나요?

08 사사기 개론

1. 기록 목적

이스라엘 백성이 가나안에 정착하여 지낸 첫 이백여 년 동안의 역사를 사사들의 활동을 중심으로 기록하여 그 시대 백성의 삶을 신앙적으로 평가함으로써 독자들에게 신앙적 교훈을 제공하기 위한 목적으로 기록되었습니다.

2. 특징과 유의점

1) 이스라엘의 사사들(shophetim)은 히브리어로 '재판관'이란 뜻을 지니고 있지만, 사사기에 의하면 그들은 정치적, 군사적, 행정적 지도자로서도 지도력을 발휘합니다. 그래서 월트키(Bruce K. Waltke)는 사사들의 군사적이고 통치적인 역할을 강조하여 그들을 "군 지도자"(warlords)

로 번역하기를 제안합니다.[23]

2) 사사들이 활동한 시기에 관한 구약학자들의 견해가 다양합니다. 출애굽 사건과 가나안 정복 사건을 기원전 15세기의 사건으로 보느냐 13세기의 사건으로 보느냐에 따라 사사들의 활동 기간에 차이가 생기기 때문이죠. 전자의 견해에 의하면 사사 시대는 기원전 14세기부터 11세기 말까지가 되고, 후자의 견해에 의하면 기원전 13세기부터 11세기 말까지가 됩니다.[24] 구약학자들이 일반적으로 동의하는 것은 사사기에 언급되는 사사들이 자신들이 속한 지파의 사사들로서 동시대에 여러 사사가 활동했을 수도 있다는 점입니다.

3) 사사기에 언급되는 각 사사의 이름과 특이한 활동을 기억하는 것도 중요하지만, 사사 시대의 역사 속에서 반복되었던 국면들(배교-심판-회개-구원)을 바로 파악하여, 우리가 속한 공동체에 올바른 적용점을 제시하는 것도 중요하다고 봅니다. 롱맨과 딜러드(T. Longman, R. Dillard)는 사사 시대의 역사를 순환적인 역사(cyclical history)로 평가했는데, 특히 "나선형 하강 구조"(downward spiral)로 돌아갔다고 표현했습니다. 이것은 사사 시대의 역사가 흘러갈수록 이스라엘 백성이 영적으로 타락해갔다는 점을 지적합니다.[25] 이것을 도형화한다면 다음과 같습니다.

---

23 브루스 월트키, 「구약신학: 주석적·정경적·주제별 연구 방식」, 김귀탁 옮김 (서울: 부흥과개혁사, 2012), 685.

24 마이클 글로도는 출애굽의 전통적인 연대를 기준할 때 사사 시대가 주전 약 1375-1092년에 해당한다고 보았습니다: 반 펠트, 「성경신학적 구약개론」, 182. 그런가 하면, 브루스 월트키는 여호수아가 죽은 때를 기원전 1225년으로 잡고 왕정이 출범한 때를 기원전 1050년으로 잡아서 그 사이의 기간을 사사 시대로 간주합니다: 「구약신학: 주석적·정경적·주제별 연구 방식」, 686. 존 브라이트는 사사 시대를 기원전 1200년에서 1020년으로 간주합니다: 존 브라이트, 「이스라엘 역사」 (크리스챤다이제스트, 2006), 연대표.

25 트램퍼 롱맨, 레이몬드 딜러드, 「최신구약개론」, 박철현 옮김 (고양: 크리스챤다이

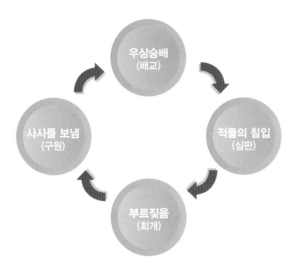

사사 시대의 순환적인 역사

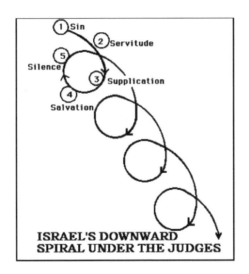

나선형 하강 구조[26]

제스트, 2009), 185.

26 https://taylorholmes.com/2015/04/01/the-bible-experiment-judges/

4. 구조

사사기는 여호수아 때부터 시작되었던 가나안 정복의 과업이 완전히 끝나지 않아서 이스라엘 백성이 가나안의 남은 족속들과 전쟁을 벌이는 내용과 여호와께서 이스라엘 백성을 위해 세우신 사사들의 활동을 소개하는 내용, 그리고 사사들의 활동이 언급되지 않은 때에 단 지파와 베냐민 지파 사람들을 중심으로 벌어진 반율법적이고 반인륜적인 사건들이 초래한 비참한 결과를 소개하는 내용으로 나눌 수 있습니다.

1) 1:1-2:5 가나안 정복에 관한 기사

(1) 1:1-21	유다 지파와 시므온 지파의 정복 활동
(2) 1:22-26	벧엘 정복
(3) 1:27-36	쫓아내지 않은 가나안 사람들
(4) 2:1-5	보김에 나타난 여호와의 사자

2) 2:6-16:31 사사 시대의 순환적 역사와 사사들의 활동

(1) 2:6-3:6	순환적 역사-나선형 하강 구조
(2) 3:7-11	옷니엘
(3) 3:12-30	에훗
(4) 3:31	삼갈
(5) 4-5장	드보라
(6) 6-8장	기드온
(7) 9장	아비멜렉-기드온의 아들, 세겜의 왕으로 삼개월 통치
(8) 10:1-2	돌라
(9) 10:3-5	야일
(10) 10:6-12:7	입다
(11) 12:8-10	입산
(12) 12:11-12	엘론
(13) 12:13-15	압돈
(14) 13-16장	삼손

4. 주제들과 교훈들

1) 사사 시대에 반복된 나선형 하강 구조의 역사(2:6-3:6)

이 부분은 사사 시대의 이스라엘 백성이 '배교―심판―회개―구원'의 국면을 되풀이했다는 점을 간략하지만 분명하게 소개합니다. 그들은 "여호와의 목전에 악을 행하여 바알"을 비롯한 주위의 다른 신들을 섬겼습니다(배교: 2:11-13). 그러자 "여호와께서 이스라엘에게 진노하사 노략하는 자의 손에 넘겨 주사" 심판을 당하게 하셨습니다(심판: 2:14-15). 그들은 적들에게 "압박과 괴롭게 함을 받아 슬피" 부르짖었고(회개: 2:18), 여호와께서는 뜻을 돌이키셔서 그들을 위하여 사사들을 세우셔서 적들로부터 구원하셨습니다(구원: 2:18).

그들은 구원의 국면에 계속 머물러야 했지만, 안타깝게도 "사사가 죽은 후에는 그들이 돌이켜 그들의 조상들보다 더욱 타락하여 다른 신들을 따라 섬기며 그들에게 절하고 그들의 행위와 패역한 길을 그치지" 않았습니다(배교: 2:19). 그래서 여호와께서 이스라엘에게 진노하셔서 다시 적들을 통해 심판하였습니다(심판: 2:21, 23; 3:1-6). 결과적으로 사사 시대는 시간이 흘러갈수록 백성들뿐만 아니라 사사들조차도 하나님의 말씀에 불순종하여 영적 침체기에 깊이 빠졌습니다. 사사 시대의 나선형 하강 구조의 역사는 사사들의 활동이 소개되는 부분에서도 반복적으로 소개됩니다.

그러므로 교회 지도자들은 사사기를 읽으면서 현재 우리가 속한 사회와 교회가 어떤 국면에 있는지를 바로 분별할 줄 아는 통찰력을 가져야 합니다. 그래서 성도들과 사회 구성원들이 우상 숭배를 비롯하여 하나님께 배교하는 모습을 보일 때는 하나님의 진노로 말미암은 심판이 다가올 수 있다는 점을 경고해야 합니다. 아울러 공동체적인 회개를 촉구해야 할 것입니다. 또한 백성이 삶의 다양한 고통 속에서 하나님께 부르짖고 회개하면 하나님께서 구원을 베풀어주신다는 희망의 메시지도 전해야 합니다. 무엇보다도 중요한 것은 하나님의 구원을 경험한 백성들이 다시 배교하는 국면으로 돌아가지 않도록 지도자들이 엄하게 경고하는 것입니다.

2) 사사들을 통한 교훈들

독자 중에는 사사기에 등장하는 모든 사사가 하나님께서 주신 사명을 잘 감당했던 훌륭한 지도자였을 것으로 오해하는 이들도 있습니다. 그러나 사실은 그렇지 않습니다. 어떤 사사들은 전쟁 영웅이 되어 주변 국가들의 억압 아래 고통 받는 백성을 구원하고, 땅을 평온하게 하는 사명을 잘 감당했습니다(옷니엘, 에훗, 삼갈, 드보라, 기드온). 그런가 하면 다른 사사들은 자신의 신분을 정치적 욕망이나(아비멜렉) 사리사욕을 채우는 데 사용하거나(야일, 입다, 입산, 압돈), 성적인 욕망을 추구하다가 인생을 망치기도 했습니다(삼손). 그러므로 우리는 각 사사의 활동에 대해 사사기의 저자가 묘사하는 내용을 보다 주의 깊게 살펴보아야 합니다. 각 사사와 관련하여 특이한 사항들을 간략하게 소개한다면 다음과 같습니다.

(1) 옷니엘: 여호와의 영이 그에게 임했습니다(3:10).

(2) 에훗: 왼손잡이 사사(3:15), 모압 왕 에글론을 죽일 때 지략을 보여줌(3:20-22).

(3) 삼갈: 소 모는 막대기로 블레셋 사람 육백 명을 죽임(3:31).

(4) 드보라: 여선지자, 여사사, 바락 장군의 정신적 지주(4:8), 헤벨의 아내 야엘의 영웅담.

(5) 기드온: 삼백 용사와 함께 미디안을 물리침. 왕이 되어달라는 백성의 요청을 뿌리침. 그러나 백성에게 전쟁에서 탈취한 금귀고리와 패물들을 달라고 해서 에봇을 만들어 백성이 음란하게 섬기게 만듦(8:24-27). 사사로 활동하면서도 제사장의 사역과 제사장이 입는 옷에 미련을 가졌던 사사.

(6) 아비멜렉: 기드온의 아들로 칠십 명의 형제를 죽이고 세겜의 왕이 되었지만 삼 개월 만에 죽음.

(7) 야일: 아들 삼십 명을 낳아서 각 아들에게 나귀 한 마리와 성읍 하나씩을 줌(10:3). 사사의 업적을 역사가가 기록할 때, 아들을 많이 낳아서 그들에게 나귀와 성읍을 나눠준 것만 남기도록 만들었다면 그의 사사로서의 삶은 문제가 많음. 사리사욕에 빠진 지도자의 대표적인 예.

(8) 입다: 기생의 아들, 잡류의 우두머리, 사회적 신분을 확보하려고 여호와께 불필요한 서원을 했다가 외동딸을 번제로 바친 사사(11:30-31).

(9) 입산: 아들 삼십과 딸 삼십을 두어서, 딸들을 타국으로 시집보

내고, 아들들을 위해서는 타국에서 여자 삼십을 데려옴(12:9). 그리하여 출애굽기 34장 15절과 16절의 명령을 어겼음. 사사로 한 평생 살고 난 후에 역사에 기록된 업적이 자녀들 결혼시킨 것뿐이라면 문제가 많음. 사리사욕에 빠진 지도자의 대표적인 예.

(10) 압돈: 아들 사십과 손자 삼십을 두고 그들을 위해 어린 나귀 한 마리씩을 제공함. 사사의 업적을 역사가가 기록할 때, 아들들과 손자들에게 나귀를 남긴 것만 기록하도록 만들었다면 사사로서의 그의 삶은 문제가 많음.

(11) 삼손: 기적적으로 출생하여, 나실인으로 살고, 여호와의 영이 충만하게 임하여 초자연적인 힘을 은사로 가진 사사였음. 그러나 성적인 유혹을 이기지 못하고 이방 여인과 결혼하고, 기생집을 드나들고, 블레셋 여인 들릴라를 사랑했다가 자기 힘의 비밀을 알려준 결과로 다곤 신전에서 눈이 뽑힌 채 죽게 된 사사. 자신이 하나님께로부터 받은 은사와 잠재력이 얼마나 중요한지를 모르고 방탕하게 살면서 은사를 낭비한 자. 영적인 은사를 앞세워서 영적인 훈련을 받는 일을 등한히 한 자.

삼손의 생애에 대한 이야기는 하나님이 주신 재능과 은사들의 한계에 대해 냉정하게 깨닫도록 만든다. 은사들에만 의존한 채 거룩함에 있어서 개인적인 성숙에 이르고자 헌신하기를 외면하려는 유혹은, 우리로 하여금 하나님이 원하시는 사람으로 자라나지 못하도록 한다.[27]

---

27 리처드 포스터 편, 「레노바레 성경」 (서울: 두란노, 2006), 478.

3) 사사기 말기에 사회적 무질서에 빠진 이유(17-21장)

사사기 17장부터 21장까지 소개되는 일련의 사건들은 너무나 어처구니가 없는 것들입니다. 그래서 사사기 말기야말로 이스라엘 역사 중에서 가장 암울했던 시기 중의 하나로 손꼽을 수 있습니다. 에브라임 산지의 미가라는 사람이 어머니의 은을 도둑질했다가 돌려주고, 어머니는 그것으로 신상을 만들었습니다. 그는 아들 중의 한 사람을 제사장으로 세웠다가 레위 사람 청년 하나에게 어떤 검증도 거치지 않고 제사장 일을 맡겼습니다(17-18장). 19장과 20장은 에브라임 산지에 거하는 어떤 레위 사람의 첩이 베냐민 지파 사람들에 의해 유린당하고 죽자 이스라엘의 열한 지파가 베냐민 지파를 응징하는 사건이 소개됩니다.

21장은 이스라엘 지파 사람들이 전쟁에서 살아남은 베냐민 지파의 남자들을 위해 아내를 찾게 하는데, 자신들의 딸은 주지 않고 실로의 여자들이 춤을 추러 나왔을 때 그들을 잡아서 아내로 만들게 했습니다. 그래서 19장부터 21장까지에 언급되는 사건들은 레위 사람의 첩뿐만 아니라 실로의 여자들의 인권을 유린한 반인륜적인 사건들입니다.

이러한 사건들이 사사 시대의 말기에 일어난 것에 대해 사사기의 저자는 "그 때에 이스라엘에 왕이 없었으므로 사람마다 자기 소견에 옳은 대로 행했더라"(17:6; 21:25)라고 평가합니다. 하나님의 백성이 하나님께서 주신 율법에 따라 매사를 결정하고 실행하는 것이 아니라, 각자 자기 생각에 옳은 대로 행하여 온 나라가 무질서해지고 인권을 유린하는 사건들이 팽배했습니다.

그러므로 사사기 마지막 부분에서 소개하는 사건들은 현대를 살아가는 하나님의 백성이 피해야 할 바를 분명히 소개하는데, 그것은 하나님의 말씀과 성령님의 인도하심에 따라 행하지 않고, 각자 자신의 생각대로 행하는 것입니다. 특히 교회와 사회라는 공동체 생활 속에서도 이러한 경고는 더욱 유효합니다. 우리는 우리가 속한 공동체 속에서 각자 자신의 생각대로 행하여 무질서하고, 비도덕적이고, 약자나 소수의 인권을 유린하는 일이 발생하지 않도록 구성원 모두가 겸손한 마음으로 하나님의 말씀에 순종해야 할 것입니다.

"그 때에 이스라엘에 왕이 없었으므로 사람마다 자기 소견에 옳은 대로 행했더라"라는 구절은 사사기의 마지막 구절로 자리 잡고 있습니다. 그래서 히브리어로 된 성경의 순서에 따르면 바로 이어지는 사무엘상에서 이스라엘 백성에게 왕이 주어지게 된 배경을 미리 알려주고 있습니다.

묵상과 토론을 위한 질문

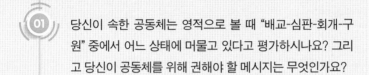

01 당신이 속한 공동체는 영적으로 볼 때 "배교-심판-회개-구원" 중에서 어느 상태에 머물고 있다고 평가하시나요? 그리고 당신이 공동체를 위해 권해야 할 메시지는 무엇인가요?

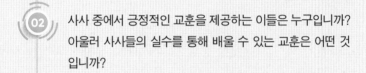

02 사사 중에서 긍정적인 교훈을 제공하는 이들은 누구입니까? 아울러 사사들의 실수를 통해 배울 수 있는 교훈은 어떤 것입니까?

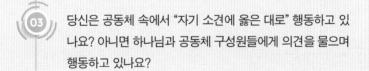

03 당신은 공동체 속에서 "자기 소견에 옳은 대로" 행동하고 있나요? 아니면 하나님과 공동체 구성원들에게 의견을 물으며 행동하고 있나요?

09 사무엘상·하 개론

1. 기록 목적

이스라엘이 사사 시대에서 통일 왕국 시대로 전환된 과정을 사무엘, 사울, 다윗을 중심으로 소개함으로써 독자들에게 신앙적 교훈을 얻게 하기 위한 목적으로 기록되었습니다.

2. 특징과 유의점

1) 사무엘상·하는 고대 히브리어 성경에서 한 권의 책이었지만, 헬라어 번역본 중의 하나인 칠십인 역(BC 3세기)부터 「제 1 왕국기」(1 Kingdoms)와 「제 2 왕국기」(2 Kingdoms)로 나누어졌는데, 책의 분량이 너무 방대했기 때문에 나눈 것으로 볼 수 있습니다.[28] 칠십인 역에서

---

28   롱맨, 딜러드, 「최신구약개론」, 201.

는 열왕기상과 열왕기하를 「제 3 왕국기」와 「제 4 왕국기」라고 부릅니다.

2) 사무엘상과 사무엘하의 많은 내용은 이스라엘의 왕정 시대 역사를 바벨론 포로기 이후 시대에 살았던 제사장들의 관점에서 재평가하는 역대상, 역대하에서도 언급됩니다(대상 10-29장). 그러나 사무엘상·하와 역대상·하는 다른 시대 상황 속에서 다른 신앙적 관점을 가진 저자들에 의해 기록되었기 때문에 신학적 관점과 강조점의 차이를 발견할 수 있습니다. 그러므로 사무엘상·하에 언급되는 인물들과 사건들에 관해 포괄적으로 이해하려면 역대상과 역대하에 소개되는 내용과 비교해 보는 것이 필수적입니다(예: 성전을 건축하고자 하는 다윗의 의지와 복을 약속하시는 여호와: 삼하 7장과 대상 17장; 다윗의 인구 조사: 삼하 24장과 대상 21장).

3-1. 사무엘상의 구조: 인물 중심의 분류

사무엘상의 중심인물은 사무엘과 사울 왕, 그리고 다윗입니다. 그리고 사무엘하의 중심인물은 다윗 왕입니다. 우리는 사무엘상·하의 구조를 중심인물의 활동과 관계를 중심으로 나눌 수 있습니다.

1) 1-8장 사무엘의 활동

(1) 1-2장	사무엘의 출생 - 기도의 여인 한나
(2) 3장	사무엘의 소명
(3) 4-6장	법궤의 이동
(4) 7장	민족적 회개 운동을 이끄는 사무엘
(5) 8장	왕을 요구하는 백성들

2) 9-15장 사울의 활동

(1) 9-10장   사울을 왕으로 기름 부음
(2) 11-12장   사울이 왕으로 다스림
(3) 13-15장   사울 왕이 버림당함

3) 16-31장 다윗의 활동

(1) 16장   다윗을 왕으로 기름 부음
(2) 17장   다윗과 골리앗의 싸움
(3) 18장   다윗과 요나단의 우정, 사울의 딸 미갈이 다윗의 아내가 됨
(4) 19-30장   사울의 시기로 고난을 겪는 다윗
  • 19장: 다윗을 죽이려는 사울 왕
  • 20장: 요나단의 도움으로 피신하는 다윗
  • 21장: 놉과 갓으로 피하는 다윗
  • 22장: 사람들을 모으는 다윗
  • 23장: 블레셋과 싸우는 다윗, 다윗을 쫓는 사울, 요나단과 언약을 맺는 다윗
  • 24장: 사울 왕을 살려주는 다윗
  • 25장: 사무엘의 죽음, 다윗과 아비가일
  • 26장: 십 광야에서 다시 사울 왕을 살려주는 다윗
  • 27장: 다윗이 시글락으로 피함
  • 28장: 엔돌에서 신접하는 여인을 부르는 사울
  • 29장: 다윗과 블레셋의 전투
  • 30장: 아말렉 족속과 전투를 벌이는 다윗
(5) 31장   사울 왕의 부상과 자결

3-2. 사무엘하의 구조

1) 1장: 사울 왕과 요나단의 죽음을 애도하는 다윗

2) 2-4장: 유다의 왕이 된 다윗

• 헤브론에서 유다 지역의 왕으로 기름 부음/ 이스보셋이 이스라엘 지역의 왕이
  됨/ 이스라엘과 유다의 전쟁/ 아브넬이 이스보셋을 배반함/ 아브넬의 살해/ 이
  스보셋의 살해

4. 주제들과 교훈들

1) 신정체제(theocracy)에서 왕정체제(monarchy)로의 전환(삼상 8장)

사무엘상·하는 고대 이스라엘이 신정체제로부터 왕정체제로 전환되는 과정을 설명합니다. 신정체제란 하나님께서 백성에게 필요한 지도자(사사)를 때에 따라 보내신 것을 말하며, 왕정체제란 정치적 지도력이 왕을 중심으로 제도화되고 상속될 수 있는 것을 의미합니다.[29]

---

29   Ibid.

중요한 점은 이러한 정치 체제의 전환에 대해 사무엘상·하의 저자가 신앙적으로 어떻게 평가하느냐 하는 것입니다. 다시 말하여, 사무엘상·하는 이스라엘이 신정체제에서 왕정체제로 전환되는 것이 여호와의 주권적인 통치에 대해 백성이 만족하지 못하고 주위 나라들처럼 왕들을 세워달라고 요청함으로써, 여호와를 버려 여호와의 왕권을 인정하지 않으려는 의도로 해석합니다(삼상 8:6-7). 선지자 겸 사사인 사무엘이 다른 나라들처럼 왕을 세우게 될 때에 백성들에게 돌아갈 수 있는 피해들을 언급하면서 왕을 세워달라는 요청이 어리석은 것임을 그들에게 경고했지만, 그들은 강력한 나라를 세우기 위해 왕이 필요하다고 말하며 사무엘의 경고를 무시했습니다(삼상 8:10-20). 그러므로 사무엘상·하와 열왕기상·하는 왕을 세워달라고 했던 이스라엘 백성의 요구가 왕정 시대의 역사를 회고해 볼 때 결코 바람직하지 못한 것이었다고 평가합니다. 이스라엘과 유다의 왕들이 보편적으로 악한 정책들을 펴고 우상숭배에 빠지며 사리사욕을 취하다가 결국 나라가 패망하기에 이르렀다는 점을 지적하기 때문입니다.

구약학자들 중에는 여호와께서 다윗의 왕조가 끊어지지 않을 것이라고 약속하신 것(삼하 7:16, 29)과 바벨론으로 말미암아 유다가 패망한 것을 하나님의 은혜와 율법 사이의 긴장 관계나 하나님의 약속들과 하나님의 정의 사이의 긴장 관계로 간주하며, 이러한 주제가 신명기적 역사서 전체의 내용을 이끌어가고 있다고 보았습니다.[30] 그러나 저는 다윗의 왕조가 끊어지지 않을 것이라는 하나님의 약속이 하나님의 구원사적 계획에 따라 다윗의 후손 예수 그리스도를 통해 성취되

---

30   Ibid., 218.

었기에 하나님의 약속들과 하나님의 정의 사이에 긴장 관계가 있었다고 볼 필요가 없다고 생각합니다.

여호와 하나님께서는 자신의 왕권과 주권적인 통치를 거부하고 왕을 세워달라고 하는 백성의 요구에 대해 진노를 표출할 수도 있었지만, 오히려 그들을 위해 왕을 세우도록 사무엘에게 명령하셨습니다(삼상 8:22). 그리하여 사울, 다윗, 솔로몬으로 이어지는 통일 왕국 시대의 왕들이 등장하게 됩니다.

2) 사무엘의 삶을 통한 교훈(삼상 1-12장)

사무엘상의 주요 등장인물 세 명은 사무엘, 사울, 그리고 다윗입니다. 고대 이스라엘이 사사들이 통치하는 체제로부터 왕이 통치하는 체제로 전환되는 시점에 하나님께 쓰임 받은 가장 중요한 지도자들이 이 세 명입니다. 우리는 이들로부터 신앙적 교훈과 아울러 공동체의 지도자가 지녀야 할 지도력에 관하여 배울 수 있습니다.

먼저 사무엘의 삶을 살펴보면, 그는 기원전 11세기에 고대 이스라엘에서 가장 영향력을 발휘했던 지도자입니다. 왜냐하면, 사사와 제사장과 예언자(순회 예언자: 삼상 7:15-17)로 활동하면서 두 차례나 '킹메이커'(kingmaker)가 되었기 때문입니다.

사무엘상에서 발견할 수 있는 사무엘의 긍정적인 삶의 모습들은 다음과 같습니다.

⑴ 삼상 1-3장: 어머니 한나의 서원 기도의 응답으로 출생하여 어린 시절부터 하나님을 위해 헌신하고 엘리 제사장의 지도하에 영적으로 준비된 사람이었습니다.

(2) 삼상 3:19-4:1: 여호와께서 그와 함께 계셔서 그가 한 말이 하나
도 어긋나지 않고 다 이루어지게 하시고, "사무엘이 말하면 온
이스라엘이 귀를 기울여" 듣게 하셨습니다(4:1).

(3) 삼상 7:5; 10:17-24; 12:19-25: 그는 이스라엘 백성이 공동체적으로
중요한 시점을 맞이할 때마다(법궤가 이스라엘의 돌아왔을 때, 사울을 왕
으로 뽑을 때, 자신의 은퇴 예배 때) 온 백성을 모아놓고 여호와 하나님
앞에서 우상숭배를 비롯한 죄악을 회개하고 오직 여호와만을
섬기도록 권유했던 지도자입니다.

(4) 삼상 12:23: 백성을 위해 기도하기를 쉬는 죄를 범하지 않으려
했던 중보 기도의 사람이었습니다.

(5) 삼상 12:1-5: 그는 사사요 제사장이요 예언자요 왕을 세우기까지
했던 지도자로서 막강한 영향력을 지니고 있었지만, 평생의 사
역 속에서 물질적으로 깨끗한 지도자요 사리사욕을 멀리했던
지도자였습니다. 그의 고별 설교 중에 그가 백성에게 했던 말과
백성의 반응은 감동적입니다.

> 내가 누구의 소를 빼앗았느냐 누구의 나귀를 빼앗았느냐 누구를 속
> 였느냐 누구를 압제하였느냐 내 눈을 흐리게 하는 뇌물을 누구의
> 손에서 받았느냐 그리하였으면 내가 그것을 너희에게 갚으리라 하
> 니 그들이 이르되 당신이 우리를 속이지 아니하였고 압제하지 아
> 니하였고 누구의 손에서든지 아무것도 빼앗은 것이 없나이다(삼상
> 12:3-4)

사무엘상은 사무엘의 실수들도 언급하는데, 첫째는 자녀들을 바

르게 교육하는데 실패했습니다. 장자 요엘과 차자 아비야가 사사로서 공의롭게 활동하도록 가르쳤어야 했는데 그러지를 못해서, 그들이 "자기 아버지의 행위를 따르지 아니하고 이익을 따라 뇌물을 받고 판결을 굽게" 하는 자들이 되었습니다(삼상 8:3). 둘째로 그는 사람을 외모로 평가하는 실수를 범했습니다. 그가 하나님의 명령에 따라 사울을 폐하고 새로운 왕을 찾아 기름을 부어야 하는 시점에 다윗의 아버지 이새의 집을 방문했다가, 용모와 키가 준수한 엘리압을 보고 그를 왕으로 기름부으려 했다가 하나님께 꾸지람을 들었습니다.

> 그의 용모와 키를 보지 말라 내가 이미 그를 버렸노라 내가 보는 것은 사람과 같지 아니하니 사람은 외모를 보거니와 나 여호와는 중심을 보느니라(삼상 16:7)

3) 사울 왕을 통한 교훈(삼상 9-삼하 1장)

어떤 이들은 사울 왕을 생각할 때, 처음부터 끝까지 악한 짓만 하다가 하나님께 버림을 받은 자로 오해하는 것 같습니다. 그러나 사무엘상·하는 사울 왕이 하나님 앞에서 보였던 긍정적인 모습들과 부정적인 모습들을 둘 다 언급합니다. 먼저 사울의 긍정적인 모습들은 다음과 같습니다.

(1) 삼상 9:21: 사무엘이 사울을 왕으로 기름 부으려 할 때, 그는 자신의 부족함을 인정하며 사양하는 겸손한 모습을 보였습니다. "나는 이스라엘 지파의 가장 작은 지파 베냐민 사람이 아니니이까 또 나의 가족은 베냐민 지파 모든 가족 중에 가장 미약하지 아니

하니이까 당신이 어찌하여 내게 이같이 말씀하시나이까"

(2) 삼상 10:9-10: 왕으로 기름 부음을 받은 후에 여호와께로부터 새 마음을 받았고, 예언자의 무리와 함께하며 여호와의 영이 크게 임하여 예언을 하는 경험도 했습니다. 다시 말하여, 왕으로 활동하기 전에 영적으로 훈련을 받는 시간을 가졌습니다.

(3) 삼상 14:47-48: "사울이 이스라엘의 왕위에 오른 후에 사방에 있는 모든 대적 곧 모압과 암몬 자손과 에돔과 소바의 왕들과 블레셋 사람들을 쳤는데 향하는 곳마다 이겼고 용감하게 아말렉 사람들을 치고 이스라엘을 그 약탈하는 자들의 손에서 건졌더라."

안타깝게도 사무엘상·하는 사울이 왕이 되고 난 후에 여호와 앞에서 여러 가지 악한 행동을 범한 것도 자세하게 언급합니다. 그 결과로 하나님께서 사울 왕을 버리셨다는 점도 분명하게 지적합니다(15:23; 28:17-19). 사울의 악행들은 다음과 같습니다.

(1) 삼상 13:8-9: 블레셋과 전쟁하러 가기 전에 제사장 사무엘이 주관해야 할 제사를 자기가 주관함으로써 왕이라도 해서는 안 되는 일을 행하는 교만을 보였습니다(13:8).

(2) 삼상 15:9-11: 아말렉과 전쟁을 할 때에 그들을 쳐서 "그들의 모든 소유를 남기기 말고 진멸하되 남녀와 소아와 젖 먹는 아이와 우양과 낙타와 나귀를 죽이라"(삼상 25:3) 는 여호와의 명령을 어기고, 아말렉 왕 아각을 살려주고, "그의 양과 소의 가장 좋은 것 또는 기름진 것과 어린 양과 모든 좋은 것을 남기고 진멸

하기를 즐겨 아니하고 가치 없고 하찮은 것은 진멸"했습니다(삼상 15:8-9). 그러자 여호와께서는 사무엘 예언자를 보내서 사울을 준엄하게 꾸짖고, 사울이 여호와의 말씀을 버렸기 때문에 여호와께서도 사울을 버려 왕이 되지 못하게 하셨습니다(삼상 15:23). 사무엘이 사울을 꾸짖기 위해 한 말은 성경 전체에서 강조하는 신앙적 기본 원리 중의 하나를 분명히 밝혀주고 있습니다.

순종이 제사보다 낫고 듣는 것이 숫양의 기름보다 나으니

(삼상 15:22)

(3) 다윗에 대한 병적인 열등감, 두려움, 그리고 적개심(삼상 18:9; 29). 다윗이 블레셋의 장수 골리앗을 무찌르고 전쟁에서 승리하고 돌아올 때 여인들이 춤추며 노래한 내용이 사울 왕에게 커다란 충격을 주었습니다. "사울이 죽인 자는 천천이요 다윗은 만만이로다"(삼상 18:7). 사울은 이 노랫말에 마음이 불쾌하여 크게 노했는데, "그 날부터 사울은 다윗을 시기하고 의심하기 시작했"습니다(삼상 18:9, 새번역).

이 사건 이후로부터 사울 왕이 다윗에 대해 병적인 열등감과 비교의식, 두려움과 적개심을 반복적으로 표현하며 다윗을 죽이는 일에 혈안이 되었습니다. 사울의 이러한 모습에 대해 사무엘서의 저자는 "하나님께서 부리시는 악령이 사울에게 힘 있게" 내렸기 때문이라고 평가할 정도였습니다(삼상 18:10; 19:9). 안타깝게도 오늘날 정치적, 사회적, 예술적인 분야에서뿐만 아니라 교계적으로도 지도자들이 동역하는 사람들에게 지나친

열등감, 시기심, 두려움과 적개심을 가지고 그들의 앞길을 망치려고 수단과 방법을 가리지 않는 모습들을 자주 발견하게 됩니다. 그리하여 결국에는 동역자들의 인생을 망가뜨릴 뿐만 아니라 자신의 인생도 피폐해지고, 서로가 속한 공동체와 사회까지도 어려움에 빠지게 만드는 경우들을 보게 됩니다. 그러므로 사울 왕이 다윗에 대하여 가졌던 병적인 열등감과 두려움, 그리고 적개심 등이 우리의 삶과 사역 속에서 자리 잡지 못하도록 시시때때로 성령님의 도우심을 간구하며 기도해야 할 것입니다

(4) 엔돌의 신접한 여인을 찾아 자신의 운명에 대해 묻다(삼상 28장).

사무엘 예언자가 죽은 후에 사울 왕은 나라 안에 있는 무당과 박수를 모조리 쫓아내었습니다. 그래서 여호와께서 보시기에 선한 일을 행한 듯했습니다. 그런데 블레셋과의 전쟁을 앞두고 블레셋 군대를 두려워한 그는 전쟁에서 승리하게 될지를 내다보기 위해 여호와께 물었으나 여호와께서 꿈이나, 우림이나, 예언자를 통해서 답을 주지 않았습니다. 답답해진 사울은 엔돌에 있는 여자 무당에게 변장을 하고 가서 죽은 사무엘을 불러올리도록 했습니다. 그는 자신이 전쟁에서 승리하게 될 것이라는 소식을 듣기를 원했지만, 사무엘은 사울 왕이 전쟁에서 죽게 될 것을 예언했는데, 그 이유는 사울 왕이 아말렉과의 전쟁 때 하나님께서 주신 명령에 불순종했기 때문이었습니다(삼상 28:16-19).

사울 왕의 이러한 모습은 요술하는 자, 무당, 진언자, 신접자, 박수, 초혼자(혼백에게 물어보는 사람) 등을 용납하지 말라거나 무당을 죽이라는 모세의 율법을 정면으로 불순종한 것입니다(출

22:18; 신 18:10-11). 아울러 자신의 행동이 백성들로부터 요구하는 것과 일치하지 않는 이율배반적인 모습을 보여줍니다.

4) 다윗을 통한 교훈

사무엘상·하에서 다윗의 삶의 긍정적인 면들을 묘사하는 사건들은 어떤 것이 있습니까?

(1) 삼상 17장: 먼저 다윗이 블레셋의 장수 골리앗과 싸운 사건을 들수 있습니다. 이 사건을 통해 다윗은 여호와의 능력에 대한 철저한 믿음과 아울러 여호와의 이름을 모독하는 자에 대한 거룩한 분노심을 보였고, 골리앗을 무찌르는데 필요했던 재능(물맷돌을 던지는 재능)을 갖추었던 자였습니다. 어린 시절부터 믿음과 재능을 겸비하여 준비했던 다윗은 백성이 전쟁 중에 위기에 처했을 때 쓰임을 받을 수 있었습니다.

(2) 삼상 23:2; 30:8; 삼하 2:1; 5:19: 다윗은 삶의 중요한 결정을 내려야 할 순간에 먼저 하나님께 물었던 사람입니다. 이것은 그가 자신의 삶에 대한 하나님의 주권을 인정하는 겸손한 사람이었으며 하나님의 인도하심을 간구하는 사람이었다는 점을 보여줍니다.

(3) 삼상 24, 26장: 다윗은 사울 왕이 병적인 열등감과 시기심 그리고 적개심을 품고 십여 년 동안이나 자신을 죽이려고 쫓아다니는 것을 피해 도망을 다녀야 하는 고난의 세월을 보냈습니다. 그럼에도 불구하고 자기가 사울 왕을 죽일 수 있었을 때, 두 번이나 그를 죽이지 않고 살려줬습니다. 그가 엔게디 광야의 한

동굴 속에서 용변을 보고 있는 사울을 죽이지 않고 겉옷 자락만 베고 난 후에 했던 말은 다윗으로 하여금 사울에 대한 분노와 복수심을 극복하게 만든 신앙적 원칙을 일깨워줍니다. "여호와의 기름 부음을 받은 내 주를 치는 것은 여호와께서 금하시는 것이니 그는 여호와의 기름 부음을 받은 자가 됨이니라"(삼상 24:6).

(4) 삼상 22:2: 다윗은 자기를 죽이려고 신하들과 함께 쫓아다니는 사울 왕을 피하여 도망을 다니면서도, 다윗의 됨됨이와 지도력을 인정하여 그의 보호를 받기 위해 모인 "환난 당한 모든 자와 빚진 모든 자와 마음이 원통한 자"들의 우두머리가 되어 그들을 지켜주었습니다. 그는 자신의 유익만 생각하는 사람이 아니라 어려운 처지에 있는 사람들에게 관심을 기울이고 보살펴줄 줄 아는 지도자로서의 덕목을 겸비한 사람이었습니다. 그래서 다윗을 진정으로 아끼고 존경하고 추종하는 사람들이 그에게 모여들었습니다(삼하 23:8-39; 대상 11-12장).

(5) 삼하 7장: 다윗은 여호와를 위하여 예루살렘에 성전을 건축하려는 마음을 가졌고, 비록 여호와께서 그 일을 아들 솔로몬을 통해 이루게 하셨지만, 성전을 짓는데 필요한 재료들을 준비하는 일에 헌신했습니다(대상 22-29장). 하나님께서는 다윗의 이 마음을 귀하게 여기셔서 그와 언약을 맺으셨습니다(삼하 7:8-16). 그리고 다윗의 이름을 위대하게 만들어 주며, 모든 원수에게서 벗어나 편히 쉬게 하며, 그의 나라와 왕위가 견고하게 서게 하겠다는 여호와의 언약이 실현되는 동안 이스라엘을 강한 국가로 만드셨습니다.

그러나 이 언약에는 다윗의 왕위를 이어나가는 자손들이 죄를 범하면 "사람의 매와 인생 채찍으로 징계"하겠다는 여호와의 경고도 포함되었었는데, 이것은 남 왕국 유다가 바벨론에 멸망한 사건으로 현실화되기도 했습니다. 다윗을 향한 여호와의 언약과 관련하여 기억해야 할 중요한 사실은 그 언약이 유다의 멸망으로 끝나버린 것이 아니라는 점입니다. 그 이후의 역사 속에서 여호와께서는 다윗의 후손 예수 그리스도를 통하여 다윗의 집, 다윗의 나라, 다윗의 왕위를 이어나가게 하셨습니다. 역대상은 다윗의 집과 나라를 여호와의 집과 여호와의 나라로 바꾸어 표현함으로써 여호와 하나님의 주권을 더욱 강조합니다.

그러면 사무엘서에서 다윗의 삶의 부정적인 면들을 묘사하는 사건들은 어떤 것이 있습니까?

(1) 삼하 11장: 이 장에 나오는 일련의 사건들은 다윗도 여호와 앞에서 죄인이라는 점을 밝히 드러냅니다. 다윗 왕이 밧세바와 동침한 사건, 밧세바가 임신했다는 소식을 듣고 난 후에 다윗이 전쟁에 나가 싸우는 남편 우리아를 불러 밧세바와 동침하게 함으로써 다윗 자신으로 말미암은 임신이 아닌 것처럼 속이려 한 계략, 우리아가 집으로 돌아가지 않아 그 계략이 실패하자 요압 장군에게 편지를 써서 우리아를 전쟁 중에 최전방에서 싸우게 해서 죽게 만든 사건은 다윗 속에 존재하고 있던 죄의 속성이 얼마나 잔악한지를 느끼게 만듭니다.

다윗 왕의 이러한 죄악에 대해 여호와께서는 나단 예언자를 보내서 뛰어난 비유적 이야기 하나를 통해 지적하셨고, 다윗은 하나님께 즉시 회개했습니다(삼하 12장). 다윗은 여호와로부터 용서를 받았지만, 밧세바와의 사이에서 태어난 아이는 죽었습니다. 자신이 저지른 죄에 대한 합당한 대가를 지불하게 된 것이죠.

(2) 다윗 왕의 계승 이야기 (삼하 9-20장, 왕상 1-2장)

사무엘하 9장부터 20장은 다윗의 왕궁에서 벌어졌던 몇 사건들을 소개하는데 불미스러운 일들이 주를 이룹니다. 그래서 구약학자들은 이 부분을 "계승 이야기"(succession narrative)라고 부르는데, 다윗의 왕위가 솔로몬에게 계승되는 과정이나 이유를 설명하고 있다고 보았기 때문입니다.

다윗과 밧세바 사건(삼하 11장), 다윗의 아들 암논이 이복누이 다말을 성폭행하고, 이에 대해 다말의 오빠 압살롬이 암논을 죽이는 사건(13장), 압살롬이 쿠데타를 일으켜 아버지 다윗 왕이 도망가는 사건(15장), 시므이가 다윗을 저주하는 사건(16장), 세바의 반란(20장) 등은 다윗이 왕으로 다스리는 동안 순탄하지만 않았다는 것을 보여줍니다.

(3) 다윗의 인구 조사 (삼하 24장)

다윗 왕은 이스라엘과 유다의 인구를 조사했습니다. 삼하 24장 1절은 다윗의 이 행동에 대해, "여호와께서 다시 이스라엘을 향하여 진노하사 그들을 치시려고 다윗을 격동"시키셨기 때문이라고 설명합니다. 출애굽기 30장 11절부터 16절에 의하면, 여호와께서 이스라엘 백성의 인구를 조사하는 것을 허용하셨는데,

그것은 성소에 필요한 것을 드리기 위한 목적이었고, 여호와께 속전을 드리지 않아 재앙이 내리는 것을 막기 위해서였습니다.

다윗 왕이 인구 조사를 한 목적에 대해 본문은 언급하고 있지 않지만, 일반적으로 그가 나라를 번성하게 만든 후에 자신의 업적을 과시하려는 시도였다고 봅니다. 여호와께서 나라를 주권적으로 인도하신 것에 대해 감사하며 겸손하기보다 오히려 자신의 업적을 드러내려 한 다윗에 대해, 여호와께서 재앙을 계획하시고 세 가지(칠 년 동안의 흉년, 삼 개월 동안 적들로부터 도피함, 사흘 동안의 전염병) 중에서 하나를 택하게 하셨는데, 다윗은 사흘 동안의 전염병을 택했고, 백성 가운데 칠만 명이 죽었습니다.

역대상 21장에서는 "사탄이 일어나 이스라엘을 대적하고 다윗을 충동하여 이스라엘을 계수하게" 했다고 기록합니다. 사무엘상·하가 기록된 후 오랜 세월이 지나 바벨론 포로기를 경험한 역대기적 역사가는 사무엘하 24장 1절의 표현이 당대의 백성들에게 신학적으로 오해를 일으키는 일을 줄이기 위해 "여호와께서 다시 이스라엘을 향하여 진노하사 그들을 치시려고"라는 표현을 "사탄이 일어나 이스라엘을 대적하고"로 변경한 것으로 풀이할 수 있습니다.

묵상과 토론을 위한 질문

 사무엘의 삶에서 가장 기억에 남는 교훈은 무엇인가요?

 사울 왕의 삶에서 가장 기억에 남는 교훈은 무엇인가요?

 다윗의 삶에서 가장 기억에 남는 교훈은 무엇인가요?

10 열왕기상·하 개론

1. 기록 목적

솔로몬 왕이 즉위할 때부터(기원전 961년) 남 왕국 유다가 멸망할 때까지(기원전 586년)의 이스라엘과 유다의 역사를 왕들의 업적을 중심으로 기록하고, 특히 유다가 멸망하고 백성이 포로로 잡혀가게 된 이유를 설명함으로써 독자들에게 신앙적 교훈을 제공하는 것이 이 책의 기록 목적입니다.

2. 특징과 유의점

1) 열왕기상·하를 기록하는데 참고했던 기록들이 있습니다.
   (1) 솔로몬의 행장(왕상 11:41)
   (2) 이스라엘 왕 역대지략(왕상 14:19; 15:31; 16:5)
   (3) 유다 왕 역대지략(14:29; 15:7)

2) 열왕기상·하의 저자는 독특한 신학적인 관점(특히 신명기적 가르침)에 기초하여 이스라엘과 유다 왕들의 업적을 평가합니다. 일반적으로 열왕기상·하의 저자는 그들의 통치를 부정적으로 평가하는 반면에 역대상·하에서는 긍정적으로 기술합니다.[31] 예를 들면, 열왕기상에서는 유다 왕 아비야가 전적으로 악한 왕으로 묘사되는 반면에(왕상 15:1-8), 역대하에서는 그를 선하고 경건한 왕으로 소개합니다(대하 13장). 열왕기상·하의 저자가 이스라엘과 유다 왕들의 통치를 부정적으로 평가하는 가장 주된 이유는, 그들이 신명기의 가르침을 따르지 않았기 때문입니다. 그래서 그는 유다가 바벨론에 패망하고 백성이 포로로 잡혀가게 된 이유도 바로 이 때문이라고 지적합니다.

3) 열왕기상·하를 읽을 때, 여호와의 대변인들로서 이스라엘과 유다 왕들의 잘못된 정책과 행동을 신랄하게 비판하는 예언자들(선지자들)의 메시지와 활동에도 주의를 기울여야 합니다.

4) 저는 열왕기상·하에 소개되는 북 왕국 이스라엘 왕들과 남 왕국 유다 왕들과 관련한 독특한 사항들과 그들에 대한 열왕기상·하 저자의 평가를 일목요연하게 이해할 수 있도록 돕기 위해 이 책의 마지막 부분에 도표를 첨부했습니다.

3-1. 열왕기상의 구조

열왕기상·하는 크게 몇 부분으로 나눌 수 있는데, 첫째는, 솔로몬

---

31   롱맨, 「손에 잡히는 구약개론」, 90.

왕의 통치 역사를 소개한 부분으로 그가 성전을 건축한 것을 최고의 업적으로 부각합니다. 둘째는, 솔로몬 왕이 죽고 난 후에 나라가 북 왕국 이스라엘과 남 왕국 유다로 나누어진 과정을 소개합니다. 셋째는, 이스라엘과 유다의 왕들을 순서에 따라 소개하는 부분인데, 동시대에 통치했던 북 왕국 왕과 남 왕국 왕의 활동을 번갈아가면서 언급합니다. 이것은 열왕기상·하의 저자가 이 두 나라를 하나로 간주한다는 점을 암시합니다. 이스라엘과 유다 왕들의 업적을 평가하는 열왕기상·하에 예언자들(엘리야, 엘리사, 미가야, 이사야 등)의 활동이 적지 않은 부분을 차지합니다. 특히 예언자들이 왕에게 여호와의 뜻을 전하거나 왕의 잘못된 행위들을 비판하는 내용은 그들이 열왕기의 참된 주인공이라는 생각을 가지게 만듭니다.

1) 1-11장 솔로몬의 행적	
(1) 1-2장	다윗 왕의 죽음과 솔로몬 왕의 즉위
(2) 3-5장	솔로몬 왕의 지혜, 솔로몬 왕이 통치할 동안의 축복, 성전 건축 준비
(3) 6-9장	성전 건축에 헌신한 솔로몬 왕
(4) 10장	스바 여왕의 방문
(5) 11장	우상 숭배와 성적 문란에 빠진 솔로몬 왕 - 솔로몬 왕의 세 대적(에돔의 하닷, 수리아 왕 르손, 그리고 여로보암)
2) 12-16장 분열 왕국 시대의 초기	
(1) 12:1-14:20	여로보암 1세의 이스라엘 통치 - 13장: 유다에서 벧엘로 올라온 예언자의 결말
(2) 14:21-15:24	남 왕국 유다의 왕들
(3) 15:25-16:27	북 왕국 이스라엘 왕들
3) 17-21장 엘리야 예언자의 활동	
4) 22장 미가야 예언자의 활동	

3-2. 열왕기하의 구조

1) 1:1-8:29 엘리야의 사역을 이어받은 엘리사 선지자

(1) 1:1-18   엘리야와 아하시야 왕
(2) 2:1-15   엘리야의 승천과 엘리사의 계승
(3) 3:1-27   이스라엘과 모압의 전쟁/ 엘리사에게 조언을 구하는 요람/여호
            람 왕
(4) 4:1-6:7   엘리사의 기적들
(5) 6:8-8:15 하나님의 대변인으로서 왕의 조언자 역할을 하는 엘리사
(6) 8:16-29   유다의 여호람 왕과 아하시야 왕

2) 9:1-10:36 예후의 개혁

(1) 9:1-13   예후가 왕으로 기름 부음 받음
(2) 9:14-10:36   아합 왕의 자손을 죽이는 예후
               - 요람 왕, 이세벨 왕후, 아합의 아들 70명을 살해, 유다의 아하
                 시야 왕과 형제들을 살해, 바알 숭배자들을 살해

3) 11:1-12:21 유다의 아달랴 여왕과 요아스 왕

- 제사장 여호야다의 개혁

4) 13:1-17:41 북 왕국 이스라엘의 멸망

(1) 13:1-14:29   이스라엘의 여호아하스 왕, 요아스/여호아스 왕, 엘리야의 죽음
               유다의 아마샤 왕, 이스라엘의 여로보암 2세
(2) 15:1-38   유다의 아사랴, 이스라엘의 스가랴 왕, 살룸 왕, 므나헴 왕,
               브가히야 왕, 베가 왕, 유다의 요담 왕
(3) 16:1-20   유다의 아하스 왕
(4) 17:1-41   이스라엘의 호세아 왕과 이스라엘의 멸망
               ※멸망의 이유? 19-23, 34-41

5) 18:1-25:30 남 왕국 유다의 멸망

(1) 18:1-20:21   히스기야 왕(선한 왕) - 발병, 회복, 이사야 예언자의 활동
(2) 21:1-26   므낫세 왕(최악의 왕), 아몬 왕
(3) 22:1-23:30   요시야 왕(선한 왕)
(4) 23:31-25:30 유다의 마지막 날들

4. 주제들과 교훈들

유진 메릴(E. H. Merrill)은 열왕기의 신학을 세 가지 주요 주제로 나눕니다.

- 여호와의 주권 및 배타성과 우상에 대한 거부
- 예배 처소인 예루살렘의 중심성 및 배타성
- 이스라엘과 하나님의 관계의 기초이자 삶의 준거인 언약[32]

저는 2005년에 대한기독교서회 창립 100주년 기념 성서 주석 시리즈 중에서 「열왕기상」 주석을 집필했습니다. 이 주석의 서론에서 열왕기상의 신학적 주제들을 소개한 바 있는데, 여기에서 간략하게 언급하고자 합니다.

1) 참 신앙과 거짓 신앙의 대립

여러 구약학자에 의해 신명기적 역사서(여호수아, 사사기, 사무엘상·하, 열왕기상·하)로 간주되는 열왕기상·하는 신명기적 역사가들이 이스라엘의 통일왕국 시대와 분열 왕국 시대의 왕들과 예언자들의 활동을 신명기적인 관점에서 소개함으로써 독자들이 삶과 신앙에 교훈을 얻도록 기록했습니다. 그러므로 열왕기상·하는 신명기에서 가르치는 율법들과 규례들에 순종하는 것을 참된 신앙으로, 그것들에 위배되는 것을 거짓 신앙으로 평가합니다. 특히 마음을 다하고, 뜻을 다하고, 힘

---

32   메릴, 루커, 그리산티, 「현대인을 위한 구약개론」, 523,

을 다하여 유일하신 여호와 하나님만을 사랑하라는 명령(신 6:4-5)과 우상들을 멸하라는 명령(신 12:1-3)을 열왕기상·하에서도 거듭 강조합니다. 또한 여호와께서 자기 이름을 두시려고 택하신 곳에서 제사를 드리라는 신명기의 율법(12:5)은 여러 산당에서 이루어진 우상 숭배를 없애고 예루살렘 성전을 중심으로 제사를 드리라는 명령으로 이해합니다. 그래서 바알 숭배나 산당 제사를 철폐하고 예루살렘 성전을 건축하거나 정결하게 한 왕, 그리고 성전을 중심으로 제사와 절기를 지키는 일을 주도한 왕은 참 신앙을 수호한 선한 왕으로 평가합니다. 예를 들어, 예루살렘 성전에서 행해졌던 이방 예배 행위를 철폐하고 유월절을 다시 지키도록 명령한 요시야 왕을 선한 왕으로 평가하는 반면에(왕하 23:1-25), 북 왕국 이스라엘의 벧엘과 단에 성소를 세웠던 여로보암 왕이나(왕상 12:25-33) 유다 백성으로 하여금 각종 우상을 섬기도록 한 므낫세 왕은(왕하 21:11) 가장 악한 왕으로 평가합니다.

열왕기상·하의 저자는 이스라엘의 통일 왕국 시대와 분열 왕국 시대에 존재했던 참 신앙과 거짓 신앙의 대립 현상을 소개하면서 그 나라가 멸망한 이유 중의 하나를 거짓 신앙이 팽배했기 때문이라고 평가합니다. 그리하여 독자들이 그와 같은 거짓 신앙에 빠지지 않도록 경고합니다. 저자의 이러한 의지는 특히 솔로몬 왕이 성전을 봉헌할 때 했던 기도(왕상 8:23-60)나, 여로보암 왕에 대한 처절한 심판(왕상 13:1-10), 갈멜 산에서 바알 선지자들과 싸우던 엘리야 예언자에 관한 기록(왕상 18:20-40), 북 왕국이 멸망한 이유에 대한 설명(왕하 17:7-18), 앗수르 왕의 신하였던 랍사게가 유다 백성에게 했던 연설(왕하 18:19-25, 27-35) 등에서 강조됩니다.

2) 예루살렘 성전 예배

솔로몬 왕이 건축한 예루살렘 성전은 하나님의 임재의 상징물로서 이스라엘 백성에게 사회적으로나 신앙적으로 중요한 역할을 했습니다. 신명기적 역사가들은 신명기 12장 5절에서 언급하는, "오직 너희 하나님 여호와께서 자기 이름을 두시려고 너희 모든 지파 중에서 택하신 곳인 그 거하실 곳"이 바로 예루살렘과 그 가운데 세워진 성전이라고 믿었습니다. 그래서 열왕기상·하에서 이 점을 강조하는데, 솔로몬의 성전 봉헌 기도(왕상 8:48)나 하나님의 심판 예언 중에 이 점을 언급합니다(왕하 23:27).

뿐만 아니라 솔로몬 왕에 관한 기록 중 많은 부분은 그가 성전을 건축하여 봉헌하는 내용을 소개합니다(왕상 5:1-9:9). 아울러 솔로몬이 예루살렘 성전을 건축한 것이야말로 여호와를 사랑하고 순종하는 마음을 나타낸 행위라고 해석합니다.

다른 왕들의 기록들에서도 예루살렘 성전의 중요성이 강조됩니다. 특히 그들이 예루살렘 성전을 중심으로 하여 하나님을 섬기는 일을 무시하고 성전 안에 하늘의 일월성신을 경배하는 제단을 만들거나, 산당에 우상과 아세라 목상을 세우거나, 신접한 자와 박수를 의지했을 때 여호와께서 그들을 악하게 보시고 그들을 왕위에서 물러나게 하셨다고 평가하는 것이 거듭된 주제가 됩니다(여로보암/왕상 12:25-33; 르호보암/왕상 14:23; 아합/왕상 16:30-33; 므낫세/왕하 21:-9).

3) 예언과 성취

열왕기상·하를 읽을수록 이 책 속의 참 주인공들이 왕들이 아니라 예언자들이라는 생각이 듭니다. 왜냐하면 예언자들이 여러 왕의 윤리적, 신앙적 잘못들을 비판하기 때문입니다. 또한 그들이 왕들이나 백성들의 미래에 관해 예언한 것들이 역사 속에서 성취되었기 때문입니다. 그리하여 예언자들을 통해 예언을 주신 하나님께서 이스라엘의 역사 속에서 그것들을 성실하게 이루고 계신다는 점을 입증합니다. 결과적으로 열왕기상·하의 예언과 성취라는 주제는 독자들에게 하나님을 신뢰할 수 있는 분이요, 또한 이스라엘 역사의 진정한 주권자로 인정하도록 만듭니다. 롱맨과 딜러드는 열왕기의 주제 중의 하나로 "선지자들의 말의 효력(신 18:9-22)"을 포함시키고 있습니다.[33] 열왕기에 소개되는 예언들과 그것들이 성취된 사건들은 다음과 같습니다.

(1) 다윗의 후손이 나라를 다스리며 여호와를 위해 성전을 짓게 될 것이라는 나단의 예언은 솔로몬을 통해 이루어짐(예언/ 삼하 7:11-16; 성취/ 왕상 5-8장)

(2) 솔로몬 왕의 우상 숭배로 말미암아 통일왕국이 분열될 것이라는 아히야의 예언이 실현 됨(예언/왕상 11:29-39; 성취: 왕상 12:16-24).

(3) 요시야가 산당 제사장의 뼈를 불사르리라는 아히야의 예언이 성취됨(예언/ 왕상 13:1-3; 성취/ 왕하 23:16-17)

(4) 여로보암의 죄로 말미암아 이스라엘이 멸망하고 백성이 포로로 잡혀가게 될 것이라는 아히야의 예언이 성취됨(예언/ 왕상 14:6-16; 성취/ 왕하 15:29, 17:1-23)

(5) 북 왕국 아하시야 왕이 병들었을 때 에그론의 신 바알세붑에게 치유의 가능성을 물으려 하자 그가 죽게 될 것이라고 말한 엘리

---

33 롱맨, 딜러드, 244.

야의 예언이 성취됨(예언/ 왕하 1:6; 성취/ 왕하 1:17)

(6) 이스라엘 골짜기의 개천에 물이 가득할 것이라는 엘리사의 예언이 성취됨(예언/왕하 3:17; 성취/ 왕하 3:20)

(7) 아람의 군대장관 나아만이 나병에 걸렸을 때 요단강에 몸을 일곱 번 씻으면 낫게 된다는 예언이 성취됨(예언/ 왕하 5:10; 성취/ 왕하 5:14)

(8) 사마리아 성문에서 고운 가루 한 스아에 한 세겔을 하고 보리 두 스아에 한 세겔을 하리라는 엘리사의 예언이 성취됨(예언/ 왕하 7:1-2; 성취/ 왕하 7:16-20)

(9) 아합 왕조가 멸망하게 될 것이라는 엘리야의 예언과 특히 예후가 아합의 왕조를 멸망시킬 것이라는 엘리사의 한 생도의 예언이 성취됨(예언/ 왕상 21:22; 왕하 9:1-10; 성취/ 왕하 10:1-31)

(10) 유다의 멸망에 대해 이사야가 예언한 것이 성취됨(예언/ 왕하 20:17-18; 성취/ 왕하 25:8-21)

(11) 므낫세 왕의 죄로 말미암아 유다가 멸망하게 될 것이라는 예언이 성취됨(예언/ 왕하 21:10-15; 성취/ 왕하 24:2-4, 25:8-21)

(12) 유다의 멸망에 대해 훌다 선지자가 예언한 것이 성취됨(예언/ 왕하 22:16-17; 성취/ 왕하 25:8-21)

4) 하나님의 율법 아래 있는 왕들

열왕기상·하에서 왕들을 평가할 때, 그들이 예루살렘 성전 예배에 충실하면서 우상들을 철폐했는지의 여부가 고려되었다는 점을 앞에서 언급했습니다. 그러나 이러한 신앙적 기준만 있었던 것이 아니었습니다. 그들이 신명기에서 가르치는 다양한 율법들과 계명들을 그대로 실천했는지의 여부도 중요한 평가 기준이 되었습니다. 신명기에 따르면 왕들도 하나님의 율법 아래 있었습니다. 그래서 그들도 보통 백성처럼 하나님께서 명령하신 윤리적, 사회적 율법들과 계명들을 준행하며 살아야 할 의무가 있었습니다.

> 그는 병마를 많이 두지 말 것이요 병마를 많이 얻으려고 그 백성을 애굽으로 돌아가게 하지 말 것이니 이는 여호와께서 너희에게 이르시기를 너희가 이 후에는 그 길로 다시 돌아가지 말 것이라 하셨음이며 그에게 아내를 많이 두어 그의 마음이 미혹되게 하지 말 것이며 자기를 위하여 은금을 많이 쌓지 말 것이니라 그가 왕위에 오르거든 이 율법서의 등사본을 레위 사람 제사장 앞에서 책에 기록하여 평생에 자기 옆에 두고 읽어 그의 하나님 여호와 경외하기를 배우며 이 율법의 모든 말과 이 규례를 지켜 행할 것이라 그리하면 그의 마음이 그의 형제 위에 교만하지 아니하고 이 명령에서 떠나 좌로나 우로나 치우치지 아니하리니 이스라엘 중에서 그와 그의 자손이 왕위에 있는 날이 장구하리라(신 17:16-20)

신명기의 이 구절들은 왕이 권력을 가지고 있다고 해서 교만하여 백성의 인권을 유린하거나 사욕을 취해서는 안 되고, 오히려 백성의 인권을 수호하는 자가 되어야 한다는 점을 분명히 밝힙니다. 아울러 윤리적인 삶에서도 모범이 되어야 한다는 점을 지적합니다. 이 구절은 왕이라고 해서 치외법권을 지닌 자가 아니요, 하나님의 백성으로서 지켜야 할 모든 법도를 준행해야 하는 자라는 점을 일깨웁니다. 특히 왕이 하나님의 율법과 규례를 따라 다스리면 그와 그 자손의 왕위가 장구하리라는 약속은 열왕기에 언급되는 모든 왕을 평가하는 데 있어서 중요한 기준이 됩니다. 그래서 어떤 왕이 우상을 숭배하고, 자신의 사욕을 취하려고 백성을 억압하며 그들에게 피를 흘리게 했을 때, 그 행위로 말미암아 그의 왕위가 오래 유지되지 못했다고 해석합니다.

예를 들어, 솔로몬 왕이 많은 이방 여인들과 결혼하고 그들이 섬기는 우상들을 예배하며 백성을 억압하는 정치를 했을 때, 하나님께서 "네가 내 언약과 내가 네게 명령한 법도를 지키지 아니했으니 내가 반드시 이 나라를 네게서 빼앗아 네 신하에게 주리라"고 말씀하셨습니다(왕상 11:11). 아합 왕이 나봇의 포도원을 탐내고 이세벨이 그것을 빼앗아준 사건과 그에 대한 엘리야의 예언도 왕이 신명기의 명령대로 통치하지 않았을 때 초래하는 비참한 결과를 보여줍니다(왕상 21장).

5) 회개의 중요성

이 주제는 신명기적 역사서 전체를 통해 강조되는 주제 중의 하나입니다(수 24:14, 23; 삿 2:11-22; 삼상 7:3-4). 이 책들은 이스라엘의 과거 역사 속에서 경험했던 공동체적 수치와 고난들을 열거하지만, 주된 기록 목적은 이 책을 접하게 된 후손들이 선조들의 실수를 되풀이하지 않고 신앙적으로나 윤리적으로 회개하여 바르게 살도록 하기 위한 것이었습니다. 이 회개의 주제는 열왕기상·하에서 솔로몬 왕의 성전 봉헌 기도와 여로보암의 업적에 관한 평가, 그리고 갈멜 산에서 엘리야가 했던 기도에서도 암시됩니다(왕상 8:47-48; 왕상 13:33-34; 왕상 18:37).

회개의 주제는 모든 신명기적 역사서에서 '돌아오다'(shuv)라는 동사를 반복적으로 사용함으로써 암시됩니다(삼상 7:3; 왕상 8:33, 35, 47, 48;

13:33; 왕하 17:13). 그런데 한 가지 흥미로운 사실은 여호와께서도 자기 백성의 회개 여부에 따라 자신의 회개 여부를 결정하셔서 심판을 돌이키기도 하시고 그렇게 하지 않으시기도 한다는 점입니다(왕하 23:26).

6) 솔로몬 왕의 삶을 통한 교훈(왕상 1-11장)

(1) 긍정적인 면들

열왕기상 1장부터 11장은 솔로몬이 왕이 되는 과정(1-2장), 왕으로서 이루었던 업적들(3-10장), 그리고 그의 치명적인 실수(11장)를 언급합니다. 먼저 솔로몬 왕이 열왕기상의 저자로부터 긍정적인 평가를 받았던 행동들을 소개한다면 다음과 같습니다.

> 가) 솔로몬은 뛰어난 행정가였습니다. 어머니 밧세바, 사독 제사장, 나단 예언자, 그리고 브나야 장군의 도움으로 왕이 된 솔로몬은 먼저 자신의 정적이 될 사람들을 처리했습니다. 왕이 되고자 했던 이복형 아도니야를 죽이고, 아도니야를 지지했던 아비아달 제사장을 추방하고, 요압 장군을 처형했습니다. 또한, 아버지 다윗 왕을 저주했던 시므이도 죽였습니다. 그런가 하면, 제사장, 서기관, 사관, 군사령관, 지방 관장, 궁내 대신, 노동 감독관 등을 자기의 뜻에 맞는 신하들로 배치했습니다(왕상 1-2장, 4장).
>
> 나) 솔로몬은 왕위에 오르면서 기브온 산당에서 일천 번제를 드렸고, 하나님께서 "내가 네게 무엇을 줄꼬 너는 구하라"(3:5) 하고 말씀하셨을 때, 자신이 장수하는 것이나 부자가 되는 것이나 원수의 죽음을 구하지 않고, 많은 백성을 재

판할 때 선악을 분별하는데 필수적인 "듣는 마음"을 달라고 했습니다. 그는 지도자의 필수 요건 중의 하나인 '경청'의 덕목을 가졌습니다.

다) 열왕기상의 저자가 솔로몬의 가장 중요한 업적으로 부각하는 것은 그가 예루살렘 성전을 건축하여 여호와께 봉헌했다는 점입니다(5-9장). 다윗을 사랑했던 두로 왕 히람의 도움 아래 일꾼들과 재료들을 얻고, 이스라엘 백성 중에서도 일꾼들을 모아서 7년 동안 성전을 건축한 솔로몬은 성전을 중심으로 여호와께서 복을 주실 것을 기도했습니다. 이윽고 여호와께서 성전에서 솔로몬에게 나타나셔서 복을 약속하시면서, 그가 아버지 다윗처럼 온전한 마음으로 행하고 여호와의 명령과 법도와 율례에 순종하면 왕위가 영원히 견고하게 될 것이라고 약속하셨습니다(9:4-5). 반면에 다른 신을 섬기면 이스라엘을 그들에게 준 땅에 끊어버리고 성전도 던져버릴 것이라고 경고했습니다.(9:6-8). 그러므로 이 경고는 11장에 언급되는 솔로몬의 행동들에 대한 사전 경고로 풀이할 수 있을 것입니다.

(2) 부정적인 면

가) 열왕기상의 저자는 솔로몬 왕이 저지른 죄악들에 대해 숨기지 않고 적나라하게 드러내는데, 열왕기상 11장에서 집약합니다. 자신의 정치적 권력을 국제적으로 확장하려고 이방 왕들의 딸들과 정략적으로 결혼하여 후궁을 칠백 명, 첩을 삼백 명이나 둔 것은 이방 여인과 결혼하지 말라는 신명기의 율법을 어긴 것입니다(신 17:17). 또한 그들이 섬기는 신

들을 섬긴 것도 심각한 죄를 범한 것입니다. 솔로몬의 이러한 행위에 대해 열왕기상의 저자는 "솔로몬이 마음을 돌려 이스라엘의 하나님 여호와를" 떠났기 때문이라고 지적하며, 그 결과 여호와께서 그의 나라를 빼앗아 그의 신하에게 주실 것이라고 선포하셨고, 그 선포는 실행되었다는 점을 분명히 밝히고 있습니다(왕상 11:9-11).

나) 솔로몬 왕은 칠 년 동안 성전을 짓고 십삼 년 동안 자기의 왕궁을 지을 뿐만 아니라 여러 도시를 개발하는 사업을 진행했습니다. 그런데 그는 거기에 들어가는 재정을 충당하기 위해 백성에게 세금을 과하게 징수하고, 강제 노동을 시켜서 백성의 삶을 피폐하게 만들었습니다. 솔로몬 왕이 죽고 난 다음에 그의 아들 르호보암이 했던 말이 솔로몬의 악정을 대변해줍니다. "내 아버지는 채찍으로 너희를 징계했으나 나는 전갈 채찍으로 너희를 징치하리라"(왕상 12:14).

열왕기상에서 소개하는 솔로몬 왕을 생각할 때마다 시작은 좋았지만 끝이 좋지 않은 왕이었다고 평가하게 됩니다. 그래서 처음부터 끝까지 하나님의 말씀에 순종하는 삶을 살아야겠다는 다짐을 하게 됩니다.

7) 엘리야의 삶을 통한 교훈(왕상 17-21장)

아합 왕이 이스라엘을 다스릴 때를 중심으로 활동했던 엘리야는 하나님의 대변인으로서 누구 앞에서나 용기 있게 예언하며 신비한 기적을 많이 행한 예언자입니다. 열왕기에서 소개하는 그의 활동과 업적을 언급한다면 다음과 같습니다.

가) 아합 왕 앞에서 수년간의 가뭄을 예언함(17:1-7)

나) 사르밧 과부의 죽은 아들을 살림(17:8-24)

다) 갈멜 산에서 바알 선지자들과 참 하나님이 누구인지를 겨뤄서 이김(18:20-40)

라) 기도하여 가뭄이 그치게 함(18:41-46)

마) 선지자 사역의 탈진을 이겨내고 호렙 산에서 소명을 새롭게 함(19장)

바) 엘리사 선지자를 제자로 세움(19:19-21)

사) 나봇의 포도원을 빼앗은 아합과 이세벨에 대한 하나님의 심판을 예언함(21장)

아) 아하시야 왕의 신하 50명의 두 무리를 하늘에서 내린 불로 죽게 만듦(왕하 1:10, 12)

사) 아하시야 왕의 죽음을 예언함(왕하 1장)

자) 요단 강이 갈라지게 함(왕하 2:10)

차) 엘리사에게 자신의 영감을 갑절로 얻게 하고 하늘로 올라감(왕하 2장)

8) 엘리사의 삶을 통한 교훈(왕하 2-13장)

엘리야 선지자의 제자였던 엘리사는 스승의 지도 아래에서 영적으로 훈련을 잘 받은 결과 스승이 행한 기적과 아울러 다른 기적들도 행했습니다. 그래서 '청출어람'(靑出於藍)의 선지자라고 평가할 수 있습니다. 엘리사의 업적들과 기적들은 다음과 같습니다.

가) 요단강을 갈라지게 함(왕하 2:14)

나) 질이 좋지 못한 물에 소금을 넣어 좋은 물로 만듦(왕하 2:19-22)

다) 자신을 대머리라고 놀리는 아이들을 저주하여 암곰 둘이 아이들 40명을 죽임(왕하 2:23-24)

라) 이스라엘, 유다, 에돔 왕이 모압 왕과 전쟁을 하는 중에 군사와 가축을 먹일 물이 없을 때 한 골짜기를 파게 하고 물이 가득 차게 만듦(왕하 3:9-20)

마) 죽은 제자의 홀로 된 아내를 위해 기름을 가득 채워줘서 그것을 팔아 두 아들과 생활하게 만듦(왕하 4:1-7)

바) 수넴 여인이 아들을 가질 것을 예언함(왕하 4:16)

사) 수넴 여인의 죽은 아들을 살려줌(왕하 4:34)

아) 제자들이 들포도덩굴로 말미암아 독이 든 국을 먹었을 때, 국솥에 밀가루를 넣어 독을 없앰(왕하 4:38-41)

자) 보리떡 이십 개와 자루에 담은 채소를 백 명이나 되는 제자들에게 나눠줘서 먹고 남게 만듦(왕하 4:42-44)

차) 아람 왕의 군대 장관 나아만의 나병을 고치게 함(왕하 5:1-14)

카) 게하시를 나병에 걸리게 함(왕하 5:20-27)

타) 아람 군대 병사들의 눈을 어둡게 함(왕하 6:18), 시력을 회복시킴(6:20)

파) 병거 소리로 아람 군대를 속이게 함(왕하 7:6)

하) 다메섹 왕 벤하닷의 죽음 예언(왕하 8:10), 예후가 아합 왕조를 칠 것을 예언(왕하 9:7)

가-1) 요아스 왕이 아벡에서 아람 군대를 공격할 것을 예언(왕하 13:17)

나-1) 엘리사의 뼈에 닿은 시체가 살아나게 함(왕하 13:2)

열왕기상과 하에서 소개되는 엘리야와 엘리사의 여러 기적이 무작위로 기록된 것이 아니라 바알 제사를 공격하려는 의도가 암시된 것이라는 풀리러브(William B. Fullilove)의 주장이 흥미롭습니다.[34] 그는 아합과 이세벨에 의해서 장려된 바알 제사가 "번개를 자신의 무기로 삼고, 비를 자신의 축복으로 삼는" 바알을 숭배하는 것이었지만, 실제로 "비를 통제하고 물을 공급한 이는" 바알이 아니라 여호와의 대리자들이었던 엘리야와 엘리사였다는 것을 지적합니다(왕상 17:1; 18:41-46; 왕하 3:16-17).[35] 또한 그는 바알이 식량의 궁극적 원천으로 알려졌지만, 실제로 식량이 없는 이들에게 기적적으로 음식을 제공한 이도 엘리야와 엘리사였다는 점을 부각합니다. 한 걸음 더 나아가, "우가릿 문학은 심지어 바알이 자신의 강인 저지 강(Judge River)을 정복한 것에 대해 토론하지만, 엘리야와 엘리사는 요단강을 쳐서 물을 이러 저리 나눌 수" 있었던 점도 강조합니다(왕하 2:7-8, 14).[36] 그리하여 그는 엘리야와 엘리사가 여호와의 율법을 불순종한 왕들에 대해서뿐 아니라 바알을 비롯한 이방 신들에 대해서도 승리를 거두었다고 해석했는데, 이러한 해석은 긍정적으로 받아들일 수 있다고 봅니다.

9) 유진 메릴의 경고
메릴은 「현대인을 위한 구약개론」의 열왕기상·하 개론의 결론 부

---

34 반 펠트, 「성경신학적 구약개론」, 251.
35 Ibid.
36 Ibid.

분에서 이 책들이 현대를 살아가는 그리스도인들에게 던지는 경고를 언급하는데, 함께 기억할 가치가 있습니다.

> 이스라엘과 유다의 역사를 기록한 열왕기는 단순한 역사서가 아니다. 이 책은 하나님의 선민으로 풍성한 은혜를 받았으나, 미신과 물질주의에 빠져 은혜를 저버린 백성에 관한 이야기이다. 그들의 불순종 및 그로 인한 몰락과 심판이라는 안타까운 이야기는 오늘날의 시대 및 사건을 판단하는 패러다임으로 제시된다. 하나님의 눈동자와 같은 이스라엘이 이처럼 큰 재앙적 결과를 피할 수 없었다면 우리가 어떻게 이 엄청난 죄를 인정하고 고백하지 않고서도 살아남기를 바랄 수 있겠는가?[37]

---

37   메릴, 루커, 그리산티, 「현대인을 위한 구약개론」, 525.

묵상과 토론을 위한 질문

솔로몬 왕의 삶을 통해 배울 수 있는 긍정적인 교훈과 아울러 그의 실수를 통해 주의해야 할 점들은 어떤 것이 있나요?

엘리사 예언자가 엘리야를 멘토(mentor)로 삼고 영적으로 훈련을 받았던 것처럼, 당신의 삶과 사역을 위해 도움을 줄 수 있는 멘토가 있나요?

열왕기상·하에서 이스라엘과 유다의 왕들을 평가하는 기준은 무엇이었습니까? 선한 왕으로 평가를 받은 왕들은 누구이고, 악한 왕으로 평가를 받은 왕들은 누구입니까?

11 기원전 8세기 예언서: 아모스 개론

1. 기록 목적

아모스가 살던 시대의 이스라엘 백성이 사회 전반적으로 부패하여 하나님의 공의로운 심판을 초래할 수밖에 없었다는 점을 지적하고, 하나님의 심판을 면하기 위해 백성이 공의로운 삶을 살아야 한다는 점을 가르침으로써 독자들에게 신앙적 교훈을 제공하는 것이 기록 목적입니다.

2. 특징과 유의점

1) 제가 첫 강의에서 언급한 바가 있듯이, 히브리어 성경은 문학 양식에 따라 크게 세 부분으로 나누어졌습니다: 율법서(Torah), 예언서(Nevi'im), 성문서(Ketuvim). 그런데 랍비들은 예언서를 전기 예언서와 후기 예언서로 나누어 연구합니다.

전기 예언서: 여호수아, 사사기, 사무엘상·하, 열왕기상·하

후기 예언서: 이사야, 예레미야, 에스겔+소예언서 12권(다니엘은 성문서에 포함됨)

개신교 학자들이 여호수아, 사사기, 사무엘상·하, 열왕기상·하의 문학 양식을 역사서로 간주하는 반면에, 유대인 랍비들이 이 책들을 전기 예언서로 간주하는 이유는 이 책들에서 소개되는 지도자들의 예언자적 삶과 메시지를 연구하는데 더욱 관심을 기울이기 위한 것으로 추정할 수 있습니다. 저는 랍비들의 예언서 분류(전기 예언서와 후기 예언서)가 이 책들이 제공하는 신앙적 교훈들을 찾는데 더 유익하다고 생각할 뿐만 아니라, 히브리어 성경에서 볼 수 있는 각 책의 배열 순서에도 부합하기 때문에 이 책들의 문학 양식을 전기 예언서로 간주하고자 합니다.

2) 이번 강의에서 다루는 사안들은 후기 예언서에 소개되는 예언자들의 활동 시기에 따른 예언서 분류, 기원전 8세기에 아모스가 예언 활동할 때의 사회 상황, 아모스의 구조, 그리고 아모스 예언의 핵심 주제들과 교훈들이 될 것입니다.

3. 예언자들의 활동 시기에 따른 후기 예언서 분류

후기 예언서에 속하는 각 책을 예언자들이 활동했던 시기에 따라 구분하는 것은 각 예언서에서 다루는 실존적인 문제들과 신적인 해결책들을 분별하는 데 도움이 됩니다. 예언자들의 활동 시기에 따라 예

언서를 분류한다면 아래와 같습니다.[38] 아쉽게도 오바댜와 요엘은 본문에 근거하여 예언자의 활동 시기를 찾는 것이 어렵습니다. 그럼에도 불구하고 다수의 구약학자가 이들의 활동 시기를 바벨론 포로기 이후 시대로 추정합니다. 아울러, 요나는 기원전 8세기에 활동한 예언자이지만, 그의 활동이 열왕기하 14장 25절에서 언급하는 것과 차이가 있고, 다른 예언서들과 문학 양식에도 차이가 있어 요나의 저자나 저작 시기에 관한 논의가 다양합니다. 저는 요나가 기원전 8세기에 활동했던 예언자 요나를 주인공으로 삼아 바벨론 포로기 이후 시대의 백성에게 신앙적 교훈을 제공하는 포로기 후기 작품으로 간주하고자 합니다.

기원전 8세기 예언서	아모스(BC 750) ──── 북 왕국 이스라엘에 예언 호세아(BC 750-725) ──── 북 왕국 이스라엘에 예언 이사야(BC 740-701) ──── 남 왕국 유다에 예언 미가(BC 730-701) ──── 남 왕국 유다에 예언
기원전 7세기 예언서	스바냐(BC 630-627) 나훔(BC 612) 하박국(BC 627-598) 예레미야(BC 627-587)
기원전 6세기 예언서/ 바벨론 포로기 시대	에스겔(BC 592-570)
바벨론 포로기 이후 시대	학개(BC 520) 스가랴(BC 520-518) 말라기(BC 450) 오바댜 요엘 요나

---

38 각 예언자들의 활동 연대는 주로 James K. West가 추정한 것을 참고했습니다. (*Introduction to the Old Testament*, 265.)

4. 아모스의 시대 상황

남 왕국 유다의 베들레헴에서 남동쪽으로 8km 정도 떨어진 드고아에 살던 목동 아모스는 여호와께서 예언자로 부르셔서 북 왕국 이스라엘에 가서 활동을 했습니다. 그가 예언 활동을 할 때, 북 왕국 이스라엘의 왕은 여로보암 2세였습니다(BC 786-746). 이스라엘을 40년이나 통치했던 여로보암 2세에 대해 열왕기의 저자는 열왕기하 14장 23절부터 29절에 걸쳐 아주 간략하게 언급하는데, 그의 업적에 대한 평가는 부정적이었습니다: "여호와 보시기에 악을 행하여 이스라엘에게 범죄하게 한 느밧의 아들 여로보암의 모든 죄에서 떠나지 아니했더라"(24절). 열왕기 저자의 이러한 평가는 여로보암 2세가 140여 년 전에 통치했던 여로보암 1세(BC 922-901)와 유사한 죄악들을 저질렀다는 것을 알게 합니다.

그런데 열왕기하 14장 25절부터 28절은 여로보암이 전쟁에서 능력을 보여서 이스라엘의 영토를 회복하여 하맛 어귀에서부터 아라바 바다까지 이르게 했고, 다메섹도 회복했다는 긍정적인 평가도 추가합니다. 결과적으로 그는 이스라엘의 영토를 다윗과 솔로몬 시절로 회복시킨 것입니다(왕상 8:65).

그러나 여로보암 2세 시대의 영토 확장은 그의 공적으로만 평가할 수가 없습니다. 왜냐하면, 그 당시의 복잡한 국제 정세가 한 몫을 했기 때문입니다. 다시 말하여, 북 왕국 이스라엘을 북쪽에서 자주 침략했던 아람(시리아)이 당시의 강대국 앗수르의 침공으로 멸망하여 더 이상 이스라엘에 전쟁을 일으킬 수가 없었고, 앗수르도 국내적인 문제들로 이스라엘을 침공할 수가 없었습니다. 아울러 남쪽으로는 유다의 옷시야(아사라) 왕과 평화로운 관계를 유지하고 있었습니다. 그래서 여로보암 2세 때 이스라엘은 영토가 확장될 뿐만 아니라 평화로운 시대를 경험했습니다.

이렇게 평화로운 시대가 계속되는 동안 이스라엘은 농사를 짓고, 무역을 하고, 신도시를 개발하는 데 있어서 자유로웠고, 결과적으로 물질적인 풍요를 맛보았습니다. 아모스의 예언 중에 언급되는 겨울 궁과 여름 궁, 상아 궁(암 3:15), 잔치들과 향연들(암 6:4-6)이 단적인 예가 되며, 당시의 수도 사마리아에 대한 고고학적 발굴도 이러한 점을 증거합니다.[39]

그런데 여로보암 2세 시대의 이스라엘 백성은 국제적 안정과 경제적 풍요 속에서 오히려 그들의 죄성을 드러냈습니다. 사회의 권력자들과 부유한 자들은 약자들을 보호하기는커녕 그들을 착취하거나 억압하고(암 2:6-7), 바알 성전에서 행해지는 우상 숭배와 음행을 즐기며(2:7-8; 5:26), 절기와 성회마다 여호와께 제물을 풍성하게 드렸지만 가정과 사회로 돌아가면 불의를 행하는 일을 되풀이했습니다(5:21-24). 결국, 여호와께서는 이스라엘 사회가 이러한 죄악들을 벗어나서 공의로운 공동체로 회복되도록 목동 아모스를 불러서 예언 활동을 하게 하셨습니다.

5. 구조

아모스는 크게 세 부분으로 나눌 수 있습니다. 첫째는 이스라엘의

---

39 Watson E. Mills eds., "Jeroboam II," *Mercer Dictionary of the Bible*(Macon: Mercer University Press, 1990), 440.

주변 나라들과 북 왕국 이스라엘에 대한 여호와의 심판 예언 부분입니다(1-2장). 이 부분은 이스라엘 백성이 이웃 나라들에 대한 여호와의 심판 예언을 들으면서 그들이 멸망하게 된다는 소식에 즐거워하다가, 마지막 부분에서 자기들을 향한 여호와의 심판 예언이 전해졌을 때 당황하는 모습을 연상하게 만듭니다. 아모스 예언자가 '반전'이나 '아이러니'라는 수사학적 기법을 사용한 것이죠.

둘째는 이스라엘의 죄악을 구체적으로 소개하고, 여호와의 준엄한 심판을 예언하며 백성의 회개를 요청하는 부분입니다(3-6장). 끝으로 여호와의 공의로운 심판에 관한 환상과 이스라엘의 회복에 대한 예언이 이어집니다(7-9장). 아모스가 소개한 다섯 개의 환상에 대한 롱맨의 발견은 함께 나눌 가치가 있습니다.

> 앞의 네 개(7:1-3, 4-6, 7-9; 8:1-3)는 서로 유사하고 연관되었지만, 다섯 번째와는 구별된다(9:1-10). 처음 두 환상은 사건(메뚜기 재앙과 가뭄)을 기술하고, 다음 둘은 사물(다림줄과 과일 광주리)을 보여 준다. 첫 두 환상에서 아모스는 중재자로 나서 하나님이 심판을 돌이키시도록 하는 데 성공한다. 세 번째와 네 번째 환상에서 환상의 불행한 징후는 피할 길이 없다. 아마 첫 두 환상은 아직 희망이 있던 예언자의 사역 초기에 임했을 것이고, 다음 두 환상은 회개의 가능성이 완전히 사라진 후에 전해진 것 같다. 마지막 환상에서 보이는 대상은 하나님 자신이고, 하나님과 예언자 사이의 대화는 없다. 특정 행동이 언급되지 않고 예언자는 하나님의 말씀을 조용히 듣기만 한다.[40]

---

40 롱맨, 「손에 잡히는 구약 개론」, 215.

1) 1:1-2:16 이스라엘의 주변 나라들과 이스라엘에 대한 심판 예언

(1) 1:1-2   아모스의 정체와 예언 시작 시기
(2) 1:3-2:5   이스라엘의 심판 예언과 그 이유
    1:3-5   다메섹: 철 타작기로 타작하듯 길르앗을 압박함
    1:6-8   가사: 모든 사로잡은 자를 끌어 에돔에 넘김
    1:9-10   두로: 형제의 계약을 기억하지 아니하고 모든 사로잡은 자를 에돔에
                넘김
    1:11-12   에돔: 칼로 그의 형제를 쫓아가며 긍휼을 버리고 항상 맹렬히 화를
                내며 분을 끝없이 품음
    1:13-15   암몬: 지경을 넓히려고 길르앗의 아이 밴 여인의 배를 가름
    2:1-3   모압: 에돔 왕의 뼈를 불살라 재로 만듦
    2:4-5   유다: 여호와의 율법을 멸시하며 그 율례를 지키지 아니하고 그의
                조상들이 따라가던 거짓 것(우상)에 미혹됨
(3) 2:6-16   이스라엘의 죄에 대한 하나님의 심판 예언
    2:6   은을 받고 의인을 팔며 신 한 켤레를 받고 가난한 자를 팔며 힘 없는
                자의 머리를 티끌 먼지 속에 발로 밟고 연약한 자의 길을 굽게 함
    2:7   아버지와 아들이 한 젊은 여인에게 다녀서 여호와의 거룩한 이름
                을 더럽힘
    2:8   모든 제단 옆에서 전당 잡은 옷 위에 누우며 그들의 신전에서 벌금
                으로 얻은 포도주를 마심

2) 3:1-6:14 이스라엘을 향한 하나님의 심판을 예언하며 회개를 요청함

(1) 3:1-8   예언자를 부르심
(2) 3:9-4:3   사마리아 권력자들의 포학과 겁탈, 그리고 부유한 여인들의 가난한
              자를 향한 학대와 압제에 대한 하나님의 심판

(3) 4:4-13   회개의 요청
(4) 5:1-20   회개의 요청과 '화 예언'
(5) 5:21-27 공의로운 삶이 동반되지 못한 절기 지키기와 성회, 그리고 우상 숭
              배에 대한 하나님의 심판
(6) 6:1-14   이스라엘 권력자들의 사리사욕과 가난한 자들을 위한 무관심에 대
              한 하나님의 심판 예언

3) 7:1-9:15 하나님의 공의로운 심판에 관한 환상과 이스라엘의 회복 예언

(1) 7:1-9   세 가지 환상: 메뚜기 재앙, 불, 다림줄
(2) 7:10-17 아모스와 벧엘의 제사장 아마샤의 대결

6. 주제들과 교훈들

1) 아모스가 동시대를 살아가는 주변 국가 백성들과 이스라엘 백성을 향한 여호와의 심판 예언에서 지적하는 죄악들은 다양합니다. 주변 국가 백성들의 죄악이 여호와와의 언약에 근거하지 않고, 그들이 전쟁에서 적국의 백성을 "타작기로 타작하듯" 잔인하게 죽이거나(1:3, 11) 아이 밴 여인의 배를 가르거나(1:13), 포로들을 팔아넘기거나(1:6, 9), 적국 왕의 뼈를 불살라서 재로 만들어 흩어버리는(2:1) 행위들에 대해, 여호와께서는 눈여겨보시고 그들의 반인륜적인 행위들에 대해 공의롭게 심판하십니다. 그러므로 주변 국가들을 향한 심판은 국제법이나 자연법에 근거한 것으로 이해할 수 있습니다.[41]

그러나 여호와와 언약을 맺은 백성인 유다에 대한 여호와의 심판 예언에서는 그들이 여호와의 율법과 규례를 멸시하여 지키지 않고, 조상들처럼 우상 숭배에 빠진 죄를 지적합니다(2:4). 그런데 북 왕국

---

41   Ibid., 214.

이스라엘을 향한 심판 예언에서는 이스라엘 백성이 저지르는 다양한 죄악들을 지도자들의 부류에 따라 아주 자세하게 언급합니다.

(1) 정치적, 사회적 지도자들이 힘없고 가난한 자들에 대해 무관심할 뿐만 아니라 억압하고 착취하는 죄
- 3:10: 자기 궁궐에서 포학과 겁탈을 쌓는 자들이 바른 일을 행할 줄 모름
- 5:7: 정의를 쓴 쑥으로 바꾸며 공의를 땅에 던지는 자들
- 5:11: 힘없는 자를 밟고 그에게서 밀의 부당한 세를 거둠
- 6:1-6: "백성들의 머리인 지도자들이여…상아 상에 누우며 침상에서 기지개 켜며 양 떼에서 어린 양과 우리에서 송아지를 잡아서 먹고 비파 소리에 맞추어 노래를 지절거리며 다윗처럼 자기를 위하여 악기를 제조하며 대접으로 포도주를 마시며 귀한 기름을 몸에 바르면서 요셉의 환난에 대하여는 근심하지 아니하는 자…"
- 6:12-13: 정의를 쓸개로 바꾸며 공의의 열매를 쓴 쑥으로 바꾸며 자신들의 힘만으로 주변 나라를 정복했다고 자만함
(2) 부유한 채권자들이 가난한 채무자들을 학대하는 죄
- 2:6, 7: 은을 받고 의인을 팔며 신 한 켤레를 받고 가난한 자를 팔며 힘없는 자의 머리를 티끌 먼지 속에 발로 밟고 연약한 자의 길을 굽게 함
- 4:1: 사마리아의 부유한 여인들이 힘없는 자를 학대하며 가난한 자를 압제함

(3) 사업하는 자들의 탐욕과 부정

- 8:4-6: 장사를 할 수 없는 월삭과 안식일을 한탄하며, 거짓 저울로 속이며, 은으로 힘없는 자를 사며 신 한 켤레로 가난한 자를 사며 찌꺼기 밀까지도 판매함

(4) 재판의 부정과 비리

- 5:10: 사람들이 법정(개역개정판은 '성문')에서 시비를 올바로 가리는 사람을 미워하고, 바른 말하는 사람을 싫어함
- 5:12: 의인을 학대하며 뇌물을 받고 성문에서 가난한 자를 억울하게 함

(5) 신앙적인 죄악들

- 2:12: 나실 사람으로 포도주를 마시게 하며 또 예언자에게 명령하여 예언하지 말라고 함
- 4:4-5: 벧엘과 길갈에서 아침마다 희생 제물을 드리고 삼일마다 십일조를 드리고, 수은제, 낙헌제를 드리지만, 일상생활에서는 삶의 거룩함이 없는 이율배반적인 삶
- 4:6-10: 하나님께서 가뭄과 깜부기 재앙과 팥중이 재앙과 전염병을 보내시고, 성읍이 무너지게 해도 여호와께 돌아와 회개할 줄 모르는 영적인 교만과 무지, 그리고 무관심
- 5:21-24: 절기와 성회로 모여서 번제, 소제, 화목제를 드리고, 찬양과 비파 연주를 곁들인 예배를 드리지만, 일상생활 속에서 더불어 사는 사람들에게 정의와 공의를 행할 줄 모르는 이율배반적인 삶.
- 5:26: 식굿의 신상들을 왕으로 떠받들고, 별신 기윤의 신상들을 섬김

(6) 백성들의 성적인 부패와 향락에 치우친 죄
- 2:7: 아버지와 아들이 한 젊은 여인에게 다님
- 2:8: 술에 취하여 모든 제단 옆에서 전당 잡은 옷 위에 누우며 신전(새번역은 '하나님의 성전')에서 벌금으로 얻은 포도주를 마심

그러므로 만약 아모스가 언급하는 죄악들이 현재 우리가 속한 사회의 구성원들과 아울러 우리들의 삶에서도 행해지고 있다면, 하나님의 공의로운 심판이 우리에게도 임할 수 있다는 깨달음을 가지고 두렵고 떨리는 마음으로 주님 앞에 회개해야 할 것입니다.

2) 죄악에 가득 찬 이스라엘을 향해 아모스가 제시한 신적인 대안.

아모스는 이스라엘의 지도자들부터 온 백성에 이르기까지 범했던 다양한 종류의 죄악들을 상세하게 지적한 후에, 여호와께서 내리실 심판의 재앙을 피하도록 백성이 행해야 할 것 역시 분명하게 언급했습니다.

> 너희는 살려면 선을 구하고 악을 구하지 말지어다… 너희는 악을 미워하고 선을 사랑하며 성문에서 정의를 세울지어다… (5:14)
> 오직 정의를 물 같이, 공의를 마르지 않는 강 같이 흐르게 할지어다 (5:24)

아모스는 당대의 이스라엘 백성이 사회 전반적으로 부패하고 불의하여 결과적으로 약자들과 가난한 자들의 인권이 유린되는 상황을 목격했을 때, 여호와께서 모세의 율법을 통해 가르쳐주신 정의가 물 같이

흐르고, 공의가 마르지 않는 강 같이 흐르는 사회를 재건할 것을 신적인 대안으로 제시했습니다. 그러므로 우리 그리스도인들도 우리가 속한 사회와 교회 속에서 정의와 공의를 실천하는 주체가 되어야 합니다.

구약성경에서 하나님의 백성이 실천해야 할 삶의 덕목으로 강조하는 것 중에서 가장 중요한 세 가지를 언급한다면, 저는 정의/공의(mishphat/ tsedaqah), 인자/인애(chesed), 그리고 진실(emeth)이라고 봅니다. 그중에서 아모스가 강조한 정의와 공의의 의미를 성서 히브리어 사전에 근거하여 함축적으로 소개한다면, 정의(mishpath)는 '재판하다'는 동사에서 파생된 것으로, 사람들을 대할 때 외적인 기준들을 가지고 대하지 않고 그들의 됨됨이와 행위에 따라 공정하게 대하는 것을 말합니다.[42] 또한 공의(tsedaqah)는 '진실을 말하다'라는 아랍어 동사에서 파생된 것으로 추정하는데, 사람들에게 거짓 없이 진실하게 말하고 행동하는 것을 말합니다.[43] 우리가 속한 사회 속에서 서로가 외적인 편견과 거짓으로 주위 사람들을 대함으로 말미암아 우리 사회가 온갖 죄악과 무질서에 빠져 서로의 권리와 행복뿐만 아니라, 사회의 가장 약자들의 기본권까지도 빼앗아가는 현실 속에서 우리 그리스도인들부터 정의와 공의를 실천하는데 앞장서는 것이 주님의 뜻이라고 믿습니다.

(3) 이스라엘의 회복 예언(9:1-15)

구약학자들이 이 부분에 대해 열띤 논의를 해왔습니다. 1장부터

---

42 Willem A. VanGemeren, eds., *New International Dictionary of Old Testament Theology & Exegesis*, vol. 2 (Grand Rapids: Zondervan Publishing House, 1997), 1142

43 Brown, *NBDBGHEL*, 841.

9장 10절까지 이스라엘의 죄악에 대해 여호와께서 재앙으로 심판하실 것이라는 예언이 계속되다가, 왜 마지막 부분에서 이스라엘이 회복될 것이라고 예언했을까? 그래서 어떤 구약학자들은 아모스에서 심판의 주제가 지배적이기에 마지막 회복의 주제는 아모스가 예언한 것이 아니라, 훨씬 후대에 포함시킨 것으로 봅니다. 14절의 "내가 내 백성 이스라엘이 사로잡힌 것을 돌이키리니"라는 구절에 근거하여 바벨론 포로기 이후 시대로 보는 이들이 많이 있습니다.

솔직히 말씀드리면, 저는 아모스가 이 부분을 직접 예언했는지 아니면 후대의 누군가가 이 부분을 추가했는지 논의하는 자료비평적, 혹은 편집비평적 논의에 관심이 없습니다. 이 부분이 아모스의 끝부분에 포함되어 정경으로서의 권위를 인정받았기에, 이 부분이 시대마다 독자들에게 제공하는 신앙적 교훈을 찾는 것이 더 중요하다고 봅니다.

아모스가 살던 시대의 이스라엘 백성이 여러 가지 죄악을 행하여 여호와의 공의로운 심판을 자초했습니다. 그래서 여호와께서는 그들을 구원하도록 아모스를 비롯하여 호세아, 이사야, 미가 등의 예언자들을 보내어 회개를 촉구했습니다. 그러나 안타깝게도 그들은 회개하지 않았고, 북 왕국 이스라엘은 기원전 722년에 앗수르에게 패망했습니다. 그렇다고 해서, 하나님께서 택하신 이스라엘 백성이 전멸한 것은 아니고, 남 왕국 유다 백성과 더불어 살면서 선민들의 역사는 계속 이어졌습니다. 그런데 유다 백성조차도 하나님의 뜻에 불순종하여 죄악에 빠지자 다시 바벨론에게 나라가 빼앗기는 결과를 경험하게 합니다. 아마도 아모스 9장 11절부터 15절까지의 이스라엘 회복 예언은 바벨론 포로기를 경험한 유다 백성으로 하여금 아모스의 예언이 자신들의 시대에 성취되었다는 믿음을 가지게 했을 수도 있습니다.

안타깝게도 국가적인 패망과 회복을 경험한 하나님의 백성이 또다시 하나님의 뜻에 불순종하며 죄악에 빠져 '이방의 빛'(사 42:6 ; 49:6)이 되는 사명을 망각하고 살자, 하나님께서는 최후통첩으로 하나님의 아들 예수님을 이 땅에 보내셔서 이스라엘 백성뿐만 아니라 온 세상 사람들의 죄 값을 대신 지고 십자가에 달리게 하셨습니다. 그리고 사흘 만에 부활하셔서 예수님을 구세주와 주님으로 의지하는 사람들을 하나님의 자녀이자 택한 백성으로 삼으셨습니다. 그리고 그리스도인들이 주안에서 풍성한 삶을 누릴 것과 아울러 천국에서 영생을 누리게 될 것을 약속하셨습니다. 그러므로 아모스 9장 11절부터 15절의 회복 예언은 궁극적으로 예수 그리스도로 말미암아 하나님의 백성이 된 우리 그리스도인들을 위한 것이라고 볼 수 있습니다.

7. 아모스와 신약성경

아모스는 신약성경의 여러 곳에서 직접 인용되었을 뿐만 아니라 중심 주제가 신약성경에서도 강조됩니다. 사도행전 7장 42절에 의하면, 스데반은 백성과 장로와 서기관들에 의해 공회로 잡혀 와서 설교할 때, 출애굽한 이스라엘 백성이 광야에서 우상을 섬기던 죄악을 지적하면서, 아모스 5장 25절부터 27절까지를 인용했습니다. 사도 바울도 로마 교회 성도들에게, "사랑에는 거짓이 없나니 악을 미워하고 선에 속하라"(롬 12:9)고 가르쳤는데, 이것은 "너희는 악을 미워하고 선을 사랑하며"(5:15)라는 아모스의 구절과 비슷합니다. 그리고 아모스의 중심 주제 중의 하나로 볼 수 있는, 약자들과 가난한 자들의 인권을 보호하는 정의로운 사회를 만들라는 교훈은 초대 교회의 성도들도 지켜야 할 덕목으로 강조됩니다(고전 11:22; 약 1:27; 2:1-10; 5:1-6). 교회 안의 약자들을 돌보도록 강조하는 야고보를 '신약성경의 아모스'로 간주하는 학자도 있다는 것이 흥미롭습니다.[44]

사도행전 15장은 하나님의 인간 구원의 섭리와 관련하여 아주 중요한 한 사건을 소개하는데, 바로 예루살렘 회의입니다. 이방인들을 위한 선교 활동을 하고 돌아온 바나바와 바울이 선교 보고를 했을 때, 바리새파 사람 중의 어떤 믿는 사람들이 이방인들도 할례를 받고 모세의 율법을 지키도록 할 것을 제안했습니다. 그러자 베드로, 바나바, 바울, 그리고 야고보가 이방인들이 할례나 율법을 지키는 것과 상관없이 주 예수의 은혜로 구원을 얻는다고 강조했습니다. 이러한 논의 중에 야고보가 아모스 9장 11절과 12절을 인용했는데, 그는 아모스의 끝부분에서 소개하는 이스라엘의 회복에 관한 예언 속에 "그 남은 사람들과 내 이름으로 일컬음을 받는 모든 이방인들"도 포함되고 있음을 언급하여, 예수님을 구세주와 주님으로 고백하는 이방인들도 하나님의 관점에서는 이스라엘에 포함된다는 점을 일깨워줍니다.

---

44 W. M. Tillman, "Social Justice in the Epistle of James: A New Testament Amos?" *Review & Expositor*, 108 (2011: 3), 417-427.

묵상과 토론을 위한 질문

 아모스가 살던 시대의 죄악상들과 유사한 우리 사회의 죄악
상들은 어떤 것이 있을까요?

 구약성경에서 강조하는 공의롭고 정의로운 삶은 무엇을 말
합니까?

 "정의를 물 같이, 공의를 마르지 않는 강 같이 흐르게" 하도
록 자신이 해야 할 일은 어떤 것이 있을까요?

12 기원전 8세기 예언서: 호세아 개론

1. 기록 목적

호세아 예언자가 북 왕국 이스라엘의 여로보암 2세 때부터 이십여 년 동안 지도자들과 백성의 죄악을 지적하면서, 여호와의 끝없는 인자를 기억하여 여호와만 섬기고 서로에게 인자를 베풀도록 호소한 예언을 소개함으로써 독자들이 신앙적 교훈을 얻도록 기록한 것입니다.

2. 시대 상황

일반적으로 구약학자들은 호세아의 예언 활동이 여로보암 2세 때부터 이스라엘이 멸망하기 직전까지의 이십여 년 정도 이어졌다고 봅니다(BC 750-725). 그 이유는 여로보암 2세가 죽은 후부터 이십여 년 동안 잦은 쿠데타와 외교적 약화로 왕이 여섯 번이나 바뀌는 상황을 본

문에서 암시하기 때문입니다.[45]

1) 정치적 상황

아모스 개론에서 언급한 바 있듯이, 북 왕국 이스라엘은 여로보암 2세가 통치하는 동안 북쪽으로는 앗수르 제국의 내분으로 전쟁의 위협이 줄어들었고, 남쪽으로는 유다의 웃시야 왕과 평화로운 관계를 유지함으로 말미암아 영토가 다윗과 솔로몬 시대처럼 확장될 뿐만 아니라, 물질적 번영과 사회적 평화를 누렸습니다.

그러나 여로보암 2세가 죽고 난 후 이십여 년 동안 왕권을 차지하기 위한 잦은 쿠데타로 말미암아 정치적으로 혼란스러운 상태가 계속되었습니다. 호세아는 본문 여러 곳에서 쿠데타로 왕이 되려는 정치가들의 포악과 피 흘림, 그리고 음모가 하나님 앞에서 커다란 죄악임을 지적합니다. 또한, 왕이 된 자들이 복잡하고 불안한 국제 정세 속에서 여호와를 의지하기보다 주위의 강대국들에 조공을 바치면서 권력을 유지하려는 태도에 대해서도 지적합니다(5:13-14; 12:1).

> 왕을 갈아치울 자들이 악한 음모를 품고서도 겉으로는 왕을 기쁘게 하며, 온갖 기만으로 대신들을 속여 즐겁게 한다. … 새 왕을 세우려는 자들의 마음은 빵 굽는 화덕처럼 달아 오르고, 그들은 음모를 품고 왕에게 접근한다. … 그들은 모두 빵 굽는 화덕처럼 뜨거워져서, 그들의 통치자들을 죽인다. 이렇게 왕들이 하나하나 죽어 가는데도

---

45   목회와신학 편집부, 「호세아·미가: 어떻게 설교할 것인가」 (서울: 두란노 아카데미, 2009), 15; Bobby Box, "Introduction to the Book of Hosea," *The Theological Educator*, vol, 6 (1975, Fall), 23.

어느 누구도 나 주에게 호소하지 않는다(호 7:3-7: 새번역)

반역자들이 살상에 깊이 빠져들었다. 그러므로 내가 너희를 모두 징벌하겠다(5:2: 새번역)

그들이 왕들을 세웠으나 내게서 난 것이 아니며 그들이 지도자들을 세웠으나 내가 모르는 바이며(8:4)

2) 사회적 상황

호세아는 자신이 예언하던 시대의 사회적 상황에 대해 아모스처럼 자세하게 언급하지는 않습니다. 그래서 아모스 개론에서 소개한 사회적 상황을 참고하면 좋을 것입니다. 그럼에도 불구하고 호세아는 당대의 백성이 저질렀던 사회적 죄악들을 함축적인 몇 단어들로 지적합니다.

이 땅에는 진실도 없고 인애도 없고 하나님을 아는 지식도 없고 오직 저주와 속임과 살인과 도둑질과 간음뿐이요 포악하여 피가 피를 뒤이음이라(4:1-2)

3) 신앙적 상황

호세아가 그의 예언에서 특히 강조하는 이스라엘의 죄악상은 신앙적인 것인데, 특히 여호와와 다른 신들을 함께 섬기는 종교혼합주의(syncretism: 호 2:13, 17; 9:10; 11:2; 13:1), 바알 성소에서 술과 음행을 즐기는 윤리적, 성적 타락(호 4:11-14, 18), 제사와 절기는 열심히 참여하지만 여호와와의 인격적인 만남이 없어 여호와를 알지 못함(4:1, 6), 사회적 약자들이 당하는 고통에는 관심이 없는 이율배반적인 삶, 그리고 제

사장들의 부패 등을 부각합니다.[46]

호세아는 백성과 그중에서도 정치적, 사회적 지도자들의 여러 가지 죄악에 대해 지적하며 회개를 요청해야 할 책임이 있는 제사장들부터 심각한 죄악을 범한다는 점도 언급합니다.

> 내 백성이 지식이 없으므로 망하는도다 네가 지식을 버렸으니 나도 너를 버려 내 제사장이 되지 못하게 할 것이요 네가 네 하나님의 율법을 잊었으니 나도 네 자녀들을 잊어버리리라 그들은 번성할수록 내게 범죄하니 내가 그들의 영화를 변하여 욕이 되게 하리라 그들이 내 백성의 속죄제물을 먹고 그 마음을 그들의 죄악에 두는도다 장차는 백성이나 제사장이나 동일함이라 내가 그들의 행실대로 벌하여 그들의 행위대로 갚으리라 그들이 먹어도 배부르지 아니하며 음행하여도 수효가 늘지 못하니 여호와를 버리고 따르지 아니했음이니라(4:6-10)
> 강도 떼가 사람을 기다림 같이 제사장의 무리가 세겜 길에서 살인하니 그들이 사악을 행하느니라(6:9)

3. 구조

호세아는 예언자 호세아의 불행한 결혼 생활을 통해 깨닫게 된 여호와의 끊임없는 사랑을 간증 형식으로 소개하는 부분(1-3장), 이스라

---

46   Ibid., 17; Don G. Kent, "Hosea: Man, Times and Material," *Southwestern Journal of Theology*, vo. 36 (1993, Fall), 7.

엘의 죄악에 대한 여호와의 심판을 예언하는 부분(4-13장), 그리고 이스라엘 백성을 향해 회개를 요청하며, 그 이후에 이루어질 민족의 회복을 예언하는 부분(14장)으로 나눌 수 있습니다.

1) 1-3장 불성실한 아내 고멜을 향한 호세아의 끊임없는 사랑

(1) 1:1-9   음란한 여자 고멜과 결혼한 호세아
(2) 1:10-11   이스라엘의 회복 예언
(3) 2:1-7   음란한 삶을 찾아 나서는 고멜
(4) 2:8-13   바알을 섬기는 이스라엘 백성
(5) 2:14-23   이스라엘 백성들을 향한 여호와의 사랑
(6) 3:1-5   음녀가 된 아내 고멜을 다시 데려오는 호세아와 이스라엘 백성을 향한 여호와의 사랑

2) 4-13장 이스라엘의 죄악에 대한 여호와의 심판 예언

(1) 4:1-5   이스라엘의 죄: 진실이 없고, 하나님을 아는 지식도 없고, 저주, 속임, 살인, 도둑질, 간음, 포악, 피가 피를 뒤이음
(2) 4:6-10   제사장들의 죄악: 하나님의 지식을 버림, 율법을 잊음, 속죄 제물을 먹음
(3) 4:11-5:7   바알 숭배와 음행
(4) 5:8-15   유다와 이스라엘의 전쟁
(5) 6:1-11   이스라엘 백성들의 불성실한 회개
(6) 7:1-7   왕궁 안의 반란
(7) 7:8-16   여호와께 돌아오지 않고 강대국들에 도움을 요청하는 이스라엘을 향한 여호와의 심판
(8) 8:1-14   우상 숭배에 대한 여호와의 심판
(9) 9:1-10:15 바알을 섬김으로 풍성한 수확을 기대하는 이스라엘 백성들에게 임할 여호와의 심판
(10) 11:1-11   이스라엘 백성을 향한 여호와의 끝없는 사랑
(11) 12:1-14   거짓과 폭력과 강대국을 의지하는 어리석음에서 벗어나 여호와께 돌아오고 사랑과 정의를 행하도록 요청함
(12) 13:1-16   바알 숭배에 대한 여호와 하나님의 심판

3) 14:1-9 이스라엘 백성을 향해 회개를 요청하며, 그 이후에 이루어질 민족적 회복을 예언함

4. 주제들과 교훈들

1) 호세아가 지적한 죄

호세아도 아모스처럼 자신이 살던 시대의 이스라엘 백성과 정치적, 종교적 지도자들이 범했던 여러 가지 죄악을 묘사합니다. 저는 호세아의 시대 상황을 설명하는 부분에서 그들의 구체적인 죄악을 언급한 바 있는데, 특별히 강조하는 죄악은 정치적 지도자들이 피비린내 나는 쿠데타를 통해 정권을 잡으려 한 것과 아울러 정권을 잡고 난 후에 정권 유지를 위해 강대국의 왕들에게 도움을 요청한 것입니다. 아울러, 온 백성이 산당에서 바알과 우상들을 섬기면서, 바알 종교에서 허용하는 성적인 쾌락을 좇으며 음란하게 살았다는 점입니다. 뿐만 아니라 백성의 신앙적 지도자였던 제사장들이 여호와의 율법을 떠나 살며 여호와를 알지 못했고, 무리를 지어 강도질과 살인을 저지를 정도로 죄악을 범했다는 점입니다. 호세아는 이러한 총체적인 죄악상에 대해 여호와 하나님께서 준엄하게 심판할 것임을 선포했습니다.

2) 이스라엘 백성을 향한 여호와의 끝없는 사랑

호세아의 예언을 통해 강조된 주제는 이스라엘 백성의 죄에 대한 여호와의 심판만이 아닙니다. 그들을 죄로부터 돌이켜서 여호와께로 돌아가도록 회개를 강조하는 것입니다. 이 일을 위해 호세아가 부각한 주제는 이스라엘 백성을 향한 여호와의 끝없는 사랑입니다. 많은 구약학자가 호세아의 주제 구절로 간주하는 11장 8절은 죄악에 빠진 이스라엘 백성을 너무나 사랑하셔서 그들을 차마 버리지 못하시는 여호와의 무한한 긍휼과 사랑을 감동적으로 표현합니다.

에브라임이여 내가 어찌 너를 놓겠느냐 이스라엘이여 내가 어찌 너를 버리겠느냐 내가 어찌 너를 아드마 같이 놓겠느냐 어찌 너를 스보임 같이 두겠느냐 내 마음이 내 속에서 돌이키어 나의 긍휼이 온전히 불붙듯 하도다[47]

이스라엘 백성을 위한 여호와의 무한한 긍휼과 사랑은 호세아 자신의 결혼 생활에 관한 안타까운 고백을 통해 감동적으로 전해지고 있습니다(1-3장). 또한, 아들을 사랑하여 은혜를 베푸신 아버지를 배신한 아들의 비유(11:1-4), 잘못된 의사를 찾아가는 환자의 비유(5:13)를 통해서도 강조합니다.

이렇게 볼 때, 아모스와 호세아는 동시대에 활동했던 예언자들이지만, 아모스는 백성에게 정의와 공의로운 삶을 살도록 강조하는 반면에, 호세아는 여호와 하나님의 끝없는 긍휼과 사랑을 생각하여 바알과 우상들을 멀리하고 여호와께 돌아오도록 도전합니다. 한 걸음 더 나아가, 여호와의 긍휼과 사랑을 더불어 사는 사람들에게 베풀며 살도록 권고합니다.

내가 바라는 것은 변함없는 사랑이지, 제사가 아니다. 불살라 바치는 제사보다는 너희가 나 하나님 알기를 더 바란다(6:6: 새번역)
너희가 자기를 위하여 공의를 심고 인애를 거두라 너희 묵은 땅을 기경하라 지금이 곧 여호와를 찾을 때니 마침내 여호와께서 오사 공의를 비처럼 너희에게 내리시리라(10:12)

---

47 아드마와 스보임은 소돔 및 고모라의 운명을 함께 겪은 성읍인데, 이 두 성읍 가까이에 있었을 것으로 추측할 수 있습니다(신 29:22).

3) 참된 회개란?

모든 예언서가 그러하듯이 호세아의 가장 중요한 주제도 회개일 것입니다.

> 오라 우리가 여호와께로 돌아가자 여호와께서 우리를 찢으셨으나 도로 낫게 하실 것이요 우리를 치셨으나 싸매어 주실 것임이라(6:1)

호세아 예언자가 자신의 안타까운 부부 관계까지 밝히고, 다양한 비유를 말하면서까지 강조했던 회개의 가르침은 이스라엘 백성이 삶에서 실천해야 할 구체적인 덕목까지도 제시해줍니다.

(1) 여호와를 아는 지식(4:6; 6:6): 호세아는 여호와 하나님께서 이스라엘 백성을 어떤 존재로 간주하고 계신지를 백성들이 늘 기억하고 행동하기 원했습니다. 그러기 위해 여호와께서 족장 야곱과 맺은 언약(12:3-4)을 기억하고, 출애굽 사건과 광야에서의 인도하심을 통해 밝히 드러내 주신 것처럼 여호와께서 구원자 되심을 기억하며(11:1), 모세의 율법에 따라 순종하는 이스라엘 백성과 인격적인 관계를 맺기 원하시는 여호와를 찾고 그분의 임재를 날마다 체험하는 삶을 살기 원했습니다. 그래서 여호와의 선민이라는 정체성을 회복하고 선민답게 살기를 기대했습니다.

(2) 호세아가 외도하는 아내 고멜을 끝까지 사랑한 것과 같이, 여호와 하나님께서 오래 참으시며 보여주신 한결같은 사랑(chesed)과 긍휼을 기억하며, 같은 사랑의 마음으로 모든 우상 숭배를 끊고, 여호와만을 섬기기 원했습니다(6:6).

내가 바라는 것은 변함없는 사랑이지, 제사가 아니다. 불살라 바치는 제사보다는 너희가 나 하나님 알기를 더 바란다(6:6: 새번역)

(3) 여호와께서 베풀어주신 긍휼과 사랑을 기억하며, 더불어 살아가는 사람들에게 거짓과 저주와 속임과 살인과 도둑질과 포악을 행하는 것을 중단하고(4:1), 오직 긍휼과 사랑을 베풀고 공의와 정의를 실천하도록 권고했습니다(10:12; 12:6).

너희가 자기를 위하여 공의를 심고 인애를 거두라 너희 묵은 땅을 기경하라 지금이 곧 여호와를 찾을 때니 마침내 여호와께서 오사 공의를 비처럼 너희에게 내리시리라(10:12)

4) 호세아의 수사학적 탁월성

호세아는 죄악으로 가득 찬 이스라엘이 회개하도록 여호와의 끝없는 사랑이라는 신학적 주제를 제시할 줄 아는 신학자였습니다. 그런데 그는 이러한 신학적 교훈을 효과적으로 제시하도록 예언시와 아울러 다양한 수사학적 기교들을 사용할 줄 아는 재능을 지녔습니다. 그는 특히 여호와와 이스라엘의 관계를 설명하기 위해 다양한 비유적 이미지들을 사용합니다. 여호와께 불성실한 이스라엘을 심판하려는 의도를 표현할 때에는 질투하는 남편(1:2-9; 2:2-13), 절망하는 목자(4:16), 갉아먹는 좀이나 원치 않는 녹(5:12), 사나운 사자(5:14), 그리고 그물(7:12) 등으로 비유합니다.[48] 그리고 이스라엘을 향한 여호와의 구원을 선포할 때에는 외도하는 아내를 용서하고 다시 품는 남편(3:1-

---

48 롱맨, 「손에 잡히는 구약 개론」, 205.

3), 치유하는 의사(6:1-2), 메마른 땅을 적셔주는 비(6:3), 사랑 많은 부모 (11:3-4), 보호하는 사자(11:10-11), 백합화와 백향목을 소생케 하는 이슬 (14:5), 생명력이 가득한 푸른 잣나무(14:8) 등의 비유를 사용합니다.[49] 또한, 여호와에게 충성스럽지 못하고 바알과 우상들에게 눈을 돌리는 이스라엘을 아침 안개(6:4), 달아오른 화덕(7:4-7), 어리석은 비둘기 (7:11), 망가진 활(7:16), 들나귀(10:7) 등으로 표현합니다.[50]

죄악에 빠진 이스라엘 백성으로 하여금 회개하여 여호와 앞으로 돌아오게 하도록 신학적으로 바른 해결책을 제시할 뿐만 아니라, 그것을 전달할 때 예언시라는 문학 양식과 아울러 다양한 이미지들을 포함한 수사학적 기교를 사용했던 호세아는 오늘날 설교자들과 성경 교사들이 주의 말씀을 전할 때 적용해야 할 중요한 교훈 하나를 제공합니다. 그것은 주의 말씀을 전할 때 본문의 의미를 바르게 전하려는 (what to preach) 노력과 아울러 그것을 가장 효과적이고도 창조적인 방식으로 전달하려는(how to preach) 노력도 기울여야 한다는 점입니다.

5. 호세아와 신약성경

1) "이스라엘이 어렸을 때에 내가 사랑하여 내 아들을 애굽에서 불러냈거늘"(11:1)이라는 구절이 예수님께서 어린 시절에 애굽에 머물다가 유다로 돌아오실 것을 예언한 구절로 마태복음 2장 15절에서 인용됩니다.

---

49   Ibid., 205-206.
50   Ibid.

2) "바울과 베드로(각각 롬 9:25; 벧전 2:10 비교 호 1:6, 9, 2:1, 23)는 호세아의 자녀들의 이름을 긍정적인 맥락에서 인용해 이방인도 이제 주님의 백성에 속하였다는 주장을 뒷받침합니다."[51]

3) "사망아 네 재앙이 어디 있느냐 스올아 네 멸망이 어디 있느냐"(13:14)는 구절은 본문 앞뒤의 문맥에 따르면, 이스라엘의 죄악으로 말미암아 그들이 반드시 죽게 될 것을 시적으로 표현한 것입니다. 그런데 사도 바울은 부활하신 예수 그리스도께서 사망을 이기심으로 말미암아 그리스도인들도 사망을 이기게 될 것이라는 소망을 제공하도록 인용합니다(고전 15:55).

4) 호세아는 1장부터 3장에서 남편인 호세아 예언자와 그의 음란한 아내 고멜의 관계를 통해서, 음란하고 불충실한 이스라엘을 버리지 못하고 끝까지 용서하고 사랑하는 여호와의 끊임없는 사랑을 비유적으로 묘사합니다. 그런데 이러한 남편과 아내의 비유가 신약성경에서는 신랑 되신 예수 그리스도와 신부 되는 교회와의 관계를 설명하는 데 사용되고 있으며, 한 걸음 더 나아가 교회 안의 성도 중에서 남편과 아내가 서로를 어떻게 대해야 하는지 가르치는 상황에서 사용됩니다(엡 5:22-33).

> 그러므로 교회가 그리스도에게 하듯 아내들이 범사에 자기 남편에게 복종할지니라 남편들아 아내 사랑하기를 그리스도께서 교회를 사랑하시고 그 교회를 위하여 자신을 주심 같이 하라

---

51   Ibid., 208.

묵상과 토론을 위한 질문

01 하나님께서 당신을 끝없이, 변함없이 사랑하고 계신다는 것을 체험하게 된 계기가 있습니까?

02 혹시나 더불어 살아가는 사람 중에서 관계하기가 힘들지만, 그럼에도 불구하고 우리를 향한 하나님의 변함없는 사랑을 생각하며 선을 베풀어야 할 사람이 있나요?

03 요즘 주님을 더 잘 알기 위해 어떤 구체적인 시도를 하고 있나요?

13 기원전 8세기 예언서: 이사야 개론

1. 기록 목적

기원전 8세기에 웃시야, 요담, 아하스, 히스기야 왕이 남 왕국 유다를 통치할 때(1-39장)와 기원전 6세기에 유다가 바벨론에 패망한 전, 후(40-66장)의 중요한 사건들을 소개하고, 아울러 여호와께서 유다를 심판할 수밖에 없었던 이유와 심판 이후에 이어질 위로와 구원과 회복에 관해 소개하여 독자들이 신앙적 교훈을 얻게 하는 것이 이 책의 기록 목적입니다.

2. 특징과 유의점

1) 구약성경 중에서 예수님과 신약성경의 다른 저자들에 의해 가장 많이 인용된 책이요, 신약성경에서 참조된 횟수는 400번 정도나 됩니

다.[52]

2) 메시야(기름부음 받은 이)가 되시는 예수님께서 기적적인 방식으로 탄생하실 것과 온 세상을 구원하기 위해 고난을 받으시고 정의롭게 다스리실 것을 예언합니다(7:14; 53:1-10; 9:7; 11:5).

3) 탈무드에 의하면 이사야는 웃시야의 사촌입니다(Meg 10b).[53] 그렇다면 이사야는 당대에 예언했던 아모스, 호세아, 미가보다 훨씬 사회적 신분이 높은 상황에서 왕을 비롯한 고위층 앞에서도 예언할 기회가 있었을 것으로 추정됩니다. 위경 중의 한 권인 「이사야의 승천기」(AD 75-175 사이에 기록된 것으로 추정)에 의하면, 이사야는 므낫세가 통치할 때 예언하다가 잡혀서 톱으로 몸이 둘로 잘리는 순교를 당했습니다(히 11:37).

4) 성경의 어느 다른 책들보다 저자에 관한 논의가 많이 이루어졌습니다. 예언의 주된 특징이 먼 미래에 일어날 일을 미리 제시하는 것이라고 간주하는 이들은 기원전 8세기에 살았던 이사야가 기원전 6세기에 일어날 일까지도 미리 내다보고 예언했다고 봅니다. 한편, 예언의 주된 목적을 예언자가 살던 당대의 사회 전반적인 문제들을 개선하려는 것으로 간주하는 이들은 바벨론 포로기 시대 전후의 역사를 다루는 40장부터 66장을 기원전 6세기에 살았던 어떤 저자나 편집자들의 작품으로 봅니다. 그래서 1장부터 39장을 "제 1 이사야," 40장부터 66장을 "제 2 이사야"로 부르기도 하고, 어떤 학자들은 40장부터 55장과 56장부터 66장의 시대 상황과 메시지의 차이를 찾아내어 후자를 "제 3 이사야"로 부르기도 합니다(B. Duhm, Konrad Schmidt).

---

52   Mills, "Isaiah, Book of," *Mecer Dictionary of the Bible*, 413.
53   롱맨, 딜러드, 「최신구약개론」, 413,

최근에는 기원전 8세기의 시대 상황을 배경으로 한 1장부터 39장의 주제와 모티프, 용어 등이 40장부터 66장의 그것들과 통일성이 있기에, 이사야 전체를 편집한 자들의 정체와 통일성에 관한 논의가 활발합니다.[54]

3. 시대 상황

1) 1~39장의 시대 상황

1장 1절에 따르면, 이사야는 웃시야 왕이 죽던 해(BC 740)에 예언 사역을 시작해서 요담, 아하스, 히스기야 왕 때까지 활동을 했습니다. 그는 아마도 므낫세 왕이 통치할 때(BC 696-642)까지 살았던 것으로 추정되는데, 37장 38절에서 산헤립의 죽음(BC 681)을 언급하기 때문입니다. 외경 중의 하나인 「이사야의 승천기」에는 이사야가 므낫세가 통치하던 시대에 톱에 잘려 죽었다고 기록합니다.[55]

이사야는 자신이 살던 시대의 국제 정세와 관련하여 자주 예언했습니다. 그 당시에 고대 근동국가 중에서 가장 강대국은 앗수르였는데, 앗수르의 왕 디글랏빌레셀 3세(BC 745-727)는 팔레스타인 쪽으로 세력을 확장했습니다. 그러자 북 왕국 이스라엘의 베가 왕과 아람의 르신 왕이 앗수르를 저지하기 위한 동맹을 맺고 남 왕국 유다의 아하스 왕도 합세하도록 제안했습니다. 그러나 아하스가 거부하자 기원전 735년에 베가와 르신이 유다를 쳐들어 왔습니다(시리아-에브라임 전쟁). 두

---

54   Ibid.
55   Ibid.

려움에 사로잡힌 아하스 왕은 앗수르 왕에게 도움을 요청했고, 디글 랏빌레셀 3세는 팔레스타인을 점령할 절호의 기회로 생각하여 쳐들 어와서 아람을 무찌르고 백성들을 흩었습니다(왕하 16:9). 이때 이사야 예언자는 아하스 왕이 앗수르 왕에게 도움을 요청한 것에 대해 질타하며 오직 여호와만 의지하면 여호와께서 함께 하셔서 지켜주신다고 약속했습니다(7:10-17).

그러나 그 이후에 디글랏빌레셀의 아들들인 살만에셀 5세와 사르곤 2세가 이스라엘을 쳐들어왔고 사르곤 2세는 기원전 722년에 사마리아를 멸망시키고, 주민을 추방했습니다. 705년에 사르곤 2세가 죽고 그의 아들 산헤립이 왕이 되자 팔레스타인 국가의 왕들이 반기를 들기 시작했습니다. 신흥 강대국이 되어 가던 바벨론 왕 중의 한 명인 브로닥발라단(혹은 므로닥발라다)은 기원전 703년경에 유다의 히스기야 왕에게 앗수르 왕 산헤립을 협공하도록 요청하려고 사신을 보냈고 (39:1-8; 왕하 2:12-19; 대하 32:31), 히스기야 왕은 그들을 환대했습니다. 그러자 이사야는 여호와 하나님을 의지하지 않고 바벨론과 협력하려 했다고 히스기야를 꾸짖었고, 그에 대한 준엄한 심판으로 왕의 소유들이 다 뺏기고 백성이 바벨론으로 쫓겨갈 것을 예언했습니다(39장).

앗수르의 산헤립 왕은 다른 지역들의 반란을 진압하느라 유다를 공격하는 일이 늦어졌지만, 기원전 701년에 유다를 침공하여 예루살렘을 제외한 다른 지역들을 거의 함락시켰습니다. 히스기야 왕은 예루살렘의 함락을 피하기 위해 산헤립의 요청에 따라 은 삼백 달란트와 금 삼십 달란트를 조공으로 바쳤습니다(사 36-39장; 왕하 18:13-16). 이 일을 위해 히스기야 왕은 성전과 왕궁 곳간에 있는 은을 다 주었고, 성전 문의 금과 성전 기둥에 입힌 금까지 벗겨서 주었습니다. 그 이후에도 산헤립 왕은 신하 랍사게를 통해 유다 백성이 여호와와 히스기야를 버리고 항복하도록 요구했지만(왕하 18:17-35) 유다 백성은 따르지 않았고, 히스기야 왕은 이사야 예언자의 충고에 따라 항복하지 않고 성전에 가서 여호와께 기도했습니다. 그러자 어느 날 밤에 여호와의 사자가 앗수르 군사 185,000명을 죽였습니다(왕하 20:35).

2) 40-66장: 기원전 6세기 초 유다 백성을 향한 위로와 소망의 예언

이사야 40장부터 55장은 유다 백성이 바벨론에 포로로 잡혀가 있는 상황을 암시합니다. 특히 수십 년의 포로 생활이 끝나가는 시점에 여호와께서 이사야라는 이름의 예언자를 보내셔서 그들을 고향 땅으로 돌아가게 하실 것이라는 위로의 말씀을 전하게 하신 내용을 기록합니다. 이 부분에서는 "유다와 예루살렘이 사람이 살지 않는 파괴된 곳으로 묘사"됩니다.[56]

그런가 하면 56장부터 66장은 바사 왕 고레스가 칙령을 내려서 고향으로 돌아온 유다 백성이 예루살렘을 재건한 내용과 아울러 그 시대에 다시 야기된 신앙적 문제들에 대해 바로잡기 위한 말씀들이 소개됩니다.

4. 구조

이사야는 크게 세 부분으로 나눌 수 있습니다. 첫째는, 기원전 8세기에 유다 백성과 지도자들이 행했던 죄악들에 대한 여호와의 임박

---

56 침례교신학연구소 편, 「성서입문」 (대전: 침례신학대학교 출판부, 2007), 181.

한 심판과 아울러 주변 국가들에 대한 여호와의 심판을 언급하는 부분(1-39장)입니다. 둘째는, 기원전 6세기 초에 바벨론에서 포로 생활을 하고 있던 유다 백성에게 여호와께서 주신 위로와 소망의 예언들을 담는 부분(40-55장)입니다. 셋째는, 바벨론에 포로로 잡혀갔던 자들이 유다로 돌아와서 나라를 재건하는 시점에 직면하였던 여러 가지 문제들과 유다의 미래에 대한 희망의 메시지들을 소개하는 부분(56-66장)입니다.

1) 1-39장 기원전 8세기의 유다를 향한 예언

(1) 1장   유다의 죄에 대한 하나님의 심판 예언
(2) 2장   여호와의 날이 임할 때의 모습: 칼을 쳐서 보습으로 만드는 때
(3) 3-4장   유다를 심판하시는 이유
(4) 5장   포도원의 노래
(5) 6장   이사야의 소명
(6) 7-8장   임마누엘의 약속
(7) 9:1-7   메시야 예언
(8) 9:8-10:34   하나님 심판 도구인 앗수르
(9) 11장   메시야 예언
(10) 12장   감사 찬송
(11) 13-23장   이방 국가들을 향한 심판 예언
            가) 13:1-14:23: 바벨론을 향한 심판
            나) 14:24-27: 앗수르를 향한 심판
            다) 15-16장: 모압을 향한 심판
            라) 17장: 다메섹(시리아)과 이스라엘을 향한 심판
            마) 18장: 구스(에티오피아)를 향한 심판
            바) 19장: 애굽을 향한 심판
            사) 20장: 벌거벗은 이사야가 전하는 교훈
            아) 21장: 바벨론, 두마(에돔), 아라비아를 향한 심판
            자) 22장: 예루살렘과 셉나(국고와 왕궁을 맡은 자)를 향한 심판
            차) 23장: 두로와 시돈을 향한 심판
(12) 24-27장   종말에 이루어질 일들에 대한 묵시: 이방 국가들의 심판과 유다의 회복
(13) 28-35장   여호와의 지혜와 인간의 어리석음
            가) 28장 이스라엘을 향한 화 예언
            나) 29장: 예루살렘의 죄에 대한 심판

다) 30-31장: 애굽을 의지하는 것의 어리석은 결과
라) 32장: 메시야 예언
마) 33장: 시온을 향한 여호와의 구원
바) 34장: 시온의 원수를 향한 여호와의 복수
사) 35장: 미래에 유다 백성에게 임할 여호와의 구원
(14) 36-39장 산헤립과 히스기야
가) 36-37장: 산헤립의 침입과 실패, 이사야 예언자의 충고
나) 38장: 히스기야의 질병과 치유(15년의 생명 연장 약속)
다) 39장: 히스기야 왕이 바벨론 왕의 사자들을 환대함

2) 40-55장 기원전 6세기 초 유다 백성을 향한 위로와 소망의 예언

(1) 40-41장   유다를 향한 여호와의 위로와 격려
(2) 42장   여호와의 종 유다의 사명(6절-'이방의 빛')
(3) 43장   유다를 향한 여호와의 구원 약속
(4) 44장   다른 신들을 버리고 창조주요 구원자이신 여호께 돌아오라
(5) 45장   여호와의 기름부음 받은 이 고레스를 세우심
(6) 46-48장   바벨론을 향한 심판
(7) 49장   유다의 사명(6절-'이방의 빛')
(8) 50장   여호와의 종의 책임
(9) 51-52장   유다를 향한 여호와의 위로와 구원 약속
(10) 53-54장 여호와의 고난 받는 종의 사역과 기업
(11) 55장   값없이 주는 여호와의 은혜

3) 56-66장 바벨론 포로기 이후 유다 사회의 문제들과 소망의 예언

(1) 56장   유다의 악한 지도자들
(2) 57장   우상 숭배에 대한 심판
(3) 58장   여호와께서 기뻐하시는 금식, 안식일을 지킬 때의 복
(4) 59장   백성들의 죄악
(5) 60장   장래에 예루살렘이 받을 영광
(6) 61장   여호와께 기름 부음 받은 이의 사명
(7) 62장   시온의 회복 예언
(8) 63장   전쟁에 능하신 여호와께서 유다에 은혜를 베풀어주심
(9) 64장   여호와의 자비를 구하는 기도
(10) 65장 패역한 백성을 벌하시고, 새 하늘과 새 땅을 창조하심
(11) 66장 모든 민족을 심판하시는 여호와께서 유다 백성을 다시 모으실 것임

5. 주제들과 교훈들

1) 이사야의 신학

이사야는 여호와 하나님의 성품과 활동에 관해 다양하고 풍부하게 소개합니다. 그래서 라솔, 허바드, 부쉬는 이사야를 "구약의 신학자"라고 표현합니다.[57] 이사야는 여호와 하나님을 유다 백성에게 다음과 같이 다양하게 표현합니다.

(1) 이스라엘의 거룩하신 이: 이사야에서 25번이나 사용하는 표현입니다(1:4; 5:19, 24; 10:20; 12:6; 17:7 등). 구약성경의 나머지 부분에서는 단지 여섯 번 언급됩니다. 히브리어에서 거룩하다는 동사(qadash)가 기본적으로 '구별되다'라는 의미를 지니고 있기 때문에, 이 표현은 여호와 하나님께서 세상의 다른 신들과 우상들로부터 구별되는 유일하신 하나님이라는 점과 아울러 세상의 여러 민족으로부터 이스라엘 백성을 구별하여 그들에게 제사장 나라와 거룩한 백성이 되기를 원하시는 분이라는 점을 암시해줍니다(출 19:6). 이 일을 위해, 이스라엘 백성이 모세의 율법에 소개되는 다양한 신앙적, 윤리적인 법도들을 지켜나가는 공동체가 되기를 원하신다는 점을 일깨워줍니다.

(2) 구원의 하나님: 이사야에서 여호와께서 이스라엘의 구원자가 되신다고 선포할 때의 상황을 보면 다양합니다: 개인적인 구원(12:2; 38:20), 예루살렘 성의 구원(37:35), 앗수르나 바벨론과 같은

---

57 윌리엄 S. 라솔, 데이비드 A. 허바드, 프레드릭 W. 부쉬, 「구약개관」, 박철현 옮김 (서울: 크리스챤다이제스트, 1997), 566.

적들과 압제자들로부터의 구원(11:11-16; 45:17), 평안함과 지혜와 지식의 풍성함과 정의와 공의가 동반되는 구원(33:5-6), 상급과 보응이 동반되는 구원(62:11), 전쟁에서의 승리를 통한 구원(59:16; 60:16) 등.

(3) 구속자 하나님: '구속하다'(ga'l)란 동사는 종으로 팔린 사람을 위해 값을 대신 지불하고 데려와서 자유롭게 하거나, 빚을 진 사람을 대신하여 빚을 갚아 주는 것을 말합니다. 또한, 어려움에 처한 친척이 재산을 잃거나 자유로운 신분을 상실하는 것을 막기 위해 빚을 대신 갚아 주는 것을 말합니다(레 25:47-49). 그러므로 여호와께서 이스라엘 백성의 구속자라는 표현은 그들의 신분과 권리를 회복시켜주기 위해 여호와께서 대신 대가를 지불하셨다는 점을 강조합니다. 바벨론에 포로로 잡혀간 유다 백성을 구원하시기 위해 애굽을 속량물로, 구스와 스바를 대신하여 주시겠다는 여호와의 약속이 단적인 예가 됩니다(사 43:3).

여호와 하나님을 구속자로 표현하는 것은 40장부터 빈번하게 나타나는데, 특히 유다 백성이 바벨론에 포로로 잡혀간 상황에서 그들의 자력으로 자유를 얻고 고국으로 돌아올 수 없지만, 여호와께서 바사의 고레스 왕을 사용함과 아울러 다른 기적적인 방법들을 동원해서 그들을 구원하신다는 점을 강조할 때 사용됩니다(43:14; 47:4; 49:6-7). 한 걸음 더 나아가, 여호와께서 구속하는 것을 경험한 유다 백성에게 여호와를 찬양하며 기쁘시게 하는 일을 하도록 요청합니다(41:14-16; 43:14-21). 뿐만 아니라, 여호와께서는 허물과 죄가 많은 유다 백성을 구속하시고 용서하심으로써 자신의 영광을 나타내십니다(44:21-23). 63장 9절은 여호와께서 자기 백성들을 구속하는 이유가 당신의 사랑과 자비 때문임을 분명히 합니다(원어적으로는 "그의 사랑과 자비로 그들을 '구속하시며'…").

2) 이사야가 지적한 죄

(1) 왕과 지도자들이 여호와가 아닌 강대국을 의지한 죄

목동이었던 아모스 예언자나 모레셋이란 조그만 시골에서 예언 활동을 했던 미가 예언자와 달리 이사야는 왕족으로서 왕을 비롯한 고위 관료들을 쉽게 접하면서, 난감한 국제 정세 속에서 고민하는 왕들과 지도자들에게 여호와께서 제공하시는 말씀을 전했습니다. 특히 이스라엘의 베가 왕과 시리아의 르신 왕이 앗수르를 치기 위해 같이 연합하자는 제안을 거부한 아하스 왕을 쳐들어 왔을 때, 이사야는 아하스 왕이 두려워하는 것을 보고서 오직 여호와만을 의지하라고 조언했습니다(7장). 또한, 히스기야 왕 때 산헤립이 쳐들어와서 히스기야가 두려워하자, 항복하지 말고 여호와만 의지하라고 충고했습니다. 아울러 앗수르의 사르곤 2세가 쳐들어오는 소식을 듣고 두려워하는 왕궁의 지도자들이 구스와 애굽의 왕에게 도움을 요청하려 하자, 이사야는 삼 년 동안이나 벗은 몸과 맨발로 다니면서, 애굽을 의지하면 같은 꼴이 된다고 경고했습니다(20장). 그래서 왕들이 어려움에 처했을 때 강대국을 의지하는 것이야말로 여호와를 신뢰하지 않는 죄가 된다고 지적했습니다(30:2).

그들이 바로의 세력 안에서 스스로 강하려 하며 애굽의 그늘에 피하려 하여 애굽으로 내려갔으되 나의 입에 묻지 아니했도다 그러므

로 바로의 세력이 너희의 수치가 되며 애굽의 그늘에 피함이 너희의 수욕이 될 것이라(30:2)

(2) 윤리적, 신앙적 죄악

이사야가 왕을 비롯한 고위 관리들과 친분이 두텁다고 해서 사회 곳곳에서 행해지는 비리와 죄악에 눈먼 사람이 아니었습니다. 그는 아모스, 호세아, 미가와 마찬가지로 사회 전반적인 죄악에 대해 안타까워하면서 하나님의 공의로운 심판이 임할 것임을 외쳤습니다. 이사야가 지적한 윤리적, 신앙적 죄악을 몇 가지 언급한다면 다음과 같습니다.

가) 1:10-17: 형식적인 예배 생활과 대인 관계에 있어서의 포악함
   월삭, 안식일, 대회 등으로 모여서 번제를 비롯한 많은 제물을 드리지만 사회에 나가서는 다른 사람들을 학대하여, 통성기도를 할 때 손에 피가 묻은 채 기도하는 모습에 여호와께서 눈과 귀를 가리심

나) 1:21-23: 살인, 사업상의 부정, 재판의 비리
   성읍에는 살인자들뿐이고, 은에는 불순물 찌꺼기뿐이고, 가장 좋은 포도주에는 물이 섞여 있고, 지도자들은 도둑과 짝하여 뇌물이나 좋아하고, 보수나 계산하면서 쫓아다니고, 고아의 송사를 변호하여 주지 않고, 과부의 하소연쯤은 귓전으로 흘림

다) 3:13-15: 백성의 장로들과 고관들이 가난한 자들의 물건을 탈취하고 그들의 얼굴을 맷돌질하듯 짓뭉갬

라) 3:16: 시온의 딸들의 교만과 유혹
   교만하여 목을 길게 빼고 다니며, 호리는 눈짓을 하고 다니며,

꼬리를 치고 걸으며, 발목에서 잘랑 잘랑 소리를 냄

마) 5:7: 이스라엘과 유다 사람들의 포학

바) 10:1-2: 악한 입법자들(국회의원들)

불의한 법을 공포하고, 양민을 괴롭히는 법령을 제정하는 자들이 가난한 자들의 소송을 외면하고, 불쌍한 백성에게서 권리를 약탈하며, 과부들을 노략하고 고아들을 약탈함

사) 29:13: 이율배반적인 신앙생활

입으로는 여호와를 가까이하지만, 마음으로는 떠나있고, 여호와를 경외한다는 말을 하는 것은 들은 말을 흉내내는 것임

아) 57:1-10: 우상 숭배, 우상에게 자녀를 제물로 바침. 이방 신전에서 성적 쾌락을 누림

자) 59:3-8: 손의 피와 폭행, 손가락의 죄악, 입술의 거짓, 혀의 악독한 말, 불의한 재판, 나쁜 일에 빠른 발, 죄 없는 사람을 죽이는 일에 신속함, 죄악으로 가득 차 있는 생각

3) 여호와의 종

여호와께서 "나의 종"이라고 부르는 이의 삶과 고난, 그리고 사명을 언급하는 이사야의 본문에 관한 연구가 구약학자들에 의해 아직도 활발하게 진행됩니다. 이러한 본문을 "종의 노래(the Servant Songs)"라고 지칭합니다(42:1-4; 49:1-6; 50:4-9, 11; 52:13-53:12). 가장 주된 논점은 여호와의 종이자 고난 받은 종이 누구인지 그 정체를 밝히는 것이었습니다.

여호와의 고난 받는 종이 한 개인이라고 생각한 학자들도 있었고(스룹바벨, 여호야긴, 모세, 웃시야, 에스겔, 이사야 자신, 고레스, 메시야, 메시야 예수 등), 바벨론에 나라가 함락되고 포로로 잡혀가 고난을 당했던 유다 백성

전체로 간주한 이들도 많습니다. 본문들은 이 종을 '나의 이스라엘' 혹은 '야곱'으로 부르고 있기 때문입니다(41:8-9; 44:1-2, 21; 45:4; 48:20; 49:3-6).[58] 여호와께서는 고난을 경험한 종을 고국으로 돌려보낼 때 함께 하시며(43:1-2), 강하고 공의롭게 만드셔서, 이방의 빛이 되도록 사명을 맡기셨습니다(42:1-9; 49:1-6).

유다 백성을 여호와의 종들로 간주하는 견해에 동의할 수 있지만, 우리 그리스도인들은 이 고난 받은 종이 궁극적으로 우리 주 예수 그리스도이시며, 이사야의 종의 노래들이 메시야가 되시는 예수 그리스도의 탄생을 예언하는 것으로 간주할 수 있습니다. 특히 53장에 언급되는 종의 고난에 관한 기록이 예수님의 대속적인 고난과 죽으심, 죽은 후에 부자의 무덤에 안치되심 등을 너무나 정확하게 묘사하고 있기 때문입니다. 어떤 랍비들은 회당에서 성도들에게 이사야를 낭독하게 하다가 53장에 이르러서는 그냥 지나치게 한다는 말을 들은 적이 있습니다. 그들조차도 이 고난의 종이 예수 그리스도이심을 인정하는 것이라고 생각됩니다.

4) 여호와의 영

이사야는 구약성경의 어느 다른 책들보다 많이 여호와의 영이 행하는 다양한 활동에 관해 소개합니다. 여호와의 영은 하나님께서 기름 부은 이에게 지혜, 총명, 모략, 권능, 지식을 주시고, 여호와를 경외하게 합니다(11:2). 또한, 기름 부은 이가 오실 때 여호와께서 영을 보내주셔서 광야가 아름다운 밭이 되며 아름다운 밭이 숲으로 변하게 만

---

58   롱맨, 딜러드, 「최신구약개론」, 419.

듭니다(32:15). 한 걸음 더 나아가, 여호와의 영은 "과거의 창조 시에 활동하신 것처럼 바로 황폐한 땅을 재창조하기도" 하시고(32:15; 34:16-35:2; 59:21-60:2; 63:10-14), 윤리적으로 무질서한 사회에 질서와 공의를 회복시키기도 하십니다(28:6; 42:1; 44:3).[59]

제가 개인적으로 제 삶과 사역의 좌우명처럼 간주하는 구절 중의 하나가 이사야 61장 1절부터 3절입니다. 왜냐하면 이 구절은 우리 주 예수님께서 공생애 활동을 시작하실 때 자신의 좌우명처럼 생각하신 구절이기 때문입니다. 이 구절은 바벨론에서의 고통스러운 포로 생활을 끝내고 고향으로 돌아왔지만, 아직도 힘든 나날을 보내는 유다 백성을 위해 이사야가 무엇인가 섬기는 일을 해야 한다고 느끼고 있을 때, 여호와의 영이 임하셔서 그들을 위해 여호와의 말씀과 섬김의 행동을 통해 치유하도록 사명을 주셨다는 점을 밝혀줍니다.

> 주 여호와의 영이 내게 내리셨으니 이는 여호와께서 내게 기름을 부으사 가난한 자에게 아름다운 소식을 전하게 하려 하심이라 나를 보내사 마음이 상한 자를 고치며 포로된 자에게 자유를, 갇힌 자에게 놓임을 선포하며 여호와의 은혜의 해와 우리 하나님의 보복의 날을 선포하여 모든 슬픈 자를 위로하되 무릇 시온에서 슬퍼하는 자에게 화관을 주어 그 재를 대신하며 찬송의 옷으로 그 근심을 대신하시고 그들이 의의 나무 곧 여호와께서 심으신 그 영광을 나타낼 자라 일컬음을 받게 하려 하심이라(61:1-3)

---

59   Ibid., 421.

그런데 '영'을 가리키는 히브리어 '루아흐'(ruach)가 '바람'이나 '숨'이란 뜻도 있어서, 이사야에 언급되는 루아흐를 문맥에 따라 바르게 이해하도록 분별력이 필요합니다(40:7-8; 59:19)

5) 남은 자 사상

이스라엘의 거룩하신 여호와께서 불의와 죄악을 행하는 유다 백성을 공의롭게 심판하시지만, 여호와만을 의지하며 율법에 따라 공의와 인자를 베풀며 진실하게 살아가는 소수의 사람들은 남겨두어 그들로 거룩한 나라를 재건하도록 하신다는 것이 이사야와 다른 예언서에 공통적으로 강조하는 남은 자 사상의 기본 원리입니다. 1장 8절과 9절이 단적인 예를 제공합니다. 이사야는 이방 사람들이 쳐들어와서 도성 예루살렘이 황량하게 남아, 포도원의 초막 같고, 참외밭의 원두막 같고, 포위된 성읍과 같이 되었을 때, 여호와께서 생존자를 얼마라도 남겨두지 않으셨으면 예루살렘이 마치 소돔과 고모라처럼 되었을 것이라고 말하면서 남은 자 사상을 비유적으로 설명합니다. 여호와께서는 유다의 죄악에 대해 심판하실 때, 백성의 십분의 일까지도 다 불에 타 죽게 하시지만, "밤나무 상수리나무가 베임을 당하여도 그 그루터기는 남아 있는 것 같이 거룩한 씨가" 그 땅의 그루터기가 되게 남겨두십니다(6:13). 감람나무를 흔들 때 가장 높은 가지 꼭대기에 과일 두세 개가 남는 것처럼, 그리고 무성한 나무의 가장 먼 가지에 네다섯 개가 남는 것처럼, 소수의 백성을 남겨두어서 그들의 거룩한 삶을 통해 하나님의 백성이 다시 거룩한 공동체로 재건되도록 계획하셨습니다(17:4-6).

결국 여호와께서는 그루터기로부터 새 생명이 자라나듯이, "그날에"(메시아가 오셔서 통치하는 날에?) 여호와께서 돋게 하신 싹이 아름답고 영화롭게 자라나서, 시온에 남아 있는 사람들, 예루살렘에 머물러 있는 사람들을 거룩하게 변화시키십니다(4:2-3; 11:1-16). 아울러 이들에게 자신들을 침략한 강대국의 지도자들을 의지하지 않고 이스라엘의 거룩하신 분이신 여호와만 의지하게 만드십니다(10:20-22). 이사야가 자기 아들 중 하나의 이름을 '스알야숩'이라고 지었는데, 이 이름의 뜻에서도 남은 자 사상이 암시적으로 강조됩니다: "남은 자가 돌아올 것이다"(7:3).

이사야에서 강조하는 남은 자 사상은 우리 그리스도인들의 삶에도 적용되어야 하는 교훈입니다. 사도 바울은 로마서 9장 29절부터 33절에서 이사야 10장 22절과 23절, 그리고 1장 9절을 인용하면서, 바다의 모래처럼 많던 이스라엘 백성이 하나님 앞에서 의롭게 인정받지 못하는 것은 그들이 예수님을 믿는 믿음으로 의롭게 되려고 하지 않고 율법을 행함으로 의롭게 되려고 노력하기 때문이라고 지적합니다. 그러므로 우리는 예수님을 구세주와 주님으로 믿는 믿음 위에 든든히 서서 하나님께서 인정하시는 의인이자, 죄악이 가득한 세상 속에서도 소수의 남은 자로서의 삶을 살아가야 할 것입니다.

6) 메시야 사상

이사야는 유다 백성이 여호와의 율법과 규례를 떠나 죄악에 빠져 살아갈 때 여호와께서 시시때때로 공의롭게 심판하시면서 그들에게 회개하도록 기회를 제공하신다는 점을 자주 선포했습니다(1:2-8). 그러나 죄악의 맛에 깊이 빠진 백성이 여호와께로 돌아올 줄 모르자, 이사야는 여호와께서 그들의 계획과 의지를 사용하여 꿈꾸는 세상을 만들려는 기대를 접고, 기름 부으신 이(메시야)를 통해 거룩한 세상을 회복시키려는 계획을 세우고 실현해가신다는 점을 예언했습니다. 그래서 이사야 여러 곳에서 언급되는 기름 부으신 이에 관한 예언들은 유다 나라의 위대한 왕들(히스기야, 요시야 등)로 해석되기도 했습니다. 그러나 이러한 메시야 예언들은 궁극적으로 온 세상 사람들의 구세주와 주님으로 이 땅에 오신 예수 그리스도를 가리키고 있습니다.

(1) 7:14: 예수님의 동정녀 탄생(미 1:23)
　　"보라 처녀가 잉태하여 아들을 낳을 것이요 그의 이름을 임마누엘이라 하리라"
(2) 9:6-7: 예수님의 신성과 왕 되심(요 1:1-3, 12-14, 18; 골 1:15-17)
　　"…그의 이름은 기묘자라, 모사라, 전능하신 하나님이라, 영존하시는 아버지라, 평강의 왕이라 할 것임이라"
(3) 11:1-5: 예수님께 성령이 임하심(마 3:16-17; 눅 3:21-22)
　　"그의 위에 여호와의 영 곧 지혜와 총명의 영이요 모략과 재능의 영이요 지식과 여호와를 경외하는 영이 강림하시리니…"
(4) 61:1-3: 예수님의 사역의 좌우명(눅 4:16-21)
(5) 53:4-8: 예수님의 대속적 죽으심(마 8:17; 행 8:32; 벧전 2:24)
(6) 53:9: 예수님의 무덤(마 27:57-61)

6. 이사야와 신약성경

위에서 언급한 바 있듯이, 이사야는 구약성경 중에서 예수님과 신약성경의 다른 저자들에 의해 가장 많이 인용된 책이요, 신약성경에서 참조된 횟수는 400번 정도나 됩니다. 그리고 "메시야 사상" 부분에서 밝힌 것처럼, 이사야의 메시야와 관련된 예언들이 예수님의 삶과 사역을 통해 성취되었다는 점을 신약성경의 저자들이 입증합니다. 마크 루커(Mark F. Rooker)는 신약성경에 반영된 이사야의 주제, 인물 및 모티브를 아래와 같이 소개합니다.

- 침례(세례) 요한(사 40:3; 마 3:3; 눅 3:4-6; 요 1:23)
- 동정녀 탄생(사 7:14; 마 1:23; 눅 1:34)
- 비유로 가르침

  (사 6:9-10; 29:13; 마13:13-15; 15:7-9; 요 12:39-40; 행 28:24-27)
- 고난받는 종(사 53:1; 요 12:38; 행 8:27-33)
- 이방 선교(사 9:1-2; 마 4:13-16)
- 이사야에 의해 말해진 선지자(사 61:1-3; 눅 4:14-21)
- 자신을 드러내지 않음(사 42:1-4; 마 12:15-21)
- 하나님의 보좌(사 6:1-3; 요 12:41)
- 이방인을 하나님의 백성이 되게 함(사 11:10; 65:1; 롬 10:20; 15:12)
- 이스라엘의 남은 자(사 1:9; 10:22; 롬 9:27-29)
- 회복된 낙원(사 65:16-66:24; 롬 8:18-25; 계 21-22장)
- 메시야와 그의 백성을 나무 이미지로 묘사함

  (사 4:2; 5:1-7; 6:13; 11:1-3, 10-11; 요 15장)
- 위선적 행위에 대한 경고(사 58장; 마 23장)
- 신적 무기(사 59:17; 엡 6장)[60]

---

60 메릴, 루커, 그리산티, 『현대인을 위한 구약개론』, 897-898; 롱맨, 딜러드, 『최신 구약개론』, 425-426.

묵상과 토론을 위한 질문

 이사야를 통해 하나님에 관하여 더욱 깊이 알게 된 점은 무엇인가요?

 이사야를 통해 여호와의 영의 활동에 관하여 새롭게 알게 된 점은 무엇인가요?

 우리 주 예수님께서 이사야 61장 1절부터 3절을 좌우명처럼 간주하고 사역하신 것처럼, 자신의 좌우명처럼 붙잡고 실천하는 성경 구절은 무엇인가요?

14 기원전 8세기 예언서: 미가 개론

1. 기록 목적

기원전 8세기 후반에 유다 왕 요담, 아하스, 히스기야가 다스릴 때, 이스라엘과 유다의 지도자들과 백성의 죄악에 대한 여호와의 심판을 경고하며 회개를 요구했던 미가의 예언을 소개함으로써 독자들에게 신앙적 교훈을 얻도록 하는 것이 기록 목적입니다.

2. 특징과 유의점

1) 미가라는 이름은 '여호와와 같은 이가 누구입니까?'라는 의미입니다.

2) 우리에게 익숙한 몇 구절들이 미가에 있습니다.

(1) 4:3: "···무리가 그 칼을 쳐서 보습을 만들고 창을 쳐서 낫을 만들 것이며 이 나라와 저 나라가 다시는 칼을 들고 서로 치지 아니

하며 다시는 전쟁을 연습하지 아니하고"(사 2:4 참조)[61]

(2) 5:2: "베들레헴 에브라다야 너는 유다 족속 중에 작을지라도 이
    스라엘을 다스릴 자가 네게서 내게로 나올 것이라 그의 근본은
    상고에, 영원에 있느니라"

(3) 6:8: "사람아 주께서 선한 것이 무엇임을 네게 보이셨나니 여호
    와께서 네게 구하시는 것은 오직 정의를 행하며 인자를 사랑하
    며 겸손하게 네 하나님과 함께 행하는 것이 아니냐"

3) 미가 예언자는 비슷한 시기에 활동했던 아모스의 '정의롭게 살
자'는 핵심 메시지와 호세아의 '인자를 베풀며 살자'는 메시지, 그리고
이사야의 '거룩하게 살자'는 메시지를 종합하여 예언합니다(6:8). 구약
학자들은 6장 8절이 구약성경의 가르침들을 한 구절에 집약하고 있
기에 구약성경의 최고 구절 중의 하나로 평가하기도 합니다(Clyde T.
Francisco, Robert L. Cate). 기독교 초기 시대의 유대인 랍비들도 이 구절
에 대해서 모든 율법을 한 문장으로 요약한 것으로 간주했습니다.[62]

3. 시대 상황

미가 예언자가 유다 왕 요담, 아하스, 히스기야가 다스릴 때 활동을

---

61   https://www.un.org/ungifts/let-us-beat-swords-ploughshares: 1959년 12월 4일
      에 구소련에서 UN에 선물한 조각물은 이사야 2장 4절과 미가 4장 3절을 형상화한
      것입니다.

62   Boadt, *Reading the Old Testament: An Introduction*, 336.

했기 때문에(1:1) 이사야 예언자와 같은 시기에 활동했다는 것을 알 수 있습니다(사 1:1).

그러므로 미가의 시대 상황은 이사야의 시대 상황을 소개한 부분을 참고하시기 바랍니다. 흥미로운 사실은, 이사야와 미가가 같은 시대에 예언 활동을 했지만, 둘이 보여주는 사회적 통찰력이나 신학적 강조점, 그리고 예언의 전달 방식 등은 독특하다는 점입니다.

4. 구조

미가의 구조는 연대적인 순서나 주제적 배열을 따르지 않습니다. 그러나 심판 예언과 구원 예언이 두 번 번갈아가며 소개됩니다.

심판 예언(1-3장) – 구원 예언(4-5장) – 심판 예언(6:1-7:6) – 구원 예언(7:7-20).

1) 1:1-3:12 유다와 예루살렘에 대한 심판 예언

(1) 1:1-7	이스라엘과 유다에 대한 심판과 그 이유
	여호와의 법정 소송(Yahweh's lawsuit)[63]
(2) 1:8-16	유다 도시들의 멸망에 대한 탄식
(3) 2:1-11	백성들에 대한 심판
(4) 2:12-13	구원 예언
(5) 3:1-12	지도자들에 대한 심판

---

63 여호와 하나님께서 유다 백성의 죄를 심판하는 것의 정당성을 부여하도록 산과 땅과 그 속에 있는 것들을 증인으로 불러 놓고 재판을 여는 상황을 말하는데, 궁켈(Hermann Gunkel), 뷔르트바인(Ernst Würthwein), 림버그(James Limburg) 등이 이것을 예언의 한 형태로 주장합니다.

2) 4:1-5:15 구원 예언

(1) 4:1-5　여호와께서 이루실 평화
(2) 4:6-5:1　이스라엘이 포로가 되었던 곳에서 돌아옴
(3) 5:2-5a　베들레헴에서 통치자가 나올 것을 예언함
(4) 5:5b　유다에 대한 구원과 심판 예언

3) 6:1-7:20 심판과 구원 예언

(1) 6:1-5　이스라엘과 변론하시는 여호와 - 여호와의 법정 소송
(2) 6:6-16　여호와께서 구하시는 것
(3) 7:1-6　이스라엘의 부패
(4) 7:7-13　구원하시는 하나님
(5) 7:14-20　기도와 찬양

돌시(David A. Dolsey)는 미가가 일곱 단락으로 된 교차대구법(Chias-mus)으로 구성되었으며 그 중심에 '영광의 미래의 회복'이라는 주제를 소개하는 4장과 5장이 위치했다고 보았습니다.[64] 그의 미가 구조 연구는 미가에서 양립하는 주제들과 핵심 주제를 이해하는데 도움을 줍니다.

A. 임박한 패배와 파괴(1:1-16)

B. 사람들의 타락(2:1-13)

C. 지도자들의 타락(3:1-12)

D. 영광의 미래의 회복(4:1-5:14)

E. 지도자들의 타락(6:1-16)

F. 사람들의 타락(7:1-7)

64　목회와신학 편집부, 「호세아·미가: 어떻게 설교할 것인가」, 169; David A. Dorsey, *The Literary Structure of the Old Testaement*(Ada: Baker Academic, 1999), 299.

G. 패배와 파괴의 미래적 역전(7:8-20)[65]

5. 주제들과 교훈들

1) 유다의 죄악

이사야가 아하스 왕이나 히스기야 왕을 비롯한 정치적 지도자들에게 외교 관계에 관해 충고한 내용을 많이 기록하고 있다면, 미가는 일반 백성이 일상생활에서 공감할 수 있는 사회 전반적인 죄악들을 언급합니다. 특히 미가는 그중에서도 각계각층 지도자들이 저질렀던 죄악의 심각성을 부각시킵니다.

(1) 각계각층 지도자들의 죄악

가) 정치적 지도자

- 2:2: "침상에서 죄를 꾀하며 악을 꾸미고 날이 밝으면 그 손에 힘이 있으므로 그것을 행하는 자"
- 3:3: "너희가 선을 미워하고 악을 기뻐하여 내 백성의 가죽을 벗기고 그 뼈에서 살을 뜯어…"
- 3:9-10: "정의를 미워하고 정직한 것을 굽게 하는 자…"
- 7:3: "그 지도자와 재판관은 뇌물을 구하며 권세자는 자기 마음의 욕심을 말하며 그들이 서로 결합하니"

---

65   Ibid.

나) 종교적 지도자

- 3:5: "내 백성을 유혹하는 선지자들은 이에 물 것이 있으면 평강을 외치나 그 입에 무엇을 채워 주지 아니하는 자에게 는 전쟁을 준비하는도다"
- 3:9: "…제사장은 삯을 위하여 교훈하며 그들의 선지자는 돈을 위하여 점을 치면서도…"

다) 재판관

- 7:3: "모두가 탐욕스러운 관리, 돈에 매수된 재판관…"(새번역)

(2) 백성들의 사회적, 윤리적 죄악

가) 유괴와 인신매매: 2:8-9

"근래에 내 백성이 원수 같이 일어나서 전쟁을 피하여 평안 히 지나가는 자들의 의복에서 겉옷을 벗기며 내 백성의 부녀 들을 그들의 즐거운 집에서 쫓아내고 그들의 어린 자녀에게 서 나의 영광을 영원히 빼앗는도다"

나) 사업상의 부정: 6:10-11

"악인의 집에 아직도 불의한 재물이 있느냐 축소시킨 가증한 에바가 있느냐 내가 만일 부정한 저울을 썼거나 거짓 저울추 를 두었으면 깨끗하겠느냐"

다) 거짓과 강도질과 포학: 6:12; 7:2

"경건한 자가 세상에서 끊어졌고 정직한 자가 사람들 가운데 없도다 무리가 다 피를 흘리려고 매복하며 각기 그물로 형제 를 잡으려 하고 두 손으로 악을 부지런히 행하는도다"(7:2)

라) 불신, 반목과 다툼: 7:5-6

"너희는 이웃을 믿지 말며 친구를 의지하지 말며 네 품에 누운 여인에게라도 네 입의 문을 지킬지어다 아들이 아버지를 멸시하며 딸이 어머니를 대적하며 며느리가 시어머니를 대적하리니 사람의 원수가 집안 사람이리로다"

(3) 백성들의 신앙적 죄악
　　가) 복술, 점쟁이, 새긴 우상, 주상, 아세라 목상: 5:12-13
　　나) 헌물을 앞세운 형식적인 예배: 6:6
　　　　"내가 번제물로 일 년 된 송아지를 가지고 그 앞에 나아갈까 여호와께서 천천의 숫양이나 만만의 강물 같은 기름을 기뻐하실까"
　　다) 인신 제사: 6:7
　　　　"내 허물을 위하여 내 맏아들을, 내 영혼의 죄로 말미암아 내 몸의 열매를 드릴까"

2) 참된 회개, 여호와께서 요구하시는 것(6:8)

미가는 당대의 백성이 저질렀던 수많은 죄악에 대한 하나님의 준엄한 심판을 소개하는 것으로 예언을 그치지 않았습니다. 그는 하나님께서 백성으로부터 요구하시는 구체적인 삶이 어떤 것인지를 명료하게 제시하는데, 6장 8절이 그것들을 집약합니다.

사람아 주께서 선한 것이 무엇임을 네게 보이셨나니 여호와께서 네게 구하시는 것은 오직 정의를 행하며 인자를 사랑하며 겸손하게 네 하나님과 함께 행하는 것이 아니냐 당대의 지도자들과 백성이 온갖 불의와 죄악으로부터 벗어나 거룩한 삶으로 돌아서도록 미가가 제시한 정의(아모스의 핵심 주제)와 인자(호세아의 핵심 주제)와 거룩(이사야의 핵심 주제)이라는 세 덕목은 당대의 세 예언자가 강조했던 주제이기도 하지만, 사실은 구약성경 전체에서 강조하는 가장 중요한 덕목들입니다(시 40:10; 89:14; 잠 3:3; 사 42:3; 렘 7:5). 그러므로 이 세 가지 덕목을 균형 있게 실천하는 것이야말로 개인적인 영성을 회복하는 길일 뿐만 아니라 하나님의 백성이 함께 만들어가는 공동체도 거룩하게 만드는 방법이라고 미가는 외쳤습니다. 이 가르침의 중요성은 우리 주 예수님께서 외식하는 서기관들과 바리새인들을 꾸짖으면서 요구하신 삶을 통해 더욱 잘 이해할 수 있습니다.

> 화 있을진저 외식하는 서기관과 바리새인들이여 너희가 박하와 회향과 근채의 십일조는 드리되 율법의 더 중한 바 정의와 긍휼과 믿음은 버렸도다 그러나 이것도 행하고 저것도 버리지 말아야 할지니라(마 23:23)

3) 메시야 예언

무엇보다도 먼저 미가는 5장 2절에서 메시야가 되시는 예수님께서 베들레헴에서 탄생하실 것을 예언합니다. 아울러 그분의 정체가 단순한 인간이 아니라 태초부터 계신 하나님이시라는 점을 암시합니다.

> 베들레헴 에브라다야 너는 유다 족속 중에 작을지라도 이스라엘을 다스릴 자가 네게서 내게로 나올 것이라 그의 근본은 상고에, 영원에 있느니라

아울러 미가 4장 1절부터 4절은 '끝날에(새번역은 '그 날이 오면') 세상 모든 민족이 여호와의 성전에 모여 여호와의 법도를 배우고 실천하여, 칼을 쳐서 보습을 만들고 창을 쳐서 낫을 만들어 전쟁이 다시 없는 평화로운 세상 속에서 살게 될 것이라'고 예언합니다. 월트키(Waltke)는 이 예언이 세 단계로 성취된다고 보았는데, 일차적으로는 유다 백성이 바벨론에서 귀환하여 제 2 성전을 건설한 때요, 이차적이고도 더 위대한 단계가 그리스도께서 하늘 성소로 올라가시고 땅의 모형이 사라진 때라고 보았습니다.[66] 이어서 "세 번째 단계이자 절정의 단계는 새 하늘과 새 땅에서 완성될 것인데, 이 때 땅의 왕들은 자신들의 영광을 하늘에서 내려오는 새 예루살렘으로 가지고 올 것"이라고 추정합니다(계 21:1, 10, 22-27).[67]

---

66   롱맨, 딜러드, 「최신 구약개론」, 610.
67   Ibid.

묵상과 토론을 위한 질문

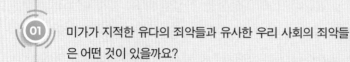 미가가 지적한 유다의 죄악들과 유사한 우리 사회의 죄악들은 어떤 것이 있을까요?

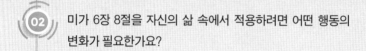 미가 6장 8절을 자신의 삶 속에서 적용하려면 어떤 행동의 변화가 필요한가요?

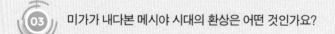 미가가 내다본 메시야 시대의 환상은 어떤 것인가요?

15 기원전 7세기 예언서: 스바냐 개론

1. 기록 목적

기원전 7세기에 유다 왕 요시야가 다스릴 때, 스바냐 예언자가 전했던 유다와 주변 나라들을 향한 여호와의 심판과 그 이후의 구원과 회복에 관한 예언을 소개함으로써 독자에게 신앙적 교훈을 제공하는 것이 기록 목적입니다.

2. 특징과 유의점

1) 스바냐라는 이름은 '여호와께서 숨다' 혹은 '여호와께서 숨기고 보호하다'라는 의미로 이해합니다.

2) 다른 예언서들과는 달리 스바냐 예언자의 족보가 자세하게 소개되는데(1:1), "히스기야의 현손"이라는 구문 때문에 구약학자는 일반적으로 스바냐가 왕손으로서 왕궁을 드나들며 예언했을 것으로 추

정합니다.

3) "여호와의 큰 날"에 대해 상세하게 묘사하는 예언시(1:14-16)로 유명합니다.

4) 하나님의 백성이 여호와께 노래하는 것이 아니라 여호와께서 하나님의 백성을 생각하며 기뻐 노래하는 장면을 유일하게 묘사합니다(3:17).

3. 시대 상황

1장 1절은 스바냐 예언자가 유다 왕 요시야 시대(BC 640-609)에 예언 활동을 했다고 기록합니다. 그의 아버지는 아몬 왕인데, 이년 간 통치하다가 신복들의 반역에 의해 죽었습니다(왕하 22:19-26). 그의 할아버지는 이스라엘과 유다의 왕들 가운데 가장 악한 왕 중의 한 명으로 평가받는 므낫세입니다(왕하 21:16). 그런가 하면, 그의 증조 할아버지는 가장 선한 왕 중의 한 명으로 평가받는 히스기야 왕입니다(왕하 18:3-8). 그러므로 스바냐의 예언 활동의 시대적 상황은 요시야 왕, 아몬 왕, 그리고 오십오 년이나 유다를 다스리며 악행을 저질렀던 므낫세 왕 때(BC 697-642)와 연관이 있습니다.

1) 외교와 정치 상황

므낫세 왕과 아몬 왕이 다스리는 동안 유다는 앗수르의 지배 아래 있었습니다. 히스기야 왕 때 유다를 쳐들어 왔던 산헤립 왕의 아들 에살핫돈(BC 680-669)과 에살핫돈의 아들 앗수르바니팔(BC 668-631)에게 므낫세와 아몬은 조공을 바치면서 자신들의 왕권을 유지할 수 있었습니다. 그러나 앗수르바니팔 왕이 다스리는 동안 바벨론 지역을 다스리던 그의 형제의 반란과 애굽의 독립, 메데와의 9년에 걸친 전쟁, 그리고 그의 죽음으로 말미암아 앗수르는 급격하게 쇠퇴했습니다. 이윽고 기원전 626년에 바벨론의 왕이 된 나보폴라살(Nabopolassar)은 메데와 스키티안(Scythians) 군대와 연합하여 앗수르를 공격하여 아술(Asshur)을 무너뜨리고(BC 614), 이어서 612년에는 앗수르의 수도 니느웨를 함락시켰습니다. 비록 소수의 앗수르 군대가 남아 메소포타미아의 하란에 주둔했지만 605년에 갈그미스(Carchemish)에서 있었던 애굽과의 전투에서 완패했습니다.[68]

앗수르가 급격하게 쇠퇴함으로 말미암아 요시야 왕은 정치적, 외교적 활동의 폭을 넓혀갈 수 있었습니다. 그러나 안타깝게도 요시야 왕 주위에 있던 "방백들과 왕자들과 이방인의 옷을 입은 자들"(1:8), 그리고 재판장들(3:3)은 앗수르 관리들의 공백을 이용하여 자신들의 사리사욕을 취하며, 힘없고 가난한 백성에게 포악과 거짓을 행하며 그들을 착취했습니다(1:9, 13).

2) 사회적 상황

스바냐가 살던 시대의 사회적 상황을 단적으로 묘사하는 구절이 있다면 열왕기하 21장 16절입니다.

> 므낫세가 유다에게 범죄하게 하여 여호와께서 보시기에 악을 행한

---

68   Mills, *Mercer Dictionary of the Bible*, 72-73.

것 외에도 또 무죄한 자의 피를 심히 많이 흘려 예루살렘 이 끝에서 저 끝까지 가득하게 했더라

아마도 므낫세가 통치하던 때에 젊은 시절을 보냈던 스바냐는 정치적, 사회적 지도자들의 폭력과 속임수(습 1:9), 불의(2:3), 억압(3:1) 등을 자주 목격했을 것이고, 그는 이러한 죄악들에 대한 여호와의 준엄한 심판을 예언했습니다.

3) 종교적 상황

요시야 왕이 국가적인 종교 개혁을 시행하기 이전 시대, 즉 므낫세 왕과 아몬 왕이 다스리던 시대의 종교적 상황은 열왕기하 21장 1절부터 7절에서 자세하게 언급합니다.

- 히스기야 왕이 헐어 버린 산당들을 다시 세움
- 바알 제단, 아세라 목상을 만듦, 성전 내에도 아세라 목상을 세움
- 성전 두 마당에 하늘의 일월 성신을 경배함
- 자기 아들을 불 가운데로 지나게 함
- 점치며 사술을 행하며 신접한 자와 박수를 신임함

그래서 열왕기상·하의 저자는 요시야 왕이 여호와의 성전에서 발견된 율법 책에 따라 신접한 자, 점쟁이, 드라빔, 우상, 모든 가증한 것을 다 제거했다고 기록합니다(왕하 23:24), 그런데 "…여호와께서 유다를 향하여 내리신 그 크게 타오르는 진노를 돌이키지 아니하셨으니 이는 므낫세가 여호와를 격노하게 한 그 모든 격노 때문이라"(왕하

23:26)라는 구절을 추가함으로써 므낫세 때부터 이어진 종교적 죄악들이 얼마나 심각했는지를 가늠하게 만듭니다. 스바냐도 당대의 우상숭배와 일월성신 예배가 여호와께서 심판하시는 날("여호와의 큰 날")을 초래하게 될 것이라고 예언합니다(1:14-16).

스바냐가 살던 시대의 또 다른 종교적 상황은 종교 지도자들이 정치적 지도자들과 마찬가지로 부패했다는 점입니다. "예언자들은 거만하며 믿을 수 없는 자들이고, 제사장들은 성소나 더럽히며 율법을 범하는 자들이다."(3:4, 새번역). 아울러, 다른 예언서들과 비교해 볼 때 스바냐에서 두드러지게 강조하는 신앙적 문제점이 있다면 그것은 백성들의 신앙적 무관심입니다.

> 여호와를 배반하고 따르지 아니한 자들과 여호와를 찾지도 아니하며 구하지도 아니한 자들을 멸절하리라(1:6)
> 그 때에 내가 예루살렘에서 찌꺼기 같이 가라앉아서 마음속에 스스로 이르기를 여호와께서는 복도 내리지 아니하시며 화도 내리지 아니하시리라 하는 자를 등불로 두루 찾아 벌하리니(1:12)

4. 구조

1) 1:1-18 여호와의 큰 날이 임하는 이유

(1) 1:4-5   바알, 그마림, 밀감, 일월 성신 숭배
(2) 1:6   여호와를 배반하고 따르지 아니함, 여호와를 찾지도 아니하며 구하지도 아니함
(3) 1:8-9   방백들과 왕자들과 이방인의 옷을 입은 자들의 포악과 거짓

5. 주제들과 교훈들

1) 온 세상과 만국의 주권자가 되시는 여호와

여호와께서 유다를 비롯한 만국 백성의 죄악 때문에 땅 위에 있는 모든 것을 심판하신다는 예언(1:2-3: 세상을 창조하신 순서와 반대로: 사람-짐승-공중의 새-바다의 고기)과 유다의 주변 국가들을 심판하신다는 예언(2:4-15)은 여호와께서 온 세상과 만국을 공의롭게 다스리시는 주권자라는 사실을 일깨워줍니다. 여호와께서는 유다 백성을 침략하여 욕을 퍼붓고 악담을 퍼부을 뿐만 아니라 교만하고 우상을 섬긴 모압을 공의롭게 심판하시는 분입니다. 또한, 앗수르가 "세상에는 나밖에 없다"(새번역)고 생각하며 교만할 때, 그 수도 니느웨를 황무지와 사막처럼 변하게 만들어버리시는 주권자이십니다(2:13, 15).

스바냐의 여러 부분에서 반복하여 선포하는 주제, 즉 여호와께서 선민으로 택하신 유다 백성의 우상 숭배, 포악, 거짓, 불의, 영적인 무관심 때문에 그들을 심판하실 것이라는 예언도 마찬가지로 여호와께서 유다의 역사를 주관하시는 주권자가 되심을 일깨워줍니다.

2) 유다와 주변 국가들의 죄악

(1) 유다의 죄악

　가) 권력자들의 포악, 거짓, 억압, 불의와 교만: 1:8-9; 2:3; 3:1-3

　　"그 가운데 방백들은 부르짖는 사자요 그의 재판장들은 이튿날까지 남겨 두는 것이 없는 저녁이리요"(3:3)

　나) 바알, 그마림, 밀감 등을 섬기는 우상 숭배와 일월성신 숭배: 1:4-5

　다) 영적인 무관심: 1:6, 12

　라) 종교적 지도자들의 부패: 3:4

　　"예언자들은 거만하며 믿을 수 없는 자들이고, 제사장들은 성소나 더럽히며 율법을 범하는 자들이다"

(2) 주변 국가들의 죄악

2장 7절은 여호와께서 주변 국가들을 심판하면 그들이 멸망하고, 그 결과로 그들에게 사로잡혀 있던 유다 백성이 고국으로 돌아가게 될 것이라고 기록합니다. 이것은 여호와께서 유다의 주변 국가들을 심판하시는 주된 이유 중의 하나가 여호와의 선민 유다 백성을 침략하여 포로로 잡아갔기 때문이라는 점을 깨닫게 만듭니다. 모압을 멸망시키는 이유를 설명하면서, 유다 백성을 침략하여 욕을 퍼붓고 악담을 퍼붓는 것 때문이라고 밝히는 것이 대표적인 예가 될 것입니다. 뿐만 아니라 그들이 교만한 것과 우상을 섬기는 행위도 여호와의 심판을 초래하는 죄악들이라는 점을 2장 10절은 명시합니다. 앗수르가 마음속으로 "세상에는 나밖에 없다"(새번역)고 교만하게 굴다가, 여호와의 심판을 받아 그 수도 니느웨가 황무지와 사막처럼 변해버린 것이 대표적인 예가 될 것입니다(2:13, 15).

3) 여호와의 큰 날(1:14-15)

기원전 8세기 예언자 아모스와 이사야는 그들의 예언 속에서 '여호와의 날' 사상을 소개했습니다(암 5:18-20; 8:3-13; 사 2:9-22). 그러므로 스바냐가 그들로부터 영향을 받아 이 사상을 더욱 발전시킨 것으로 보입니다. 아모스와 이사야가 활동하던 기원전 8세기의 유다 백성과 마찬가지로 스바냐가 활동하던 기원전 7세기의 유다 백성은 자신들의 삶이 정의롭든 불의하든, 거룩하든 그렇지 않든 간에 여호와께서 미래의 언젠가 온전한 구원과 회복을 맛볼 수 있는 날을 주실 것이라고 믿었습니다. 아모스, 이사야, 스바냐는 이러한 잘못된 종말론적 신앙에 대해 지적하며, 여호와의 선민이 여러 가지 죄악들을 회개하지 않으면, 그들은 여호와의 정하신 날에 구원을 경험하는 것이 아니라 오히려 처절한 심판을 맞이하게 될 것이라고 경고했습니다. 그리고 그 심판의 날이 생각보다 임박하게 다가올 수 있다는 점도 강조합니다.

그런데 스바냐 예언자는 '여호와의 큰 날'에 관한 예언(1:14-15)을 '날'(yom)이라는 단어를 여덟 번이나 사용하고, 세 단어나 네 단어로 된 문구들을 반복적으로 사용하여 운율을 느끼도록 만들 뿐만 아니라, 전쟁을 떠올리게 하는 이미지들을 사용하는 예언시(prophetic poem)로 만들어 독자들의 뇌리에 오래 기억되게 만들고 있습니다.

반게메렌(W. VanGemeren)은 스바냐가 예언한 '여호와의 큰 날'이 보여주는 여섯 가지 특징을 통찰력 깊게 소개하고 있어서 참고할 필요가 있습니다.

> (1) 이 날은 여호와께서 인간사에 개입하심을 보여 준다.
> (2) 이 날은 모든 피조 세계에 대한 하나님의 심판을 초래한다(습 1:2-3).
> (3) 이 날은 역사적이며 종말론적이다(습 1:3).
> (4) 이 날에 모든 피조물은 하나님의 주권에 굴복할 것이다(습 1:7).
> (5) 이 날은 부유한 자와 권세 있는 자를 우대하지 않을 것이다(습 1:18; 2:3; 3:12-13).
> (6) 이 날은 신원의 날이자 영광스러운 날이며 경건한 자들에 대한 완전한 구속의 날이 될 것이다(습 3:14-20).[69]

여호와의 큰 날 사상은 신약성경의 저자들에게도 영향을 준 것으로 보입니다. 그래서 '인자의 때, 인자의 나타나는 날'(눅 17:22, 26, 30), '주 예수의 날'(고전 5:5), '그리스도의 날'(롬 2:16; 고전 1:8; 빌 1:6, 10; 2:16; 딤후 4:8), '주의 날'(벧후 3:2, 10) 등의 표현이 신약성경에서 사용됩니다. 아울러 그날을 맞이하는 주의 백성이 "거룩한 행실과 경건함으로 하나님의 날이 임하기를 바라보고 간절히 사모하라"고 도전합니다(벧후

---

69 메릴, 루커, 그리산티, 「현대인을 위한 구약개론」, 747; W. VanGemeren, *Interpreting the Prophetic Word*(Grand Rapids: Zondervan, 1990), 174-76.

3:11-12).

스바냐의 '여호와의 큰 날'이라는 주제는 우리 그리스도인들로 하여금 심각한 질문을 품고 살게 만듭니다: 우리는 주님께서 언제 다시 오셔서 우리를 심판하시든 두려워할 필요가 없는 거룩한 삶을 살고 있습니까? 아니면 이 세상이 주는 향락을 조금이라도 더 즐기고 싶어 하며, 주님께서 우리를 심판하러 오지 않거나 아주 먼 훗날 더디게 오시기를 바라며 살고 있습니까?

4) 참된 회개

스바냐는 죄악에 빠진 유다 백성이 여호와의 분노를 피하도록 행해야 할 바들을 2장 1절부터 3절에서 간단명료하게 언급합니다. 그런데 이 구절은 기원전 8세기 예언자 미가가 종합적으로 제시한 처방과 맥을 같이 합니다: "오직 정의를 행하며 인자를 사랑하며 겸손하게 네 하나님과 함께" 행하라(미 6:8).

> 여호와의 규례를 지키는 세상의 모든 겸손한 자들아 너희는 여호와를 찾으며 공의와 겸손을 구하라 너희가 혹시 여호와의 분노의 날에 숨김을 얻으리라(2:3)

5) 남은 자 사상(3:12-13)

스바냐도 여호와께서 유다의 죄인들을 심판하실 때, 소수의 사람들을 남겨두어서 이들을 통해 하나님의 뜻을 이루게 하실 것이라는 점을 분명히 합니다. 그리고 이 남은 자들에 포함될 수 있는 사람들이, "이 도성 안에 주의 이름을 의지하는 온순하고 겸손한 사람들"(3:12; 새번역)이며, "나쁜 일을 하지 않고, 거짓말도 하지 않고, 간사한 혀로 입을 놀리지" 않는 사람들이라고 언급합니다. 아울러, 언젠가 미래에 여호와의 공의로운 심판이 실행될 때, 여호와께서는 이들과 아울러 온 땅에 흩어져 있는 남은 자들도 주의 도성으로 다시 불러 모아서 평안을 누리게 하며(2:7), 명성과 칭찬을 얻게 하실 것이라고 약속합니다(3:19-20).

안타깝게도 유다 백성은 여호와의 이러한 계획에 합당한 삶을 살지 못해서 여호와의 남은 자가 누릴 수 있는 복을 경험하지 못했습니다. 결국 하나님께서는 죄인 된 인간을 구원하시려는 계획의 새로운 장을 여셔서, 예수님을 구세주와 주님으로 영접하고 주님의 뜻을 이 땅에서 실천하며 살아가는 그리스도인들을 여호와의 남은 자로 간주하십니다(롬 9:27-29; 11:2-5; 행 15:15-17; 계 3:4-5).

6) 자기 백성으로 인하여 기뻐하며 노래하는 여호와 하나님(3:17)

스바냐 3장 17절은 여호와 하나님께서 당신의 이름을 의지하는 온순하고 겸손한 이들을 온 세상으로부터 불러 모으셔서 그들과 함께 하신다고 약속합니다. 한 걸음 더 나아가, 그들을 보고서 기쁨이 넘쳐 노래까지 부르신다고 표현합니다. 여호와께서 베풀어주신 구원의 은혜가 감사해서 여호와의 백성이 여호와께 찬양하는 경우는 성경에 많이 나오지만, 여호와께서 자신이 구원하고 보호하는 백성을 보면서 축제 때 즐거워하듯이 기뻐하며 노래까지 부르시는 모습은 성경 전체에서 이 구절에서만 발견되는 것 같습니다.

안타깝게도 유다 백성은 그들의 구원자가 되시는 전능하신 여호와께서 그들을 향하여 품고 계신 풍성한 사랑과 기쁨을 깨닫지 못하고 여전히 죄악에 빠져 여호와의 마음을 아프게 했습니다. 그러자 하나님께서는 예수님을 이 땅에 보내셔서 세상 모든 죄인의 죄 값을 대신 치르기 위해 십자가에 달려 죽게 하셨습니다. 그리고 사흘 만에 죽음에서 부활하게 하셨습니다. 그래서 이 사실을 믿는 이들은 죄 사함을 받고 영생을 얻게 하셨고, 하나님의 존귀한 아들, 딸로 삼아주셨습니다. 그리고는 우리 그리스도인들이 주님의 은혜에 감사하며 살아가도록 성령님을 통해 돕고 계십니다.

흥미로운 사실은 스바냐 3장 17절에서 묘사하는 것처럼, 하나님께서 자신이 구원하신 백성을 보고 기뻐하며 노래하는 장면이 신약성경의 몇 곳에서 암시됩니다.

> 내가 너희에게 이르노니 이와 같이 죄인 한 사람이 회개하면 하늘에서는 회개할 것 없는 의인 아흔아홉으로 말미암아 기뻐하는 것보다 더하리라(눅 15:7)

> 그러나 아버지는 종들에게 말했다. '어서, 가장 좋은 옷을 꺼내서, 그에게 입히고, 손에 반지를 끼우고, 발에 신을 신겨라. 그리고 살진 송아지를 끌어내다가 잡아라. 우리가 먹고 즐기자. 나의 이 아들은 죽었다가 살아났고, 내가 잃었다가 되찾았다.' 그래서 그들은 잔치를 벌였다(눅 15:22-24; 새번역).

묵상과 토론을 위한 질문

 스바냐가 지적한 '영적 무관심'이란 죄가 자신에게서 발견되지는 않는지요? 자신의 영적 상태가 마치 찌끼같이 가라앉은 상태는 아닌지요? 어떻게 하면 이러한 상태에서 벗어날 수 있을까요?

 만약 "여호와의 큰 날"이 우리 시대에 다시 임한다면, 우리는 어떻게 될까요? 하나님 심판의 대상일까요? 아니면 소수의 의로운 남은 자로 인정받을 수 있을까요?

 주님께서 우리를 보실 때 기뻐 노래하신다는 소식에 우리는 어떻게 반응해야 할까요?

16 기원전 7세기 예언서: 나훔 개론

1. 기록 목적

수도 니느웨가 바벨론 군대에 의해 함락됨으로 말미암아 앗수르가 패망할 것(BC 612)과 그로 말미암아 유다가 회복될 것을 예언한 내용을 소개함으로써 독자들에게 신앙적 교훈을 제공하는 것이 기록 목적입니다.

2. 특징과 유의점

1) '나훔'이란 이름은 '위로하다, 슬퍼하다, 긍휼히 여기다'(naham)라는 뜻을 지니고 있습니다.

2) 히브리어 성경에 의하면 1장 2절부터 8절은 각 절의 첫 자음이 히브리어 알파벳 순서에 따라 '알렙'부터 '카프'까지 이어져 알파벳 시(acrostic poem)를 구성합니다.

3) 나훔은 니느웨가 멸망하게 된 역사적인 사건을 앗수르 백성에 대한 여호와의 심판과 유다 백성을 위한 구원 활동으로 소개하는 신학적 주제들을 강조합니다. 그런데 이러한 신학적 주제들을 뛰어난 문학적, 수사학적 기교들을 다양하게 사용하여 전달함으로써 독자들에게 감동을 제공할 뿐만 아니라 그것들을 오래 기억하게 만듭니다. 그래서 루커(Mark F. Rooker)는 구약성경의 저자들 가운데 나훔만큼 문학적 탁월성이 돋보이는 사람은 많지 않다고 평가하며, 드라이버(S. R. Driver)와 패터슨(R. D. Patterson)도 루커에 동의합니다.[70]

제가 미국 남침례교신학교에서 구약학 박사학위를 취득하도록 제출한 논문이 바로 이 점을 연구한 것입니다: "나훔에 나타나는 비유적 언어의 기능"(The Function of Figurative Language in the Book of Nahum).[71] 이 논문에서 저는 나훔에서 발견할 수 있는 다양한 이미지들(시각적, 청각적, 운동적, 성적 이미지 등), 직유법, 은유법, 환유법, 대유법, 의인법, 상징법, 반어법, 과장법, 답관체, 두운법, 유음법, 도치법, 교차 대구법, 평행법, 구절 반복법, 문두어 문미 반복법, 구절 연속 반복법, 동일 어순 반복법, 접속사 생략법, 동사 생략법, 접속사 삽입법, 의성법, 수사적 의문법 등을 소개했습니다.

4) 바벨론 군대가 니느웨 성을 함락시키는 전쟁에 관한 2장과 3장의 묘사가 너무나 생생하여, 어떤 학자들은 나훔이 니느웨가 함락된 612년 이전에 예언된 내용이 아니라, 이 사건이 발생한 이후에 예언이

---

70 메릴, 루커, 그리산티, 「현대인을 위한 구약개론」, 724.
71 Hyung Won Lee, "The Function of Figurative Language in the Book of Nahum," Ph. D. Dissertation, The Southern Baptist Theological Seminary, 1988: 이 논문을 요약한 내용는 저의 책, 「구약성서비평학 입문」 (대전: 침례신학대학교출판부, 2014)을 참고하시면 됩니다.

라는 형식("사후 예언: ex-eventu prophecy")을 통해 기록한 것으로 주장하기도 합니다.[72]

5) 어떤 이들은 이 책이 편협한 국수주의적 사상을 담고 있고, 전쟁의 참상을 너무나 구체적이고도 유혈낭자하게 묘사하고 있기 때문에 예수 그리스도나 교회와 전혀 상관이 없다고 봅니다.[73] 그러나 이러한 생각이 잘못된 것임을 아래의 설명을 통해 알 수 있을 것입니다.

3. 시대 상황

나훔은 다른 예언서들과는 다르게, 1장 1절에서 어느 왕이 통치할 때 예언자가 활동했다는 언급이 없습니다. 그럼에도 불구하고 본문 속에서 소개하는 두 가지 역사적 사건들이 나훔의 활동 시기를 추정하도록 만들어줍니다. 첫째는, 애굽의 견고했던 도성 테베(Thebes)가 앗수르 왕 앗수르바니팔의 군대에 의해 멸망한 사건입니다(BC 664; 나 3:8-10). 둘째는 나훔 전체에서 생생하게 묘사하고 있듯이, 바벨론 군대가 앗수르의 수도 니느웨를 함락한 사건입니다(BC 612). 나훔은 첫 사건이 이미 과거에 이루어졌고, 둘째 사건이 가까운 미래에 곧 이루어질 것이라고 예언했기에, 그의 활동 시기는 기원전 664년과 612년 사이로 볼 수 있습니다. 특히, 나훔에서 니느웨의 처참한 멸망이 임박한 것을 암시하기에, 나훔이 활동한 시기가 664년보다는 612년에 더 가

---

72 많은 구약학자는 나훔이 원래 니느웨가 멸망한 직후에 가을 축제인 신년 제의(New Year's liturgy)를 위해 집필되었다고 주장하기도 합니다. 라솔, 「구약개관」, 661.
73 롱맨, 딜러드, 618.

까운 시기로 추정할 수 있을 것입니다.

저는 스바냐 개론에서, 기원전 7세기에 고대 근동 지역에서 패권을 누리던 앗수르의 왕들과 국제, 국내 상황을 간략하게 언급한 바 있습니다. 앗수르의 역사를 조금 더 거슬러 올라가면, 기원전 8세기의 왕들이었던 디글랏빌레셀 3세, 살만에셀 5세, 사르곤 2세 등과 7세기 초반에 다스렸던 산혜립(BC 704-681), 에살핫돈(BC 680-669), 앗수르바니팔(BC 668-631) 등이 뛰어난 정치력과 막강한 군사력을 통해 고대 근동 국가들을 장악해나갔습니다. 특히 에살핫돈이 통치할 때와 앗수르바니팔이 통치하던 초기에 앗수르의 국제적 위상이 정점에 이르렀다고 역사가들은 이구동성으로 말합니다.[74]

그러나 7세기 중반에 앗수르 제국이 급격하게 쇠퇴하기 시작했습니다. 에살핫돈 왕에게 두 아들이 있었는데, 하나는 앗수르바니팔이었고, 또 하나는 샤마쉬-슘-우킨 (Shamash- shum-ukin)입니다. 에살핫돈 왕은 자신이 죽은 후에 이들이 왕권을 놓고 싸우지 않도록 앗수르바니팔은 앗수르 전체를, 그리고 샤마쉬-슘-우킨은 앗수르의 지배하에 있던 바벨론을 다스리게 했습니다. 그래서 십여 년 동안 문제가 없는 것 같았지만, 652년에 샤마쉬-슘-우킨이 갈대아인, 아람인, 엘람인 등을 모아 군대를 이끌고 앗수르바니팔을 쳐들어 갔습니다.[75] 비록 앗수르바니팔이 샤마쉬-슘-우킨을 물리치고 바벨론을 확실하게 통제했지만, 삼 년 동안의 전쟁이 남긴 후유증(경제적 손실과 국제 관계의 추락)이 컸습니다. 뿐만 아니라 애굽의 독립, 메데와의 9년에 걸친 전쟁, 그리고 앗수르바니팔의 죽음은 앗수르를 급격하게 쇠퇴하게 만들었

---

74   Mills, "Nahum, Book of," *Mercer Dictionary of the Bible*, 602.
75   https://en.wikipedia.org/wiki/Ashurbanipal

습니다. 기원전 626년에 바벨론의 왕이 된 나보폴라살(Nabopolassar)은 메데와 스키티안(Scythians) 군대와 연합하여 앗수르를 공격하여 아술(Asshur)을 무너뜨리고(BC 614), 이어서 612년에는 앗수르의 수도 니느웨를 함락시켰습니다. 비록 소수의 앗수르 군대가 남아 메소포타미아의 하란에 주둔했지만 605년에 갈그미스(Carchemish)에서 있었던 애굽과의 전투에서 완패했습니다.

4. 구조

1:1-8	온 세상과 만국을 공의롭게 심판하시는 여호와의 등장을 알리는 알파벳 시
1:9-15	앗수르 백성을 향한 심판 예언과 유다를 향한 구원 예언
2:1-13	바벨론 군대의 침입과 니느웨의 함락에 대한 생생한 묘사
3:1-19	니느웨의 함락에 대한 묘사(1-3), 함락의 이유(4, 10), 속국 백성들의 반응(19)

5. 주제들과 교훈들

1) 온 만국을 공의롭게 심판하시는 여호와 하나님

이 주제는 앗수르를 심판하도록 이 세상의 역사에 개입하시는 여호와의 등장을 노래하는 1장 2절부터 8절의 알파벳 시에서부터 강조됩니다.

여호와는 질투하시며 보복하시는 하나님이시니라

여호와는 보복하시며 진노하시되

자기를 거스르는 자에게 여호와는 보복하시며

자기를 대적하는 자에게 진노를 품으시며

여호와는 노하기를 더디하시며 권능이 크시며

벌 받을 자를 결코 내버려두지 아니하시느니라 … (1:2-3)

또한 이 주제는 기원전 7세기에 고대 근동의 여러 국가를 속국으로 만들고, 속국의 백성들을 정치적, 경제적으로 억압할 뿐만 아니라 우상 숭배와 마술에 빠지게 만든 앗수르 백성을, 여호와께서 바벨론 군대와 연합군을 통해 멸망시키는 장면이 반복적으로 소개되는 것을 통해서도 발견할 수 있습니다. 특히, 바벨론 군대가 니느웨를 함락시키는 장면을 묘사하는 중간에 여호와께서 "내가 너를 치겠다"(2:13; 3:5: 새번역)고 말씀하는 구절은 교만하고 불의한 제국을 공의롭게 심판하시는 하나님께서 다른 제국의 군대(바벨론과 연합군)를 자신의 군대처럼 사용하실 수 있는 권세를 가지신 주권자라는 점을 일깨워줍니다. 막강한 군사력을 앞세워서 주변 국가들을 속국으로 만든 강대국 앗수르라 할지라도 만국 백성을 공의롭게 심판하시는 여호와 앞에서 불의하게 판단될 때, 처절한 심판을 당할 수밖에 없는 존재라는 점을 나훔은 분명히 밝힙니다.

2) 니느웨가 패망한 이유

일반 역사가들은 앗수르의 수도였던 니느웨가 바벨론과 메데를 중심으로 한 연합군에 의해 함락된 주된 이유로 왕권의 약화, 열등한 군사력, 그리고 속국들의 반란 등을 꼽습니다. 그런데 나훔은 예언자적인 관점을 가지고 앗수르가 패망한 이유를 아래와 같이 분석합니다.

(1) 1:9, 11: 주님을 거역하여 음모를 꾸밈, 흉악한 일을 부추김

　　스미스(Ralph L. Smith)는 이것을 산헤립 왕이 유다의 히스기야 왕에게 항복을 요구하기 위해 계략을 세웠던 과거의 역사와 연관지어 해석합니다(왕하 18-19장).[76] 그러나 이 구절은 앗수르의 왕들이 영토를 확장하도록 주변 국가를 침략하려는 계획들을 암시한 것입니다.

(2) 1:14: 우상 숭배

　　"내가 네 신들의 집에서 새긴 우상과 부은 우상을 멸절하며…"

(3) 3:1: '피의 성' 니느웨 백성의 거짓말과 강포, 노략질

(4) 3:2: 마술, 우상 숭배, 음행

　　"이는 마술에 능숙한 미모의 음녀가 많은 음행을 함이라 그가 그의 음행으로 여러 나라를 미혹하고 그의 마술로 여러 족속을 미혹하느니라"

(5) 3:10: 전쟁에서의 잔인함: 특히 앗수르 군대가 애굽의 테베를 침공했을 때의 잔인함

　　"그가 포로가 되어 사로잡혀 갔고 그의 어린 아이들은 길 모퉁이 모퉁이에 메어침을 당하여 부서졌으며 그의 존귀한 자들은 제비 뽑혀 나뉘었고 그의 모든 권세자들은 사슬에 결박되었나니"

앗수르 제국 어느 왕의 기념비에 새겨진 문구는 앗수르 군대의 잔

76　Ralph L. Smith, *Micah-Malachi, Word Biblical Commentary*, vol. 32 (Waco: Word Books, Publisher, 1984), 77.

인함을 단적으로 보여줍니다.

> 나는 귀족들의 껍데기를 벗겼고, 3,000명의 포로들을 불에 태워 죽였
> 다. 나는 한 명의 포로도 남겨두지 않았다. 나는 그들의 손과 발을 자
> 르고, 코와 귀를 베어내기도 했다. 수많은 병졸의 눈을 도려내기도 했
> 고, 처녀들을 통째로 굽기도 했다.[77]

3) 유다 백성의 회복

앗수르 제국이 바벨론과 연합군에 의해 패망한다는 것은 앗수르의
속국 중의 하나였던 유다 백성에게는 구원과 희망의 소식이었습니다.
그래서 나훔은 니느웨의 멸망이라는 주제와 유다의 구원과 회복이라
는 주제를 번갈아가며 언급합니다(1:9-11: 앗수르 왕의 패망/ 12-13: 유다의 구
원과 회복/ 14: 앗수르 왕의 패망/ 15: 유다의 구원과 회복). 한 걸음 더 나아가, 여
호와께서 유다의 영광을 회복시키실 것이라는 예언도 덧붙이고 있습
니다(2:2).

나훔의 마지막 구절인 3장 19절은 앗수르 왕이 바벨론과의 전쟁에
서 패하여 신하들이 모두 죽거나 도망가고, 백성도 흩어지고, 자신도
치명적인 부상을 당한 상황을 묘사합니다. 그리고 앗수르의 압제와
학대를 받았던 속국의 백성들이 앗수르가 패망하고 그 왕이 부상을
당했다는 소식을 듣고 기뻐서 손뼉을 치는 장면도 덧붙이고 있습니
다. 그래서 앗수르의 속국 백성들과 특히 유다 백성이 니느웨가 함락
될 때 느끼게 될 환희와 카타르시스를 미리 맛보게 합니다. 그런데 나

---

77 아놀드 C. 블랙만, 「니네베 발굴기」, 안경숙 역 (서울: 대원사, 2017), 15.

훔을 통해 잊지 말아야 할 중요한 신앙적 교훈이 있다면, 그것은 니느웨의 패망과 그로 말미암은 유다 백성의 구원과 회복이 단순한 국제 정세의 변화 때문이 아니라, 온 세상 만국의 역사를 공의로 주관하고 심판하시는 여호와의 계획과 섭리에 따른 것이라는 점입니다.

공의로운 심판주 여호와께서 불의와 압제와 우상 숭배로 가득 찬 앗수르 제국의 수도를 바벨론과 연합군을 통해 물리치시고, 억압받던 유다 백성을 구원하실 것이라는 나훔의 예언은 유다 역사의 한 페이지와 관련된 것으로 끝나지 않습니다.

나훔에서 강조하는 주제들과 교훈들은 그리스도인들의 신앙생활에도 그대로 적용될 수 있는 것들입니다. 그래서 우리 그리스도인들이 불의한 자들로 말미암아 억압과 고통을 당하고 있을 때, 하나님께서 공의롭게 심판하시고 보복하시며(1:2-3), 하나님의 심판을 실행할 자들을 보내어 불의한 자들과 싸우게 하셔서 우리를 구원하신다는 믿음을 가질 수 있게 합니다. 또한, 매일 겪는 영적인 전쟁에서 승리할 수 있도록 주님께서 성령으로 함께하신다는 것도 확신하게 합니다 (골 2:14-15; 엡 6:10-17).

묵상과 토론을 위한 질문

 나훔은 니느웨가 무엇 때문에 멸망하게 되었다고 설명합니까?

 하나님께서 온 만국을 공의롭게 다스리신다는 사실은 현재의 복잡한 국제 정세를 접하게 되는 우리에게 어떤 깨달음을 제공합니까?

 나훔을 설교하거나 가르친다면 어떤 점을 강조할 수 있을까요?

17 기원전 7세기 예언서: 하박국 개론

1. 기록 목적

바벨론 군대가 유다를 침략할 때가 임박한 시점에(기원전 598년), 유다의 악인들과 그들의 죄악을 합당하게 처리하시도록 기도하는 하박국과 그에게 응답하시는 여호와 사이의 대화들을 통해 하박국이 여호와의 계획과 섭리를 깨닫는 과정을 소개함으로써 독자들에게 신앙적 교훈을 제공하는 것이 기록 목적입니다.

2. 특징과 유의점

1) 하박국이라는 이름은 히브리어로 '포옹하다, 안다'라는 뜻과 연관이 있습니다.

2) 2장 4절의 "의인은 그의 믿음으로 말미암아 살리라"라는 구절은 사도 바울이 로마서 1장 17절에서 인용하여, 이신득의(justification by

faith) 사상의 기초로 삼았습니다.

3) 탈무드(Makkot 23b)에는 어떤 랍비의 말이 포함됩니다.

> "모세는 이스라엘에게 육백십삼 개의 계명을 주었으며, 다윗은 열 개
> 를 주었고, 이사야는 두 개를 주었지만, 하박국은 '의인은 그 믿음으로
> 말미암아 살리라'(2:4)는 한 계명만을 주었다."

믿음의 중요성을 강조하는 문구로 이해됩니다. 이 책에 의하면, 이스라엘 백성은 시내 산에서 율법을 받은 것을 기념하는 칠칠절(Feast of Week) 둘째 날에 하박국 3장을 읽었습니다.[78]

4) 외경 중에서 「벨과 용」은 "제사장 하박국이 하나님의 신에 이끌려 사자 굴속의 다니엘에게 음식을 가져다주었다는 이야기를 수록하고 있으나 역사성은 희박"합니다.[79]

3. 시대 상황

하박국이 활동할 때의 시대 상황을 짐작하게 만드는 결정적인 단서는 1장 6절입니다. 하박국이 유다 백성의 죄악과 패역, 겁탈과 강포, 변론과 분쟁, 율법을 무시하고 의인들을 협박하는 모습(1:3-4) 등을 목격하면서, 여호와께서 유다를 공의롭게 통치하는지에 관한 신정론적인 질문을 던졌습니다. 그러자 여호와께서 주신 답은 갈대아 사람들

---

78   메릴, 루커, 그리산티, 「현대인을 위한 구약개론」, 738.
79   침례교신학연구소, 「성서입문」, 244.

(바벨론 군대)을 보내서 유다의 악인들을 심판하겠다는 것이었습니다. 그런데 바벨론이 유다를 대대적으로 공격한 때가 느부갓네살 왕 때였습니다. 그러므로 다수의 구약학자들은 느부갓네살 왕이 기원전 605년에 갈그미스 전투에서 애굽을 물리친 후에 앗수르 제국의 남은 도시들을 정복하고, 598년에 유다를 침공하여 여호야긴 왕과 백성을 사로잡아 간 때를 하박국이 예언 활동을 한 시기로 추정합니다. 이 시기의 유다는 기원전 609년에 요시야 왕이 므깃도 전투에서 죽은 후에, 정치가들이 애굽이나 바벨론 중에서 어느 나라에 조공을 바쳐야 자신의 입지가 보장될 것인지에 관심을 가지면서 친 애굽파와 친 바벨론파로 나누어져서 다툼과 시비가 잦았고 서로에게 폭력을 행하는 일이 빈번했던 시기와 연관이 있다고 볼 수 있습니다(1:3-4).

4. 구조

하박국의 구조는 '주제들과 교훈들' 부분에서 자세하게 소개할 것입니다.

1) 1:1 표제

2) 1:2-11 하박국과 여호와의 첫 번째 대화

| (1) 1:2-4 | 하박국의 첫 번째 문제 제기 |
| (2) 1:5-11 | 여호와의 첫 번째 응답 |

3) 1:12-2:5 하박국과 여호와의 두 번째 대화

| (1) 1:12-17 | 하박국의 두 번째 문제 제기 |
| (2) 2:1-5 | 여호와의 두 번째 응답 |

(1) 2:6-8	자기 소유 아닌 것을 모으는 자
(2) 2:7-11	자기 집을 위하여 부당한 이익을 취하는 자
(3) 2:12-14	피로 성읍을 건설하며 불의로 성읍을 건축하는 자
(4) 2:15-17	이웃에게 술을 마시게 하되 자기의 분노를 더하여 그에게 취하게 하고 그 하체를 드러내려 하는 자
(5) 2:18-19	우상을 만드는 자

5) 3:1-19 바벨론 군대의 침략이 임박한 시점에서 하박국이 드리는 기도

5. 주제들과 교훈들

1) 여호와께서 세상 만민과 만국의 주권자가 되심

(1) 이 주제는 두 가지 측면에서 발견할 수 있습니다. 첫째는, 하박국 예언자가 유다에서 만연하는 폭력, 불의, 약탈, 다툼, 시비, 협박과 아울러 율법을 무시하는 풍조 등의 죄악에 대해 여호와께서 왜 그냥 두시는지, 왜 의인들의 기도를 들어주지 않는지, 왜 정의로운 사회로 만들어주지 않는지 물었을 때(1:2-4), 여호와께서 응답하신 내용과 관련이 있습니다. 그 응답은 유다 백성의 죄악에 대해 바벨론 군대를 보내서 심판하겠다는 것이었습니다(2:5-10). 그래서 여호와께서 유다뿐만 아니라 당시의 초강대국 바벨론까지도 주관하시며 당신의 뜻을 성취하도록 사용하실 수 있는 분이라는 점을 가르쳐줍니다.

그러자 하박국은 여호와께서 제시하신 해결책에 대해 수용할 수 없다고 말합니다. 어떻게 유다의 악인들보다 훨씬 더 악한 바벨론 백성을 통해 하나님의 택한 백성을 심판하실 수 있느냐는 것이죠. 그때 여호와께서는 하박국에게 "의인은 그의 믿음으로 말미암아 살리라"라는 말씀을 주시면서 인내하며 자신이 세계 만국을 어떻게 이끄실지를 지켜보게 만드십니다. 그것은 다름이 아니라, 유다 백성의 죄악에 대해 바벨론 군대를 보내서 심판하신 다음에, 바벨론 백성의 죄악에 대해서는 나중에 또 다른 백성을 보내서 심판할 계획이라는 것을 보여주신 것입니다. 2장 4절부터 20절에 걸쳐 언급되는 다섯 가지의 화 예언은 다름이 아니라 바벨론 백성들의 죄악을 지적하며 그에 대한 심판을 예언한 것입니다.

(2) 여호와 하나님께서 세상 만민과 만국의 주권자가 되신다는 주제는 하박국이 여호와의 통치 방식에 대해 합리적으로 문제를 제기했음에도 불구하고, 여호와께서 자신의 계획과 섭리를 변경하지 않는 모습에서도 발견할 수 있습니다. 하박국은 '여호와의 택한 백성 유다가 아무리 악해도 바알과 여러 우상을 섬기며 주변 국가들을 침략하여 억압하는 바벨론 백성보다 더 악하겠는가?'라는 논리를 펴며, 여호와께서 잘못된 해결책을 주셨으니 다시 가져오라는 식으로 반응했습니다. 그때 여호와께서는 당신께서 잘못된 해결책을 제시하신 것이 아니라 하박국이 상상하지 못하는 다른 차원의 방식으로 문제를 처리하신다는 점을 보게 만드십니다. 그래서 하박국에게 "세상 만국을 다스리는 일은 여호와인 내가, 내가 정한 때에, 내가 정한 방식으로 처리할 거야!"라고 꾸짖고 계십니다. 여호와의 이렇게 심오한 뜻을 깨닫게 된 하박국은 드디어 3장에서 바벨론이 곧 쳐들어오게 된다는 소식을 접한 가운데서도 여호와께서 구원하실 것을 믿는 믿음을 가지고 감사시 형식으로 기도합니다.

비록 무화과나무가 무성하지 못하며 포도나무에 열매가 없으며 감람나무에 소출이 없으며 밭에 먹을 것이 없으며 우리에 양이 없으며 외양간에 소가 없을지라도 나는 여호와로 말미암아 즐거워하며 나의 구원의 하나님으로 말미암아 기뻐하리라 주 여호와는 나의 힘이시라 나의 발을 사슴과 같게 하사 나를 나의 높은 곳으로 다니게 하시리로다(3:17-19)

2) 하박국의 기도의 특징

⑴ 1장 2절부터 4절에 소개되는 하박국의 기도 내용은 공동체를 위한 기도였습니다. 자신이 속한 사회에서 만연하는 폭력, 불의, 약탈, 다툼, 시비, 협박, 그리고 율법을 무시하는 현상 등에 대해 여호와께서 공의롭게 처리하시기를 간구하는 기도였습니다. 개인의 부귀영화나 장수를 위한 기도가 아니었고, 공동체의 실존적인 문제들과 아무런 상관이 없는 신비한 체험을 간구한 것도 아니었습니다. 그의 기도는 자신이 속해 있는 사회의 구성원들이 하나님의 백성답게 살기를 염원하는 중보기도였습니다. 한 걸음 더 나아가, 자신을 포함하여 모든 백성이 공의롭고 거룩하게 살 수 있도록 여호와께서 개입하여 주시기를 바라는 기도, 하나님의 주권을 인정하는 신정론(theodicy)에 근거한 기도였습니다.

⑵ 하박국의 기도는 공동체의 실존적인 문제들을 놓고 여호와 하나님께 질문하고 대답을 받는 시간이었고, 신앙적인 토론이 이어진 시간이었습니다. 자신이 기도를 통해 제기한 문제에 대해 여호와께서 해결책을 제시하시면, 그것에 대해 깊이 묵상하다가 납득이 되지 않으면 다시 질문을 하는 형식이었습니다. 우리는 자주 기도하고 돌아

서자마자 무엇을 기도했는지 잊어버릴 정도로 형식적으로 혹은 건성으로 기도합니다. 그러나 하박국은 기도야말로 개인과 공동체의 존재 이유를 깨닫고, 우리의 삶이 그것에 부합되는지 되돌아보고, 공동체의 사명을 실현하도록 어떻게 살아야 하는지를 하나님께 끊임없이 질문하고 그분의 대답을 되새기는 대화와 토론의 시간이 되어야 함을 일깨워줍니다.

3) "의인은 그의 믿음으로 말미암아 살리라"(2:4)

이 구절은 사도 바울이 로마서 1장 17절에서 인용해서 더 유명해졌습니다. 사도 바울은 유대인이나 헬라인이나 상관없이, 예수 그리스도께서 모든 인간의 죄를 대신 짊어지고 십자가에 달려 돌아가시고 사흘 만에 부활하셨다는 소식을 믿으면, 이 소식이 모든 믿는 사람을 구원하는 하나님의 능력이 되고, 하나님 앞에서 의롭게 인정받게 만든다고 로마 교회 성도들에게 선포했습니다(롬 1:16). 그러면서 "오직 의인은 믿음으로 말미암아 살리라 함과 같으니라"라는 하박국의 구절을 인용했습니다. 그래서 그는 이 구절을, 누구든지 예수님의 복음을 믿음으로 말미암아 의롭게 될 수 있다는 이신득의 사상(以信得義/ justification by faith)을 위한 중요한 보충 구절로 사용합니다.

그러나 하박국 본문에서 이 구절의 용도는 차이가 있습니다. 만약 사도 바울이 비신자들을 예수님을 믿는 신자들로 변화시킬 목적으로 이 구절을 인용했다면, 하박국의 이 구절은 여호와께서 이미 택한 백성으로 하여금 살아가면서 겪는 여러 가지 고난 속에서도 하나님께서 동행하시면서 보호해 주신다는 믿음을 가지고 끝까지 인내하도록 격려하도록 사용됩니다. '믿음'으로 번역되는 히브리어 '에무나'(emuna)

가 '견고함, 신뢰, 인내'라는 의미를 지니고 있다는 것이 이러한 이해의 당위성을 입증해줍니다. 그러므로 하박국의 이 구절을 읽을 때, 불신자를 위한 전도용으로만 간주하기보다는, 그리스도인들이 주님께서 주신 사명을 이루어가는 중에 낙심하거나 포기하지 않고 견고한 믿음과 인내심을 가지고 끝까지 섬기도록 격려하는 구절로 사용하는 것이 바람직할 것입니다.

묵상과 토론을 위한 질문

 하박국의 기도를 통해 배울 수 있는 기도의 내용이나 형태는 무엇인가요?

 "오직 의인은 믿음으로 말미암아 살리라"라는 구절은 하박국 서와 로마서에서 어떤 독자적인 의미를 지니고 있나요?

 하박국이 바벨론 군대가 쳐들어오는 상황 속에서도 두려워 하지 않고 마음의 평안과 기쁨을 유지할 수 있었던 비결은 무엇인가요?

18 기원전 7세기 예언자: 예레미야 개론

1. 기록 목적

요시야 왕 13년(BC 627)부터 유다가 바벨론에 패망한 때((BC 586)까지 예언 사역을 했던 예레미야가 자신의 삶의 경험들(사역 중의 고뇌와 탄원)과 아울러 유다가 바벨론에 멸망하게 된 이유를 언급하며 회개를 요청한 예언, 그리고 나라가 패망한 이후의 회복과 소망을 전한 예언 등을 소개함으로써 독자들에게 신앙적 교훈을 제공하는 것이 기록 목적입니다.

2. 특징과 유의점

1) 여러 구약학자는 예레미야를 '눈물의 예언자'(울보 예언자)라고 부릅니다. 왜냐하면 이 책은 다른 예언서들과 달리 예레미야가 예언 사역 중에 경험했던 고난, 지도자들과의 갈등과 핍박, 그로 말미암아 눈물 흘리며 드렸던 탄원의 기도 등을 많이 소개하기 때문입니다.

2) 히브리어 성경(맛소라 본문)과 한글 역본들에서 46장부터 51장에 기록되는 이방 국가에 대한 심판 예언이 헬라어 역본인 칠십인 역에서는 25장 14절부터 31장 44절에 기록되었습니다. 아울러 심판의 대상이 되는 이방 국가들의 순서도 다릅니다.

3) 칠십인 역의 예레미야 본문이 히브리어 성경보다 2,700단어 정도(칠분의 일 정도) 적습니다.[80] 다시 말해서, 반복되는 구절이나 단어들을 생략합니다.

4) 히브리어 성경의 예레미야는 예언서 중에서 가장 분량이 많으며, 열두 소예언서를 합친 것보다도 더 분량이 많습니다.[81]

5) 이 책은 예레미야가 예언 활동을 한 시대 순으로 배열이 되지 않습니다. 그래서 구약학자들이 예레미야를 연대순으로 재배열하려는 노력을 기울여왔습니다.

6) 제가 예언서들을 시대별로 분류하면서 예레미야를 기원전 7세기의 예언서에 포함했지만, 보다 엄밀히 구분한다면 예레미야는 기원전 6세기 예언서에도 포함될 수 있습니다. 왜냐하면 예레미야 예언자의 활동이 기원전 586년에 예루살렘이 바벨론에 함락된 이후에도 한동안 이어졌기 때문입니다.

3. 시대 상황

1장 2절과 3절에서 언급하듯이, 예레미야는 유다의 요시야 왕 13년

---

80   롱맨, 딜러드, 「최신구약개론」, 436.
81   Ibid., 427.

부터(BC 627) 시드기야 왕 11년(BC 587)까지 예언 활동을 했습니다. 이 시기는 요시야 왕과 그의 세 아들(여호아하스, 엘리아김,[82] 맛다니아/시드기야)과 손자(여고니야/여호야긴)가 통치할 때였습니다. 특히 이 시기는 정치적 지도자들이 강대국 바벨론과 애굽으로 말미암은 격변하는 국제 정세 속에서 유다의 독립을 위한다는 명분 아래 여러 당파로 나누어져 싸우던 시기이기도 합니다(친바벨론파, 친애굽파, 강경파("the hawks"), 온건파("the doves"), 국수주의자들, 피해망상증 환자들).[83]

1) 요시야 왕 때(BC 640-609: 왕하 22:1-23:30)

요시야가 여덟 살의 나이로 왕이 되어 다스리던 첫 십여 년 동안 유다는 당시의 강대국 앗수르의 지배 하에 있었습니다. 그러나 앗수르바니팔 왕이 죽고(BC 631) 난 후에 앗수르가 급격하게 쇠퇴해졌고, 기원전 626년에 바벨론의 왕이 된 나보폴라살(Nabopolassar)은 메데와 스키티안(Scythians) 군대와 연합하여 앗수르를 공격하여 아술(Asshur)을 무너뜨리고(BC 614), 이어서 612년에는 앗수르의 수도 니느웨를 함락시켰습니다. 바벨론에 의해 앗수르가 날로 쇠퇴해가자 유다는 잠시 독립을 경험했습니다. 요시야 왕은 통치한 지 18년째에, 성전을 청소하다가 발견한 율법책에 따라(왕하 22:8) 우상들과 산당을 없애고, 유월절을 회복시키고, 신접한 자, 점쟁이, 드라빔 등을 제거하는 등 신앙적인 개혁을 다양하게 시도했습니다(왕하 23장). 그런데 609년에 애굽의 왕 느고가 앗수르의 남은 군사들과 연합하여 바벨론과 싸우려고 북방

---

82 새번역은 엘리야김이라고 부릅니다.
83 Raymond B. Dillard, Tremper Longman III, *An Introduction to the Old Testament* Grand Rapids: Zondervan, 1994), 287.

으로 올라가기 위해 유다를 지나가려 하자 그들을 막으려고 므깃도에서 전투를 벌이다가 죽고 말았습니다. 요시야가 죽게 된 이유에 대해 역대상·하의 저자는 그가 느고를 통해 주신 여호와의 명령, 즉 느고의 군대가 북으로 진군하는 것을 막지 말라는 경고를 듣지 않았기 때문이라고 지적합니다(대하 35:20-36:1).

2) 여호아하스 왕 때(BC 609: 왕하 23:31-34; 대하 36:1-4)

아버지 요시야 왕이 죽자 유다 백성은 요시야의 넷째 아들 여호아하스(살룸)을 왕으로 세웠습니다. 그러나 므깃도 전투에서 승리한 애굽의 느고가 왕이 된 지 삼 개월밖에 지나지 않은 그를 폐위시키고 하맛 땅 립나에 가두었습니다. 그리고는 요시야의 첫째 아들 엘리아김을 왕으로 세우고 여호야김이라는 왕호를 주었습니다(왕하 23:31-34). 여호아하스는 나중에 애굽으로 끌려가 거기서 죽었습니다.

3) 여호야김 왕 때(BC 609-598: 왕하 23:34-24:6; 대하 36:4-9)

여호야김이 애굽 왕 느고에 의해 유다의 왕이 되어 다스리기 시작할 때, 예레미야는 성전에 예배를 드리러 온 백성에게, 자신들의 악한 길에서 돌아서서 회개하지 않으면 성전과 예루살렘 성이 무너질 것이라고 외쳤습니다. 그러자 제사장들과 예언자들과 온 백성이 죽이려 했고 사반의 아들 아히감이 보호하여 주었습니다(렘 26장).

여호야김은 느고가 유다에 요구한 은 백 달란트와 금 한 달란트를 바치기 위해 백성에게 과한 세금과 은금을 징수했습니다(왕하 23:35). 아울러 가난한 자를 보살피지 않고 왕궁을 새로 지었습니다. 그러자 예레미야는 왕궁 건축에 대해 신랄하게 비판하면서 그의 비참한 죽음을 예언했습니다(렘 22:13-19). 또한 여호야김은 아버지 요시야 왕이 철폐했던 우상들을 다시 세우게 했습니다. 예레미야와 우리야 예언자가 여호야김의 잘못된 정책들을 비판하자, 여호야김은 예레미야를 핍박하고 우리야를 칼로 죽여 평민의 묘지에 던지게 했습니다(렘 26:20-23; 36:11-32).

친애굽 정책으로 왕권을 유지하던 여호야김은 기원전 605년에 바벨론의 느부갓네살 왕이 갈그미스 전투에서 애굽의 느고를 무찌르자, 느부갓네살에게 조공을 바치며 지냅니다. 그러나 삼 년이 지나자 애굽이 자기를 지원해 줄 것을 믿고 바벨론에 조공을 바치는 것을 거부했고, 기원전 598년에 느부갓네살 왕이 쳐들어와서 예루살렘을 포위했습니다. 그리고 바벨론 군대가 예루살렘을 함락시키기 전에 여호야김은 죽었고, 유다 백성은 여호야김의 아들 여호야긴을 왕으로 세웠습니다.

예레미야는 여호야김이 바벨론에 조공을 끊고 배반함으로 말미암아 바벨론 군대가 쳐들어와 예루살렘을 함락시킬 것을 내다보고 애통해했고(4:5-31), 자신이 성전에 들어갈 수 없게 된 상황에서 바룩에게 자신의 예언을 두루마리에 기록하게 하고 성전에서 읽게 했습니다(36:1-8). 그리고 바벨론은 여호와께서 죄 많은 유다 백성을 심판하도록 북쪽으로부터 보내는 대적이니 함부로 맞싸우지 말라고 제안합니다. 그러자 여호야김 왕은 그 두루마리를 불에 태워 버립니다(36:20-23).

4) 여호야긴 왕 때(BC 598: 왕하 24:8-17; 대하 36:9-10)

느부갓네살 왕은 여호야긴이 왕이 된 지 삼 개월 후에 그와 "어머니와 아내들과 내시들과 나라에 권세 있는 자"들과 용사들과 장인과 대장장이들을 바벨론으로 잡아갔습니다(왕하 24:14-16). 그는 바벨론에 포로로 잡혀간 지 37년이 되던 해에 바벨론의 에윌므로닥 왕에 의해 옥에서 석방되고, 바벨론 여러 지역의 왕들보다 더 높은 자리를 얻었고, 남은 생애 동안 늘 왕과 한 상에서 먹었습니다. 바벨론 왕은 그의 평생 매일 일정하게 생계비도 대주었습니다(왕하 2:27-30; 렘 52:31-34).

5) 맛디야(시드기야) 왕 때(BC 598-586: 왕하 24:18-25:6; 대하 36:11-12; 렘 52:1-3)

느부갓네살은 이어서 요시야의 셋째 아들 맛디야를 왕으로 세우고 이름을 시드기야(BC 598-586)로 바꾸어 주었습니다. 시드기야는 한 편으로는 바벨론에 충성함으로써 왕권을 유지해야 했고, 다른 한 편으로는 나라의 독립을 원하는 백성과 아울러 애굽의 도움으로 바벨론으로부터의 독립을 쟁취하려는 친애굽파 사람들의 요청에도 답해야 했습니다. 그는 이 두 길에서 방황하다가 왕위에 오른 지 4년 후에, 에돔, 모압, 암몬, 두로, 시돈 등과 연합군을 형성한 애굽이 함께 바벨론을 치자는 제안을 받아들이게 됩니다. 그러자 느부갓네살은 588년에 예루살렘을 침공하여 포위하고 586년에 함락시켰습니다.

예레미야는 시드기야 왕에게 애굽을 비롯한 연합군에 가담하여 바벨론에 대항하지 말도록 권고했습니다. 27장에 의하면, 그가 나무 멍에를 쓰고 왕과 지도자들 앞에 나타나서 바벨론과 대항하다가 바벨론 왕의 멍에를 쓰게 될 것을 상징적으로 보여주기도 했습니다. 그러자 예언자 하나냐는 그 멍에를 부숴버렸고, 예레미야는 쇠 멍에를 메고 다시 나타나 같은 예언을 했습니다(28장).

결국 시드기야는 전쟁에서 패하여 도망하다가 잡혀서 립나에 있는 느부갓네살 앞에 끌려와 자기 아들들이 눈앞에서 학살당하는 것을 보게 됩니다. 또한 자신은 두 눈이 뽑힌 채 놋 사슬에 결박되어 바벨론으로 잡혀갔고, 거기서 죽었습니다. 느부갓네살은 시드기야를 바벨론으로 데려간 후에 그다랴를 유다의 총독으로 세웠지만, 반바벨론파 사람들과 국수주의자들이 그를 죽였습니다(렘 40:1-41:17). 그리고는 애굽으로 도망가면서, 유다에 남아 나라를 재건하는데 힘쓰라고 조언하는 예레미야를 억지로 끌고 갔습니다(41:1-43:13).

4. 구조

이 부분은 특히 '머서(Mercer) 성경사전'과 프레타임(Terence E. Fretheim)의 분류를 참조했습니다.[84]

1) 1:1-19: 예레미야의 소명: "여러 나라의 선지자"(5절)

2) 2:1-4:4: 유다의 배신에 대한 고발과 회개 요구

3) 4:5-6:30: 하나님께서 유다를 향한 심판을 돌이키지 않을 것이다
  - 북방에서 재난과 큰 멸망을 가져오는 자, 나라들을 멸하는 자가 나아오다 (4:6-7)

4) 7:1-8:3: 예레미야가 성전에서 한 설교

5) 8:4-10:25: 유다를 향한 심판 예언, 예레미야와 하나님의 눈물

---

84 Mills, "Jeremiah, Book of," *Mercer Bible Dictionary*, 436.
    https://enterthebible.org/courses/jeremiah/lessons/outline-of-jeremiah.
    http://enerthebibe.org에 접속하면 미국 루터신학교에서 가르쳤던 프레타임 교수가 예레미야와 관련한 동영상들(예레미야의 청중, 거짓 예언자, 거짓 예언자의 메시지, 새 언약, 예레미야는 누구인가?)과 강의들(개요, 구조, 배경, 서론적 논의, 신학)을 볼 수 있습니다.

6) 11:1-20:18: 예레미야와 하나님의 애가
  - 예레미야의 여섯 개의 애가와 하나님의 애가들

7) 21:1-23:40: 유다의 왕들과 거짓 예언자들에 대한 고발

8) 24:1-10: 좋은 무화과와 나쁜 무화과 비유

9) 25:1-38: 이방 국가(주변 국가)들에 대한 심판 예언

10) 26:1-28:17: 왕, 거짓 예언자, 백성들과 논쟁에 휘말린 예레미야
  (1) 26:1-24: 예레미야의 성전 설교
  (2) 27:1-28:1-17: 하나냐를 중심으로 한 거짓 예언자들과 예레미야의 논쟁
    - 나무 멍에를 메고 나타나 유다가 바벨론 왕의 멍에를 메게 될 것을 예언
      하자, 하나냐는 그 멍에를 꺾어버렸고, 예레미야는 다시 쇠 멍에를 메고
      와서 예언함

11) 29:1-32: 바벨론에 포로로 잡혀간 이들을 위한 예레미야의 편지

12) 30:1-33:26: "위로의 책"
  유다의 심판이 지난 후에 이루어질 미래의 회복에 관한 예언들
  (1) 30:1-31:40: 새 계명
  (2) 32:1-44: 아나돗의 밭을 사는 예레미야
  (3) 33:1-26: 이스라엘과 유다의 회복 예언

13) 34:1-35:19: 시드기야 왕과 백성들에 대한 심판 예언과 레갑 사람들에 대한
  칭찬
  하나님께 배반한 사람들과 충성한 사람들을 대조하여 소개함

14) 36:1-32: 바룩이 대필한 예레미야의 예언 두루마리를 성전에서 읽다

15) 37:1-40:6: 예루살렘의 멸망과 예레미야의 고난
  (1) 37:1-10: 느부갓네살 왕이 시드기야를 유다 왕으로 세움
  (2) 37:11-38:28: 예레미야의 고난: 투옥되고, 구덩이에 빠짐
  (3) 39:1-40:6: 예루살렘의 함락과 예레미야의 석방

16) 40:7-41:18: 유다 총독 그다랴의 임명과 살해

17) 42:1-45:5: 애굽으로 끌려간 예레미야와 애굽에 머무는 백성들을 위한 예언

18) 46:1-51:64: 이방 국가(주변 국가)들에 대한 심판 예언
  (1) 46장: 애굽
  (2) 47장: 블레셋
  (3) 48장: 모압
  (4) 49장: 암몬, 에돔, 다메섹, 게달, 하솔, 엘람
  (5) 50-51장: 바벨론

19) 52:1-34: 시드기야의 배반과 죽음, 성전의 파괴, 바벨론 유배
  - 왕하 24:18-25:30

5. 주제들과 교훈들

구약학자들이 예언서를 연구한 결과를 되돌아보면 예레미야에 관한 연구가 다른 어떤 예언서들보다 상대적으로 많습니다. 예레미야의 분량이 방대해서 그럴 수도 있겠고, 예레미야의 삶과 사역 자체가 파란만장했기 때문에 그럴 수도 있을 것입니다. 이러한 이유와 더불어 언급해야 할 중요한 요인은, 예레미야가 당시의 국제 정세와 아울러 패망으로 치닫는 유다의 국내 정세에 대한 뛰어난 통찰력을 지녔을 뿐만 아니라 이러한 상황에 대해 신적인 대변인으로서 올바른 대안을 제시하는 능력을 겸비하고 있었기 때문입니다.

1) 구약학자들이 제시하는 예레미야의 신학적 주제들

예레미야의 신학적 주제와 관련하여 연구한 구약학자 중에서 제가 두 명의 것을 선별하여 소개한다면 저는 프레타임과 브루그만의 것을 뽑고 싶습니다. 이 두 분은 이 시대의 구약학계에서 가장 학문적인 업적을 인정받는 분들이요, 특히 예레미야와 관련하여 깊이 연구한 분들입니다.

(1) 테렌스 E. 프레타임(Terece E. Fretheim)

프레타임은 인터넷상에서 성경 연구를 돕기 위해 개설된 "Enter

the Bible"이란 웹사이트의 예레미야 강의 시리즈에서 예레미야의 주제들을 아래와 같이 요약합니다.[85]

가) 하나님의 진노

나) 창조

다) 신적인 자유

라) 신적인 임재

마) 하나님의 말씀 먹기

바) 거짓 예언

사) 미래와 신적인 예지(foreknowledge)

아) 하나님

자) 인간이라는 매개체를 사용하시는 하나님

차) 하나님의 진노에 대한 허셀(Heschel)의 이해

카) 성적/결혼 이미지를 사용한 예레미야

타) 하나님의 상황적인 뜻인 심판

파) 새 언약과 구약성경

하) 하나님으로부터 절대로 떠나지 않을 새 마음

　　가-1) 하나님의 열정(pathos)

　　나-1) 관계성

　　다-1) 죄와 심판

(2) 월터 브루그만(Walter Brueggemann)

브루그만은 케임브릿지 대학 출판부에서 연속적으로 발간하는 구

85　https://enterthebible.org/courses/jeremiah/lessons/theological-themes-in-jeremiah

약 신학 시리즈 중에서 「예레미야의 신학」(2007)을 집필했습니다.[86] 이 책에서 그는 유다와 예루살렘이 바벨론에 멸망(BC 586)하기 이전과 멸망하는 과정과 멸망한 후까지도 여호와께서 주권적으로 관여하셨다는 여호와의 주권 사상을 예레미야의 중심 주제로 간주합니다.[87] 그는 여호와께서 만민의 주권자가 되신다는 주제가 여호와께서 유다의 죄악을 심판하도록 바벨론 군대를 사용하신 것뿐만 아니라(렘 27:4-6), 이후에 바벨론도 그들의 정치력과 군사력에 근거한 교만과 우상 숭배 때문에 멸망시키신다는 예언을 통해서도 강조된다고 봅니다(렘 25:12-14; 50-51장).

브루그만은 여호와께서 이 세상의 주권자로서 다스리실 때 심판과 구원이라는 두 방법을 사용하신다는 점과, 특히 죄악에 빠진 유다 백성을 심판하실 때 바벨론 군대와 같은 인간적 매개체(agent)를 사용하신다는 점도 언급합니다. 아울러, 여호와께서 죄악에 빠진 유다 백성을 심판하신 이후에는 유다를 회복시킬 것을 약속하셨는데(렘 29:12-13; 42:9-17), 어떤 부분에서는 유다 백성의 회개를 전제 조건으로 삼지만, 또 다른 부분(30:12-17; 31:31-34)에서는 회개에 상관없이 여호와의 선행적인 구원과 회복을 약속한다는 점을 지적합니다.[88] 그리고 그는 이렇게 모순된 예언들이 여호와의 유다 백성을 위한 은혜와 내재적인 사랑(31:3) 때문에 자연적으로 해결된다고 보았습니다. 여호와의 은혜를 경험한 백성은 그분의 뜻에 순종할 수밖에 없기 때문입니다. 그러

---

86 Walter Brueggemann, *The Theologies of the Book of Jeremiah, Old Testament Theology* (New York: Cambridge University Press, 2007).

87 Ibid., 43.

88 Ibid., 127.

므로 브루그만은 예레미야의 중심 주제들 속에 만민을 향한 여호와의 주권 사상, 유다를 향한 여호와의 심판과 그 이후의 구원과 회복, 유다를 향한 여호와의 은혜와 내재적 사랑, 새 언약 등을 포함시키고 있습니다.

2) 여호와의 심판을 초래하게 만든 유다 백성의 죄악들

예레미야가 유다의 패망을 초래할 수밖에 없었던 죄악들로 지적하는 것들은 아래와 같습니다. 개역개정역에서는 이 모든 죄악을 여호와를 배역한 행위로 규정합니다.

(1) 바알과 아세라를 비롯한 우상 숭배와 그와 관련된 성적 타락: 2:5, 8, 20-25, 26-28; 3:6-10, 24; 5:7; 7:2-3, 9, 18; 11:13, 17; 12:16; 13:9-10; 18:15; 19:5; 23:13, 27; 32:29, 35

- 예언자들이 바알의 이름으로 예언하고 무익한 것들을 따름(2:8)
- 왕, 지도자들, 제사장들, 예언자들이 나무를 향하여 '나의 아버지'라 하며, 돌을 향하여 '나의 어머니'라 부르며 섬기다가 환난을 당하면 여호와께 구원을 요청함(2:27)
- '하늘의 여왕'을 위하여 과자를 만들고 다른 신들에게 전제를 부음(7:18)
- 유다의 신들의 수가 성읍의 수와 같을 정도로 많고, 예루살렘에는 골목길 수만큼 신이 많음(11:13)
- 교만하여 여호와의 말씀을 순종하지 않고 다른 신들을 섬김 (13:9-10)

(2) 정치적, 사법적 지도자들의 불의, 여호와를 의지하지 않고 강대

국을 의지함, 교만: 2:18, 36; 5:28; 13:15-19; 22:3

(3) 백성들의 간음, 거짓, 폭력, 사기, 비방, 음행, 포학, 폭력, 탈취, 살상: 3:2; 5:1-2, 7-8, 26-27; 6:6-7; 9:1-8

- 바르게 일하고 진실하게 살려고 하는 사람이 하나도 없음(5:1)
- 창녀의 집으로 몰려가서 모두 음행하고, 각기 이웃의 아내를 탐내어 울부짖음(5:7-8)

(4) 백성들의 마음속에 뿌리박힌 죄성: 17:9

(5) 신앙적 지도자들의 부패와 백성들의 회개할 줄 모르는 마음, 형식적인 성전 예배

가) 제사장들조차 여호와를 찾지 않고 예언자들이 바알의 이름으로 예언함: 2:8; 5:31

- 예언자들은 거짓을 예언하며 제사장들은 자기 권력으로 다스리며 백성은 그것을 좋게 여김(5:31)

나) 우상 숭배와 죄악들에 대해 회개하도록 요구해도 여호와께 돌아올 줄을 모름: 3:7; 4:1-2; 8:4-7

다) 예언자들로부터 제사장들까지 백성의 상처를 가볍게 여기면서 거짓 평안을 외침: 6:14

라) 이웃들에게 불의를 행하고, 이방인과 과부와 고아를 압제하고, 무죄한 자의 피를 흘리고, 다른 신을 섬기고 성전에 나오면 여호와의 성전이 구원할 것이라고 믿는 것: 7:4-6, 8-11

3) 여호와께서 세상 만물과 만국의 주권자가 되심

이 주제는 브루그만의 책에서 강조하는 예레미야의 주제들을 소개할 때 언급한 바가 있습니다. 여호와는 죄악에 빠진 유다 백성을 심

판할 수도 있고, 그 이후에 회복시킬 수도 있으십니다. 또한 유다를 심판하도록 당시의 강대국 바벨론를 사용할 수 있고(렘 27:4-6), 그 이후에는 바벨론의 교만과 우상 숭배를 심판하도록 또 다른 나라(메데와 바사)를 사용할 수 있습니다(렘 25:12-14; 50-51장). 뿐만 아니라 유다의 주변 국가들에 대한 여호와의 공의로운 심판 예언에서도 명시합니다(25장, 46-51장).

여호와께서 온 만국의 주권자가 되신다는 주제는 예레미야를 "여러 나라의 선지자"로 부르신 것(1:5, 10)에서부터 암시되고 있습니다. 한 걸음 더 나아가, 세상을 질서 있게 창조하신 여호와께서 백성의 죄악에 대해 심판하여 재앙을 내리실 때, 땅이 혼돈하게 하고, 하늘에 빛이 없게 하며, 산들을 요동케 하고, 땅을 황무지가 되게 할 수 있는 분이라는 예언에서도 강조합니다(4:23-26). 18장의 토기장이 비유도 마찬가지인데, "진흙이 토기장이의 손에 있음 같이 너희가 내 손에 있느니라"(18:6)라는 구절도 여호와께서 유다의 생사화복을 주관하시는 주권자가 되심을 선포하는 것입니다.

4) 여호와의 심판, 회개, 구원의 관계

예언서들의 핵심적인 주제가 무엇일까요? 어떤 학자들은 유다 백성의 죄악에 대한 여호와의 심판이 공의롭다는 것을 입증하는 것이라고 봅니다. 그런가 하면 다른 학자들은 유다 백성을 향한 여호와의 끝없는 사랑을 근거로 하여 구원과 회복의 주제가 핵심이라고 봅니다. 또 다른 학자들은 심판과 구원의 주제들은 유다 백성으로 하여금 죄악 된 삶으로부터 회개하고 여호와께로 돌아오도록 사용한 것으로서, 궁극적으로는 회개가 가장 중요한 주제가 된다고 봅니다.

그런데 예레미야에 의하면, 유다 백성이 죄악에 빠져 살아가고 있을 때, 여호와께서 바벨론 군대를 통해 그들을 처절하게 심판하실 것을 선포하면서 심판이 현실화되기 이전에 회개하고 여호와께 돌아오라고 거듭 촉구했습니다. 그럼에도 불구하고 유다 백성이 회개하지 않고 여전히 죄악에 빠져 살자, 여호와께서는 바벨론 군대를 보내서 유다와 예루살렘을 함락시키고 백성들을 포로로 잡아가는 심판을 실행하셨습니다. 회개할 줄 모르는 백성을 향한 여호와의 처절한 심판이 이루어진 것이죠.

그런데 예레미야는 이렇게 심판의 주제로 끝나지 않습니다. 죄악에 빠져 회개할 줄 모르는 백성에 대한 여호와의 심판이 실현되고, 그들을 향한 밝은 미래가 영원히 사라질 것으로 짐작했지만, 신비롭게도 심판을 경험한 백성을 향한 여호와의 은혜와 사랑, 그리고 그로 말미암은 구원과 회복의 메시지가 소개됩니다. 특히 바벨론에 수십 년 동안 포로로 잡혀간 유다 백성을 향하여 그들의 마음 판에 새 언약을 맺으신 여호와께서는 유다 백성의 회개 여부에 상관없이 여호와의 선행적인 구원과 회복을 약속합니다(30:12-17; 31:31-34). 여호와께서 크신 은혜로 백성의 마음에 언약을 맺으시고, 그들의 하나님이 되시는 것을 인격적으로 체험하게 하셔서 그들의 마음이 돌아오게 하신 것이라고 볼 수 있죠.

5) 새 언약

31장 31절부터 34절에 언급되는 유다 백성을 향한 여호와의 새 언약은 아브라함, 이삭, 야곱, 모세, 다윗 등과 맺으신 언약과 비교해 볼 때 독특합니다. 이전 것들은 모두 조건적인 것입니다(창 12:1-3; 삼하 7:1-

16). 여호와와 언약을 맺은 당사자가 여호와께서 요구하시는 조건에 순종해야 할 의무가 있다는 것을 강조하는 조건적 언약이었습니다. 예레미야도 이러한 언약들에 근거하여 이것들을 지키지 않은 유다 백성을 향한 여호와의 심판을 예언했습니다(17:24-25; 21:12; 22:1-5, 20).

그러나 여호와께서 조상들과 맺은 언약을 지키지 않고, 죄악에 빠져 살다가 나라까지 빼앗기고, 수십 년 동안 포로 생활을 하는 유다 백성을 불쌍히 여기신 여호와께서는 그들을 향하여 새 언약을 제시하셨습니다. 이 언약은 모세와의 언약처럼 돌판에 새겨져서 깨뜨려 버릴 수 있는 것이 아니라, 여호와께서 백성의 마음에 새겨주셨을 뿐만 아니라 백성의 마음에 내주하셔서 하나님이 되어 주신다는 약속입니다. 아울러 여호와께서 그들의 악행과 죄를 깨끗이 용서하신다는 언약입니다. 그러므로 예레미야의 새 언약은 무조건적인 언약이라고 볼 수 있습니다. 여호와께서는 이러한 새 언약을 믿음으로 받아들이는 이들이 여호와의 선행적인 사랑과 은혜에 감격하며 그분을 인격적으로 체험하고 그분께 순종하며 살게 될 것이라고 확신한 것입니다.

안타깝게도 유다 백성의 이후 역사를 보면, 그들은 예레미야를 통해 전해진 여호와의 새 언약에 관심이 없었던 것으로 보입니다. 여전히 여호와 앞에서 죄를 범하는 모습을 보였기 때문입니다. 그러자 여호와께서는 당신께서 정하신 때에, 외아들 예수님을 이 땅에 보내셔서 온 세상 사람들의 죄를 대신 지도록 하셨습니다. 예수님께서 제자들과의 마지막 만찬 중에 하신 말씀이 이 점을 분명하게 밝혀 줍니다: "이 잔은 내 피로 세우는 새 언약이니 곧 너희를 위하여 붓는 것이라"(마 26:28; 막 14:24; 눅 22:20). 그리고는 사흘 만에 부활하셔서 이 사실을 믿는 자들은 누구든지 하나님의 자녀(백성)가 되게 하셨습니다. 그래서 사도 바울은 고백합니다: "우리가 아직 죄인 되었을 때 그리스도께서 우리를 위하여 죽으심으로 하나님께서 우리에 대한 자기의 사랑을 확증하셨느니라"(롬 5:8). 그리고 믿는 이들의 마음속에 성령님께서 내재하셔서 항상 동행하시며 하나님의 뜻을 이루어갈 수 있게 만드셨습니다. 그러므로 예레미야의 새 언약이 최종적으로 실현된 것은 예수님의 십자가 사건과 부활 사건에 이어 성령님께서 강림하신 때라고 볼 수 있을 것입니다.

6) 메시야의 통치

예레미야에서도 미래의 언젠가 여호와께서 보내실 메시야가 다윗의 후손 중에서("다윗에게서 일으키는 한 의로운 가지") 태어날 것을 언급합니다. 23장과 33장은 예레미야 당시의 왕과 지도자들을 양들을 돌보지 않는 악한 목자들로 비유하면서, 미래의 언젠가 여호와께서 다윗의 후손 가운데서 한 지도자를 세워 온 세상을 공평과 정의로 다스리고, 유다 백성을 구원하실 것이라고 약속합니다(23:5-6; 33:14-16).

이 예언도 역시 예수님이 이 땅에 오셔서 모든 믿는 자들의 구세주와 주님이 되심으로 성취되었습니다. 특히 요한복음 10장에서 예수님께서 자신을 선한 목자로 비유하시면서 믿는 자들을 아시고, 풍성한 생명을 주시겠다고 약속하신 것은 예레미야 23장의 악한 목자들에 대한 비유와 대비되어 예수님의 메시야적 사명을 더욱 명확히 이해하게 만듭니다.

7) 예레미야의 삶을 통한 교훈

예레미야에서 언급되는 많은 내용이 예레미야가 예언 사역을 하는 중에 경험했던 비난과 저주, 지도자들과의 갈등과 핍박, 그로 말미암아 눈물을 흘리며 드렸던 탄원의 기도 등을 소개합니다. 그가 사역의 고난 중에 탄원 기도를 했던 내용과 여호와의 응답이 마음을 아프게 만듭니다(15:10-21; 20:7-18).

아! 어머니 원통합니다. 왜 나를 낳으셨습니까? 온 세상이 다 나에게 시비를 걸어오고 싸움을 걸어옵니다. 나는 아무에게도 빚을 진 일도 없고, 빚을 준 일도 없는데 모든 사람이 다 나를 저주합니다.

주님께서 말씀하셨다. "내가 분명히 너를 강하게 하고, 네가 복을 누리게 하겠다. 네 원수가 재앙을 당하여 궁지에 빠질 때에, 그가 너를 찾아와서 간청하게 하겠다."(15:10; 새번역)

주님, 주님께서 나를 속이셨으므로, 내가 주님께 속았습니다. 주님께서는 나보다 더 강하셔서 나를 이기셨으므로, 내가 조롱거리가 되니, 사람들이 날마다 나를 조롱합니다. 내가 입을 열어 말을 할 때마다, '폭력'을 고발하고 '파멸'을 외치니, 주님의 말씀 때문에, 나는 날마다 치욕과 모욕거리가 됩니다. '이제는 주님을 말하지 않겠다. 다시는 주님의 이름으로 외치지 않겠다!' 하고 결심하여 보지만, 그 때마다, 주님의 말씀이 나의 심장 속에서 불처럼 타올라 뼛속까지 타들어 가니, 나는 견디다 못해 그만 항복하고 맙니다.(20:7-9)

예레미야는 유다 백성의 죄악들에 대해 여호와께서 폭력과 파멸을 동반하는 심판을 하실 것이라고 예언하다가 백성으로부터 조롱과 비난을 받았습니다. 바벨론 군대는 유다의 죄악을 심판하도록 여호와께서 사용하시는 심판의 도구이니까 맞싸우지 말라고 외쳤다가 매국노라는 소리를 듣기도 했습니다. 유다가 바벨론에 함락되고 성전이 파괴되며, 왕과 백성이 포로로 잡혀갈 것이라고 예언했다가 감옥과 웅덩이에 갇히기도 했습니다.

그럼에도 불구하고, 여호와께서 주신 말씀을 가감 없이 전하며 죄악에 빠진 백성 앞에서 회개를 요구했던 하나님의 대변인 예레미야의 모습은 이 시대에 주님의 복음을 만방에 전하는 사명을 받은 우리 그리스도인들에게 커다란 도전이 됩니다.

우리도 주님께서 주신 사명을 감당하는 중에 힘든 일을 경험할 때마다 포기하지 말고, 예레미야처럼 주님 앞에 눈물로 기도하여 주님께서 주시는 위로를 얻고, 다시 일어설 수 있기를 바랍니다.

6. 예레미야와 신약성경

예레미야는 신약성경에서 약 40차례 직접 인용되는데, 교만하여 하나님을 대적하던 바벨론의 멸망에 대해 자주 언급하는 요한계시록에서 특히 많이 언급됩니다(렘 50:8~계 18:4; 렘 50:32~계 18:8; 렘 51:49-50~계 18:24).[89] 사도 바울은 하나님의 주권 사상을 강조하기 위해 예레미야의 토기장이 비유를 사용했습니다(렘 18:1-12; 롬 9:20-24). 스데반 집사는 자기 동족을 마음과 귀에 할례 받지 못한 자로 지적했는데, 이것은 예레미야가 사용하던 표현입니다(렘 6:10; 9:26; 행 7:51).

---

89   롱맨, 「손에 잡히는 구약 개론」, 181.

그런데 예레미야가 신약성경에서 가장 기여한 점을 꼽는다면, 예레미야가 바벨론 포로기 시대의 유다 백성에게 전했던 새 언약 사상일 것입니다(31:31-34). 여호와께서 모세를 통해 계시하신 율법과 규례와 법도를 불순종하여 나라가 망하고 바벨론에 포로로 잡혀가는 고난을 경험한 유다 백성에게, 여호와께서는 더는 그들을 모세와 돌판에 맺은 언약을 가지고 대하지 않고, 그들의 마음 판에 언약을 새기고, 그들의 하나님이 되어 주시고, 그들의 허물을 용서하시겠다고 약속하셨습니다. 그래서 사람들의 뿌리 깊은 죄성보다 더 깊고 넓은 하나님의 선행적인 사랑과 은혜를 깨달을 수 있게 만들었습니다.

안타깝게도 유다 백성은 예레미야가 외친 새 언약의 메시지를 이해하지 못했습니다. 그렇지만 이 새 언약은 하나님의 아들 예수님께서 육신을 입고 이 땅에 오셔서 모든 죄인의 죄를 용서하도록 십자가에 달려 죽으시고, 사흘 만에 부활하셔서 이 감격적인 구원 역사를 믿는 이들의 구세주와 주님이 되어 주심을 통해 성취되었습니다. 또한, 부활하신 예수님께서 승천하시면서 믿는 이들에게 성령님을 주시겠다는 약속을 통해서도 성취되었습니다.

예수님의 십자가 사건과 빈 무덤 사건, 그리고 성령님이 믿는 이의 마음에 내재하는 사건은 어떤 인간들의 계획이나 선행을 통해 이루어진 것이 아니라 온전히 하나님께서 모든 죄인을 사랑하시고 은혜를 베풀어 그들을 용서하시려는 뜻을 선행적으로 보여주신 사건들입니다(롬 5:8; 엡 2:8-10).

그러므로 예레미야가 전한 새 언약의 예언은 하나님의 구원 섭리와 예수님의 복음을 이해하는데 있어서 매우 중요한 기본 원리를 제공해줍니다.

묵상과 토론을 위한 질문

 예레미야가 유다를 멸망하게 만든 죄악들에 대해 언급하는데, 그중에서 우리 사회에서도 발견할 수 있는 것은 어떤 것인가요?

 예레미야가 소개한 '새 언약'은 우리의 신앙생활에 어떤 의미를 제공하나요?

 우리가 주님을 섬기면서 다양한 어려움을 당할 때, 예레미야의 사역의 자세를 통해 얻을 수 있는 교훈은 어떤 것이 있나요?

19 기원전 6세기 예언서 / 바벨론 포로기 예언서: 에스겔 개론

1. 기록 목적

여호야긴 왕이 바벨론에 포로로 잡혀갈 때(BC 597), 같이 갔던 무리 (왕하 24:10-17) 중의 한 사람이었던 에스겔이 바벨론에서 포로 생활을 하고 있던 유다 백성에게 전했던 예언들을 소개함으로써 독자들에게 신앙적 교훈을 얻게 하는 것이 기록 목적입니다.

2. 특징과 유의점

1) 예언서 중에서 유일하게 예언자가 일인칭으로 소개됩니다.

2) 다른 예언서들에 비해서 비유와 환상과 상징적인 행동들이 많이 소개됩니다. 특히 그가 두루마리를 먹고(3:1-3), 한동안 말을 못 하고 지내며(3:26), 390일 동안 왼쪽으로만 누워 있고, 그 이후에는 40일 동안 오른쪽으로 누워 있거나(4:4-6), 음식을 인분에 구워 먹고(4:9-17),

머리털을 깎아 세 등분하여 흩날리고(5:1-12), 아내가 죽었을 때 슬퍼하거나 울지 않고(24:15-27), 보통 사람들이 이해하기 어려운 환상 이야기를 했던 경우들 때문에, 에스겔을 정신분석학적으로 평가한 사람 중에는 그를 "영매, 정신분열자, 간질병 환자, 긴장성 분열증 환자, 정신병 환자, 혹은 편집증 환자" 등으로 간주하기도 했습니다.[90] 그러나 사실 에스겔뿐만 아니라 이사야나 예레미야 같은 다른 예언자들도 이와 비슷한 상징적인 행동들을 보였는데, 이러한 행동은 여호와의 말씀을 청중들에게 효과적으로 전달하고 오래 기억하게 만들기 위한 창조적이고도 아주 정상적인 행동이었습니다.

3. 시대 상황

1) 저는 예레미야 개론에서 유다가 바벨론 군대에 함락되게 된 시대적 상황을 당시의 국제 정세를 중심으로 소개했습니다. 그중에서 느부갓네살 왕이 유다 백성이 세운 왕 여호야긴을 왕이 된 지 삼 개월 만에 "어머니와 아내들과 내시들과 나라에 권세 있는 자"들과 용사들과 장인들과 대장장이들과 함께 바벨론으로 보낸 사건이 에스겔의 예언 활동과 연관이 있습니다(왕하 24:14-16). 여호야긴과 함께 바벨론으로 쫓겨간 첫 번째 포로 중에 에스겔도 있었기 때문입니다. 이어

---

90   롱맨, 딜러드, 「최신구약개론」, 481: 브룸(Broom)은 에스겔을 프로이트주의적으로 분석하여, "만성적인 거세 환상과 무의식적인 성적 도태를 동반한 자기도취적-자기학대적 갈등, 정신분열적 퇴행, 박해와 영광을 받는 것에 대한 망상"을 겪은 "정신병 환자"로 평가했습니다. E. C. Broom, "Ezekiel's Abnormal Pesonality," *JBL*, 65 (1946), 277-92.

서 586년에는 바벨론에 반기를 들었던 시드기야 왕과 백성이 바벨론에 두 번째 포로들로 잡혀갔고(832명/ 렘 52:29), 582년에 유다에 남아 있던 유다 백성이 그달리야를 암살했을 때, 세 번째 포로들로 잡혀갔습니다(745명/ 렘 52:30).

2) 바벨론에 포로로 잡혀간 유다 백성이 바벨론에서 어떤 삶을 누렸는지에 대해 구약성경은 몇 가지 정보를 제공합니다.

(1) 렘 29:1; 겔 7:1; 14:1; 20:1: 유대인 공동체의 조직이 유지되고 있었습니다. 유다에서처럼 제사장, 예언자, 장로들의 조직이 그대로 존재했습니다.

(2) 겔 8:1: 이주의 자유가 있었습니다.

(3) 렘 29:1; 28:3-4: 편지를 주고받을 수 있었습니다.

(4) 왕하 24:14-16: 기술자, 대장장이 등이 일할 수 있는 기회가 있었습니다.

(5) 겔 1:1, 3; 3:15, 23: 그발 강가의 비옥한 땅에 거주했습니다.

(6) 렘 29:5; 겔 2:65: 사유 재산을 가질 수 있었고, 노예도 소유할 수 있었습니다.

(7) 겔 14:3; 20:29, 31: 자신들의 종교를 유지할 수 있었지만, 바벨론의 신들도 섬길 수 있는 혼합종교의 위험도 있었습니다.

3) 유다에 남은 자들의 상황은, 애가가 보여주듯이, 예루살렘을 비롯한 여러 도시들이 전반적으로 파괴되어 백성들이 공포와 비탄에 빠졌고, 가난한 자들만이 남아 있었습니다(왕하 25:12). 가난한 자들은 포도원과 밭을 분배받아 생계를 유지했습니다(렘 39:10; 왕하 25:12).

4) 바벨론 포로기에 유다 백성들이 지녔던 실존적 질문들

에스겔의 시대 상황을 논의하는 데 있어서 제가 가장 중요하게 간주하는 것은 바벨론에 포로로 잡혀간 유다 백성과 유다에 남아 있던 백성이 공통적으로 제기했던 실존적인 질문들입니다. 나라의 패망과 포로 생활을 몸소 경험하고 있던 그들은 과연 어떤 생각을 하며, 특히 어떤 신앙적 질문들을 던졌을까 하는 것입니다. 그런데 이 점에 관해 프레타임(Terence E. Fretheim)이 적합한 해답을 제공합니다. 그는 「신명기적 역사서」에서 바벨론 포로기의 유다 백성이 품고 있었을 실존적 질문들 12개를 소개하며, 신명기적 역사가들과 예언자들이 이러한 질문들에 대해 신적인 해답들을 제공하고 있다고 보았습니다.[91]

> (1) 정체성의 질문들(Questions of identity)
>   우리가 아직 하나님의 백성인가? 혹시 하나님께서 우리를 영원히 버리지 않았을까?
> (2) 죄책감의 질문들(Questions of guilt)
>   뭐가 잘못된 건가? 모든 비난이 우리 때문인가? 그렇게 악랄한 죄악들이 용서받을 수 있을까?
> (3) 신정론의 질문들(Questions of theodicy)
>   하나님께서 우리를 공정하게 대하고 계신가? 형벌이 죄악에 합당한 정도인가? 하나님의 행위들이 정당한가? 우리는 다른 사람들의 죄들로 말미암아 심판을 받는 것은 아닌가?

---

91   Terence E. Fretheim, *Deuteronomic History*(Nashville: Abingdon Press, 1983), 46-47.

(4) 소망의 질문들(Questions of hope)

소망의 근거가 있는가? 절망에 이르도록 심판을 받은 것인가?

(5) 하나님의 성실하심에 관한 질문들(Questions of divine faithfulness)

하나님께서 오래전에 약속하신 것들에 대해 진실하실 것인가? 땅, 번성 등의 약속들이 아직도 유효한가, 아니면 무시해야 하는 것인가?

(6) 하나님의 임재에 관한 질문들(Questions of divine presence)

성전이 파괴되었는데도 하나님은 자기 백성들과 아직 함께 하시는가? 우리가 지금 있는 이곳에서도 하나님을 만날 수 있는가?

(7) 하나님의 능력에 관한 질문들(Questions of divine power)

다른 신들을 섬기는 적들의 손에 이스라엘이 패한 것을 보면, 여호와의 능력에 대해 뭐라 말할 수 있을까? 하나님이 구원의 의지가 있다고 해도 구원할 능력이 있는가?

(8) 우상숭배와 혼합종교에 관한 질문들(Questions of idolatry and syncretism)

하나님 한 분만 섬긴 것에 대한 보상이 있는가? 만약 우리가 여러 종교를 수용한다면 우리의 미래가 더 낮지 않을까?

(9) 순결성에 관한 질문들(Questions of purity)

과거에 다른 민족들과 결합했을 때 문제들이 생겼던 것을 고려할 때, 다른 민족들과 어떤 관계를 유지해야 하는가? 우리는 분리주의자가 되어야 하는가?

(10) 지속성과 변화에 관한 질문들(Questions of continuity and change)

오래된 진리들을 우리는 얼마나 의지해야 하는가? 오랜 세월 동안 유지되었던 믿음의 상징들(예, 성전)이 하나님의 백성으로 살아가는데 여전히 일부가 될 수 있는가?

(11) 새출발에 관한 질문들(Questions of beginning again)

포로기 이후 공동체의 모습은 어떠해야 하는가? 이런 일이 다시는 발생하지 않도록 우리는 무엇을 할 수 있는가?

(12) 지도력에 관한 질문들(Questions of leadership)

지난 세월 동안의 지도력의 형태들을 고려했을 때, 현재와 아울러 하나님께서 우리를 위해 준비하시는 미래를 위해, 어떤 지도력이 적합한가?

4. 구조

에스겔은 크게 네 부분으로 나눌 수 있습니다. 첫째는 유다 백성의 죄에 대한 여호와의 심판을 예언하는 부분(1-24장), 둘째는 이방 국가들에 대한 심판 예언(25-32장), 셋째는 유다의 회복에 대한 비유들과 환상들, 그리고 넷째는 성전 재건의 환상 부분입니다.

1) 1-24장 유다와 예루살렘에 대한 여호와의 심판 예언

(1) 1-3장	에스겔의 소명
(2) 4-5장	예루살렘의 멸망에 관한 상징적 행동들
	포위된 예루살렘 축소판 만들기(4:1-3), 왼쪽으로 누워 390일 지내고, 오른쪽으로 누워 40일 지내기(4:4-8), 빵을 인분에 구워 먹기(4:9-17), 머리털과 수염을 깎아 흩날리기(5:1-3)
(3) 6-9장	우상 숭배에 대한 여호와의 심판 예언
(4) 10-11장	성전을 떠나는 여호와의 영광
(5) 12장	유다가 포로 될 것을 상징적으로 나타냄
	포로로 잡혀가는 행위(1-16), 떨면서 먹고 마시는 행위(17-20)

2) 25-32장 이방 국가들을 향한 심판 예언

암몬(25:1-7), 모압과 세일(25:8-11), 에돔(25:12-14), 블레셋(25:15-17),
두로(26-28장), 애굽(29-32장)

3) 유다와 예루살렘의 회복

4) 40-48장 성전 재건의 환상

5. 주제들과 교훈들

1) 에스겔이 지적한 유다 백성의 죄악들

유다 백성의 다양한 죄악들은 유다와 예루살렘에 대한 여호와의 심판을 예언하는 1장부터 24장에서 주로 언급합니다. 그리고 이러한 죄악들 때문에 여호와께서 바벨론 군대를 통해 유다를 멸망시키도록 하셨다고 에스겔은 명시합니다.

(1) 정치, 사회적 죄악들

　　가) 22:29: 폭력, 탈취, 힘 있는 자든 힘없는 자든 자기 잇속만 채우며 사기를 쳐서 재산을 모음.

　　나) 11:2: 성읍에서 포악한 일을 꾸미며 악독한 일을 꾀하는 자들.

　　다) 11:6: 성읍에서 수많은 사람을 죽여 거리를 시체로 가득 채워 놓음.

　　라) 22:4, 6-7: 지도자들이 자신의 권력을 믿고, 살인을 저지르고, 부모를 업신여기고, 나그네를 학대하고, 고아와 과부를 구박했음.

　　마) 22:9: 33:26: 살인, 음행, 이웃의 아내를 더럽힘.

바) 22:10-11: 여러 가지 성적으로 문란한 관계.

사) 22:12-13: 청부살인업자, 고리대금업자, 이웃을 억압하고 착취하는 자.

아) 22:27: 지도자들이 먹이를 뜯는 이리 떼와 같아서 불의한 이득을 얻으려고 사람을 죽임.

자) 34:1-6: 자기 양을 잡아먹는 악한 목자처럼 백성들을 포악으로 다스려서 흩어지게 만드는 지도자들.

(2) 우상 숭배

가) 6:13: 높은 언덕, 산봉우리, 푸른 나무 밑과 상수리나무 아래에서 우상을 숭배함.

나) 8:5-18: 성전 안에서 장로들이 우상을 섬기고, 여인들이 담무스 신을 위하여 애도하고, 동쪽 태양에게 절함.

다) 14:3: 여러 우상을 마음으로 떠받드는 사람들.

라) 16:15-43: 22:4, 9: 23:14-49: 산 위에서 그리고 예루살렘 한복판에서 행해진 우상숭배와 간음, 음란과 음행.

마) 33:25: 36:18: 다른 신들을 섬겨서 여호와를 배반하고 언약을 깨뜨림.

(3) 신앙적 지도자들의 부패

가) 13:3, 6, 17: 여호와께서 보여주시는 환상은 보지 못하고 자기들 생각을 따라 예언하는 자들. 헛된 환상을 보고, 속이는 점괘를 보며, 여호와께서 보내지도 않았는데 여호와께서 일러준 말이라고 하면서 예언하는 자들(새번역), 자기 마음대로 예언하는 여자들, 부적 띠를 꿰매고, 너울을 만들어 머리에 씌워주는 여자들.

나) 22:25-28: 예언자들이 음모를 꾸미고, 살인하고, 재산과 보화를 탈취함. 제사장은 율법을 위반하고 성전의 성물들을 더럽힘. 안식일을 지키지 않고 강조하지도 않음. 지도자들의 부패를 눈감아 줌.

2) 여호와께서 세상 만국의 주권자가 되심

다른 예언자들과 마찬가지로 에스겔도 여호와께서 세상 만국을 공의롭게 다스리시는 주권자라는 점을 강조합니다. 이 주제는 유다 백성의 죄악과 불의에 대해 공의롭게 심판하시고, 때가 되어 그들을 다시 회복시키시는 여호와의 주권적인 활동을 통해서 잘 드러납니다. 그런데 25장부터 32장에 걸쳐 소개되는 유다의 주변 국가들에 대한 심판 예언과 그들을 심판하는 이유에 대한 언급에서도 두드러지게 나타납니다.

(1) 암몬: 성전이 더럽혀지고, 땅이 황폐해지고, 유다 백성이 포로로 잡혀 끌려갔을 때 잘 되었다고 소리쳤기 때문(새번역: 25:3). 이스라엘 땅이 황폐해졌을 때 고소해 하고, 손뼉을 치고 발을 구르며 좋아하고, 경멸에 찬 마음으로 기뻐함(새번역: 25:6).

(2) 모압과 세일: 유다 족속도 모든 이방 백성과 다를 바가 없다고 놀림(새번역: 25:8).

(3) 에돔: 지나친 복수심을 품고 유다 족속을 괴롭히고 보복함(새번역: 25:12).

(4) 블레셋: 옛날부터 품어 온 원한으로 이스라엘을 멸망시키려고, 복수심에 불타서 마음 속에 앙심을 품고, 지나치게 보복함(새번

역: 25:15).

(5) 두로: 예루살렘 성이 무너진 것에 대해 기뻐하며, "이제는 내가 번영하게 되었다"고 말하며 좋아함(새번역: 26:2). 또한 두로의 왕이 교만해져서 자신을 신격화시킴(28:2).

(6) 애굽: 애굽의 왕이 교만하여 자신이 나일 강을 만들었다고 함(29:3). 이스라엘 족속을 속이고, 그들이 의지하면 "몸도 못 가누고 비틀거리게" 만듦(29:6-7). 키가 커져서 그 꼭대기가 구름 속으로 뻗쳤다고 교만해진 나무처럼 교만함(31:10).

에스겔의 이방 국가들에 대한 심판 예언에서 두드러진 또 하나는 각 나라에 대한 여호와의 심판을 소개한 뒤에 "내가 주 여호와인 줄을 너희가 알리라"라는 구절이 반복적으로 언급된다는 점입니다(25:7, 11, 17; 26:6; 28:24, 26; 29:16, 21; 30:26). 그래서 세상 만국의 지도자들과 백성들을 주관하시는 참 하나님이 오직 여호와 한 분이시라는 점을 선포합니다.

뿐만 아니라 이방 국가들을 심판하시는 방법들 속에서도 여호와께서 온 세상 만물과 만국의 주권자가 되심이 드러납니다. 여호와께서는 암몬과 모압을 동방 사람들에게 기업으로 넘겨주시고(25:4, 10), 에돔을 황무지로 만드시고(25:13), 두로에 대항하여 여러 민족이 밀려와서 치게 하시고(26:3), 해상 무역을 하는 두로 선원들이 배를 타고 바다로 나갔을 때, 동풍이 바다 한가운데서 불어서 배가 파선되게 하시고(27:26), 가장 잔인한 외국 사람들을 데려다가 치게 하시고(28:7), 시돈에 전염병을 보내시고(28:23), 애굽에 바벨론 왕 느부갓네살의 가장 잔인한 군대를 보내어 멸망시킬 수 있는 분이십니다(30:10).

3) 하나님의 영광

에스겔은 하나님께서 유다 백성과 동행하시며 그들을 인도하신다는 점을 영상적으로 보여주기 위해 '여호와의 영광'이라는 표현을 사용합니다. 사람들은 영적인 존재이신 여호와를 직접 볼 수가 없기 때문에, 에스겔은 환상 가운데서 신비로운 형상을 통해 여호와의 임재와 영광스러움을 볼 수 있었다고 고백합니다.

에스겔은 먼저 여호와의 영광이 예루살렘 성전에 머무는 것을 보았습니다(8:4). 그런데 성전 안에서 행해지는 온갖 우상 숭배와 태양 숭배의 모습을 보자 여호와의 영광이 성전 문지방과 동문으로 옮겨 다녔고, 여호와께서 자신의 영광이 머무는 곳에서 에스겔에게 말씀하셔서 우상숭배와 불의를 행하는 자들에 대해 심판을 선포하게 합니다(9:3; 10:4, 18-20). 이윽고 여호와의 영광은 예루살렘 성전을 떠나 바벨론에 끌려간 사람들에게로 옮겨갔습니다(11:22-24).

그래서 여호와께서 성전 안에서 영광 가운데 임하신다고 믿었던 유다 백성이 성전이 파괴된 이후에는 여호와께서 떠나버리셨다고 낙담하고 있을 때, 여호와의 영광이 바벨론에 포로로 잡혀간 백성과 함께 한다는 것을 강조하여 소망을 가지게 했습니다. 에스겔의 클라이막스가 되는 장면은, 예루살렘이 함락된 지 14년째 되던 해에 여호와께서 에스겔에게 예루살렘 성전이 재건되는 환상을 보여주고, 그 성전이 완성된 후에 여호와의 영광이 다시 성전으로 들어가 충만하게 임하는 것입니다(43:1-5). 그래서 이 환상을 통해 바벨론에서 포로 생활을 하던 유다 백성이 하나님의 임재 의식을 가지고 어려운 시절을 이겨나갈 뿐만 아니라 미래에 유다가 다시 회복될 것이라는 소망을 품고 살게 만들었습니다.

4) 유다 백성의 회복

이 주제는 특히 33장부터 47장까지 두드러집니다. 에스겔은 유다 백성이 여호와의 율법에 불순종하고 우상 숭배에 빠졌기에, 여호와께서 공의롭게 심판하셔서 나라가 망했고 백성이 바벨론에 포로로 잡혀 갔다는 점을 분명히 밝힙니다. 그러나 에스겔의 주제는 여호와의 심판이라는 주제로 그치지 않습니다. 오히려, 여호와께서 그들의 죄악에 대해 심판하신 후에 그들을 다시 회복시켜서 택한 백성으로서의 사명을 감당하도록 기회를 주신다는 점도 강조합니다. 그리고 이 주제를 여러 가지 감동적인 환상들을 통해 생생하게 전합니다.

(1) 34장: 삯꾼 목자들 때문에 흩어진 백성을 여호와께서 직접 찾고 찾아서 돌보아 주실 것이다.

(2) 36:1-15: 황폐한 성읍들을 회복시키고, 이스라엘을 고국으로 돌아가게 하겠다. 성읍에 사람들이 가득 차게 하고, 다시는 자식을 빼앗기지 않게 하겠다.

(3) 36:22-28: 새 영을 마음속에 두고 새 마음을 주어서, 육신에서 굳은 마음을 제거하고 부드러운 마음을 줄 것이며, 여호와의 영을 마음속에 두어 율례를 행하게 할 것이다.

(4) 37장: 마른 뼈 골짜기의 환상: 골짜기의 마른 뼈들이 여호와의 말씀과 영으로 다시 살아나서 군대가 되는 것처럼, 바벨론에서 포로 생활을 하던 유다 백성도 마른 뼈처럼 죽은 것 같지만, 언젠가 여호와께서 다시 일으켜 세워서 큰 민족이 되게 하실 것이다.

(5) 40-47장: 예루살렘 성전이 재건되어 성전 문지방에서부터 나오는 물이 흘러가는 곳마다 강이 되어 모든 생물이 살고, 고기가

심히 많아지고, 강 좌우에 과일나무가 자라서 열매를 먹을 수 있고, 나무의 잎사귀는 약 재료로 사용되는 것처럼, 여호와께 예배를 드리는 유다 백성이 온 세상에 선한 영향력을 끼치게 만들겠다.

다니엘 블락(Daniel L. Block)은 「*NIDOTTE*」사전에 수록된 "에스겔의 신학"이라는 글에서 여호와께서 유다 백성의 구원과 회복을 위해 미래에 행하실 바들을 언급합니다.

가) 하나님은 흩어진 백성을 다시 모으신다(11:16-17; 20:41; 34:11-13a, 16; 36:24a; 37:21a).

나) 하나님은 자기 백성을 고국으로 돌아오게 하시며 더러움에서 깨끗하게 하실 것이다(11:17b-18; 20:42; 34:13b-15; 36:24b; 37:21b).

다) 하나님은 자기 백성에게 새 마음과 새 영을 주심으로 자신을 따라오게 하실 것이다(11:19-20; 16:62; 36:25-28; 37:23-24).

라) 하나님은 다윗 왕조를 회복하실 것이다(34:23-24; 37:22-25).

마) 하나님은 이스라엘을 그들의 땅에서 전례 없는 번성과 평안으로 복 주실 것이다(34:25-29; 36:29-30; 37:26; 38-39장).

바) 하나님은 그들 가운데 영원한 처소를 세우실 것이다(37:26b-28; 40-48장).[92]

---

92 메릴, 루커, 그리산티, 「현대인을 위한 구약개론」, 637; D. Block, "Ezekiel, Theology of," *NIDOTTE*, ed. W. VanGemeren (Grand Rapids: Zondervan, 1997), 4: 624-5.

5) 조상 탓이요? 내 탓이요?

프레타임이 언급했듯이, 바벨론에 포로로 잡혀간 유다 백성의 마음속에 있었던 질문 중의 하나는 죄와 죄책감에 관한 것이었습니다. 나라의 패망과 힘든 포로 생활을 겪으면서, 누구의 죄 때문에 이런 비참한 결과가 생겼는지 물었습니다. 그런데 많은 사람이 자신들이 당하는 고난을 자신들의 죄 때문이 아니라 조상들의 죄와 불순종 때문으로 간주하며, 조상 탓을 했습니다. 이러한 논리를 합리화하도록 그들은 속담까지 만들었습니다. "아버지가 신 포도를 먹었으므로 그의 아들의 이가 시다"(18:2).

그러자 에스겔은 잘못된 생각을 단호히 지적하며 다시는 그런 속담을 내뱉지 말라고 합니다. 그리고 말합니다. "모든 영혼이 다 내게 속한지라 아버지의 영혼이 내게 속함 같이 그의 아들의 영혼도 내게 속했나니 범죄하는 그 영혼은 죽으리라"(18:4). 에스겔(BC 593년에 시작) 보다 조금 이전에 예언 활동을 시작했던 예레미야(BC 627년에 시작)도 비슷한 예언을 했습니다. "그 때에 그들이 말하기를 다시는 아버지가 신 포도를 먹었으므로 아들들의 이가 시다 하지 아니하겠고 신 포도를 먹는 자마다 그의 이가 신 것 같이 누구나 자기의 죄악으로 말미암아 죽으리라"(렘 31:29-30).

6) 새 언약(36:26-31)

이 주제는 예레미야에서도 언급한 바 있습니다. 유다 백성을 향한 여호와의 새 언약은 아브라함, 이삭, 야곱, 모세, 다윗 등과 맺으신 언약처럼 조건적인 것이 아니었습니다. 오히려 여호와의 사랑과 긍휼이 먼저 작동하여 죄로 말미암아 바벨론에서 고통을 당하는 백성에게 새 영을 주시고, 그들의 굳은 마음을 부드럽게 만들어주는 언약이었습니다. 또한 조상들에게 준 땅에 거주하게 하면서 그들의 하나님이 되어 주시겠다는 언약입니다. 한 걸음 더 나아가, 풍성한 곡식까지도 주시겠다는 약속입니다.

이러한 언약에는 예레미야에 소개되는 새 언약처럼(렘 31:31-34) 회개를 먼저 요구하는 조건이 없어서 무조건적인 언약이라고 볼 수 있습니다. 여호와께서는 이러한 새 언약을 믿음으로 받아들이는 이들이 여호와의 선행적인 사랑과 은혜에 감격하며, 그분을 인격적으로 체험하고 그분께 순종하며 살게 될 것이라고 확신한 것입니다. 31절에 의하면, 여호와의 선행적인 은혜와 긍휼을 경험하게 된 백성이 여호와께 감사하는 마음을 가지고 악한 생활과 좋지 못했던 행실들을 기억하고, 온갖 악과 역겨운 일들 때문에 자신을 미워하는 회개가 이루어질 것이라고 에스겔은 내다보았습니다. 그러므로 "하나님의 주도권이 없이는 이스라엘의 진정한 회개가 불가능하다"는 포터와 호프 (Vawter, Hoppe)의 주장은 같은 맥락이라고 봅니다.[93]

안타깝게도 에스겔과 예레미야가 강조했던 새 언약을 바벨론 포로기와 그 이후에 살았던 유다 백성들은 자신들을 위한 여호와의 은혜의 복음으로 간주하지 않고 다시 죄악에 빠진 삶으로 돌아갔습니다. 그러자 여호와께서는 자신이 정하신 때에 온 세상의 죄인들을 구원하고 자기 백성을 삼기 위해 예수님을 이 땅에 보내셔서 십자가에 달려 죽게 하셨습니다. 죄인들이 먼저 자신들의 죄를 회개하여 십자가

---

93   Bruce Vawter and Leslie J. Hoppe, *A New Heart: A Commentary on the Book of Ezekiel, International Theological Commentary* (Grand Rapids: Wm. B. Eerdmans/ Edinburgh, 1991), 77.

에 달리게 하신 것이 아니라, 먼저 십자가에 달려 단번에 온 세상 사람들의 죄 값을 대신 치르시고는, 누구든지 믿으면 죄 용서함을 얻게 하는 선행적인 사랑과 긍휼을 보여주셨습니다. 그리고 성령님께서 믿는 이들의 마음속에 내재하시면서 거룩한 삶을 살아가도록 이끌어주셨습니다. 그래서 이 기쁜 소식을 믿는 자들이 감사하는 마음으로 이제는 자신을 위해 사는 것이 아니라 그리스도를 위해 살도록 하셨습니다(갈 2:20). 그러므로 에스겔과 예레미야가 예언한 새 언약이 궁극적으로 성취된 것은 예수 그리스도의 십자가 사건과 부활 사건, 그리고 성령님께서 믿는 이들의 마음에 내재하시는 사건이라고 말할 수 있습니다.

6. 에스겔과 신약성경과 예수님

에스겔은 신약성경에서 직, 간접적으로 65번 정도 인용되는데, 예레미야처럼 대부분 요한계시록에 인용됩니다.[94] 그런데 에스겔은 예레미야와 마찬가지로 새 언약 사상을 통해, 신약성경에서 여러 저자들이 강조하는 복음의 핵심, 즉 예수님의 십자가 사건과 빈 무덤 사건을 통해 보여주신 하나님의 선행적인 은혜의 복음이 이미 에스겔 시대부터 예언되었다는 점을 입증해줍니다.

한 걸음 더 나아가, 예수님께서 제자들을 가르치면서 자신을 선한 목자로 비유하고, 또 아흔아홉 마리의 양을 두고 한 마리의 잃은 양을

---

94   롱맨, 「손에 잡히는 구약 개론」, 194.

찾아 나서는 목자의 비유를 하신 것을 보면, 예수님께서 에스겔 34장의 교훈을 어린 시절부터 자신의 사역을 위한 좌우명으로 여기신 것으로 추측할 수 있습니다.

묵상과 토론을 위한 질문

프레타임이 소개한, 바벨론 포로기 시대 유다 백성이 지녔던 실존적 질문 열두 가지 중에서 현재 우리 민족이나 우리가 속한 교회의 성도들과 연관되는 질문들은 무엇이라고 생각하십니까? 이러한 질문들을 품고 있는 그들을 어떻게 섬길 수 있겠습니까?

에스겔이 강조한 "여호와의 영광"이란 개념은 당신에게 어떤 의미와 교훈을 제공합니까?

에스겔은 바벨론에 포로로 잡혀가 있는 유다 백성에게, 여호와의 인도하심으로 말미암아 유다가 회복되어 강한 나라가 되고, 온 세상에 선한 영향력을 끼치게 될 것을 인상적인 환상들을 통해 전했습니다(마른 뼈 골짜기의 환상, 성전 문지방에서 생수가 흘러나오는 환상 등). 이러한 환상들이 우리가 속한 교회와 사회를 통해 실현되게 하도록 우리가 해야 할 일은 어떤 것일까요?

20 바벨론 포로기 이후 시대 예언서: 학개 개론

1. 기록 목적

바벨론 포로기 이후의 유다 백성이 예루살렘 성전을 재건하다가 중단한 상황에서, 학개 예언자가 그들에게 성전을 재건하는 일에 다시 참여하도록 격려했던 내용을 통해 독자들에게 신앙적 교훈을 제공하는 것이 기록 목적입니다.

2. 특징과 유의점

1) 학개란 이름은 히브리어로 '축제, 절기'입니다. 그래서 구약학자 중에는 그가 어떤 축제나 절기 중에 출생한 것으로 짐작하는 이들도 있습니다.

2) 학개는 예배당 건축이 필요한 상황에 있는 교회에서 건축헌금을 강조하는 부흥회나 특별 집회를 개최할 때 부흥 강사들이 자주 설

교하는 본문이기도 합니다.

3) 바벨론 포로기 이후의 유다 백성이 예루살렘 성전을 재건하도록 격려하는 또 다른 예언서는 스가랴입니다. 학개와 스가랴가 성전 재건을 격려하도록 어떤 독특한 메시지를 전하는지를 비교해보면 흥미롭습니다.

4) 학개 2장 6절과 7절은 헨델의 "메시야"의 영어 대본에 킹제임스 역본(King James Version)으로 포함됩니다.[95]

3. 시대 상황

기원전 586년에 예루살렘이 함락되고 많은 유다 백성이 바벨론으로 유배된 후 48년이 지나 바사의 고레스 왕이 칙령을 내려(BC 538) 바벨론에 있는 유다 백성을 고향으로 돌아가도록 했습니다. 물론 다른 민족들도 자기들의 고국으로 돌아가도록 했죠. 뿐만 아니라 유다 백성은 고향 땅으로 돌아가면 무너진 예루살렘 성전을 재건하도록 지시했습니다(스 1:5). 그래서 오만 명에 가까운 유다 백성이 총독 스룹바벨과 대제사장 예수아를 중심으로 유다로 돌아갔고(스 2:2, 64), 다음 해인 537년에 스룹바벨과 예수아의 지도하에 제사장들과 레위 사람들과 자원하는 백성이 성전을 재건하기 시작했습니다(스 3장).

그런데 예루살렘 주위에 거주하는 민족 중에 유다와 베냐민 족속을 대적하는 민족들(스 4장)이 성전을 재건하는 것에 문제를 제기하여

---

95   Daniel I. Block "Handel's Messiah: Biblical and Theological Perspectives" *Didaskalia*, 12 (2001, 2), 1.

방해하고, "고레스 시대부터 바사 왕 다리오가 즉위할 때까지 관리들에게 뇌물을 주어"(스 4:5) 공사를 막았고, 아하수에로 왕 때와 아닥사스다 왕 때에는 왕들에게 편지까지 써서 유다 백성의 성전 재건 공사를 막았습니다. 그러자 아닥사스다 왕은 성전 재건 공사를 허가한 상황부터 조사하도록 공사를 중단시켰고, 다리오 왕이 고레스 왕의 칙령을 발견하고 공사를 다시 허락할 때까지(BC 520) 십여 년이 흘렀습니다.

다리오 왕 이 년에 스룹바벨과 예수아를 중심으로 성전 재건 공사를 다시 시작하는 즈음에 학개와 스가랴 예언자는 유다 백성에게 이 공사에 적극적으로 참여하도록 격려하는 말씀을 전했습니다.

그런데 에스라 4장이 성전 재건 공사가 중단된 주된 이유를 주변 민족들의 방해로 소개한다면 학개는 오히려 유다 백성이 이 공사를 재개하는데 소극적인 자세를 취한 것을 더 부각시킵니다.

> 성전이 이렇게 무너져 있는데, 지금이 너희만 잘 꾸민 집에 살고 있을 때란 말이냐?(학 1:4: 새번역)

그리고는 성전을 재건하는 일에 참여하면 여호와께서 물질적으로 복을 주셔서 풍요함을 누리게 될 것이라고 약속하면서 백성을 독려했습니다.

4. 구조

학개의 구조는 분류하기가 쉽습니다. 왜냐하면 주위 백성들의 문제 제기로 십여 년 동안 중단되었던 성전 재건 공사가 다리오 왕의 허락 하에 다시 진행되게 된 시점에 학개가 네 달 동안 네 번에 걸쳐 예언한 내용으로 나누어지기 때문입니다.

1) 1:1-15 다리오 왕 2년 6월 1일의 예언

바벨론 포로기 이후에 유다 백성이 겪는 농사의 실패, 수확의 부족, 물질적 빈곤, 가뭄을 비롯한 자연재해 등이 자신들의 안위만 생각하고 성전을 재건하는 일에 무관심한 모습에 대한 여호와의 반응이라고 언급하며 성전 재건에 참여하도록 독려함. 이러한 예언에 총독 스룹바벨과 대제사장 예수아와 모든 백성의 마음이 감동하여 성전 재건하는 일을 다시 시작함

2) 2:1-9 다리오왕 7월 22일의 예언

성전 재건 공사를 이끄는 스룹바벨과 예수아를 격려하고, 참여하는 백성이 물질적인 부담감을 느끼지 않도록, 여호와께서 친히 필요한 것들을 채워 주실 것임을 강조함
"또 내가 모든 민족을 뒤흔들어 놓겠다. 그 때에, 모든 민족의 보화가 이리로 모일 것이다. 내가 이 성전을 보물로 가득 채우겠다. 나 만군의 주가 말한다. 은도 나의 것이요 금도 나의 것이다"(2:7-8: 새번역)

3) 2:10-19 다리오 왕 2년 9월 24일의 예언

(1) 10-14절: 개인과 온 민족이 부패한 상황에서, 재건된 성전을 통해 거룩함을 회복하는 제사를 드리도록 격려함
(2) 15-19절: 백성이 성전 재건 공사에 무관심할 때 그들이 농사를 지어도 여호와께서 깜부기병, 녹병 등을 일으켜 수확이 적게 하셨지만, 성전 기초를 놓던 날부터는 여호와께서 곳간에 포도나무, 무화과나무, 석류나무, 올리브 나무 열매가 가득 채워지도록 축복하실 것이라고 약속함

4) 2:20-23 다리오 왕 2년 9월 24일의 예언

성전 재건 공사를 주도하는 스룹바벨 총독을 격려하고, 성전을 완성하면 여호와께서 그를 높이 세우실 것을 약속함

5. 주제들과 교훈들

1) 성전의 중요성

학개는 유다 백성에게 성전의 중요성에 대해 자세하게 언급하지는 않습니다. 그들은 이미 국가의 패망과 성전의 파괴를 통해서 성전이 그들에게 제공했던 중요한 기능들에 대해 뼈저리게 느꼈기 때문입니다. 그럼에도 불구하고 학개는 성전이 여호와의 평화가 깃드는 곳으로써, 성전에서 제사를 드리는 백성이 여호와께서 주시는 평화를 맛볼 수 있는 곳이라는 점을 언급합니다(2:9). 또한, 개인적으로나 공동체적으로 더러워져서 거룩함을 잃어버린 이들에게 성전을 중심으로 이루어지는 참 제사와 율법 순종하기를 통해 거룩함을 회복하게 하는 곳이라는 점을 강조합니다(2:10-14).

성막과 마찬가지로 예루살렘 성전은 자기 백성과 함께하시는 여호와의 임재를 가장 잘 느낄 수 있는 곳이요, 그분의 거룩하신 임재 앞에서 자신의 죄와 부족함을 깨닫고 회개 기도할 수 있는 곳이요, 자신을 향한 하나님의 뜻과 소명을 발견할 수 있는 곳입니다(사 6장). 또한 제사장들을 통해 율법을 배울 수 있는 곳이요, 예배자들의 교제가 이루어지는 곳입니다. 그러므로 하나님의 백성의 전인적인 행복을 위한 구심점입니다(시 133편). 그래서 에스라와 느헤미야가 바벨론 포로기 이후의 유다 공동체로 하여금 무엇보다도 먼저 재건된 예루살렘 성전을 중심으로 하여 제사 공동체와 율법 공동체로 거듭나야 한다는 점을 강조한 것입니다.

구약성경에서 성전의 중요성이 강조된다면, 신약성경에서는 예수님을 구세주와 주님으로 믿고 성령님을 마음속에 모시는 성도 각자가 성전이며(고전 3:16), 또 이들이 모인 교회가 성전의 역할을 감당해야 한다는 점을 강조합니다(엡 2:21; 딤전 3:15; 벧전 2:4-5).

무엇보다도 중요한 사실은 우리 주 예수님께서 자신을 하나님의 성전으로 비유하셨다는 점입니다. 유다 백성이 예루살렘 성전에서 하나님의 임재를 경험하고, 자신들의 죄를 대속하는 제사를 통해 죄 용서함을 받았던 것처럼, 성전 되신 예수님께서 이 땅에 오셔서 거룩하신 하나님과 죄인 된 인간들의 중보자가 되셨습니다. 또한 사흘 만에 부활하셔서 믿는 자들의 주님이 되시고 부활의 소망까지도 제공하셨습니다. 그래서 예수님께서는 "너희가 이 성전을 헐라 내가 사흘 동안에 일으키리라"(요 2:19)고 당당하게 외치셨고, 사도 요한은 예수님의 이 말씀이 성전 된 예수님 자신의 육체를 가리킨 말씀이라고 풀이했습니다(요 2:21).

2) 학개와 스가랴의 메시지의 차이

학개와 스가랴는 둘 다 예루살렘 성전을 재건하도록 유다 백성을 격려했던 예언자들입니다. 그런데 이 둘의 예언 내용은 차이가 있습니다. 우선 학개는 유다 백성의 물질적인 관심과 기대를 고려하여 예언을 했습니다.

다시 말하여, 유다 백성이 농사를 짓거나 사업을 했을 때 많은 수확을 얻어서 풍요로워지기를 바라는 기대를 잘 알고 있었습니다. 그럼에도 불구하고 가뭄, 우박, 깜부기병, 녹병 등을 비롯한 여러 가지 자연재해로 말미암아 수확이 적은 것에 대해 실망하는 마음도 잘 파악했습니다. 그래서 학개는 이러한 수확의 부족이 공동체의 영적인 회복을 위해 필수적인 성전 재건에 관심이 없고, 자신의 집 평수나 넓히고 리모델링에 신경을 쓰는 개인주의적인 삶 때문이라고 지적했습니다.

그리고 성전 재건에 참여하면 그때부터 여호와께서 물질적인 풍요를 회복시켜 주실 것이라고 약속했습니다. 학개가 성전 지대를 쌓기 시작하던 날을 달력에 표시해 놓고, 그날 이전과 이후의 수확을 비교해보라고 도전했는데, 이것은 그가 여호와께로부터 받았던 예언의 성취에 대해 조금도 의심하지 않았다는 점을 보여줍니다(2:18-19).

그런가 하면, 스가랴는 예루살렘 성전이 회복되고 난 후에 유다 공동체에 주어질 물질적 축복뿐만 아니라(슥 8:9-13), 성전과 예루살렘을 중심으로 펼쳐질 영적인 사역들을 여러 가지 환상을 통해 보여주었습니다.

누구의 메시지가 더 효과적이었을까요? 사실 어느 한쪽을 택하는 것은 의미가 없습니다. 왜냐하면, 둘 다 성령의 감동으로 전한 메시지들이기 때문이요, 듣는 사람들의 관심사나 마음가짐에 따라 다르기 때문이죠. 만약 여러분들이 속한 교회가 예배당을 비롯하여 필요한 건물들을 건축할 필요가 있는 시점에 처해 있다면, 저는 학개의 교훈과 스가랴의 교훈을 둘 다 나눌 수 있기 바랍니다.

그 이외에도 모세와 출애굽 한 백성이 광야에서 성막을 짓던 기록(출 25장, 35장)이나 다윗과 솔로몬이 여호와의 성전을 짓는 일에 헌신하여 여호와로부터 칭찬받던 기록(삼하 7장; 대상 17장; 왕상 5-9장; 대하 2-7장)을 함께 나누는 것도 좋을 것입니다.

묵상과 토론을 위한 질문

 우리가 속한 교회가 건강한 예배 공동체로 유지되기 위해 영적인 성숙함도 필요하지만 환경적인 여건도 중요하다고 봅니다. 교회의 환경적인 여건을 개선하도록 우리가 기여할 수 있는 일은 무엇일까요?

 "은도 내 것이요 금도 내 것이니라"(학 2:8)라는 여호와의 말씀은 우리에게 어떤 의미와 교훈을 제공하나요?

 무너진 예루살렘 성전을 재건하는 데 참여하면 물질적으로 복을 주실 것이라는 학개의 예언은 주님의 나라와 교회를 위해 기여하는 이들에게 물질적인 복을 주신다는 약속으로 이해할 수 있습니다. 이러한 약속을 자신의 삶 속에서 직, 간접적으로 경험한 적이 있는지요?

21 바벨론 포로기 이후 시대 예언서: 스가랴 개론

1. 기록 목적

바벨론 포로기 이후의 유다 백성이 예루살렘 성전을 재건하다가 중단한 상황에서, 스가랴 예언자가 그들에게 성전을 재건하는 일에 다시 참여하도록 격려했던 내용을 통해서 독자들이 교훈을 얻도록 하는 것이 기록 목적입니다.

2. 특징과 유의점

1) 소예언서 12권 중에서 가장 긴 책이면서 여러 가지 난해한 환상들이 소개되는 책입니다. 초대 교부 제롬(Jerome)은 이 책을 히브리 성경 중에서 가장 모호한 책으로 평가했습니다.[96]

---

96   롱맨, 딜러드, 「최신구약개론」, 645.

2) 1장부터 8장과 9장부터 14장이 시대 상황이나 다루는 사안, 그리고 문체에 있어서 차이가 있기 때문에, 구약학자들이 저자나 편집자, 기록 연대에 관해 여러 가지 견해들을 제시하지만 일치점을 찾지 못합니다. 저는 본문이 자세하게 답을 제시하지 않는 저작권 문제나 기록 시기에 관해 관심을 기울이기보다, 스가랴가 한 권의 책으로서 제시하는 중심 주제와 교훈을 찾는데 관심을 기울이는 것이 더 건설적이라고 생각합니다.

3) 예수 그리스도의 고난에 관한 기록(the Passion narrative)에는 구약 성경에서 인용된 구절 중에서 스가랴 9장부터 14장이 가장 많이 인용되며, 요한계시록에서도 에스겔을 제외하고는 가장 많이 인용됩니다.[97]

3. 시대 상황

스가랴가 활동했던 시대 상황은 학개의 그것과 비슷하기 때문에, 위에서 언급한 학개의 시대 상황을 참고하면 됩니다.

4. 구조

1) 1:1-6 다리오 왕 2년 8월의 예언
회개를 거부한 백성에게 임한 형벌을 언급하며 다시 회개를 요청함

---

97   Ibid.

(1) 1:7-17: 화석류나무 사이에 선 네 말 탄 사람들의 환상 - 첫째 환상
여호와께서 유다 백성을 불쌍히 여기셔서 예루살렘을 다시 세우고 성전도 다시
짓고, 성읍마다 좋은 것들로 다시 풍성하게 채우신다 - 시온을 향한 위로

(2) 1:18-21: 네 뿔과 네 대장장이의 환상 - 둘째 환상
네 대장장이가, 유다 땅을 뿔로 들이받아 백성을 흩어버린 이방 나라들의 뿔을
꺾을 것이다.

(3) 2:1-5: 측량줄을 잡은 사람의 환상 - 셋째 환상
여호와께서 예루살렘의 둘레를 불로 감싸 보호하는 불 성벽이 되고, 그 안에서
영광을 드러내실 것이다

(4) 3:1-10: 여호와의 천사 앞에 선 대제사장 여호수아 - 넷째 환상
사탄에게 고소를 당한 대제사장 여호수아가 정결케 되어 제사장직을 수행하는
장면을 통해, 제사 제도가 회복될 것을 예언함

(5) 4:1-14: 순금 등잔대와 두 감람나무의 환상 - 다섯째 환상
순금 등잔대 양쪽 곁에 서 있는 두 감람나무로부터 감람유가 등잔대로 끊이지
않고 흐르게 하는 것을 통해 여호와께서 성전을 재건하도록 세우신 스룹바벨과
여호수아(에스라에서는 예수아로 소개됨)를 거룩하게 구별하여 세운 것을 보여줌
"이는 힘으로 되지 아니하고 능력으로 되지 아니하고 오직 나의 영으로 되느니
라"(4:6)는 구절은 성전 재건을 주도하는 스룹바벨과 여호수아가 성령께서 주시
는 능력으로 완성하게 하겠다는 약속임

(6) 5:1-4: 날아가는 두루마리 환상 - 여섯째 환상
거대한 두루마리가 날아다니는 것을 보게 한 뒤에, 도둑들과 거짓 맹세하는 자
들의 집이 저주를 받게 된다는 여호와의 말씀을 듣게 함

(7) 5:5-11: 에바(곡식을 넣는 뒤주) 속의 여인 - 일곱째 환상
에바 속에 한 여인이 있는 것을 보여주고, 그 에바의 아귀를 둥근 납덩이로 막아
서 두 여인을 시켜 바벨론 신전으로 데려가게 함
유다의 우상 숭배가 없어지고 정결한 미래가 올 것이라는 암시

(8) 6:1-8: 네 병거의 환상 - 여덟째 환상
여호와께서 보내신 네 천사가 말을 타고 온 땅 사방을 다니며, 하나님의 심판이
실행된 이후에 땅 위에서 펼쳐지는 평화를 보여줌

(9) 6:9-15: 대제사장 여호수아에게 왕관을 씌움
여호수아가 성전을 재건하고 난 후에 그가 유다 공동체의 지도자로 활동할 것
을 암시함

(1) 7:1-7: 금식보다 순종을 원하시는 여호와
(2) 7:8-14: 바벨론에 포로로 잡혀간 이유
　　공정한 재판, 관용, 자비, 과부와 고아와 나그네와 가난한 사람을 억누르지 않기
　　등, 예언자들을 통해 전해진 율법과 말씀을 듣지 않음
(3) 8:1-23: 예루살렘의 회복 예언
　　흩어졌던 유다 백성이 예루살렘으로 돌아와 평화롭게 살뿐만 아니라, 여러 나라
　　에서 수많은 민족이 몰려와 만군의 여호와께 기도하고 주의 은혜를 구함(20-22)
(4) 9:1-8: 이스라엘 주변 나라들에 대한 심판 예언
　　다메섹, 두로, 아스글론, 가사, 에그론, 아스돗, 블레셋
(5) 9:9-17: 예루살렘의 구원을 베푸실 왕에 대한 예언
(6) 10:1-11:3: 유다 백성의 구원과 회복에 대한 예언
(7) 11:4-17: 악한 목자들에 대한 여호와의 화 예언
(8) 12:1-14: 예루살렘의 구원(1-9), 은총과 간구의 심령을 받은 백성들이 여호와께
　　서 보내신 이를 찌른 것에 대해 통곡함/ 예수님의 고난을 예언하는 구절
(9) 13:1-9: 거짓 목자인 예언자들을 죽이라는 명령
(10) 14:1-15: 예루살렘을 치러 오는 모든 민족에게 여호와께서 재앙을 내리심
(11) 14:16-21: 세상의 모든 민족이 예루살렘에서 예배드리기를 기대하시는 여호와

5. 주제들과 교훈들

1) 유다 백성의 죄악에 대한 여호와의 심판

　　바벨론 포로기 이전 시대와 포로기 시대의 예언자들이 유다 백성
의 죄악에 대한 여호와의 심판을 미래적인 것으로 예언했다면, 포로
기 이후 시대의 예언자 스가랴는 이미 과거에 바벨론 군대의 침입과
유다 백성의 유배를 통해 성취된 여호와의 심판을 주로 언급하며, 여
호와께서 심판할 수밖에 없었던 이유를 밝히고 있습니다(1:1-6; 7:8-14).

(1) 1:6: 여호와의 말씀과 법도를 듣지 않음, 돌이켜 회개할 줄 모름.

(2) 7:5-6: 금식하고 애통할 때 여호와를 진정으로 생각하며 한 것이 아니고, 먹고 마시는 것도 스스로 만족하도록 한 것임.

(3) 7:8: 정당하게 재판하고, 서로 인애와 긍휼을 베풀고, 과부와 고아와 나그네와 궁핍한 자를 압제하지 말고, 서로 해치지 말라는 여호와의 명령을 듣지 않았음.

(4) 13:2: 우상 숭배.

그렇다고 해서 포로기 이후의 유다 공동체에서 자행되었던 죄악들에 대해 여호와께서 눈 감으시고 귀 막으셔서 심판의 예언을 하지 않은 것도 아닙니다. 특히 스가랴는 이때의 유다 공동체의 상황을 평가하면서, 고난에 빠진 백성의 삶을 돌보지 않는 악한 목자들(11:4-17)과 여호와가 부르시지도 않았는데 함부로 예언하는 거짓 예언자들의 죄악을 가장 심각한 죄악으로 지적합니다. 그리고 그들을 준엄하게 심판할 것을 선포하셨습니다(13:1-6).

2) 유다 백성을 구원하고 회복시키는 여호와

스가랴는 유다 백성의 죄악에 대한 심판 예언보다 구원과 회복의 예언을 훨씬 많이 소개합니다. 유다 백성이 나라의 패망과 50년 가까운 포로 생활을 통해 자신들의 죄악에 대한 여호와의 심판을 뼈저리게 경험하고, 죄를 뉘우치고 있다고 간주한 스가랴는 심판의 주제보다, 앞으로 여호와께서 펼쳐주실 밝은 미래에 대해 환상과 예언을 더 많이 전합니다. 1장부터 6장까지 이어지는 여덟 가지 환상뿐만 아니라 8장부터 14장에 이어지는 예언들에서도 유다의 적들이 천군을 거느리신 여호와로 말미암아 패망하고(14:5), 흩어졌던 유다 백성이 예루살렘으로 돌아와서 평화롭게 살며(14:11), 온 세상의 백성들과 함께 여호와를 경배하게 될 것이라고 밝혔습니다(14:17-21).

3) 예루살렘 성전 재건을 위한 메시지

학개 개론에서 언급한 바 있듯이, 스가랴가 예언을 하게 된 가장 직접적인 요인은 예루살렘 성전을 재건하는 일에 무관심했던 백성으로 하여금 이 일에 다시 한번 적극적으로 참여하도록 장려하려는 것이었습니다. 학개처럼 '다리오 왕 2년 몇 월'에 여호와의 말씀을 받아서 전한다는 형식이 스가랴에서도 사용되는 것은 이 두 예언자가 같은 목적을 위해 함께 동역했음을 암시해줍니다. 또한 에스라 5장 1절에서도 이 둘이 스룹바벨과 예수아(여호수아)와 모든 백성에게 성전 재건을 독려했다고 언급합니다.

그런데 학개는 백성이 성전 재건 공사에 참여하면 여호와께서 물질적인 풍요를 회복시켜 주신다고 예언한 반면에, 스가랴는 학개의 예언과 아울러(슥 8:9-13) 성전이 재건된 이후에 유다 공동체가 누리게 될 국제적인 위상, 국내의 평화, 그리고 예배 공동체로의 회복 등에 관해 영상적인 이미지들을 통하여 보여줍니다. 특히 8장 20절부터 23절은 감동적인 미래를 묘사하는데, 성전이 재건되고 나면 세상 여러 나라에서 수많은 민족이 여호와께 기도하고 은혜를 구하기 위해 몰려오는 장면입니다. "말이 다른 이방 사람 열 명이 유다 사람 하나의 옷자락을 붙잡고 '우리가 너와 함께 가겠다. 하나님이 너희와 함께 계신다는 말을 들었다' 하고 말할 것이다."

안타깝게도 구약성경의 다른 어디에서도 이 예언이 성취된 것을 보여주지 않습니다. 유다 백성이 이러한 환상에서 암시하는 "이방의 빛"이 되는 사명을 진지하게 생각하지 못했기 때문입니다. 저는 스가랴 8장 20절부터 23절의 환상이 현실로 이루어지게 된 처음 사건은 사도행전 2장에 언급되는 오순절 성령 강림 사건이요, 지금까지도 이 환상은 시대와 장소를 막론하고 세계 선교적인 사명을 실천하고자 하는 교회들을 통해 실현되고 있다고 믿습니다. 여러분이 속한 교회가 이 시대의 예루살렘 성전이 되어서, 선교지들의 여러 교회 지도자와 백성이 주님의 뜻을 배우기 위해 여러분의 교회를 방문하는 역사들이 일어나기 바랍니다.

4) 메시야 예언

스가랴 자신을 비롯하여 이후의 수많은 사람들이 9장 9절의 예언이 언제 성취될지 알지 못했습니다. 그러나 메시야이신 예수님께서 이 땅에 오셔서 공생애 사역을 마치시는 즈음에 예루살렘으로 들어가면서 제자들에게 나귀를 빌려오도록 한 사건을 기억한 제자들은 이 예언이 예수님을 통해 성취된 것을 드디어 깨달았습니다(마 21:5). 그러므로 우리는 스가랴 본문과 마태복음 21장 5절을 함께 읽으면서, 예수님이 하나님께서 보내신 공의로우신 왕이요 구원을 베푸시는 왕이시라는 것도 알게 됩니다(9:9).

스가랴는 이 예언뿐만 아니라, 예수님의 생애와 연관 지을 수 있는 다른 예언들도 소개합니다.[98]

---

98 Ibid., 659.

(1) 매를 맞은 목자: 13:7; 마 26:31

(2) 은 삼십 개에 팔림: 1:12-13: 마 27:9-10

(3) 창에 찔림: 12:10; 마 26:15; 요 19:34, 37

(4) 악한 목자들과 대조되는 선한 목자 예수님: 11:1-17; 요 10:1-18

(5) 열방들을 무찌르심: 12:8-9

(6) 사람들 속에 자신의 나라를 세우실 왕: 14:3-9

(7) 예수님께서 구름 타고 오실 때, 그를 찌른 사람들도 볼 것이고,
    땅 위의 모든 족속이 그분 때문에 가슴을 치게 됨: 12:10; 계 1:7

묵상과 토론을 위한 질문

예루살렘 성전을 재건하고 나면 이루어지게 될, 세계 선교와 관련한 스가랴의 환상이 자신이 속한 교회를 통해 이루어지고 있다고 생각하는지요? 세계 선교를 위해 교회적 차원에서 새롭게 품을 수 있는 환상은 어떤 것인지요?

스기랴가 지적한 유다 백성의 죄악들과 유사한 우리 백성의 죄악들은 어떤 것이며, 이러한 것을 바로잡기 위해 우리가 개인적으로나 교회적으로 할 수 있는 일은 무엇입니까?

스가랴에서는 메시야 되신 예수님에 관해 어떤 예언을 하고 있습니까?

22 바벨론 포로기 이후 시대 예언서: 말라기 개론

1. 기록 목적

말라기 예언자가 당대의 유다 백성과 특히 제사장들의 신앙적 오류들을 지적하고, 거기에 백성이 반문하면 말라기가 다시 추가적인 설명을 하는 형식으로 전해진 예언을 통해 독자들에게 신앙적 교훈을 제공하는 것이 기록 목적입니다.

2. 특징과 유의점

1) 일반적으로 '말라기'를 예언자의 개인적 이름으로 이해하지만, 어떤 구약학자들은 '나의 사자'(messenger)라는 호칭으로 간주하기도 합니다.

2) 말라기는 백성과 제사장들의 신앙적 오류를 지적한 말라기의 예언에 대해 백성이 반문하고, 말라기가 다시 답하는 논쟁 혹은 질의 응답 형식으로 되어 있습니다. 백성이 여섯 번에 걸쳐 질문하고 말라

기가 그에 대해 대답하는 형식으로 백성들을 가르쳤기에, 어떤 이는 그를 "히브리인 소크라테스"라고 부르기도 합니다.[99]

3) 교회에서 말라기를 가르칠 때 주로 십일조에 관한 교훈(3:8)을 제 공하는 책으로 소개해 온 듯합니다. 그러나 말라기는 주의 백성이 신 앙생활을 하면서 항상 점검해야 할 몇 가지 중요한 사안들에 관한 교 훈을 제공하고 있기 때문에 우리 그리스도인들의 신앙 검진을 위한 필독서 중의 하나라고 봅니다.

3. 시대 상황

다른 예언서들은 일반적으로 '어느 왕이 다스릴 때 어느 예언자에 게 여호와의 말씀이 임했다'고 언급함으로써 예언자의 활동 시기를 이해하게 합니다. 그러나 말라기는 그러한 언급이 없어서 말라기의 구체적인 활동 시기를 확정적으로 말하기는 쉽지 않습니다. 그럼에도 불구하고 여러 구약학자는 말라기 본문 몇 곳에서 언급하는 것들을 통해 말라기가 바벨론 포로기 이후 시대의 유다 공동체에서 활동한 예언자로 추정합니다. 특히 예루살렘 성전에서 올바른 제사와 제물이 드려지지 않았던 상황이나(1장), 총독이 언급된 점(1:8), 제사장들이 율 법을 무시한 것으로 평가를 받은 상황(2장), 그리고 사회적 불의가 팽 배하고(3:5) 백성이 여호와에 대해 불평과 원망을 쏟아내는 상황(2:17; 3:13-15) 등을 종합적으로 고려하면 에스라와 느헤미야가 유다 백성에

---

99   William MacDonald and Arthur Farstad, *Believer's Bible Commentary: Old and New Testaments* (Nashville: Thomas Nelson, 1997), Mal 1:6.

게 신앙적, 사회적 개혁을 요구할 수밖에 없었던 기원전 5세기 중반의 상황과 관련이 있을 것입니다. 여러 구약학자는 에스라와 느헤미야에 대한 언급이 말라기에 없는 것 때문에 말라기가 그들보다 이전에 활동했던 것으로 가정하고, 말라기가 기원전 475년에서 450년 사이에 쓰였다고 추정합니다.[100]

기원전 538년에 바사의 고레스 왕이 내렸던 칙령으로 말미암아 유다 백성은 나름대로 미래에 대한 희망을 품을 수 있었습니다. 고국으로 돌아가 예루살렘 성전을 재건하면 여호와께서 학개를 통해 약속하셨던 물질적인 풍요도 맛볼 수 있고, 사회적인 평화도 누릴 수 있을 것으로 생각했습니다. 그러나 성전이 재건된 이후의 오랜 세월 동안에도 물질적인 풍요는 없었고, 정치적으로는 여전히 바사의 지배 아래에 있었으며, 백성은 윤리적으로 그리고 영적으로 타락해갔습니다. 카이저(W. C. Kaiser Jr.)는 말라기 시대의 신앙적, 사회적 문제들이 느헤미야 시대에 직면했던 윤리적 문제들과 밀접한 관계가 있다고 보았는데, 그는 특히 다섯 가지를 지적합니다.[101]

1) 잡혼(말 2:11-15; 참고, 느 13:23-27)
2) 십일조를 준수하지 않음(말 3:8-10; 참고, 느 13:10-14)
3) 안식일을 준수하는 일에 관심이 없음(말 2:8-9; 4:4; 참고, 느 13:15-22)
4) 부패한 제사장들(말 1:6-2:9; 참고, 느 13:7-9)
5) 사회적인 문제들(말 3:5; 참고, 느 5:1-13)

---

100   롱맨, 딜러드, 「최신구약개론」, 662.
101   Ibid., 663-664; W. C. Kaiser, *Malachi: God's Unchanging Love*(Grand Rapids: Baker Book House, 1984), 16.

4. 구조

위에서 언급한 바가 있듯이 말라기는 당대의 백성과 제사장들의 신앙적 잘못들에 대해 여섯 가지 주제로 설교합니다. 그러자 청중들이 말라기의 설교에 수긍하지 못하고 여섯 번에 걸쳐 질문을 합니다. 그러자 말라기는 그들의 질문에 추가적인 해답으로 교훈을 제공합니다. 이것이 1장부터 3장에 걸쳐 소개되고, 4장은 여호와께서 악인들과 의인들을 공의롭게 심판하실 크고 두려운 날이 반드시 올 것임을 예언합니다.

1) 1:1-5 - 설교 주제 ❶ 여호와께서 이스라엘을 여전히 사랑하십니다.
   1:2: 청중들의 질문: "주께서 어떻게 우리를 사랑하셨나이까"
   ("주님께서 우리를 사랑하신다는 증거가 어디에 있습니까?": 새번역)

2) 1:6-14 - 설교 주제 ❷ 제사장들과 백성들이 여호와를 공경하지 않습니다.
   1:6: 청중들의 질문: "우리가 어떻게 주의 이름을 멸시했나이까"

3) 2:1-9: 제사장들의 죄악.

4) 2:10-16 - 설교 주제 ❸ 여러분은 우상을 섬기는 여자와 함께하며 여호와와 배우자를 배신했습니다.
   2:14: 청중들의 질문: "어찌 됨이니이까"
   (무슨 까닭으로 이런(분위기로 봐서는 '이 따위?') 설교를 하십니까?: 저의 번역)

5) 2:17 - 설교 주제 ❹ 여러분은 말로 여호와를 괴롭게 합니다.
   2:17: 청중들의 질문: "우리가 어떻게 여호와를 괴롭혀 드렸나이까"

6) 3:1-6 - 여호와의 사자를 통해 전해진 여호와의 심판 예언.

7) 3:7-12 - 설교 주제 ❺ 여러분은 여호와께 돌아올 줄을 모릅니다.
   3:7: 청중들의 질문: "우리가 어떻게 하여야 돌아가리이까"
   ("돌아가려면 우리가 무엇을 해야 합니까?": 새번역)
   (우리에게 무엇을 자꾸 회개하라고 합니까?: 저의 번역)

8) 3:13-15 - 설교 주제 ❻ 여러분은 완악한 말로 여호와를 대적합니다.
   3:13: 청중들의 질문: "우리가 무슨 말로 주를 대적했나이까."

9) 3:16-18 - 여호와를 경외하고, 그의 이름을 존중하는 이들을 향한 보상.

10) 4:1-6 - 여호와의 크고 두려운 날, 엘리야를 보내심.

5. 주제들과 교훈들

저는 말라기에서 다루는 주제들과 신앙적 교훈들이 처음 기록될 당시의 유다 백성에게 뿐만 아니라 이 시대의 그리스도인들에게도 중요한 것들이어서, 여러 교회를 방문하여 설교할 수 있는 기회가 있을 때마다 말라기를 설교하곤 했습니다. 말라기의 여섯 가지 질의 응답식 설교의 주제는 우리 그리스도인들도 주의를 기울여야 하는 것들입니다.

1) 하나님의 변함없는 사랑에 대한 확신(1:1-5)

여호와께서 유다 백성을 여전히 사랑하고 계신다고 말라기가 설교했을 때, 청중들은 하나님께서 그들을 사랑하고 계신다는 믿음이 흔들려서 말합니다: "주님께서 우리를 사랑하신다는 증거가 어디에 있습니까?"(새번역). 말라기는 에돔과 야곱과의 관계까지 설명하면서 여호와께서 유다 백성을 여전히 사랑하고 계신다는 사실을 강조합니다. 그래서 유다 백성이 여호와의 변함없는 사랑을 붙잡고 살도록 가르칩니다. 그러므로 우리 그리스도인들도 삶의 어떤 상황 속에서도 예수 그리스도를 통해 보여주신 하나님의 끝없는 사랑을 붙잡고 살아야 합니다.

2) 하나님을 공경하는 구체적인 방법: 참된 예배와 헌물(1:6-14)

말라기는 당대의 유다 백성이 성전에서 제사를 드리고 헌물을 바치는 모습을 주의 깊게 보면서, 그들이 여호와 하나님을 아버지나 주인으로 공경하는 마음도 없이 아무 쓸모가 없는 제물을 바치는 것을 발견했습니다. 그래서 제사를 드릴 때, 여호와를 공경하는 마음을 가지고, 합당한 제물을 준비해서 드리도록 가르쳤습니다. 더러운 빵, 눈 멀고 절뚝거리고 병든 짐승을 총독에게 바쳐보라고 도전하는 말이나 (1:8), 여호와께서 오히려 이방 백성들을 불러 모아서 여호와의 이름으로 분향하고 깨끗한 제물을 바치게 하여, 이방 민족들 가운데서 높임을 받겠다(1:11)는 표현은 택한 백성으로부터 참된 예배와 헌물을 기대하시는 하나님의 진솔한 심정을 느끼게 만듭니다.

3) 배우자에게 충실한 삶(2:10-16)

말라기는 당대의 유다 백성 중에서 바알 신전을 드나들며 바알을 숭배하고, 아울러 그곳에 상주하는 "이방 신의 딸"("우상을 섬기는 여자": 새번역)들과 성적인 관계를 맺고, 결국에는 그들과 결혼하는 자들이 있는 것을 발견했습니다. 어떤 이들은 그 여인들과 결혼하기 위해 여호와께서 맺어주신 아내에게 이혼을 강요하고, 학대까지 일삼는 것도 보았습니다(16절). 또한, 학대받는 아내들이 성전에서 예배드리며 기도할 때 자신들이 당하는 학대 때문에 "눈물과 울음과 탄식으로" 하는 기도 소리도 들었고, 학대하는 남편들이 마음에 아무런 찔림도 없이 헌금 시간에 많은 액수의 제물을 드리는 것도 보았습니다(13절). 그래서 말라기는 여호와의 안타까운 심정을 품고 남편에게 말했습니다. "여호와께서 다시는 너희의 봉헌물을 돌아보지도 아니하시며 그것을 너희 손에서 기꺼이 받지도 아니하신다"(13절). 백성이 말라기에게 여호와께서 봉헌물을 받지 않으시는 이유를 묻자, 그는 그들이 아내에게 거짓을 행했기 때문이요(14, 15절), 이혼을 강요하고 학대했기 때문이라고 대답했습니다(16절).

그러므로 이 구절은 여호와께서 당신의 백성으로부터 요구하시는 거룩한 삶의 범주에 성전에서 참된 예배를 드리는 것과 아울러 가정에서 배우자에게 거짓을 행하거나 학대하지 않고, 진실과 사랑과 섬김으로 대하는 것도 포함된다는 것을 일깨워줍니다. 이러한 원리는 자녀들과 부모님들을 대할 때도 적용되어야 할 것입니다.

4) 주님을 원망하고 불평하는 말 vs 주님께 감사하는 말

2장 17절과 3장 13절부터 15절은 말라기 당대의 유다 백성이 정치, 경제, 사회적으로 어려운 상황 속에서 여호와께 원망하고 불평하는 말을 자주 내뱉어서, 여호와께서 괴로워하셨다고 언급합니다. 악한 자들이 형통하고 의인들이 어려움을 당하는 억울한 상황을 겪을 때마다 그들은 "주님께서는 악한 일을 하는 사람도 모두 좋게 보신다. 주님께서 오히려 그런 사람들을 더 사랑하신다…공의롭게 재판하시는 하나님이 어디에 계시는가?"(새번역)라고 빈정거렸습니다. 한 걸음 더 나아가, 여호와께서 보실 때 백성이 여호와를 거역하는(개역개정역은 '대적하는'으로 번역함) 것으로 여길 정도의 심각한 표현도 서슴지 않았습니다.

> 하나님을 섬기는 것이 헛되니 만군의 여호와 앞에서 그 명령을 지키며 슬프게 행하는 것이 무엇이 유익하리요 지금 우리는 교만한 자가 복되다 하며 악을 행하는 자가 번성하며 하나님을 시험하는

그러므로 우리는 평범한 일상 속에서, 그리고 어려운 상황에 처할 때마다 어떤 말을 하는지 되돌아보아야 합니다. 그리고 혹시나 주님께 원망과 불평의 말을 해왔다면 빨리 회개하고, 주님께서 베풀어주신 은혜를 생각하며 감사의 고백과 찬양을 드려야 할 것입니다.

5) 회개할 줄 모르는 마음(3:7-12)

여호와께서는 유다 백성이 조상 때부터 여호와의 규례를 떠나 살면서 자신들의 죄악에 대해 뉘우치고 여호와께 돌아오지 않았다는 점을 지적했습니다. 그리고는 말라기 당대의 백성이 죄악을 버리고 여호와께로 돌아오면, 당신께서도 백성에게 돌아가 주신다고 약속했습니다. 이러한 회개의 요청에 대해, 말라기 당대의 백성은 따지듯이 말했습니다. "우리가 잘하는데, 무엇을 자꾸 회개하란 말입니까?" 그러자 여호와께서는 백성이 여호와의 규례를 지키지 않은 것들에 대한 대표적인 예를 들었는데, 그것은 온전한 십일조와 봉헌물을 드리지 않아 여호와의 것을 도둑질한 것이었습니다.

우리 그리스도인들은 말라기가 살던 시대의 유다 백성이 보였던 신앙적인 교만, 즉 회개할 줄 모르는 마음을 항상 조심해야 합니다. 주님의 말씀대로 살려고 노력하지만 그렇지 못한 생각과 행동을 발견하면 즉시 회개하고, 최선을 다해서 주님과 교회를 섬긴 후에도 부족한 점에 대해 뉘우치고 더욱더 잘 섬기겠다고 다짐하는 겸손한 자세가 필요합니다. '내가 주님의 말씀을 잘 섬기는데 왜 자꾸 회개하란 말인가?'라는 말과 생각은 결코 바람직하지 않은 것입니다.

6) 제사장의 임무(2:1-9)

말라기 시대의 제사장들이 얼마나 부패했으면, 여호와께서 그들과 자손들에게 다양한 종류의 저주를 내리시겠다고 선포하겠습니까?: 자손을 꾸짖고, 제사장의 얼굴에 똥칠을 하고, 똥 무더기 위에 버리고, 모든 백성 앞에서 멸시와 천대를 받게 함.

그러면 말라기 시대 제사장들의 죄악은 어떤 것이었습니까?

1) 1:6-14: 제사를 인도하지만 여호와를 공경하고 경외하는 마음이 없었고, 백성이 인색한 마음으로 쓸모없는 헌물을 드려도 상관하지 않음.

2) 2:2: 여호와의 말씀을 듣지 않고 마음에 두지도 않고 여호와의 이름을 영화롭게 하지 않음.

3) 2:7: 옳은 길에서 떠나 많은 사람을 율법에 거스르게 함. 레위의 언약을 깨뜨림.

4) 2:8: 여호와의 뜻을 따르지 않고, 율법을 편파적으로 적용한 탓 (새번역).

말라기는 참된 제사장의 임무와 그것을 잘 수행했을 때의 보상(생명과 평화)도 일깨워줍니다(2:5-7).

• 여호와를 경외함.
• 입에 진리의 법이 있고 불의한 것을 말하지 않음.
• 화평함과 정직함으로 여호와와 동행함.
• 많은 사람을 돌이켜 죄악에서 떠나게 함.

- 입술에 여호와의 율법에 관한 지식이 있어 백성이 제사장의 입에서 율법을 구하게 해야함.

7) 여호와를 경외하는 자들을 향한 보상(3:16-18; 4:2-3)

말라기 시대 백성의 다수가 여호와의 사랑에 대한 확신이 없어지고, 제사에 실패하고, 배우자를 학대하고, 입만 열면 하나님에 대한 원망과 불평을 쏟아놓고, 도무지 회개할 줄을 모르고 살아갔습니다. 말라기가 이러한 문제들을 지적하는 설교를 한 것을 보면, 여호와의 관심이 이들에게만 있는 듯 보입니다.

그러나 3장 16절부터 18절은 여호와의 관심이 여호와를 경외하는 이들과 당신의 이름을 존중히 여기는 이들에게 향한다는 점을 보여줍니다. 또한, 여호와께서 그들에게 합당한 보상을 주실 것을 약속합니다.

(1) 3:16: 그들의 행위를 여호와 앞에 있는 기념책에 기록하십니다.

(2) 3:17: 그들을 특별한 소유로 삼고, 사람이 자기를 섬기는 자녀들을 아낌 같이 아껴 주십니다.

(3) 3:18: 의인과 악인을 분별하고 하나님을 섬기는 자와 섬기지 않는 자를 분별하게 하십니다.

(4) 4:2: "내 이름을 경외하는 너희에게는 공의로운 해가 떠올라서 치료하는 광선을 비추리니 너희가 나가서 외양간에서 나온 송아지 같이 뛰리라."

(5) 4:3: 악인을 밟게 하십니다.

8) 언약의 사자와 여호와의 크고 두려운 날(3:1-5; 4:1-6)

말라기 3장 1절과 2절은 여호와께서 보내실 사자가 주의 길을 예비할 것이라는 예언을 소개합니다. 그는 특히 "언약의 사자"로서 죄악에 빠진 백성에게 모세를 통해 주신 언약의 율법들과 규례들을 상기시켜서, 주의 백성을 정련된 은같이 깨끗하게 하며, 레위 자손들이 올바른 제물을 드리도록 만듭니다. 그 후에 여호와께서 불의를 행하는 자들을 심판하게 됩니다. 4장 5절과 6절은 그 사자를 엘리야 같은 예언자로 유추하게 만듭니다. 그는 여호와의 크고 두려운 날, 심판의 날이 이르기 이전에 백성이 그들의 아버지되시는 여호와께 돌아오도록 호소하는 일을 합니다.

예수님과 신약성경의 저자들은 이 엘리야 같은 예언자, 주의 길을 예비하는 자가 침례(세례) 요한이라고 말씀하셨습니다(마 3:1-4; 눅 3:3-6; 마 11:10-15; 눅 7:24-28). 침례(세례) 요한이 예수님께서 하나님의 아들이시자 메시야로서 온 세상 사람을 죄로부터 구원하시는 사역을 시작하실 것을 선포했기 때문입니다. "보라 세상 죄를 지고 가는 하나님의 어린 양이로다"(요 1:29).

묵상과 토론을 위한 질문

말라기가 지적하는 유다 백성의 여섯 가지 신앙적 잘못은 무엇입니까?

이 여섯 가지 잘못 중에 자신의 삶에서도 발견되고 있어서 회개해야 하는 것들이 있는가요?

말라기는 여호와를 경외하고 그 이름을 존중하는 이를 향한 복이 어떤 것이라고 밝혀 주고 있습니까? 자신이 이러한 복을 경험한 적이 있나요?

23 바벨론 포로기 이후 시대 예언서: 오바댜 개론

1. 기록 목적

에돔(에서의 후손)이 유다(야곱의 후손)에게 포학을 행한 것에 대해 여호와께서 심판하신다는 예언을 소개하여 독자들에게 신앙적 교훈을 제공하는 것이 기록 목적입니다.

2. 특징과 유의점

1) 구약성경에서 가장 짧은 책입니다.

2) "오바댜"는 '여호와의 종'이라는 뜻입니다.

3) 에돔은 사해 남동쪽 해안 지역으로, 북쪽으로는 세렛 시내(Brook Zerred)에서 남쪽으로는 아카바만까지를 포함합니다. 이 지역은 바위가 많은 산악 지역으로서 적들의 침입을 막아주는 천연 요새를 구축하고(옵 1:3-4), 세일이라고 부르기도 했습니다(창 32:3; 36:20-21, 30; 민

24:18)[102]

3. 시대 상황

일부 구약학자가 오바댜의 시대적 배경을 기원전 9세기로 간주하지만(왕하 8:20-22; 대하 21:8-10), 대부분의 구약학자는 오바댜의 예언이 기원전 6세기에 바벨론이 유다를 침략해서 예루살렘을 함락시켰을 당시의 사건과 연관이 있다고 봅니다. 이러한 주장을 합리화하는 구절이 10절부터 14절에서 소개됩니다.

> 네가 네 형제 야곱에게 행한 포학으로 말미암아 부끄러움을 당하고 영원히 멸절되리라 네가 멀리 섰던 날 곧 이방인이 그의 재물을 빼앗아 가며 외국인이 그의 성문에 들어가서 예루살렘을 얻기 위하여 제비 뽑던 날에 너도 그들 중 한 사람 같았느니라 네가 형제의 날 곧 그 재앙의 날에 방관할 것이 아니며 유다 자손이 패망하는 날에 기뻐할 것이 아니며 그 고난의 날에 네가 입을 크게 벌릴 것이 아니며 내 백성이 환난을 당하는 날에 네가 그 성문에 들어가지 않을 것이며 환난을 당하는 날에 네가 그 고난을 방관하지 않을 것이며 환난을 당하는 날에 네가 그 재물에 손을 대지 않을 것이며 네거리에 서서 그 도망하는 자를 막지 않을 것이며 고난의 날에 그 남은 자를 원수에게 넘기지 않을 것이니라(10-14)

---

102   메릴, 루커, 그리산티, 「현대인을 위한 구약개론」, 691.

창세기 25장부터 36장에 의하면, 에서와 야곱은 쌍둥이 형제였습니다. 그렇기 때문에 에서의 후손인 에돔 백성과 야곱의 후손인 유다 백성은 좋은 관계를 유지해야 했지만, 오랜 역사 속에서 그들의 관계는 그렇지 못했습니다. 에돔 백성은 출애굽 한 이스라엘 백성이 가나안 땅으로 들어가기 위해 에돔 지역을 지나가는 것을 막았습니다 (민 20:14-21; 삿 11:17-18). 다윗 왕은 영토를 확장하는 과정 중에 에돔을 정복하고 이스라엘에 흡수시켰습니다(삼하 8:13-14; 왕상 11:15-18). 에돔은 여호람 왕 때 유다의 지배에서 벗어났고(왕하 8:20-22), 아하스 왕 시대에는 유다에 반기를 들고 많은 사람을 포로로 잡아갔습니다(대하 28:17).[103]

그런데 오바댜와 관련하여 중요한 사실은, 기원전 586년에 유다 백성이 바벨론 군대에 의해 패망했을 때, 에돔 백성은 유다와 함께 싸워주거나, 아니면 전쟁에 패하여 낙망하던 유다 백성을 도와주었어야 합니다. 그러나 에돔 백성은 바벨론 군대가 침략할 때 같이 합세했거나, 유다의 패망을 기뻐하며 흩어진 유다 백성의 집에 들어가 물건을 가져오고, 도망가는 유다 백성을 잡아 바벨론 군인들에게 넘겨주기까지 했습니다. 외경인 에스드라 1서(4:45, 50)는 에돔인이 예루살렘 성전을 태우고, 네게브(Negev)의 유다 마을을 점령한 것을 비난합니다.[104]

시편 137편 7절은 유다의 형제 된 에돔 백성이 예루살렘이 무너지는 것을 보면서 기뻐하며 했던 말을 기록합니다(참고, 사 34:5-17; 애 4:21-22).

여호와여 예루살렘이 멸망하던 날을 기억하시고 에돔 자손을 치소

---

103   Ibid., 691-2.
104   롱맨, 딜러드, 「최신구약개론」, 584.

서 그들의 말이 헐어 버리라 헐어 버리라 그 기초까지 헐어 버리라 했나이다(시 137:7)

4. 구조

5. 주제들과 교훈들

1) 에돔의 죄

여호와의 공의로운 심판을 초래했던 에돔의 죄는 무엇입니까? 위에서 소개했던 10절부터 14절의 내용이 그 이유를 아주 자세하게 소개합니다. 형제 나라가 전쟁으로 고통을 당하고 있을 때 방관하다가, 패하고 나니 기뻐하면서 물건을 훔치고, 도망하는 사람들을 잡아 적군들에게 넘겨주는 것과 같은 비인륜적인 행위에 대해 여호와께서 심판하신다고 밝히고 있습니다.

2) 언약의 백성 유다를 향한 여호와의 사랑

에서의 후손 에돔 백성이 쌍둥이 형제 야곱의 후손, 유다 백성의 국가적 재난 때 보여줬던 비인륜적인 행위들은 공의의 하나님을 분노케 했지만, 특히 유다 백성이 여호와와 언약을 맺은 백성이기에 여호와의 분노는 훨씬 컸을 것입니다. 13절은 언약의 백성 유다를 향한 여호와의 사랑의 마음을 잘 느끼게 만드는데, 유다 백성을 "내 백성"이라고 언급하고, 그들이 "환난을 당하는 날"이란 구문을 세 번이나 반복하여 사용함으로써, 여호와께서 유다의 환난에 마음 아파하시는 것을 느끼게 합니다. 아울러 그들에게 포학을 행한 에돔을 처절하게 심판하기로 작정하는 여호와의 분노심까지도 느낄 수 있게 합니다. 그래서 여호와께서 아브라함과 언약을 맺으실 때, "너를 저주하는 자에게는 내가 저주하리니"(창 12:3)라는 약속을 포함하셨는데, 이 약속이 언약의 백성 유다를 저주한 에돔에게 임했습니다.

3) 오바댜를 읽을 때마다 이 책이 한국의 그리스도인들을 향하여 예언하는 듯합니다. 한국 전쟁으로 남북이 분단된 이후 70여 년이 지난 지금, 남한의 우리 백성은 정치적 자유와 경제적 풍요, 그리고 신앙적 자유를 만끽합니다. 그러나 북한의 형제, 자매들은 정치적 억압과 경제적 파탄과 신앙적 핍박 속에서 최소한의 인권도 무시된 채 생존이 위협받고 있습니다.

그럼에도 불구하고 남한의 우리 백성은 북한의 비인륜적인 정치, 사회 시스템 속에서 고통당하는 형제, 자매들의 눈물과 탄식에 방관하는 듯합니다. 이제 우리 그리스도인들이 북한 형제, 자매들의 고난을 방관하지 말고, 그들의 인권이 회복될 수 있도록 기도하고, 여러모로 힘써야 합니다. 그리고 무엇보다도 우선, 북한의 형제, 자매들이 신앙적인 자유를 누릴 수 있는 환경으로 변화되도록 기도하고 도와야 할 것입니다.

묵상과 토론을 위한 질문

 오바댜에 의하면 에돔이 멸망한 이유는 무엇 때문입니까?

 우리의 형제, 자매들인 북한 백성이 정치적, 경제적, 신앙적 어려움을 당하는 현실 속에서 그들의 인권과 신앙의 자유를 회복할 수 있도록 우리가 해야 할 일들은 어떤 것이 있을까요?

 재난을 경험하는 형제, 자매, 친지, 교회 성도들을 돕고 계신가요?

24 요엘 개론

1. 기록 목적

메뚜기 떼가 몰려와서 땅의 곡식과 열매들을 모두 갉아 먹는 자연 재해를 목격한 요엘 예언자가 이 사건을 여호와의 심판으로 간주하여 유다 백성에게 회개를 요청하는 내용을 통해 독자들에게 신앙적 교훈을 제공하는 것이 기록 목적입니다.

2. 특징과 유의점

1) "요엘"은 '여호와께서 하나님이시다'라는 뜻입니다.
2) 2장 28절과 29절은 우리 그리스도인들에게 아주 익숙한 구절이며 복음성가로도 자주 부르고 있습니다.

3. 시대 상황

본문은 요엘 예언자가 활동하던 시대를 구체적으로 알려주는 구절이 없습니다. 또한 "브두엘의 아들 요엘"에 관해 추가적인 정보를 제공하는 구절들이 성경에 없습니다. 그래서 구약학자들은 요엘의 시대 상황에 대해 다양한 견해들을 내어놓았지만, 본문이나 구약성경의 다른 책들에서 어떤 실마리도 제시하지 않기에 어떤 주장도 절대적이지 않습니다.

그럼에도 불구하고 요엘이 분명하게 제시하는 사회적 상황이 있습니다. 그것은 메뚜기 떼(팥중이, 메뚜기, 느치, 황충; 1:4)가 출현하여, 밀과 보리와 포도와 무화과와 석류와 대추와 사과 등을 모조리 갉아 먹어버린 자연재해가 있었던 상황입니다(1:4-12). 그래서 땅과 농부들이 통곡하고, 그들의 헌물을 받지 못하는 제사장들이 탄식하던 상황입니다. 요엘 예언자는 이러한 자연재해를 여호와의 심판으로 간주하여, 백성으로 하여금 "금식하고 울며 애통하고 마음을 다하여" 그리고 "옷을 찢지 말고 마음을 찢고" 여호와께 돌아오도록 요구했습니다(2:12-13).

4. 구조

1장은 메뚜기 떼가 날아와 온 땅의 소산물들을 갉아 먹어버린 상황 속에서 애통하는 백성과 제사장들에게 요엘 예언자가 거국적인 금식과 회개 집회를 열도록 제안하는 내용을 소개합니다. 2장 1절부터 13절은 메뚜기 떼가 다시 날아오는 때를 여호와의 크고 두려운 날로 간

주하면서, 다시 금식하고 애통하며 회개하도록 요청합니다. 2장 18절
부터는 진정으로 회개한 백성들에게 여호와께서 베풀어주시는 복들
을 소개합니다.

1) 1:1-7 팥중이, 메뚜기, 느치, 황충의 습격
2) 1:8-12 농부들과 제사장들의 탄식
3) 1:13-19 회개를 위한 금식 성회 요청
4) 2:1-11 여호와의 심판의 날인 메뚜기 떼의 습격
5) 2:12-17 여호와께 돌아오라

12절: "…너희는 이제라도 금식하고 울며 애통하고 마음을 다하여 내게로 돌아오
라 하셨나니 너희는 옷을 찢지 말고 마음을 찢고 너희 하나님 여호와께로 돌아올
지어다…"

6) 2:18-3:21 회개하는 백성에게 여호와께서 주시는 복

(1) 2:18-27   땅과 소산물의 회복: 메뚜기가 물러감, 이른 비와 늦은 비를 주심, 밀,
포도주, 기름이 가득함
(2) 2:28-32   영적인 회복: 여호와의 영을 만민에게 부어주심
  "그 후에 내가 내 영을 만민에게 부어 주리니 너희 자녀들이 장래 일을 말할 것
  이며 너희 늙은이는 꿈을 꾸며 너희 젊은이는 이상을 볼 것이며 그 때에 내가 또
  내 영을 남종과 여종에게 부어 줄 것이며"
(3) 3:1-21   전쟁에서의 승리: 여호와께서 민족들을 심판하심

5. 주제들과 교훈들

1) 참된 회개

요엘은 회개와 관련한 몇 가지 중요한 사안들을 인상 깊은 시각적
이미지들을 사용하여 가르칩니다.

첫째로, 참된 회개에는 다음과 같은 행동들이 포함됩니다.

(1) 1:13 - 굵은 베 옷을 입고 밤을 새워 애통함

(2) 1:14 - 금식일을 정하고 성회를 소집하여 여호와께 부르짖음

(3) 2:13 - 마음을 다함, 입으로만 형식적으로 회개하는 것이 아니라

(4) 2:13 - 옷을 찢는 것이 아니라 마음을 찢으므로

둘째로, 요엘은 회개를 위한 금식일과 성회에 참여해야 할 사람들이 누구인지 언급합니다: 장로들, 어린이, 젖 먹는 아이들, 신랑과 신부(2:15-16). 다시 말하여, 국가적 재난을 경험할 때 온 백성이 함께 회개할 것을 강조합니다.

셋째로, 요엘은 백성이 진심으로 회개할 때 여호와께서 주시는 복들을 소개합니다.

(1) 2:18-27: 땅과 소산물의 회복

곡식과 새 포도주와 기름을 흡족하게 줌. 메뚜기 떼를 바다로 보내버림. 이른 비와 늦은 비를 적당하게 내리게 함

(2) 2:28-32: 영적인 회복

여호와께서 만민에게 당신의 영을 부어주셔서 자녀들이 예언을 하고, 노인들은 꿈을 꾸고, 젊은이들은 환상을 보고, 종들과 남녀들이 모두 여호와의 영을 받게 됨: 누구든지 여호와의 이름을 부르는 자는 구원을 얻게 됨(2:32)

(3) 3:1-21: 여호와께서 모든 민족을 심판하시고, 다른 나라들과의 전쟁에서 승리하게 하시고, 유다를 괴롭힌 민족들에게 원수를 갚으심

2) 온 세상과 만국의 주권자가 되시는 여호와

다른 예언서들과 마찬가지로 요엘도 여호와께서 온 세상과 만민의 주권자가 되심을 선포합니다. 여호와께서는 택한 백성이 당신의 뜻에 합당하게 살지 않을 때, 메뚜기 떼가 몰려오는 것과 같은 자연재해를 통해 심판하시고 회개할 수 있는 기회를 제공하실 수 있는 분이십니다. 그리고 백성이 진정으로 회개하면 메뚜기 떼가 물러가고, 이른 비와 늦은 비를 적당하게 내리게 하셔서 땅의 열매들을 풍성하게 만들 수 있는 분이십니다. 뿐만 아니라 여호와께서는 두로, 시돈, 블레셋, 애굽, 에돔 족속들이 유다 백성에게 행했던 악행들을 심판하셔서 벌하실 수 있는 주권자이십니다(3:2).

3) 유다 백성을 향한 여호와의 끊임없는 은혜와 자비, 인내와 인애

요엘이 비록 짧은 책이지만, 그 속에서 보여주는 유다 백성을 향한 여호와의 은혜, 자비, 인내, 인애는 무한하며, 감동적입니다. 비록 백성이 여호와의 뜻을 불순종하여 자연재해를 통한 고통을 당할 수밖에 없었지만, 그들이 금식하며, 애통하고, 마음을 찢으며 진정으로 회개하면 그들의 죄를 용서하시고, 당신의 영을 부어주셔서 소명을 이루게 하시고, 적들을 물리쳐주시는 여호와는 진정으로 은혜와 자비, 인내와 인애의 하나님이십니다.

> 그는 은혜로우시며 자비로우시며 노하기를 더디하시며 인애가 크시고 뜻을 돌이켜 재앙을 내리지 아니하시나니 주께서 혹시 마음과 뜻을 돌이키시고 그 뒤에 복을 내리사 너희 하나님 여호와께 소제와 전제를 드리게 하지 아니하실는지 누가 알겠느냐(2:13-14)

유다 백성을 향한 여호와의 끊임없는 사랑은 여호와께서 이방 국가들을 심판하시는 이유를 설명하는 구절들에서도 분명히 드러납니다. 특히 그들이 여호와께서 "내 백성"이라고 부르는 유다 백성을 억압했기 때문에 그들을 심판하신다는 예언들은 온 세상 만국을 공의롭게 심판하시는 주권자 여호와께서는 또한 당신의 백성을 너무나 사랑하고 불쌍히 여기시는 분이라는 점을 기억하게 만듭니다. 이방 국가의 백성들이 유다 백성을 억압한 구체적인 경우들이 3장에서 언급됩니다.

(1) 3:2-3: "그들이 나의 백성을 여러 민족 속에 흩어 놓고, 또 나의 땅을 나누어 가지고, 제비를 뽑아 나의 백성을 나누어 가졌기 때문이다. 소년을 팔아서 창녀를 사고, 소녀를 팔아서 술을 사 마셨기 때문이다."(새번역)

(2) 3:5-6: 그들이(두로, 시돈, 블레셋 백성) 유다 백성의 은, 금을 약탈하여 가져가고, 예루살렘 거민들을 헬라 족속에게 팔아버림.

(3) 3:19-21: 애굽과 에돔이 유다 땅에 들어와서 백성을 폭행하고, 죄 없는 사람을 죽임.

4) 여호와의 영을 만민에게 부어주심

요엘은 여호와께서 자기 백성의 죄악에 대해 공의롭게 심판하시지만, 그들이 진정으로 회개하면 그들의 죄를 용서하시고, 자연재해를 물러가게 하신다고 기록합니다. 또한, 그들에게 당신의 영을 부어주셔서 자녀, 늙은이, 청년들이 모두 여호와께서 품게 하신 소명을 이루며 살도록 하실 것이라는 약속을 언급합니다. 그러나 안타깝게도 유다 백성은 오랫동안 여호와 앞에서 진정한 회개를 하지 않았고, 결과적으로 이러한 복된 예언을 자신의 삶 속에서 누리지 못했습니다.

그러자 하나님께서는 인간을 구원하려는 당신의 섭리와 계획에 따라 예수님을 이 땅에 구세주와 주님으로 보내셔서 십자가를 지시고 사흘 만에 부활하게 하셨습니다. 그리고 승천하신 후에는 오순절을 지키기 위해 모여 있던 제자들과 믿는 자들에게 성령이 임하게 하셨습니다.

그래서 요엘 2장 28절부터 32절의 예언이 그들의 모임에서 성취되도록 하셨습니다. 뿐만 아니라 시대에 상관없이 자신들의 죄를 진정으로 회개하여 예수님의 십자가 앞에 내려놓고, 예수님을 구세주와 주님으로 섬기는 이들에게 성령께서 임하셔서 예언을 하고, 거룩한 꿈을 꾸고, 주님께서 주신 환상을 이루며 살도록 만드십니다. 우리들이 이러한 성령역사의 증인이라고 믿습니다.

묵상과 토론을 위한 질문

 심각한 자연재해를 우리의 죄악에 대한 하나님의 심판으로 간주하고 진정으로 회개한 경험이 있나요?

 살아오면서 자신의 죄와 실수에 대해 금식하며, 애통하며, 마음을 찢으며 하나님께 회개한 경험이 있나요?

 요엘에 의하면, 하나님께서는 자신의 죄에 대해 진정으로 회개하면 자연을 회복시켜 주셔서 풍성한 수확을 주시고, 또 하나님의 영을 부어주셔서 예언하고, 꿈을 꾸고, 환상을 보게 하신다고 약속하셨습니다. 당신은 요즘 어떤 꿈을 꾸고 환상을 보고 계신가요?

25 요나
개론

1. 기록 목적

요나 예언자가 니느웨 백성의 죄악에 대한 여호와의 심판을 외치자 그들이 회개하여 구원받는 것을 보고 분노하다가 여호와께 꾸지람을 당하는 것을 통해 독자들이 여호와의 세계 보편적 사랑을 깨닫게 하는 것이 주된 기록 목적입니다.

2. 특징과 유의점

1) 요나는 다른 예언서들과 달리 요나 예언자의 개인적인 경험이 주로 소개되며, 여호와로부터 받은 예언은 "사십일이 지나면 니느웨가 무너지리라"(3:4)라는 한 구절뿐입니다.

2) 요나의 문학적 양식(genre)을 어떻게 볼 것인지에 대한 구약학자들의 논의가 오랜 세월 동안 활발하게 진행되었지만 통일된 결론이

없습니다. 요나라는 인물과 요나서에 소개 되는 사건들이 모두 역사적으로 존재했던 것으로 간주하는 구약학자들은 이 예언서를 역사적 근거를 가진 예언서(historical prophecy)로 봅니다. 그런가 하면, 요나서에 언급되는 몇 가지 사실들이 실제 발생한 것이 아니라 신앙적 교훈을 제공하도록 문학적으로 각색된 허구로 간주하는 학자들은 이것을 비유(신앙적, 윤리적 교훈을 제공하도록 만들어진 짧은 이야기)로 간주합니다.

요나의 문학 양식에 관한 구약학자들의 주장들이 아주 다양하고, 그들의 주장을 뒷받침해 주는 근거들도 많이 있는데, 이 사안에 관심이 있으면 다른 구약학자들의 구약개론을 참고하시면 됩니다. 사실 저는 이 사안에 관해 많은 시간을 할애하고 싶은 마음이 없습니다. 그럼에도 불구하고, 저의 견해를 말씀드린다면, 저는 요나가 기원전 8세기에 살았던 예언자 요나를 주인공으로 삼고, 그가 여호와 앞에서 보였던 실망스러운 행동들에 관한 이야기를 엮어서 독자들의 뇌리에 오래 남을만한 교훈을 제공하는 이야기체의 예언(story-type prohecy)이나 예언적 이야기(prophetic story)로 간주합니다. 제가 '소설'(novel)이나 '픽션'(fiction)이라는 용어를 사용하지 않는 이유는 이러한 용어들을 사용할 때, 독자들에게 본문의 역사성이나 사실성을 부인하는 뉘앙스를 줄 수 있기 때문입니다.

3) 예수님께서 바리새인들과 사두개인들로부터 하늘로부터 오는 표적을 보여 달라는 요구를 받았을 때, "요나의 표적밖에는 보여 줄 표적이" 없다고 말씀하셨습니다(마 16:1-4; 막 8:11-13; 눅 2:54-56). 이것은 예수님도 요나가 개인적으로 경험한 사건의 사실성을 인정하신 것으로 간주할 수 있습니다.

3. 시대 상황

예언자 요나가 활동하던 시대는 북 왕국의 여로보암 2세가 통치하던 때(BC 786-746)입니다. 열왕기하 14장 25절에 의하면, 그는 여로보암 2세가 이스라엘의 영토를 회복하여 하맛 어귀에서부터 아라바 바다까지 확장시킬 것을 예언했습니다. 그래서 그의 예언이 요나에서 소개되는 사건들과 아무런 관련이 없음을 알 수 있습니다. 구약학자 중에는 이 구절을 근거로 하여 요나가 이스라엘의 영토가 확장되는 것을 옹호하는 국수주의적 예언자라고 평가하기도 합니다. 그런가 하면, 또 다른 이들은 요나의 저자가 의도적으로 국수주의적 예언자 요나를 주인공으로 삼아서 그가 여호와의 세계 보편적인 사랑을 이해하지 못한 것에 대해 꾸지람을 당하게 함으로써 독자들에게 신앙적 교훈을 얻도록 만들었다고 봅니다.

요나가 기록된 시대 상황을 단정하는 것은 쉽지 않습니다. 기원전 8세기에 활동했던 요나가 자신의 경험을 직접 기록했다고 보려니 요나가 삼인칭으로 소개될 뿐만 아니라, 자신의 치부를 그대로 드러내는 내용이고, 또 당시에 고대 근동을 지배하던 앗수르 제국의 상황(니느웨 성의 크기, 니느웨 왕이라는 표현, 니느웨 왕과 온 백성들과 짐승들의 금식과 회개)과 거리가 있는 것 같아서 기원전 8세기에 기록된 것으로 간주하기를 망설이는 이들이 많이 있습니다. 거기에다가 몇 단어들이 기원전 5세기나 4세기에 사용된 아람어로 되었다는 것을 근거로 하여 여러 학자는 요나의 기록 시기를 이때로 봅니다.

다시 말씀드리지만, 요나라는 예언서가 기록된 시기를 단정하기가 어렵고, 그와 관련한 시대 상황을 추측하기도 어렵습니다. 본문이나 성경의 다른 곳에서 어떤 정보도 제공하지 않기 때문입니다. 그럼에도 불구하고, 구약학자들이 공통적으로 인정하는 것은, 구체적인 시기에 상관없이 유다 공동체 속에서 앗수르 백성을 비롯한 이방 백성들에 대한 민족적 적대감과 분노심이 팽배했던 상황이 요나에서 암시되었다는 것입니다. 이런 관점에서 볼 때, 요나라는 예언서가 사회적인 영향력을 가장 많이 발휘할 수 있었던 시대 중의 하나는 바벨론 포로기 이후 시대라고 추정할 수 있습니다. 왜냐하면, 에스라와 느헤미야를 중심으로 신앙적, 사회적 개혁을 시도할 때 이방 여인과 결혼한 사람들에게 헤어지도록 명령한 규례를 포함했는데, 이러한 규례의 근본 취지가 우상 숭배를 막기 위한 것이었지만, 세월이 지나면서 이방인과 결혼한 사람들이나 다문화 가정에 대한 편견과 멸시가 유다 공동체의 사회 문제로 대두되었을 것으로 추정하기 때문입니다.

4. 구조

요나는 예언서 중에서 유일하게 책 전체가 파격적이고 아이러니한 (엉뚱한) 이야기들로 엮어져서 독자들의 관심을 끌기 때문에 처음부터 끝까지 단번에 읽어나가게 만듭니다. 일반 소설의 구조를 줄거리의 진행에 따라 발단-전개-절정-대단원으로 나누는데, 요나도 이런 식으로 나눌 수 있습니다. 특히 요나의 대단원은 파격 자체입니다. 발단이나 전개에서 제기되는 문제들이 절정에서 해결되어 독자들에게 편안한 마음으로 대단원의 사건을 맞이하게 하는 것이 아닙니다. 오히려 본문 전체에서 암시되던 가장 심각한 문제를 대단원에서 질문 형식으로 터뜨려서 그 질문이 독자들의 뇌리에 오래 남아 계속 묵상하게 만듭니다. 요나를 문학적으로 해석하는 학자들이 요나의 가장 뛰어난 수사학적 기교로 간주하는 "아이러니"에 관심을 기울이면서 요나의 구조를 나눈다면 다음과 같습니다.

1) 1장 발단

(1) 1:1-3　니느웨로 가서 예언하라는 여호와의 명령에 "여호와의 얼굴을 피하여" 다시스로 도망가는 요나
　　아이러니 ❶ 여호와의 예언자가 여호와의 얼굴을 피하다
(2) 1:4-16　여호와의 얼굴을 피하여 도망가다가 바다에서 풍랑을 만난 요나
　　아이러니 ❷ 풍랑을 만난 배에 있던 이방인 선장과 선원들(1:5)이 요나에게 보여준 관대함

2) 2장 전개

(1) 2:1　바다에 던져진 요나를 위해 큰 물고기를 예비하신 여호와
(2) 2:2-9　물고기 배 속에서 기도하는 요나
　　아이러니 ❸ 요나는 자신의 잘못을 회개하고 다시 니느웨로 가겠다는 결심을 하는 기도를 드리지 않고, 살려주신 것이 감사해서 예루살렘 성전에서 제사를 드리겠다고 서원함
(3) 2:10　아이러니 ❹ 여호와의 명령에 따라 요나를 육지에 토하는 물고기

3) 3장 절정

(1) 3:1-4　니느웨에서 예언하는 요나: "사십 일이 지나면 니느웨가 무너지리라"
　　아이러니 ❺: 한 문장의 설교로 한 나라를 변화시키다-최고의 부흥 집회를 인도한 요나
(2) 3:5-8　니느웨 백성, 왕, 짐승이 굵은 베 옷을 입고 단식하며 하나님께 부르짖음
　　아이러니 ❻: 이방 신들을 섬기는 앗수르 백성이 여호와께 회개하다
　　아이러니 ❼: 짐승, 소 떼. 양 떼도 금식하며 부르짖음
(3) 3:9-10　여호와께서 회개하는 그들에게 재앙을 내리지 않으심

4) 4장 대단원

(1) 4:1-3　회개한 니느웨 백성에게 재앙을 거두신 여호와 앞에서 화를 내는 요나
　　아이러니 ❽ 니느웨에서 부흥회를 성공적으로 끝내고 화를 내는 부흥강사 요나
　　니느웨 백성에 대한 적대감과 분노심을 해결하지 못하고 선교지로 나선 선교사 요나

(2) 4:4   여호와께서 준비하신 박넝쿨이 말라버린 것에 대해 화를 내는 요나를
           향한 여호와의 꾸지람
아이러니 ❾ 대단원에서 핵심적인 질문을 던짐/ 이 질문은 요나를 향한 질문이
기도 하지만 요나의 독자들을 향한 질문이기도 함

5. 주제들과 교훈들

1) 여호와의 세계 보편적인 사랑

요나에서 가장 두드러진 신학적 주제는 여호와 하나님께서 자신이
택하신 유다 백성에게만 은혜와 자비를 베푸시는 분이 아니라, 이방
백성이라 할지라도 자신들의 죄를 진정으로 회개하면 자비를 베푸셔
서 그들의 죄를 용서하시고 재앙을 거두시는 분이라는 점입니다. 이
주제는 3장 10절의 해설(narration) 부분과, 4장 2절의 요나의 고백, 그리
고 4장 11절의 여호와의 마지막 질문에서 분명히 드러나고 있습니다.

하나님이 그들이 행한 것 곧 그 악한 길에서 돌이켜 떠난 것을 보시
고 하나님이 뜻을 돌이키사 그들에게 내리리라고 말씀하신 재앙을
내리지 아니하시니라
주께서는 은혜로우시며 자비로우시며 노하기를 더디하시며 인애
가 크시사 뜻을 돌이켜 재앙을 내리지 아니하시는 하나님이신 줄을
내가 알았음이니이다
하물며 이 큰 성읍 니느웨에는 좌우를 분변하지 못하는 자가 십이
만여 명이요 가축도 많이 있나니 내가 어찌 아끼지 아니하겠느냐
…

여호와께서 이방 백성들의 삶에 관심을 가지시고 그들의 죄악에 대해서 심판하시지만 그들이 여호와 앞에 회개하고 나아오면 구원을 베풀어 주시고 복을 주시는 분이라는 점은 구약성경 여러 곳에서 가르치는 진리입니다(창 12:3; 21:8-21; 왕하 5장; 사 42:6; 49:6). 여호와께서 이방 민족들을 모아 그들의 예배를 받기를 원하신다는 것도 사실입니다(슥 8:20-23; 말 1:11). 그런데 요나는 여호와의 세계 보편적인 사랑과 은혜를 요나 예언자가 직접 체험한 사건들을 통해 독자들의 뇌리에 오래 남을 수 있도록 흥미진진한 이야기체로 전달합니다.

2) 여호와의 택한 백성이 품는 민족적 편견 깨기

요나의 신학적 중심 주제가 이방 백성들을 향한 여호와의 세계 보편적인 사랑과 자비에 관한 것이라면, 독자들의 실천적인 삶을 위한 중심 주제는 택한 백성이 품는 민족적인 편견을 깨는 것이라고 봅니다. 이 예언서의 주인공 요나가 여호와의 마음과 뜻을 가장 잘 알아야 할 예언자였음에도, 그는 이방 백성들에 대한 민족적인 편견을 버리지 못했습니다. 비록 앗수르 백성을 비롯한 다른 백성들이 유다 백성을 오랜 세월 동안 억압했다고 할지라도 여호와의 예언자는 달리 반응해야 했음에도 불구하고 요나 예언자조차도 민족적 적대감과 복수심으로 가득 찬 가운데 그들을 대했습니다. 그래서 구약성경에 소개되는 최고의 부흥 집회 중의 하나를 인도하고 난 후에도 여호와 앞에서 화를 내고, 죽고 싶을 정도로 분을 냅니다. 그러다가 좌우를 분별하지 못하는 수많은 니느웨 백성을 아끼는 여호와 앞에서 그들을 향한 긍휼과 자비의 마음이 없는 것 때문에 혼이 납니다.

이 주제와 관련하여 루커(Mark F. Rooker)는 합당한 언급을 합니다.

이 책은 청중에 대한 질문으로 마침으로 독자에게 다음과 같은 도전을 준다. "언약 밖 백성에 대한 자비와 관련하여 하나님의 관점을 취할 것인가 요나의 관점을 취할 것인가?" 이 책은 이스라엘 백성에게 이방인을 배제하는 편협한 국수주의를 벗어나 지상의 모든 가족에 대한 복의 근원이 되며(창 12:3) 이방의 빛이 될 것을(시 42:6) 촉구한다.[105]

그러므로 요나는 우리에게도 중요한 교훈을 제공합니다. 우리 그리스도인들의 마음속에 요나가 품었던 민족적 적대감이나 선민으로서의 자부심과 교만함이 있다면 회개해야 합니다. 그리고 우리 주위에서 아직도 예수님을 구세주와 주님으로 믿지 않는 자들을 향한 긍휼의 마음을 가지고 전도해야 하며, 우리의 조상들을 괴롭혀 온 민족들이라 할지라도 그들에게 그리스도의 사랑을 전할 수 있어야 합니다.

3) 선교사 요나의 실수들

화란의 훌륭한 선교사요 선교학자인 요한네스 페어까일(Johannes Verkuyl)은 요나로부터 세계 선교 명령을 실천하기 위한 성경적 기본 원리를 찾아 논문을 쓴 바가 있습니다.[106] 저도 단기 해외 선교사로 파송된 요나가 보였던 실수들로부터 몇 가지 교훈을 제시하고자 합니다.

(1) 선교는 결코 여호와의 얼굴을 피하여 도망가는 기회가 되어서는 안 됩니다. 자신이 맡은 교회 사역들이 힘들다고, 성도들의

---

105 메릴, 루커, 그리산티, 「현대인을 위한 구약개론」, 709.
106 요한네스 페어까일, "세계 선교 명령의 성경적 기초," 「미션 퍼스펙티브」 (서울: 예수전도단, 2002), 68-70.

낮도 피하고 여호와의 낯을 피해서 쉬러 가는 여행이 되어서는 안 됩니다.

(2) 선교지의 백성들과 그들의 문화와 풍습을 존중하는 겸손한 마음을 잊지 말아야 합니다. 요나가 품었던 민족적 적대감이나 우월감을 지닌 채 선교하러 가는 것은 주님의 영광을 가릴 수 있기 때문에, 차라리 가지 않는 것이 나을 것입니다. 경제적으로 부유한 한국교회에서 파송되었다고 해서 동남아나 아프리카의 가난한 지역 백성들을 얕보거나 폄하하는 모습은 자신뿐만 아니라 앞으로의 선교 사역을 막는 죄악입니다.

(3) 선교지에서 일어나는 영적인 부흥과 열매들에 대해 주님께 감사할 줄 알아야 합니다. "사십 일이 지나면 니느웨가 무너지리라"라는 한 구절의 설교에도 니느웨 전체가 회개하는 감격적인 역사에 대해, 요나는 감사할 줄 모르고 오히려 여호와께 화를 내며 죽고 싶다고 말했습니다. 우리는 지금도 세계 전역의 선교지에서 일어나는 사역의 신비한 열매들에 대해 감사하는 마음을 잃지 말고, 사역의 어려움을 이겨내어야 할 것입니 다.

(4) 선교사로 나갈 때 반드시 지녀야 할 것은 영혼을 사랑하는 마음입니다. 좌우를 분변하지 못하고 살아가는 잃어버려진 영혼들을 볼 때, 예수님처럼 목자 없이 방황하는 양들을 보듯이 불쌍히 여기는 마음을 가져야 합니다. 이러한 마음이 없이 선교지로 가면, 그곳에서의 모든 행동은 의미가 없고, 참된 보람을 잃어버립니다. 그러므로 장기 선교사로 나가든 단기선교 여행을 가든, 잃어버려진 영혼들을 향한 긍휼의 마음을 가지고 나갈 수 있도록 기도로 준비해야 할 것입니다.

묵상과 토론을 위한 질문

 요즘 당신은 요나처럼 하나님의 낯을 피하려고 시도하고 있지 않습니까?

 당신은 요나가 극복하지 못한 민족적 적대감이나 편견을 초월했습니까? 온 세계 가난한 나라의 백성들을 보면서 민족적 우월감이나 자만감에 빠져 살고 있지는 않습니까? 이러한 잘못된 생각들을 극복할 수 있는 비결은 무엇이라고 생각하십니까?

 요나에 의하면, 장기 선교사로 나가기를 준비하거나, 단기 선교 여행을 준비하는 이들이 반드시 기억해야 할 사안이 무엇이라고 생각합니까?

26 시편 개론

1. 기록 목적

고대 이스라엘 백성이 삶의 여러 상황 속에서 개인적으로 뿐만 아니라 예루살렘 성전이나 성소에서 함께 모여 여호와께 기도하고 찬양한 내용을 모아 소개함으로써 독자들에게 삶의 다양한 상황 속에서 기도하는 것을 돕는 것이 기록 목적입니다.

2. 특징과 유의점

1) 시편은 고대 이스라엘 백성이 삶의 다양한 상황 속에서 여호와 하나님께 드렸던 기도와 찬양 모음집입니다.

2) 히브리어 성경에는 책 이름이 '찬양들'(tehilim)이지만, 실제로는 '탄원'의 내용이 더 많습니다. 그러므로 시편을 읽을 때, 삶의 다양한 애환으로 하나님께 부르짖는 이들의 심정을 공감하려는 마음 자세가

필요합니다.

3) 하나님의 말씀이 계시된 율법서(Torah)가 다섯 권(창, 출, 레, 민, 신)으로 주어진 것처럼, 히브리인들은 시편도 다섯 권으로 나누어 읽고 있습니다(1-41편/ 42-72편/ 73-89편/ 90-106편/ 107-150편). 그래서 하나님께서 계시하여 주신 말씀에 대한 신앙적 반응을 시편으로 표현합니다.

4) 각 시편의 서문에서 밝히는 저자들은 다음과 같습니다.

　(1) 다윗: 73편(3-9, 11-32, 34-41 등)

　(2) 아삽: 12편(50, 73-83)

　(3) 고라 자손: 10편(42, 44-49, 84-85, 87)

　(4) 솔로몬: 2편(72, 127)

　(5) 모세: 1편(90)

　(6) 에스라인 헤만: 1편(88)

　(7) 에스라인 에단: 1편(89)

5) 시편 중의 많은 것이 예루살렘 성전 예배 때에 함께 드렸던 기도문과 찬양들입니다. 그러므로 시편과 예배는 분리될 수가 없습니다.

6) 시편은 지식을 위한 책이기도 하지만 또한 가슴을 위한 책입니다. 하나님께서 어떤 분이신지, 하나님의 백성은 어떻게 살아야 하는지 가르쳐줌과 동시에, 깊은 고난의 웅덩이에 빠져서 애통하며 탄원하는 기도와, 그 기도가 응답되었을 때 감사하는 마음을 표현하는 찬양이 있습니다. "시편은 찬양과 저항, 강한 믿음과 깊은 절망, 현명한 충고와 어처구니없는 어리석음, 그리고 지속적인 사랑과 강렬한 증오를 동시에 표현하고 있습니다"(찬양시와 탄원시).[107] 그러므로 시편은 가

107　차준희, 「최근 구약성서의 신앙」, 28.

슴으로 읽어야 합니다.

7) 시편은 신학적인 깊이도 있지만, 문학적인 아름다움도 뛰어납니다. 운율, 시청각적 이미지, 그리고 다양한 수사학적 기교들은 시편을 읽는 즐거움을 제공함과 아울러 시편의 내용이 뇌리에 오래 남게 만듭니다.

8) 시편은 눈으로만 읽기보다 소리 내어 크게 읽거나 곡조에 맞춰 노래로 부르는 것이 훨씬 감동이 큽니다.

3. 시편 연구를 위한 주된 관심 분야

구약학자들이 시편을 연구해 온 역사를 되돌아보면, 시편 연구와 관련하여 필수적인 연구 관심 두 분야가 강조되었는데, 하나는 삶의 자리(Sitzem im Leben; situation in life)이고 다른 하나는 문학적 양식(literary genre/form)입니다. 특히 궁켈(Hermann Gunkel), 모빙켈(Sigmund Mowinckel), 크라우스(Hans-Joachim Kraus), 앤더슨(Bernhard W. Anderson) 등이 이러한 연구를 강조한 대표적 학자들입니다.

1) 삶의 자리(삶의 상황)

삶의 자리란 각 시편에서 암시하는 삶의 상황을 말합니다. 예를 들어, 시편의 저자가 질병으로 죽음이 임박한 상황, 주위의 악인들로부터 왕따를 당하고 핍박을 받는 상황, 그래서 여호와께 기도했더니 구원하셔서 감사의 기도를 드리는 상황, 국가적으로 기근이나 전쟁을 경험하는 상황, 예루살렘 성전에 절기를 지키러 올라가는 상황, 바벨론에 포로로 잡혀가 있는 상황 등을 시편에서 발견할 수 있습니다. 그리고 이렇게 본문에서 암시하는 삶의 구체적인 상황을 알면, 그와 비슷한 상황에 처한 독자들이 신앙적으로 어떻게 반응하며 어떤 기도를 해야 할지 도움을 얻게 됩니다.

2) 문학적 양식

구약학자들은 각 시편이 암시하는 삶의 자리(삶의 상황)를 연구함과 아울러 그러한 상황에서 만들어진 기도문들을 세부적인 문학 양식에 따라 나누고 있습니다. 구약학자마다 시편의 문학 양식들을 독특하게 표현하지만, 그래도 가장 보편적으로 통용되는 것들은 아래와 같습니다.

(1) 찬양시(hymn): 여호와 하나님의 성품과 활동에 대해 아는 지식을 노래로 표현한 내용으로 하나님을 주로 창조주, 온 세상의 주권자, 이스라엘 역사의 주관자로 노래함
: 8; 19; 29; 33; 104-105; 111; 113-114; 117; 135-136; 145-150

(2) 대중 탄원시(communal lament): 전염병, 가뭄, 적의 침입, 전쟁에서의 패배, 바벨론에서의 유배 생활 등과 같은 국가적 위기를 경험했을 때 온 백성이 함께 모여 여호와께 구원을 간구하는 내용
: 12; 44; 58; 60; 74; 79; 80; 83; 85; 89; 90; 94; 123; 126; 129; 137

(3) 개인 탄원시(individual lament): 개인이 당하는 고난에 대해 여호와의 구원을 바라는 내용
: 3; 4; 5; 7; 9-10; 13; 14; 17; 22; 25; 26; 27; 28; 31; 35; 36; 39; 40; 41; 42-43; 52; 53; 54; 55; 56; 57; 59; 61; 63; 64; 69; 70; 71; 77;; 86; 88;

89; 109; 120; 139; 140; 141; 142

(4) 대중 감사시(communal psalm of thanksgiving): 국가적인 재난에 탄원했을 때 여호와께서 구원을 베풀어주신 것에 감사하는 내용
: 65; 67; 75; 107; 124; 136

(5) 개인 감사시(individual psalm of thanksgiving): 개인적으로 탄원을 드린 후에 기도가 응답되었을 때 여호와의 구원에 감사하고 찬양하는 내용
: 18; 21; 30; 32; 34; 40:1-11; 66:13-20; 92; 108; 116; 118; 138

(6) 제왕시(royal psalm/ kingship psalm): 이스라엘의 왕들을 위해 기도하고, 또 그들과 관련하여 일어난 사건들을 계기로 하여 여호와의 활동을 되돌아보게 만드는 내용
: 2; 21; 45; 72

(7) 지혜시(wisdom psalm): 악인들의 횡포에 지혜롭게 대처하는 방법을 알려주는 내용
: 36; 37; 49; 73; 78; 112; 127; 128

(8) 순례자의 시편(pilgrim's psalm): 이스라엘 백성이 절기를 지키려, 성전에 올라가면서 부르는 노래
: 120-134

(9) 율법시(psalm of torah): 여호와의 율법을 묵상하고 실천하도록 권하는 내용
: 1; 19; 119

3) 수사학적 기교들

구약성경을 문학적 관심을 가지고 연구하는 학자들이 시편을 연구

하면서 본문의 운율, 평행법, 시각적, 청각적, 후각적, 운동적, 성적 이미지, 주제 단어, 직유법, 은유법, 대유법, 의인법 등과 같은 다양한 수사법 등을 연구합니다. 그래서 각 시편을 읽을 때 시적인 맛과 멋을 더욱 잘 살려서 읽고, 본문의 교훈을 바르게 깨달을 수 있도록 돕습니다. 제가 쓴 논문들이 예가 될 수 있을 것입니다.[108]

4. 각 대중 탄원시와 개인 탄원시가 암시하는 삶의 자리(상황)

위에서 언급한 것처럼, 각 시편을 바르게 이해하도록 각 시편이 암시하는 삶의 상황이나 문제를 바르게 이해하는 것이 필수적입니다. 그래서 대중 탄원시와 개인 탄원시에 속하는 각 시편의 삶의 상황에 대해 제가 찾아본 것을 아래와 같이 소개하고자 합니다.

1) 각 대중 탄원시의 삶의 자리(상황)
12편: 거짓말하고 아첨하는 사람들에 의해 의인들이 어려움을 당하는 상황
44편: 전쟁에서 패배한 상황
58편: 사회 여러 곳에서 폭력이 난무하는 상황
60편: 전쟁에서 패하여 도망하는 상황

---

108 이형원, "시편 12편의 문학적 연구," 『구약성서 해석의 원리와 실제』 (서울: 대한기독교서회, 1999), 169-197; "시편 15편의 수사학적 탁월성과 윤리적 교훈," 『복음과 실천』, 63집 (2019년 4월), 7-35.

74편, 79편, 80편, 83편: 나라의 패망-예루살렘의 멸망

85편: 주의 백성들이 포로로 잡혀간 상황

89편 38-51절: 전쟁에서의 패배

90편: 공동체 구성원들이 죽음의 위협을 당하고 있을 때

94편: 전쟁에서 패배한 상황

123편: 가난하고 소외된 자들이 성전에 올라가면서 기도하는 상황

126편: 바벨론에 유배된 자들이 돌아오는 상황을 생각하면서 부른
　　　노래

129편: 적군의 침입

137편: 바벨론에 유배된 자들이 강변에서 부른 노래

2) 각 개인 탄원시의 삶의 자리(상황)

3편: 다윗이 그 아들 압살롬을 피할 때 지은 시
　　　많은 사람의 핍박 속에서도 하루를 새롭게 시작하려는 다짐

4편: 명예를 실추시키는 자들을 대하면서 하나님의 도우심을 간구
　　　하며 하루를 마감하는 상황

5편: 오만한 자, 거짓을 말하는 자들을 대하면서도 하루를 기도로
　　　시작하는 상황

7편: "나를 쫓는 모든 자," 모함하는 자들에게 쫓기는 상황

9-10편: 악인의 억압과 심문으로 고생하는 상황

13편: 원수의 공격으로 말미암아 죽음의 위협을 받는 상황

14편: 악한 자들이 자신의 계획을 반대하고 방해하는 상황

17편: 악인의 압제가 심한 상황

22편: 죽음의 위협, 황소, 개, 사자(짐승 같은 놈들, 개 같은 놈들)의 위협

25편: 원수들의 모함으로 말미암은 외로움, 괴로움, 근심

26편: 행악자들의 모임에 동참하지 않음으로 말미암아 비난받는 상황

27편: 위증자, 악을 토하는 자의 괴롭힘

28:편 악인의 핍박으로 죽음의 위협을 당한 상황

31편: 악인의 핍박으로 극한 육체적 고통을 당하는 상황

35편: 불의한 증인과 말로 모함하는 자들의 위협

36편: 불신자들이 말로 억압하는 상황

39편: 건강을 잃어버린 상황

40편 12-17절: 무수한 재앙으로 가난과 궁핍 가운데 처한 상황

41편: 병상에 누워있는 상황

42-43편: 바벨론에 유배된 상황에서 예루살렘 성전에서 예배를 드리고 싶어하는 마음을 표현함

52편: 간사한 혀로 괴롭히는 자들 때문에 괴로워하는 상황

53편: 부패하며 가증한 악을 행하는 자들로부터 억압을 받는 상황

54편: 폭력을 일삼는 자의 횡포로 목숨의 위협을 받는 상황

55편: 원수의 소리와 악인의 압제로 말미암아 근심이 가득한 상황

56편: 원수로 말미암아 쫓겨 다니는 상황

57편: 악인들이 모함하는 상황

59편: 악인들의 모함과 비방이 심한 상황

61편: 마음이 짓눌리는 상황

63편: 광야에 도피한 상황

64편: 악인들이 비방하고 모함하는 상황

69편: 적을 피해 도망하다가 깊은 물에 빠진 상황

70-71편: 적들의 추격을 당하는 상황

77편: 환난 중에 심적 괴로움을 느끼는 상황

86편: 교만한 자와 강포한 자의 위협을 느끼는 상황

88편: 죽음의 위협을 느끼는 상황

89편 38-51절: 왕이 사회적 신분을 빼앗기고 빈털털이가 된 상황

109편: 사람들의 비방과 저주를 당하는 상황

120편: 거짓된 입술과 궤사한 혀로 괴롭힘을 당하는 상황

139편: 적의 위협을 당하는 상황

140편: 악인과 강포한 자의 위협을 받는 상황

141편: 악인들이 위협하고 유혹하는 상황

142편: 우환을 경험하는 상황

5. 주제들과 교훈들

1) 시편의 하나님

시편은 여호와 하나님의 성품과 활동에 관한 이스라엘 백성의 다양한 신앙 고백들을 제공합니다. 아마도 성경 전체에서 소개하는 여호와에 관한 설명이 시편에 다 스며들었다고 볼 수 있습니다. 이러한 고백들은 그들이 맞이해야 했던 온갖 종류의 희로애락의 상황을 이겨 내면서 생긴 것들이기에 더욱 값진 것입니다. 이스라엘 백성은 여호와 하나님에 대해 고백할 때, 신학적인 용어를 쓰기도 했지만, 많은 경우에 비유적 표현을 사용합니다.

(1) 온 세상 만물을 창조하시고 질서 있게 주관하시는 여호와: 18:7-

15; 19:1-6; 29; 33:6-9; 95:1-5; 104; 147

(2) 이스라엘 백성의 역사를 주관하시는 여호와: 78; 105; 106; 136

• 출애굽 사건: 77:11-20; 78:13, 53; 81:5; 114:1, 3, 5; 135:8-9; 136:10-15

• 광야에서의 인도: 68:7-8; 78:13-31; 81:7; 114:4, 6, 8; 136:16

• 약속의 땅 가나안으로 이끄심: 78:54-55; 114:2, 5; 135:10-12; 136:17-22

• 바벨론 포로 생활: 137

• 바벨론 포로 생활로부터 귀환: 126

(3) 이스라엘 백성에게 끊임없는 사랑과 인자를 베푸시는 여호와: 5:7; 6:4; 13:5; 17:7; 21:7; 23:6; 26:6, 7, 19; 26:3; 31:7, 16, 21

(4) 공의와 정의로 온 세상 만민을 다스리시는 여호와: 48:10; 93; 96; 97:2; 99; 119:142; 145:17

(5) 이스라엘의 거룩하신 하나님: 71:22; 78:41; 89:18

(6) 만민들의 경외를 받기에 합당하신 여호와: 67; 96

(7) 억눌린 자, 가난한 자, 장애인, 고아, 과부, 나그네를 돌보시는 여호와: 10:14; 68:5; 82:3; 146

(8) 예루살렘 성전에 임재하시면서 이스라엘 백성들의 예배를 받으시고, 여호와의 얼굴을 구하는 백성들의 기도를 들으시는 여호와: 11:4; 24:6; 27:4; 42:1-2; 84:7

시편의 토대를 이루는 신학적인 기초는 이스라엘의 하나님 야웨가 온 땅을 정의롭게 다스리시는 우주적인 통치자라는 데 있습니다. 대관식 노래에서 보듯이, 시편은 야웨께서 통치하신다는 개념을 자주 분명하게 표현했습니다. 야웨께서 역사 안에서 정의롭게 활동하신다

는 확신이야말로 시편 신앙의 기초를 이룹니다.[109]

시편은 여호와의 초월성을 강조하기 위해 여호와를 왕으로(24:7-10; 48:2; 95:3; 96:10; 97:1; 98:6; 99:1), 전쟁에 능한 용사로(86:10), 세상의 어떤 신보다 뛰어난 신으로(96:4) 묘사합니다. 그러나 여호와께서 이스라엘 백성과 함께하시면서 그들을 돌봐주고 계신다는 내재성을 강조할 때에는 목자(23:1; 80:1), 목마른 자를 위한 물(42:1-2; 63:1-2), 자기 백성을 날개로 덮어주시는 분(91:4), 방패(18:2), 산성(27:1) 등의 비유적인 이미지들을 사용합니다.[110]

2) 시편과 성전 예배 그리고 기도

시편은 이스라엘 백성의 성전 예배와 불가분의 관계에 있습니다. 시편의 많은 신앙 고백이 성전에 임재하신 여호와 앞에서 드리는 감사 기도와 찬양을 통해, 그리고 국가적인 재난의 때에 함께 금식하며 드리는 탄원 기도를 통해 표현됩니다. 그리고 성전을 찾는 순례자들에게 여호와께서 성전에서 예배를 드릴 때 주시는 복을 언급하면서 그들의 성전 예배를 독려합니다(84; 120-134).

보라 형제가 연합하여 동거함이 어찌 그리 선하고 아름다운고 머리에 있는 보배로운 기름이 수염 곧 아론의 수염에 흘러서 그의 옷깃

---

109   다니엘 에스테스, 「지혜서와 시편 개론」, 강성열 역 (고양: 크리스챤다이제스트, 2007), 211-212.
110   C. Hassell Bullock, *An Introduction to the Old Testament Poetic Books: The Wisdom and Songs of Israel* (Chicago: Moody Press, 1979), 136-137.

까지 내림 같고 헐몬의 이슬이 시온의 산들에 내림 같도다 거기서
여호와께서 복을 명령하셨으니 곧 영생이로다(133:1-3)

이스라엘 백성이 개인적인 삶의 문제들로 힘들거나 공동체적인 재
난을 맞이하여 위험에 처했을 때, 그들은 무엇보다도 먼저 성전 예배
를 통해 탄원의 기도를 드렸습니다. 그리고 여호와의 구원을 경험했
을 때에는 함께 모여 감사의 예배와 기도를 드렸습니다. 그들의 삶과
신앙의 중심지가 성전이었던 것이죠. 이러한 사실은 오늘날 그리스도
인들의 신앙생활 속에서도 성도들이 함께 모여 예배를 드리고 개인과
공동체의 문제들에 대해 함께 기도하는 것이 얼마나 중요한지를 깨닫
게 합니다. 오늘날 성도들이 함께 모여 예배드리는 중에 기도 시간이
너무나 형식적이거나 짧을 뿐만 아니라, 예배 시간이 공동체와 국가
를 위해 함께 기도하고 탄원하는 장이 되지 못하는 현실이 안타깝습
니다.

3) 대중 예배를 위한 시편의 제안들

저는 우리가 주님 앞에 드리는 대중 예배가 보다 감동이 넘칠 수
있도록 시편의 예배를 통해 교훈을 찾아보았습니다.[111]

(1) 대중 예배에 음악적인 요소들을 많이 포함하십시오.
(2) 예배 참석자들이 제의적 연극(cultic drama)에 모두 참여할 수 있
　　도록 기회를 제공하십시오.

111　이형원, "대중예배를 위한 시편의 제안들," 「구약성서 해석의 원리와 실제」, 198-
　　227.

(3) 대중 예배 중의 용어 사용에 주의하십시오. 너무 어려운 용어는 피하고 시편에서 보여 주는 것처럼 쉽고 이미지가 넘치는 비유적 용어들을 사용하는 것이 좋습니다.

(4) 대중 예배의 설교에서 시편의 다양한 주제들을 선포하십시오.

(5) 대중 예배에서 우리의 역사와 관련된 설교를 하십시오.

(6) 대중 예배에서 시편의 기도를 자주 사용하십시오.

(7) 대중 예배에서의 축복이 전인적인 것이 되도록 하십시오.

4) 원수의 멸망을 간구하는 저주의 기도

우리가 시편을 읽어나가다가 마음에 불편함을 느끼는 부분들이 있는데, 그것은 원수들이 멸망하게 해달라고 여호와께 간구하는 저주의 기도입니다(69:22-28; 109; 137:7-9; 143:12). 많은 그리스도인이 자기를 괴롭히는 사람들의 밥상이 올무가 되게 하고, 눈이 어두워 보지 못하게 하고, 거처를 황폐하게 만들고, 생명책에서 지워버리고, 연수를 짧게 하고, 직분이 타인에게 빼앗기게 하고, 아내가 과부가 되게 하고, 자녀가 유리하며 구걸하며 빌어먹게 해달라는 잔인한 기도가 시편에 포함되었다는 자체를 이해하지 못합니다. 또한 이러한 기도를 절대 하면 안 된다고 생각하기도 합니다. 십자가상에서 "아버지 저들을 사하여 주옵소서 자기들이 하는 것을 알지 못함이니이다"(눅 23:34)라고 기도하신 예수님을 따라 우리에게 악을 행하는 자들을 용서하는 기도를 해야 한다고 생각합니다.

그러나 시편에 언급되는 원수의 멸망을 간구하는 저주의 기도는 긍정적인 면이 있습니다. 무엇보다도, 우리가 살아가면서 경험하는 인간관계의 어려움 속에서 답답하고 속상하고 억울한 심정을 누구에게도 말할 수 없을 때, 주님 앞에 나아가 우리의 감정을 솔직하게 토로하면, 주님께서 다 들어주신다는 것을 깨달을 수 있습니다. 마치 환자가 정신과 의사를 찾아가 상담하면, 의사는 환자가 오랜 시간 동안 무슨 말을 하든 다 들어줍니다. 마찬가지로, 주의 백성이 억울한 일을 당하여 주님 앞에 나아가 자신을 괴롭히는 사람들의 멸망을 간구할 정도의 답답함을 털어놓을 때, 주님은 꾸짖지 않으시고 다 들으시고, 주님의 공의로운 판단에 따라 응답하십니다. 중요한 것은 이러한 진솔한 기도를 하는 과정을 통해 기도하는 사람의 상한 마음이 치유가 된다는 점입니다.

목회상담학의 대가였던 오츠 교수(Wayne Oates)는 신앙적 지도자들이 시편에 언급되는 저주의 기도를 저급한 신앙적 모습으로 간주하여, 저주의 기도에 사용되는 증오와 적대감에 가득한 표현을 순화하도록 가르친다는 점을 지적했습니다. 그 결과로 사람들이 마음속에 내재하는 적대감을 인정하고 직면하기를 거부함으로 말미암아 신경증적 증세를 비롯한 다양한 질병들이 발생된다는 점도 언급한 바가 있습니다.[112] 이어서 그는 말합니다.

> 기도 속에서 자신의 부정적이고 적대적인 감정들을 자주 표출하고 감정의 승화를 경험하는 것은 그것들을 영원하신 분과의 관계 속에서 올바른 위치에 두게 된다. 그것은 그러한 감정들의 중요성을 낮추어 주고, 자신의 정체감을 바로잡아주며, 건강을 보다 낫게 하여준다.[113]

---

112   Wayne Oates, *The Bible in Pastoral Care* (Philadelphia: Westminster Press, 1953), 116.

113   Ibid.

남침례교신학대학원의 구약학 교수이자 저의 은사 중의 한 분이셨던 테이트(Marvin E. Tate) 교수님은 우리의 기도에 '기원전 요소(BC-ness)'와 '기원후 요소(AD-ness)'가 둘 다 필요하다고 말씀하셨는데, 이 말은 우리가 주님 앞에 기도할 때, 원수의 멸망을 간구하는 것처럼 우리의 상한 마음까지도 진솔하게 표현할 수 있어야 하며, 기도의 끝에는 예수님께서 하셨던 것처럼 용서의 기도도 포함되어야 한다는 것입니다. 중요한 것은, 기도할 때 기원후 요소로 시작해서 기원전 요소로 끝내지 않는 것이죠.

5) 메시야 시편들

여호와께서 기름 부으신 이가 미래의 언젠가 온 세상을 공의롭게 통치할 것을 선포하는 시편들이 있습니다(2:1-6; 45:7; 105:15). 아울러, 신약성경의 저자들로부터 오늘날의 여러 구약학자들에게 이르기까지 이스라엘의 왕의 활동을 묘사하는 시편들이 일차적으로는 이스라엘의 왕을 의미했을지라도, 궁극적으로는 메시야로 오신 예수님의 삶과 사역을 예언하는 것으로 해석됩니다.

(1) 2:7 ·················· 빌 2:5-11; 계 12:1-6: 군왕들이 하나님의 아들에게 입맞추게 됨

(2) 2:7-8 ··············· 마 3:17; 17:5: "이는 내 사랑하는 아들이요 내 기뻐하는 자라"

(3) 110:1-3 ············· 마 22:41-46; 계 19:11-21: 다윗의 주가 되시는 예수님

(4) 110:4 ·················· 히 5:6-10; 6:20-7:28: 멜기세덱의 서열을 따른
영원한 제사장 예수님

(5) 22:1-2 ················ 마 27:45-50: 엘리 엘리 라마 사박다니!

(6) 22:6-8·················· 눅 18:32-33; 23:35: 사람들이 예수님을 놀리고
비웃음

(7) 22:12-13 ············· 행 4:27: 메시야 되신 예수님을 거스리는 왕과
백성들

(8) 22:15 ·················· 요 19:28: 예수님이 목말라 하심

(9) 22:16 ·················· 막 15:25: 예수님이 창에 찔리심

(10) 22:17-18 ·········· 눅 3:34; 요 19:23-24: 예수님의 옷을 나누어 가짐

묵상과 토론을 위한 질문

 시편에 대중 탄원시와 개인 탄원시가 가장 많다는 사실은 우리에게 무엇을 암시하여 줍니까?

 시편을 통해서 하나님의 성품과 활동에 관해 새롭게 깨달은 것은 무엇입니까?

 시편을 개인 예배나 대중 예배 상황에서 보다 효과적으로 활용할 수 있는 방안들은 어떤 것이 있을까요?

27 아가 개론

1. 기록 목적

신랑인 솔로몬 왕(3:9, 11)과 신부인 술람미 아가씨(6:13)가 서로 사랑하여 결혼식을 거치는 과정 중에 서로를 향한 사랑과 그리움, 그리고 서로의 아름다움에 대한 찬사를 표현하는 시들을 모아서 독자들에게 진정한 사랑의 의미를 깨닫게 만드는 것이 기록 목적입니다.

2. 특징과 유의점

1) 아가(雅歌: 아름다운 노래)라는 책 제목이 히브리어로는 '노래 중에서 최고의 노래(shir hashirim)'라는 뜻을 지닙니다.

2) 아가는 히브리인들이 '메길롯'(Megillot)라고 부르는 다섯 두루마리 중의 하나로서, 유월절(Passover)을 시작하는 안식일에 읽습니다. 아가 속의 신랑이 신부를 지극히 사랑하는 모습이 여호와께서 이스라엘

백성을 사랑하는 것을 비유로 표현한 것이요, 이 사랑이 모세 시대에 출애굽 사건을 통해 대표적으로 실현되었다고 이해하기 때문입니다.

3) 아가의 문학 양식을 어떻게 볼 것인지에 대해 구약학자들의 논의가 활발하게 진행되었지만, 일치된 결론에 도달하지 못합니다. 이전에는 신랑과 신부의 사랑을 노래하는 하나의 장편 시로 보는 견해가 지배적이었다면, 현재는 단편 시들의 모음집으로 간주하는 견해들이 많아지고 있습니다(포크/31개; 머피/30개; 고디스/29개; 롱맨/23편; 쿨더/14편; 엑섬/6편).[114]

그런가 하면, 아가가 신랑과 신부를 주인공으로 삼아서 무대 위에서 서로를 향한 사랑 고백을 하게 만든 희곡(戱曲: 연극 대본) 형식으로 구성되었다고 주장하는 이들도 있습니다(Franz Delitzsch, John D. W. Watts, H. H. Rowley, David S. Lifson). 어떤 이들은 솔로몬 왕과 술람미 처녀, 그리고 그녀를 사랑했던 시골 목동 사이의 삼각관계를 보여주는 희곡으로 간주하지만 공감을 얻지 못합니다(H. G. A. Ewald, F. Godet, C. D. Ginsburg, Iain Provan).[115]

기원후 400년경에 기록된 시내산 사본(Codex Sinaiticus)에서 처음으로 본문 옆에 화자가 누구인지 추측하여 표시했는데, 영어 성경 중에서 Today's New International Version과 한국어 성경 중에서 새번역도 아가 본문의 화자를 추정하여 표시합니다.[116] 그래서 아가를 무대에서 공연할 때 어느 배우가 시를 읊어야 할 지를 구분해줍니다.

---

114   어니스트 루카스, 「시편과 지혜서」 (서울: 성서유니온선교회, 2008), 320.
115   Myron C. Kauk, "Song of Solomon: A Defense of the Three Character Interpretation," https://myronkauk.files.wordpress.com/2009/06/song-of-solomon-defense-of-three-character-interpretation.pdf
116   롱맨, 딜러드, 「최신구약개론」, 385.

제가 아가의 특징과 유의점 부분에서 문학 양식에 관한 논의를 언급하면서, 특히 아가를 희곡으로 보는 견해에 관해 설명을 길게 하는 이유는, 저도 이러한 견해가 일리가 있다고 보기 때문입니다. 저의 박사논문 지도교수 중의 한 분이셨던 왓츠(John D. W. Watts) 교수님은 고대 이스라엘에서, 드라마가 성행했던 헬라 시대뿐만 아니라 그 이전 시대부터 유월절 사건, 욥기, 아가 등이 연극으로 전해졌을 가능성이 있다고 주장했습니다.[117] 한 걸음 더 나아가, 그는 구약성경의 많은 예언서도 희곡이라는 문학 양식으로 이해할 수 있다고 보았습니다. 이러한 주장에 근거하여 저는 박사학위 논문을 위해 나훔에 관해 연구할 때, 나훔의 문학 양식을 예언적 희곡으로 소개한 바 있습니다. 그러므로 교회에서 아가를 가르치거나 설교할 때, 아가를 희곡으로 간주하여 화자를 배정해둔 성경들을 참고하여 성도들과 함께 연극으로 공연해보면 아가의 교훈이 훨씬 효과적으로 전달될 것입니다. 이러한 시도는 욥과 세 친구의 신학적 논쟁에 이어 여호와의 출현을 소개하는 욥기를 설교하거나 가르칠 때에 더욱 효과를 볼 것입니다.

4) 아가의 해석사를 되돌아보면 크게 두 가지 해석이 지배적이었습니다.

(1) 우화적(알레고리적) 해석(allegorical interpretation): 오랜 세월 동안 유대인 학자들과 기독교학자들에 의해 보편화된 해석입니다. 유대인 학자들은 미쉬나(고대 이스라엘 랍비들의 가르침들), 탈무드(미쉬나에 다시 해설을 첨가한 글), 탈굼(히브리어 성경의 아람어 번역서) 등을 근거로 하여, 이 책이 여호와와 이스라엘 간의 사랑에 대한 우화라고

---

117   John. D. W. Watts, *Isaiah 1-33, Word Biblical Commentary* (Waco: Word Books, Publisher, 1985), xlvi.

해석했으며, 기독교 신학자들은 이 책이 메시야주의적인 것이며, 그리스도와 교회 간의 사랑을 찬양하는 것이라고 주장했습니다(엡 5:22-33; 오리겐, 제롬, 아타나시우스, 어거스틴, 루터, 칼빈 등).[118] 초대 교부 오리겐(Origen)이 아가로부터 10권 분량의 주석을 쓰고, 설교도 많이 했다는 사실이 흥미롭습니다. 그는 이 책을 문자적으로 해석하여, 솔로몬이 자기의 아내 가운데 한 명을 위해 쓴 '결혼 노래'로 간주했지만, 여기에 그치지 않고 우화적으로 해석하여 그리스도와 교회의 사랑을 묘사하는 책으로 해석했습니다.[119] 스펄전 목사(Charles Spurgeon)가 아가에 대해 59번이나 설교를 하고, 성 버나드(St. Bernard of Claivaux/1090-1153)가 86번이나 설교를 했다는 사실도 흥미롭고 또 놀랍습니다.[120]

(2) 문자적 해석(literal interpretation): 성경 본문을 문맥에 따라 읽으면서 자연스럽게 얻는 감동과 교훈을 찾으려는 문자적 해석 방법으로 아가를 읽으면, 이 책은 남녀(신랑과 신부)의 사랑이 얼마나 달콤하고 고귀한 것인지를 느끼게 만드는 책입니다. 그래서 오랜 세월 동안 이스라엘 백성뿐만 아니라 그리스도인들의 결혼식에서 아가가 자주 읽혔습니다.

저는 성경의 어느 다른 책들을 해석할 때도 마찬가지이겠지만, 아가를 해석할 때 일차적으로는 문자적 혹은 문학적 연구 관심을 기울여 감동과 교훈을 찾아내어야 한다고 봅니다. 다음에는 본문과 관련

---

118   롱맨, 딜러드, 「최신구약개론」, 388.
119   루카스, 「시편과 지혜서」, 328-329.
120   https://enduringword.com/bible-commentary/song-of-solomon-1/

하여 지금까지 시도되었던 우화적 해석들도 주의 깊게 평가해볼 필요가 있습니다. 본문의 문자적/문학적 연구 결과와 거리가 먼 우화적 해석들은 독자들의 신앙생활에 도움을 주지 못하는 경우가 많습니다. 그런데 사도 바울이 그리스도와 교회 간의 사랑을 설명할 때, 신랑 되신 예수 그리스도와 그의 신부가 되는 교회라는 표현을 사용하며 서로 간의 사랑을 강조하는 것으로 볼 때, 아가와의 유사성을 인정할 수 있기에 아가의 우화적 해석도 존중해야 한다고 봅니다.

5) 히브리 성경에서 아가는 잠언과 룻기 다음에 배치되었습니다. 현숙한 여인에 관해 언급하는 잠언의 마지막 장(31장)과 룻이라는 현숙한 여인의 삶을 소개하는 룻기에 이어서 신랑과 신부의 진실한 사랑을 노래하는 아가가 이어지고 있다는 점은 하나님의 백성이 행복한 삶을 누리기 위해 현숙한 배우자(특히 아내?)를 만나 서로 사랑하는 것이 얼마나 중요한지를 강조합니다.

3. 구조

만약에 여러분 중에서 아가의 문학 양식을 희곡(연극을 위한 극본)으로 간주하는 견해에 동의하거나 색다른 방식으로 아가를 읽으려 하신다면, 「새번역」의 안내에 따라 여자와 남자와 친구들로 나누어 읽을 수 있습니다. 이러한 시도가 자연스럽게 아가의 구조를 나누어주기 때문입니다.

저는 아가의 문학 양식을 희곡으로 볼 수도 있지만 아가의 구조를 설명하는 이 자리에서는 구약학자들의 보편적인 견해에 따라 신랑과 신부 간에 주고받은 짧은 사랑시의 모음으로 간주하여 세분하고자 합니다.

1) 첫째 시: 1:2-8: 신부가 왕궁에 도착함

2) 둘째 시: 1:9-2:7: 왕과 신부의 대화

3) 셋째 시: 2:8-17: 왕이 신부에게 다가옴

4) 넷째 시: 3:1-5: 신부의 꿈

5) 다섯째 시: 3:6-11: 결혼식 장면

6) 여섯째 시: 4:1-7: 결혼식에서 신랑이 신부의 아름다움을 표현함
   (위로부터 아래로)

7) 일곱째 시: 4:8-5:1: 초야의 노래

8) 여덟째 시: 5:2-9: 신부의 꿈(신랑이 떠나는 꿈)

9) 아홉째 시: 5:10-6:3: 신부가 신랑의 멋진 모습을 표현하고, 신랑을 찾아 나섬

10) 열째 시: 6:4-12: 신랑이 신부의 아름다움을 표현함

11) 삽입시: 6:13: 여인들의 노래

12) 열한 번째 시: 7:1-10: 신랑이 신부의 아름다움을 표현함(아래에서 위로)

13) 열두 번째 시: 7:11-8:4: 신부의 사랑 노래

14) 열세 번째 시: 8:5-20: 신랑의 유일한 사랑을 호소하는 신부

4. 주제들과 교훈들

1) 남녀 간의 사랑은 고결하다

신랑과 신부가 서로를 사랑하는 마음을 단편 시들로 엮는 아가를 본문이 암시하는 사건들의 순서에 따라 줄거리로 엮는 것은 어렵습니다. 그럼에도 불구하고 아가는 솔로몬 왕이 술람미 처녀를 만나 서로 사랑에 빠지고, 왕이 그녀를 왕궁으로 데리고 와서 아내로 맞이하여 결혼식을 올리고, 결혼식 후에 그녀가 살던 곳을 다시 방문하는 일련의 사건들을 중심으로 서로를 향한 사랑과 그리움의 마음을 표현하는 내용을 담았습니다.

아가는 이러한 주된 내용을 통해 남녀 간의 사랑, 특히 결혼을 통해 완성되는 신랑과 신부의 사랑이 얼마나 아름답고 고결한 것인지를 일깨워줍니다. 마음을 다하고 뜻을 다하고 힘을 다하여 여호와를 사랑하라고 명령하는(신 6:5) 여호와께서, 신랑과 신부가 서로 사랑하여 사랑의 고백을 나누고 둘만의 신비로운 관계를 맺는 것이 아름답고 고결한 것임을 아가를 통해 인정합니다. 그리하여 하나님의 백성이 주변에서 다양한 방식으로 다가오는 성적인 유혹과 탈선에 빠지지 않도록 막아줍니다. 아울러, 남녀 간의 사랑을 세속적인 것으로 단정하여 금기시하는 교회의 풍조도 잘못된 것임을 일깨워줍니다. 남녀 간의 사랑이 결혼을 통해 결실을 맺어서, 평생 서로를 온몸과 마음으로 사랑하는 것이야말로 하나님의 축복이라는 점을 아가는 가르치고 있습니다. 아가 8장 6절과 7절은 사랑에 빠진 남녀가 마음에 새겨야 할 최고의 격언을 소개합니다.

도장 새기듯, 임의 마음에 나를 새기세요. 도장 새기듯, 임의 팔에 나를 새기세요.

사랑은 죽음처럼 강한 것, 사랑의 시샘은 저승처럼 잔혹한 것,

사랑은 타오르는 불길, 아무도 못 끄는 거센 불길입니다.

바닷물도 그 사랑의 불길 끄지 못하고, 강물도 그 불길 잡지 못합니다.

남자가 자기 집 재산을 다 바친다고 사랑을 얻을 수 있을까요?

오히려 웃음거리만 되고 말겠지요.(새번역)

2) 결혼의 조건

아가는 결혼을 통해 완성되는 남녀 간의 사랑이 아름답고 고결한 것임을 가르쳐줍니다. 그래서 결혼의 가장 중요한 조건으로 서로를 향한 사랑의 마음을 꼽습니다. 그런데 안타깝게도 우리 주위에는 결혼을 위한 조건으로 다른 것들을 요구하는 경우들을 봅니다. 그래서 사랑의 결실인 결혼이 서로에게 불행을 초래하는 경우들도 자주 봅니다. 저는 요즘 결혼의 조건으로 대두되는 것들을 A, B, C, D, E로 소개하고, 우리 그리스도인들은 이러한 조건들을 어떻게 바꾸어야 하는지 제안합니다.

A (Age: 나이) ———— A (Affection: 애정/사랑)

B (Beauty: 외모) ———— B (Belief in God: 신앙)

C (Character: 성품) ———— C (Christian Character: 그리스도인다운 성품)

D (Degree: 학력) ———— D (Dedication: 헌신)

E (Economy: 재력) ———— E (Earnestness: 진실성)

3) 사랑의 기술

아가는 신랑과 신부가 서로를 사랑하는 마음을 가지고 있으면서 서로의 외모에 대해서도 끌리고 있음을 보여줍니다. 신랑은 결혼식에서 면사포를 쓴 신부의 아름다움을 세 차례에 걸쳐 성적인 이미지가 담긴 용어들을 사용하면서 표현합니다. 첫째는 4장 1절부터 7절에 소개되는데, 신부의 눈부터 아래로 향하여 머리털, 이, 입술, 뺨, 목, 두 유방까지의 아름다움을 묘사합니다. 이것은 6장 4절부터 12절에서도 반복됩니다. 그런데 흥미로운 것은 7장 1절부터 10절에서 소개되는 세 번째 묘사는 발부터 위로 향하여 넓적다리, 배꼽, 허리, 두 유방, 목, 머리까지의 아름다움을 표현한다는 점입니다. 신랑의 외적인 멋에 대한 신부의 고백은 5장 10절부터 16절까지 소개됩니다.

그런데 남녀의 사랑, 신랑과 신부의 사랑이 오래 이어지고 더욱 무르익기 위해서는 이러한 외적인 끌림만을 중요시해서는 안 될 것입니다. 결혼의 연수가 길어질수록 사랑을 유지할 뿐만 아니라 더욱 무르익게 만들기 위한 의지와 노력이 필요합니다. 그런 점에서 저는 사랑에 관한 최고의 고전 중의 하나인 에릭 프롬의 「사랑의 기술(The Art of Loving)」을 신랑과 신부가 읽어 보도록 추천합니다.[121] 그가 소개하는 사랑의 요소들과 사랑을 실천하는데 고려해야 하는 일들은 누군가를 사랑하기 시작한 사람들과 아울러 결혼 생활의 위기를 극복하기 원하는 사람들에게 커다란 도움이 될 것입니다.

---

121   에릭 프롬, 「사랑의 기술」 (서울: 삼지사, 1975).

• 사랑의 요소들

　(1) Giving(주는 것)

　(2) Caring(배려)

　(3) Responsibility(책임)

　(4) Respect(존경)

　(5) Knowledge(지식)

• 사랑을 실천하는데 고려해야 하는 일들

　(1) 훈련

　(2) 집중력 – 듣기, 대화

　(3) 인내

　(4) 주관적 감상주의(narcissism)의 극복

　(5) 이성적 판단

　(6) 겸손

　(7) 신념(믿음)

　(8) 용기

　(9) 활동성

　(10) 생활의 균형

　제가 위에서 남녀 간의 사랑, 부부간의 사랑을 더욱 무르익게 만드는 데 도움이 되는 프롬의 책을 추천해드렸지만, 우리 그리스도인들에게는 반드시 읽고 실천해야 할 글이 있습니다. 그것은 사도 바울이 성령님의 감동 가운데 기록한 고린도전서 13장 1절부터 7절입니다. 우리가 흔히 '사랑 장'이라고 부르는 이 부분을 액자로 만들어서 눈에 자주 띄는 곳에 걸어 놓고, 같이 읽고, 외우고, 이 구절들처럼 살고 있는지 시시때때로 점검하여 서로를 향한 말과 행동을 주의한다면, 서로를 향한 사랑은 날이 갈수록 무르익을 것이라고 확신합니다.

4) 신랑인 그리스도와 신부인 교회의 사랑 노래

위에서 언급한 바 있듯이, 아가는 오랜 세월 동안 여호와 하나님의 유다 백성을 향한 사랑 노래로 간주되었습니다. 그래서 유다 백성은 아가를 읽을 때마다 그 속에서 언급되는 신랑의 고백을 통해 자기들을 향한 여호와의 무한한 사랑을 확신했습니다. 아울러 신부의 고백을 통해 여호와를 향한 자신들의 사랑을 새롭게 다짐했습니다. 아가를 통해 이러한 깨달음을 가질 수 있다는 사실이 감사해서, 기원후 100년경에 활동한 랍비 아키바는 "이 온 세상은 아가가 이스라엘에게 주어지던 날만큼 귀하지 못하다. 성문서의 모든 책이 성소라면, 아가는 지성소이다"라고 표현할 정도였습니다.[122]

우리 주 예수님과 사도 바울도 아가에서 소개되는 신랑과 신부의 사랑의 관계를 주제나 모티브로 삼아 가르치셨습니다. 예수님은 혼인 잔치를 위해 신랑을 맞으러 나간 열 처녀의 비유를 통해, 이 땅에 다시 오실 신랑 예수님을 신부인 성도들이 어떤 자세로 기다려야 하는지 가르쳐주셨습니다(마 25:1-13). 사도 바울도 고린도 교회 성도들을 신랑되신 그리스도와 약혼한 정결한 처녀(신부)로 비유합니다(고후 11:1-2). 또한 그는 남편과 아내가 서로 사랑과 순종의 도리를 지키도록 권하는 에베소서 5장 22절부터 33절에서, 그리스도께서 교회를 위하여 자

---

122 Mishnah, Yad, 3:5.

신을 희생하기까지 하신 사랑을 예로 제시합니다. 이렇게 볼 때, 우리는 아가를 읽을 때마다, 신랑인 그리스도가 신부인 우리 교회를 얼마나 사랑하시는지를 다시 떠올리고, 신부인 교회가 신랑인 그리스도를 향한 사랑을 어떻게 행동으로 옮겨야 하는지를 생각하는 기회로 삼아야 할 것입니다.

묵상과 토론을 위한 질문

 배우자(기혼인 경우) 혹은 연인(미혼인 경우)과 진정한 사랑의 관계를 유지하려면 상대방을 어떻게 대해야 할까요?

 아가를 포함하여 성경은 결혼에 대해 어떤 교훈들을 제공하고 있다고 생각하시는지요?

 우리의 신랑 되신 예수님이 우리를 위해 베풀어 주신 은혜를 생각하면서, 신부 된 우리는 어떻게 보답해야 할까요?

28 예레미야애가 개론

1. 기록 목적

남 왕국 유다와 수도 예루살렘이 멸망한 사건(BC 586)으로 말미암아 유다 백성이 경험했던 슬픔과 애통함을 표현하고, 그들이 유다와 예루살렘이 멸망한 이유를 어떻게 이해하고 민족적 고난 중에서 어떤 믿음을 가졌는지를 보여줌으로써 독자들에게 신앙적 교훈을 제공하는 것이 기록 목적입니다.

2. 특징과 유의점

1) 1장부터 4장까지 알파벳 시(답관체 시)로 되었습니다. 즉, 1, 2, 4장은 각 절의 첫 자음이 히브리어 알파벳 순서를 따르고 있습니다. 특히 3장은 알파벳 순서에 따라 세 절씩 같은 자음으로 시작합니다. 이것은 나라의 패망을 경험한 유다 백성의 슬픔과 애통을 온전하게 표현하고

자 시도한 것입니다. 아울러, 독자들로 하여금 정형시가 제공하는 시적인 아름다움을 맛볼 수 있게 합니다.

2) 예레미야애가는 유다의 절기 때 읽혔던 다섯 두루마리(Megillot) 중의 하나로, 이스라엘 백성은 예루살렘 성전이 바벨론에 의해 파괴되고, 제2성전이 로마에 의해 파괴된 것을 기념하는 아브월 9일(7-8월 사이)에 이 책을 읽습니다.

3. 시대 상황

기원전 586년에 바벨론 군대가 예루살렘을 함락시킨 사건을 가시적인 현상들로 표현한다면 예루살렘 성벽이 무너지고, 왕궁과 집들이 불타고, 예루살렘 성전도 불타고, 그 속에 있던 귀한 것들이 빼앗기고, 많은 백성이 바벨론에 포로로 끌려간 것 등을 들 수 있습니다. 이와 같은 비참한 상황에 대해서는 열왕기하 25장과 예레미야 39장부터 44장이 자세하게 소개합니다. 그런데 이러한 본문들이 역사라는 산문 형태로 유다의 패망을 기록하고 있다면, 예레미야애가는 탄원시라는 운문 형태로 기록되어 유다 백성이 느꼈던 슬픔과 절망을 더욱 실감나게 표현해줍니다. 각 장에서 묘사하는 유다와 예루살렘의 구체적인 상황은 예레미야애가의 구조를 언급하는 부분에서 소개하고자 합니다.

4. 구조

예레미야애가는 유다와 예루살렘의 멸망을 경험한 저자가 민족적인 슬픔과 고통을 다섯 편의 탄원시를 통해 표현하면서, 유다 백성이 고난을 경험하게 된 이유와 탄원 기도와 아울러 그 가운데서도 붙잡는 여호와에 대한 견고한 믿음을 고백합니다. 각 탄원시가 표현의 차이는 있지만, 유다 백성이 당하는 고난들이 여호와 앞에서 죄악을 범한 것에 대한 여호와의 진노하심 때문이라는 공통적인 고백을 소개합니다. 그리고 예레미야애가의 중간 부분이나 절정 부분에 위치하는 3장에서는 고난 속에서도 놓치지 않는 신앙 고백이 포함됩니다.

1) 1장 패망한 예루살렘의 모습과 패망의 이유

(1) 패망한 예루살렘의 모습

적막함(1절), 열국 중에 크던 자가 과부같이 됨(1절), 열방 중에 공주였던 자가 이제는 강제 노동을 하는 자가 됨(1절), 뺨에 눈물 마를 날이 없음(2절), 위로하는 자가 없고, 친구들이 다 원수가 됨(2절), 백성이 사로잡혀 여러 나라로 흩어짐(3절), 명절이 되었는데도 순례자가 없고, 인적이 끊어져서 제사장들이 탄식하고 처녀들이 슬픔에 잠김(4절), 백성이 대적의 손에 잡혀도 돕는 사람이 없고, 대적이 그가 망하는 것을 보며 좋아함(7절), 대적들이 보물을 빼앗아감(10절), 백성이 탄식하며 양식을 구함(11절), 눈에서 눈물이 물처럼 흘러도 위로하는 자가 없음(16절), 제사장과 장로들이 먹을 것이 없어 기절함(19절), 절망하여 애간장이 녹음(20절), 거리에는 칼의 살육이 있고, 집안에는 사망이 있음(20절)

(2) 예루살렘이 패망한 이유

가) 5절: 그의 죄가 많으므로 여호와께서 그를 곤고하게 하셨기 때문

나) 8절: 예루살렘이 크게 범죄했기 때문

다) 12-14절: 여호와께서 진노하셔서 대적에게 넘기셨기 때문

라) 17절: 여호와께서 사방에 있는 자들에게 명령하셔서 야곱의 대적들이 되게 하셨기 때문

마) 18절: 의로우신 여호와 앞에서 그의 명령을 거역했기 때문

바) 20절: 패역이 심히 컸기 때문

사) 21절: 여호와께서 이렇게 행하셨기 때문
아) 22절: 나의 모든 죄악들로 말미암아 여호와께서 내게 행하셨기 때문
(3) 기도
　　가) 적들의 패망: 9, 21-22절
　　나) 고난으로부터의 구원: 11, 20, 22절

2) 2장 여호와의 심판의 정당성

(1) 패망한 예루살렘의 모습
　　모든 보금자리가 불타고, 성채들이 무너짐(2절), 유다의 도성에 신음과 애통이
　　더함(5절), 명절과 안식일이 없어짐(6절), 대적들이 성전 안에서 함성을 지름(7절),
　　아들들이 먹을 것이 없어 죽어감(12절), 어머니가 자기 자식을 잡아먹음(20절),
　　젊은이와 늙은이가 길바닥에 쓰러지고, 처녀와 총각이 칼에 맞아 넘어짐(21절)
(2) 예루살렘이 패망한 이유
　　14절: 예언자들이 거짓되고 헛된 환상을 보고 백성들의 죄를 분명히 밝혀 주지
　　않았기 때문
(3) 기도
　　18-22: 여호와의 긍휼을 기대하는 기도

3) 3장 고난 가운데서의 회개와 신앙 고백

(1) 패망한 예루살렘의 모습
　　육체적인 고통(4-6절), 감금(7절, 9절), 기도가 응답되지 않음(8절), 마음의 불안
　　(17절), 절망(18절)
(2) 예루살렘이 패망한 이유
　　1절: 여호와의 분노의 매
(3) 기도
　　가) 고초와 재난 곧 쑥과 담즙을 기억하소서: 19절
　　나) 내가 심히 깊은 구덩이에서 여호와의 이름을 불렀습니다: 55절
　　다) 적들을 물리쳐 주소서: 60-66절
(4) 고난 속의 신앙 고백: 22-54절
　　하나님에 관한 고백들: 자비와 긍휼이 무궁하신 분(22절), 성실하신 분(22절), 기
　　업이 되시는 여호와(24절), 간구하는 자에게 선을 베푸시는 분(25절), 공의로우
　　신 분(34-36절), 기쁨과 평안을 주기 원하시는 분(33절), 생사화복을 주관하시는
　　분(38절), 죄인을 심판하시는 분(39절), 죄에 대하여 진노하시는 분(42-47절)
(5) 진정한 회개: 40-41
　　스스로 우리의 행위를 조사하고, 마음과 손을 아울러 들고 여호와께 돌아가자

(1) 패망한 예루살렘의 모습
  성전의 파괴(1절), 청년들의 가치 절하(2절), 백성들의 잔인함(3절), 극한 가난
  (4절, 7-10절), 성적 부패(6절)
(2) 예루살렘이 패망한 이유
  가) 11절: 하나님의 진노 때문
  나) 13절: 예언자들과 제사장들의 죄 때문-성안에서 의인들이 피를 흘리게 함
(3) 기도: 에돔의 멸망을 기도함: 21-22절

(1) 패망한 예루살렘의 모습
  땅을 빼앗기는 치욕(2절), 아버지 없는 고아가 되고 어머니는 홀어머니가 됨(3
  절), 목의 멍에(5절), 극한 가난(9-10절), 여인들과 처녀들이 짓밟힘(11절), 지도
  자들이 매달려 죽고 장로들이 천대를 받음(12절), 젊은이들이 맷돌을 돌리며,
  아이들은 나뭇짐을 지고 비틀거림(13절)
(2) 어려운 상황들을 기억해달라는 탄원 : 1-6절, 8-18절
(3) 죄의 자백 : 7절, 16절
(4) 여호와의 구원 활동을 요청함 : 19-22절

5. 주제들과 교훈들

1) 유다와 예루살렘이 패망한 이유

예레미야애가는 기원전 586년에 바벨론 군대가 침공하여 유다와
예루살렘을 함락시킨 사건에 대해 유다 백성이 신앙적으로 해석하는
내용입니다. 즉, 유다가 패망한 것이 여호와의 백성과 지도자들이 여
러 가지 죄악을 범한 것에 대해 여호와께서 심판하셨기 때문이라고
밝히고 있습니다. 외교가, 정치가, 군사 전략가 등은 바벨론의 정치력
과 군사력이 월등하게 우위였기 때문이라고 해석할 수 있겠지만, 예

레미야애가의 저자는 신앙적 관점으로 역사적 사건을 평가하여, 유다 백성이 저지른 죄악들에 대한 여호와의 정의로운 심판 때문이었다고 지적합니다. 이러한 평가는 오늘날에도 국제적으로나 국내적으로 발생하는 사건들에 대해 평가할 때에도 신앙적 지도자들이 강조해야 할 관점이라고 봅니다. 그래서 백성들이 하나님 앞에서 자신들의 죄악을 회개할 기회를 제공해야 할 것입니다.

2) 개인적, 공동체적 고난 속에서 붙잡을 수 있는 믿음

3장에서 집중적으로 소개하는 여호와의 성품과 활동에 관한 신앙고백은 개인적으로나 공동체적으로 심각한 고난을 겪는 이들이 붙잡아야 하는 것입니다. 자신이 겪는 고통이 마치 쓴 쑥을 먹고 쓸개즙을 마시는 것처럼 쓰게 느껴질 때, 마음속으로부터 떠올려야 하는 것은 여호와 하나님의 신실한 인자(사랑)와 긍휼입니다.

> 여호와의 인자와 긍휼이 무궁하시므로 우리가 진멸되지 아니함이 니이다 이것들이 아침마다 새로우니 주의 성실하심이 크시도소이 다 (3:22-23)

이 구절이 매일 아침에 '큐티'(Quiet time) 시간을 가지도록 장려하는 구절로 강조되는 경우도 봅니다. 그러나 이 구절은 이러한 용도를 뛰어넘어서, 개인적으로나 공동체적으로 슬픔과 고난이 깊어질 때, 주님의 끊임없고 변함없는 사랑과 긍휼을 믿으며 인내하라는 위로와 희망의 메시지를 제공합니다. 이런 점에서 볼 때, 아래 구절도 그리스도인들에게 밝은 미래에 대한 소망을 제공합니다.

주님께서는 우리를 언제까지나 버려 두지는 않으신다. 주님께서 우리를 근심하게 하셔도, 그 크신 사랑으로 우리를 불쌍히 여기신다. 우리를 괴롭히거나 근심하게 하는 것은, 그분의 본심이 아니다.(3:31-33: 새번역)

3) 공동체적 탄원을 위한 대중 예배

이스라엘 백성이 지금까지도 예루살렘 성전이 무너진 것을 기념하는 절기 예배 때에 회당에서 예레미야애가를 읽고 있다는 사실은 그리스도인들에게 하나의 교훈을 제시합니다. 이스라엘 백성이 공동체의 고난을 숨기지 않고, 대중 예배 속에서 드러내어 함께 죄악을 자백하고 회개하며, 여호와의 구원을 간구한다는 것은 대중 예배의 이상적인 한 모습이라고 봅니다. 요즈음 우리 그리스도인들의 대중 예배가 형식에 치우치고, 그 속에서 이루어지는 기도들조차도 개인적인 것이거나 중언부언하는 것, 그리고 공동체의 존재 이유와 사명을 일깨워주는 일과 무관한 것 등에 치우쳐서 안타깝습니다.

그러므로 유다 백성이 회당 예배를 통해 공동체의 어려움을 함께 나누고 탄원함으로 말미암아 그들이 하나로 연합하고, 자신들의 존재 이유와 정체성을 새롭게 발견하는 계기를 삼았다면, 우리의 대중 예배 속에서도 우리가 속해 있는 나라와 교회를 위한 탄원의 기도가 회복되어야 할 것입니다.

묵상과 토론을 위한 질문

 근래에 우리 백성이 겪었던 고난은 어떤 것이 포함될까요?

 이러한 고난에 대해 우리 백성의 죄악 때문이라고 해석하며 하나님 앞에 회개 기도를 드렸던 경험이 있는지요?

 자신이 속한 교회는 공동체와 사회의 크고 작은 고난에 대해 대중 예배 속에서 언급하며 하나님 앞에서 회개하는 장을 제공하고 있다고 생각하시는지요? 만약 그렇지 못하다면 어떤 변화가 필요하다고 생각하시는지요?

 3장 22절의 고백을 개인적으로 경험해본 적이 있나요?

29 잠언 개론

1. 기록 목적

1) 잠언 1장 2절부터 5절이 밝히는 잠언의 기록 목적은 아래와 같습니다.

> 이 잠언은 지혜와 훈계를 알게 하며, 명철의 말씀을 깨닫게 하며, 정의와 공평과 정직을 지혜롭게 실행하도록 훈계를 받게 하며, 어수룩한 사람을 슬기롭게 하여 주며, 젊은이들에게 지식과 분별력을 갖게 하여 주는 것이니, 지혜 있는 사람은 이 가르침을 듣고 학식을 더할 것이요, 명철한 사람은 지혜를 더 얻게 될 것이다.(새번역)

2) 솔로몬 왕을 비롯하여 현인들에 의해 전해졌던 가족 교훈, 왕궁 교훈, 그리고 신앙적 교훈을 수집하여, 하나님의 백성이 하나님을 경외하며 사회에서 선한 영향력을 끼치며 살 수 있는 비결을 제시하기 위한 목적으로 기록되었습니다.

2. 특징과 유의점

1) 잠언에는 다양한 이들의 잠언들이 포함됩니다: 솔로몬의 잠언 (1:1; 10:1-22:16; 참고, 왕상 4:29-34), 지혜 있는 자의 잠언(22:17; 24:33), 히스기야 왕의 신하들이 편집한 솔로몬의 잠언(25:1-29:27), 아굴의 잠언 (30:1), 그리고 르무엘 왕의 어머니의 잠언(31:1).

2) 탈무드는 "솔로몬 왕이 원기 왕성한 젊은 시절에 아가를 썼고, 성숙한 중년 시절에 잠언을 썼고, 노년 시절에는 전도서를 썼다."라고 언급합니다.

3) 잠언은 고대 이스라엘의 신앙적 지도자 중의 한 무리였던 현인들(wisemen)의 신앙관과 인생관, 처세술 등을 소개하는 격언들을 모은 책입니다. 구약학자들은 현인들이 만든 전통(wisdom tradition)과 제사장들이 만든 전통(priestly tradition), 예언자들이 만든 전통(prophetic tradition), 그리고 묵시가들이 만든 전통(apocalyptic tradition)이 고대 이스라엘에서 공존하면서, 이스라엘 백성에게 신앙과 삶을 위한 교훈을 보충해 주었다고 봅니다(렘 18:18; 겔 7:26-27). 구약성경은 이들 사이의 신학적 차이나 공동체의 문제들에 대한 해결책의 차이로 말미암은 갈등을 여러 곳에서 소개하고 있어서, 그들이 '창조적인 긴장 관계(creative tension)'를 형성했음을 깨닫게 합니다(렘 8:18).[123]

4) 구약학자들은 구약성경에서 현인들의 독특한 신학을 소개하는

---

123   R. B, Y, Scott, "Priesthood, Prophecy, Wisdom, and the Knowledge of God," *Journal of Biblical Literature*, vol. 80, no. 1 (1961), 4.; 고대 이스라엘의 제사장, 예언자, 그리고 현인의 관계에 관한 학자들의 견해를 살펴보려면, 저의 책「설교자를 위한 구약 지혜문학」(대전: 침례신학대학교 출판부, 2007), 27-58을 참고하세요.

책들을 '지혜 문학'(wisdom literature)이라고 부르며, 잠언, 전도서, 욥기를 여기에 포함합니다.

3. 구조

잠언은 고대 이스라엘의 솔로몬 왕을 비롯하여 신앙적 지도자들(특히 현인들)이 수백 년 동안 지은 격언들을 편집자들이 모은 책입니다. 그런데 잠언의 구조를 살펴보면, 주제에 따라 체계적으로 기록되지 않았습니다. 그래서 편집자들이 격언들이 만들어진 연대순으로 편집하지 않았을까 추정할 수 있습니다. 잠언 속에는 잠언을 기록한 자를 밝혀 주는 여덟 개의 소제목이 있습니다. 그래서 이 제목에 따라 잠언의 구조를 나눌 수 있습니다. 그러나 이러한 구조 이해는 잠언의 주제나 교훈 찾기에는 그리 큰 도움이 되지 못합니다.

1) 솔로몬 왕의 잠언들: 첫째 모음집(1:1-9:18)

2) 솔로몬 왕의 잠언들: 둘째 모음집(10:1-22:16)

3) 지혜자의 교훈 모음집(22:17-24:22)

4) 지혜자의 교훈 모음집 부록(24:23-24)

5) 히스기야 왕의 신하들이 편집한 솔로몬 왕의 잠언 모음집(25:1-29:27)

6) 아굴의 잠언들(30:1-33)

7) 르무엘 왕의 교훈(31:1-9)

8) 현숙한 아내에 관한 잠언들(31:10-31)

그러므로 잠언의 구조를 주제 중심으로 재구성하는 것이 독자들에게 잠언의 주제들과 교훈들을 이해하는 데 도움을 줄 수 있습니다. 아울러 설교자들이나 교회학교 교사들이 잠언으로부터 어떤 주제를 가르치려 할 때, 이러한 주제별 재배열은 큰 도움이 될 것입니다.

세일러(Ronald M. Sailler)와 위르쩬(David Wyrtzen)은 잠언에서 강조되는 42개의 주제를 중심으로 잠언을 재구성하여 「지혜의 실천: 잠언의 주제적 지침서」(1992)를 발간했습니다. 그들은 이 책에서 각 주제와 관련된 구절들을 세부적인 교훈에 따라 소항목까지 만들어 소개합니다.[124] 저도 잠언을 주제별로 재배열하는 것의 중요성을 깨달았기 때문에 이러한 시도를 해보았는데, 이들이 먼저 책으로 발간했습니다. 그래서 저는 저의 책, 「설교자를 위한 구약 지혜문학」의 부록 부분에서 이 책을 요약하여 소개했습니다. 참고하시면 좋겠습니다.

또한, 저는 제 나름대로 잠언에서 중요하게 가르치는 교훈들을 주제별로 나누어, 각 주제와 관련된 잠언의 구절들을 소개하는 도표를 만들어 보았습니다. 이것도 잠언의 구조를 주제별로 재배열하는 하나의 시도로써 독자들에게 잠언의 중심 주제들과 교훈들을 체계적으로 이해하는데 도움이 될 것이라고 확신합니다.

---

124   Ronald M. Sailer and DAvid Wyrtzen, *The Practice of Wisdom: A Topical Guide to Proverbs* (Chicago: Moody Press, 1992).

잠언의 주제적 분류

주제			잠언 구절들
지혜로운 삶으로의 초대	하나님의 말씀을 통한 지혜		1:1-6; 2:1-12; 3:1-2, 11-26; 4:1-13; 8:1-36; 9:1-6; 13:13; 16:10; 22:17-20; 29:18; 30:1-6
	신앙을 통한 지혜 (여호와 경외하기)		1:7-9; 3:5-8; 8:13; 9:10-12; 14:26-27; 15:16, 33; 19:23; 22:4; 28:14, 25; 29:25
	지혜자의 길과 그 결과/ 의인의 길과 그 결과		1:20-23, 33; 3:32-35; 4:1-13, 20-27; 8:14-21, 32-36; 9:9; 10:22-25, 27-30; 11:29-31; 12:1-10; 13:19-21, 25; 15:24; 23:3-7; 24:13; 28:1, 12, 26; 29:6
	어리석은 자의 길과 그 결과/ 악인의 길과 그 결과		1:10-19; 24-32; 2:13-15; 3:32-35; 4:14-19; 6:12-19; 9:7-8, 13-18; 10:27-30; 11:29-31; 12:1-10; 13:25; 15:24; 17:11-16; 18:1-3; 21:16-18; 22:3, 5, 8; 23:29-35(술 취한 자); 28:1, 9, 12, 18; 28:28; 29:6, 16
신앙적 행복론 (인과응보 사상)	대인 관계를 신중히 하라	가족, 부부관계	14:1(지혜로운 아내); 15:17; 17:1; 18:22; 19:13-14; 21:9, 19; 25:24; 27:15-16; 28:24; 30:11, 17; 31:10-31
		이웃, 친구관계	3:29-31; 17:17; 18:24; 19:6, 9, 11; 23:6-9, 19-21; 24:1, 21, 26-29; 25:8-10(소송), 17-23; 27:9-10, 14, 17; 28:7; 29:9, 24(도둑); 30:10
		지도자(상사) 와의 관계	14:35; 16:13-15; 17:2; 19:12; 20:2; 23:1-3; 24:21; 25:4-7, 13; 26:10-12; 27:18; 28:15-17; 29:21 (종); 30:31; 31:4-7(술을 멀리해야 하는 왕)
	성적으로 깨끗하라		2:16-22; 5:1-23; 6:20-35; 7:1-27; 22:14; 23:26-28; 29:3; 30:18-20; 31:1-3

주제		잠언 구절들
신앙적 행복론 (인과응보 사상)	인자, 진리(정직), 공의를 행하라	3:3-4; 11:1, 3, 4-8, 9-11; 11:17-23; 14:9, 11, 34; 15:8-10; 16:11-13, 17; 18:5; 19:22; 20:10, 23, 28; 21:15, 21; 22:26; 23:10-11; 24:11-12, 23-25; 28:3-6, 10, 13, 21; 29:2, 4, 5, 12, 14; 30:7-8, 12, 21-23(모순); 31:8-9(왕의 도리)
	마음의 평정을 유지하라	13:12; 14:30; 15:13, 15; 17:22; 18:14; 20:22; 23:17-18; 24:10; 27:8, 19
	감정을 절제하라	12:16; 14:17, 29; 15:18(화); 16:32; 19:19; 20:3; 22:23-24; 24:17-20; 25:15, 28; 29:11, 22; 30:33
	근면, 성실하라	6:6-11; 10:3-5, 26; 11:16; 12:11-12, 23-28; 13:4; 15:19; 18:9; 19:1, 15, 24; 20:4, 6; 21:25; 22:13, 29; 24:30-34; 26:13-16; 27:23-27; 28:19-20
	겸손하라	11:2; 13:10(교만하지 말라); 16:18-19; 18:12; 19:25; 21:24; 22:4, 10; 29:8, 23; 30:13, 32
	합당한 말과 대화를 하라	10:6-14, 17-21, 31-32; 11:12-14; 12:13-14; 12:17-23(거짓말); 13:2, 3, 5; 14:3-5, 23, 25; 15:1, 2, 4, 7, 14; 23, 28; 16:21, 23-28; 17:4, 7, 9; 20, 17:28; 18:6-8, 13, 17, 20-21; 19:5; 20:19; 21:23, 28; 22:11; 23:16; 25:11-12, 14, 18, 23; 26:1-9; 26:19-28; 29:20; 30:10
	훈계, 충고에 경청하라	13:18; 15:5, 32; 19:20, 25-29; 23:12; 29:1
	징계, 견책하라	13:18; 15:5, 32; 19:20, 25-29; 23:12; 29:1

주제		잠언 구절들
신앙적 행복론 (인과응보 사상)	물질에 관한 교훈	
	물질을 지혜롭게 사용하라	3:9-10; 6:1-5(보증); 11:15(보증); 22:26; 27:13
	뇌물을 피하라	17:8, 23; 21:14; 22:16
	부당한 이익을 피하라	10:2; 10:15-16; 13:11; 13:22-23; 20:21; 21:6; 28:8, 11
	가진 자는 물질만 의지함	11:28
	탐욕을 멀리하라	21:26; 22:16; 23:4-5; 25:16; 27:20; 28:22; 30:7-9, 14-16
	가난한 자를 도우라	3:27-28; 11:27; 14:21, 31; 17:5; 19:17; 21:13; 22:9, 16, 22-23; 28:27; 29:7; 30:14
창조주 이신 하나님	공의로우신 하나님	15:3, 25-27, 29; 17:3; 20:10; 20:23-28; 21:3-5, 12; 22:12; 29:13, 26
	지혜로우신 하나님	8:22-31
	창조의 하나님	8:22-31; 22:2; 30:24-31
	인도, 보호하시는 하나님	3:5-6, 25-26; 14:26-27; 20:22; 21:1, 31
초월자 이신 하나님	초월자(자유자)이신 하나님	16:1-9, 33; 19:21; 21:1-2, 30-31; 25:2
	인간 지혜의 한계	14:12-13; 16:1-2, 9, 25, 33; 19:21; 21:2, 30-31; 27:1

4. 주제들과 교훈들

1) 신앙적 행복론

잠언은 다양하고도 독특한 신앙적 교훈들을 제공합니다. 이러한 교훈들이 주제에 따라 체계적으로 소개되지는 않지만, 주제를 중심으로 연구해보면 현시대에도 적용해야 할 교훈들을 많이 담고 있습니다. 저는 잠언에서 발견할 수 있는 교훈들을 크게 두 가지의 영역으로 나눌 수 있다고 봅니다. 첫째는, 하나님의 백성이 가정, 직장, 교회, 사회 속에서 인품과 능력을 인정받고 선한 영향력을 발휘하며 살기 위해서 실천해야 할 생활 지침, 윤리적 교훈, 그리고 대인 관계의 지침 등입니다. 저는 이러한 교훈들을 '신앙적 행복론' 혹은 '신앙적 처세술'이라고 부르고자 합니다.

보트(Lawrence Boadt)는 이와 같은 주제들을 실용적이고, 현세적이고, 물질적인 충고들이라고 규정합니다.[125] 그는 잠언의 교훈을 배워야 하는 목적이 삶에 숙달되기 위한 것이라고 간주하면서, 이 일을 위해서는 여호와 하나님을 신뢰하는 삶과 아울러 실용적이고 현세적이고 물질적인 충고들에도 주의를 기울여야 한다고 강조합니다.[126] 보트는 잠언에서 다음의 주제들이 부각되었다고 보았습니다.

(1) 부모와 자녀의 관계: 자녀들은 부모를 공경하고, 부모는 자녀들을 훈계로 교육해야 함
(2) 의인과 악인의 대조되는 행동
(3) 좋은 친구들과 사랑스러운 아내의 가치
(4) 사회생활을 위한 덕목(civic virtue): 정직, 친절, 정의, 성실함
(5) 성적인 욕망을 비롯한 개인적 욕망을 극복하고 자기 절제를 실천하는 일

---

125   Boadt, *Reading the Old Testament*, 480.
126   Ibid.

(6) 합당한 말과 침묵의 중요성

(7) 재산을 지혜롭게 관리하고, 미래를 준비하도록 신중하고 열심
　히 일하는 것

(8) 상사들 앞에서의 예절과 합당한 행동

(9) 어리석고 무분별한 행동을 피하고 지혜롭게 행하는 일의 가치[127]

힌슨(David Hinson)도 잠언이 삶의 다양한 상황과 관련된 실용적 교훈들을 제공한다는 점을 언급하면서, 잠언에서 강조하는 주제들을 다음과 같이 소개합니다.[128]

(1) 징계를 동반한 자녀 교육(13:24; 22:15; 29:15, 17)

(2) 성인들에게 지혜로운 삶을 방해하는 두 가지
　　- 나태함(6:6; 13:4; 20:4; 24:33-34)
　　- 술취함(20:1; 21:17; 23:29-30)

(3) 좋은 친구를 사귀는 일의 가치(13:20; 24:1-2; 28:7)

(4) 부부 관계를 좋게 유지하라(5:18-19; 18:22; 19:14)

(5) 생각과 말에 조심하라(11:12-13; 16:23; 21:23)

(6) 순종(10:1), 겸손(11:2; 15:33), 자제(14:17; 18:13; 25:28), 진실함(12:22),
　　인자함 (11:17), 구제(11:25), 마음을 즐겁게 하고 사는 것(15:13), 정
　　의(21:15), 충성됨 (25:13)

저는 "잠언의 주제적 분류" 도표를 통해서, 하나님의 백성으로 하

127　Ibid., 480-481.

128　David F. Hinson, *The Book of the Old Testament*(London: S. P. C. K, 1992).

여금 가정과 직장과 사회에서 실천하도록 권하는 덕목들을 몇 가지 소개했습니다. 이것들을 저는 '신앙적 행복론/처세술'이란 제목으로 소개했는데, 아래와 같은 가르침들이 포함됩니다.

(1) 근면, 성실하라

(2) 겸손하라

(3) 합당한 말과 대화를 하라

(4) 훈계, 충고에 경청하라

(5) 자녀를 징계, 경책하라

(6) 물질에 관한 교훈

　　– 물질을 지혜롭게 사용하라

　　– 뇌물을 피하라

　　– 부당한 이익을 피하라

　　– 물질을 의지하지 말라

　　– 탐욕을 멀리하라

(7) 가난한 자를 도우라

(8) 대인 관계를 신중하게 하라 – 가족, 이웃, 친구, 상사와의 관계

(9) 성적으로 깨끗하라

(10) 공의와 정직을 행하라

(11) 마음의 평정을 유지하라

(12) 감정을 절제하라

2) 잠언의 신학

잠언에서 소개하는 또다른 영역의 교훈은 신앙적인 것입니다. 잠

언은 전도서와 욥기와 함께 지혜문학에 속하여 하나님에 관한 독특한 사상을 제공합니다. 예를 들면, 율법서나 예언서에서는 이스라엘 백성을 위한 하나님의 구원 활동들(출애굽 사건, 광야에서의 인도하심, 가나안 땅을 차지하게 하심, 다윗 왕조를 세우심 등)을 자주 언급합니다. 그래서 여호와를 이스라엘의 구원자로 강조합니다. 그러나 잠언을 포함하는 지혜문학은 여호와께서 이 세상을 창조하시고 공의와 진리로 질서 있게 다스리시며, 자연을 통해서 자신의 뜻을 계시하시는 창조주 하나님으로 묘사합니다. 그래서 창조주 하나님, 공의로 의인과 악인을 심판하시는 하나님을 부각시키며, 결과적으로 신앙적 인과응보의 원리를 중심으로 하여 인간을 다스리시는 하나님의 활동을 강조합니다.

3) 인간 지혜의 한계와 '하나님의 자유' 사상

잠언은 하나님의 백성이 창조주 되시며 이 세상을 공의롭게 주관하시는 하나님의 계획과 뜻을 자신의 제한된 지혜로 모두 이해하기가 어렵다는 점을 인정하도록 가르칩니다. 특히 현재나 미래가 자신이 계획한 대로 펼쳐지지 않을 때, 악한 자들이 더욱 형통하게 될 때, 그리고 의롭게 사는 자들이 고난을 당할 때, 하나님의 백성은 하나님만이 인간의 역사와 온 세상 만물을 의롭게 주관하시고 심판하시는 초월자이시라는 점을 깨닫고 어떤 상황 속에서도 겸손하고 인내하는 사람이 되도록 가르칩니다. 그래서 피조물인 인간이 창조주인 여호와 하나님의 계획과 섭리를 다 이해할 수 없고 조정할 수도 없다는 겸손한 깨달음을 기초로 하여, 하나님께서는 자신이 원하시는 것은 무엇이나 자유롭게 실행하실 수 있는 분이요, 모든 인간사를 궁극적으로 결정하시는 분이라는 이해에 도달할 수 있게 만듭니다. 하나님에 대하여 이러한 깨달음을 가질 때 우리는 하나님을 진정으로 경외하게 됩니다.

> 마음의 경영은 사람에게 있어도 말의 응답은 여호와께로부터 나오느니라 사람의 행위가 자기 보기에는 모두 깨끗하여도 여호와는 심령을 감찰하시느니라 너의 행사를 여호와께 맡기라 그리하면 네가 경영하는 것이 이루어지리라 여호와께서 온갖 것을 그 쓰임에 적당하게 지으셨나니 악인도 악한 날에 적당하게 하셨느니라⋯ 사람이 마음으로 자기의 길을 계획할지라도 그의 걸음을 인도하시는 이는 여호와시니라(잠 16:1-9)

> 너는 마음을 다하여 여호와를 신뢰하고 네 명철을 의지하지 말라 너는 범사에 그를 인정하라 그리하면 네 길을 지도하시리라 스스로 지혜롭게 여기지 말지어다 여호와를 경외하며 악을 떠날지어다(잠 3:5-7)

묵상과 토론을 위한 질문

 자녀들이나 교회의 젊은이들에게 지혜로운 삶을 위해 실천해야 할 중요한 덕목들을 잠언을 근거로 하여 소개한다면 어떤 것들이 포함되어야 할까요?

 당신의 삶과 신앙을 위한 중요한 지침으로 간주하는 잠언 구절은 어떤 것이 있나요?

 16장 9절이 진리라는 사실을 개인적으로 경험한 적이 있나요?

LESSON

30 전도서 개론

1. 기록 목적

고대 이스라엘의 현인들이 사람들을 허무감에 빠지게 만드는 요소들과 아울러 행복한 삶을 누릴 수 있는 비결을 소개한 것을 모아서 독자들에게 신앙적 교훈을 제공하는 것이 이 책의 기록 목적입니다.

2. 특징과 유의점

1) 플럼터(E. H. Plumptre)가 "히브리 문학의 스핑크스(the sphinx of Hebrew literature)"라는 표현을 사용할 정도로, 전도서의 저자, 기록 시기와 장소, 문체의 통일성, 구조, 문학 양식, 신앙적 교훈, 정경에 포함된 이유 등과 관련하여 누구나 수긍할 수 있는 해답을 찾기가 쉽지 않습니다.[129]

129　E. H. Plumptre, *Ecclesiastes* (Cambridge: Cambridge University Press, 1898), 7.

2) 전도서는 이스라엘 백성이 신앙적 절기 때 읽는 다섯 두루마리
(Megillot) 중의 하나로, 가을 추수가 끝날 즈음에 모이는 장막절 축제(9
월과 10월 사이)때 읽습니다. 그들은 칠 일간 오두막에서 생활하면서, 신
앙의 선조들(아브라함, 이삭, 야곱, 요셉, 모세, 아론, 다윗)의 삶을 묵상합니다.
아울러 전도서를 읽고 매일의 삶 속에서 느끼는 쾌락과 물질의 덧없
음, 노동의 고통, 사회적 불의와 악한 지도자에 대한 분노, 죽음의 공
포, 인생무상 등에 대해 토로하며, 전도서가 제공하는 삶과 신앙을 위
한 교훈을 얻고 감정의 승화를 느낍니다. 결과적으로 장막절 축제는
함께 먹고 마시고 즐기는 시간이 되었습니다.[130]

3. 구조

필자는 전도서의 각 장에서 다루는 핵심 주제들을 중심으로 전도
서의 구조를 다음과 같이 구분합니다.[131]

1) 1:1-11 서문: 삶이 헛되다는 고백	
2) 1:12-2:26 허무감을 느끼게 만드는 것들	
(1) 1:12-18	지혜를 추구하는 것
(2) 2:1-11	쾌락주의와 물질주의
(3) 2:12-17	죽음의 필연성
(4) 2:18-24	노동의 수고
(5) 2:24-26	인생의 모든 경험들

---

130   자끄 엘룰, 「존재의 이유」 (서울: 규장, 2005), 316.
131   이형원, 「설교자를 위한 구약지혜문학」, 110.

4. 주제들과 교훈들

저는 2014년에 한국복음주의 구약학회 논문발표회에서 "전도서에서 무슨 선한 것이 나올 수 있을까?"라는 제목으로 논문을 발표했습니다. 이 논문에서 저는 전도서의 주제들에 대한 여러 구약학자의 연구 결과들을 간략하게 소개하고, 이어서 제가 발견한 주제들도 소개했습니다(Roland Murphy, John E. Johnson, Elizabeth Huwiler, Leslie C. Allen, James Bollhagen, Peter Enns). 그리고 이 논문을 「구약논집」(9집, 2014년)에 실었는데, 논문집에서는 논문 분량의 한계 때문에 머피와 엔스의 주제 연구만 소개했습니다.[132] 이 논문은 인터넷상에서 논문 제목을 치면 무료로 다운로드가 가능합니다.

제가 위에서 소개한 학자들은 전도서의 핵심 주제와 교훈을 찾기

---

132   이형원, "전도서에서 무슨 선한 것이 나올 수 있을까?" 「구약논집」, 9권 (2014), 111-154.

위해 구조 연구, 반복되는 단어들과 구문들 연구, 반복적으로 대조되는 사상이나 이미지 연구 등에 치중하는 문학적 연구 관심을 기울였습니다. 저도 이러한 연구 관심을 기울여서 전도서의 중심 주제들을 찾아보았는데, 제가 발표한 논문의 내용을 축약해서 소개한다면 다음과 같습니다.

1) 허무감을 느끼게 만드는 것들

전도서에서 가장 반복적으로 다루는 주제 중의 하나는 허무감/허무주의(nihilism)일 것입니다. '헛되다'(hebel)란 동사는 전도서에서 38번이나 언급될 뿐만 아니라, 전도자의 논리를 결론짓는 부분마다 언급되어서 허무감/허무주의가 인간이 직면하는 심각한 문제임을 깨닫게 해줍니다.

전도자는 전반부에서 사람들을 허무주의에 빠지게 만드는 요소들을 몇 가지 소개합니다.

> (1) 1:12-18: 지혜를 추구하는 것의 한계
> (2) 2:1-11: 쾌락주의와 물질주의의 한계
> (3) 2:12-17; 3:18-20: 죽음의 필연성
> (4) 2:18-24: 노동의 수고
> (5) 2:24-26: 인생의 모든 경험들
> (6) 3:16; 4:1-3; 5:8: 사회적 불의, 권력자들의 억압
> (7) 8:11-12, 14: 의로운 자들이 고난을 당하고, 악한 자들이 더욱 창성해지는 현상들

전도자는 사람들을 허무주의에 빠지게 만드는 가장 궁극적인 요인 중의 하나가, 누구나 예외 없이 늙어서(12:1-8) 결국은 죽음을 맞이한다는 점을 강조합니다(2:16; 3:18-20; 9:3-4). 의인이든 악인이든 모두 죽고, 또 언제 죽을지도 알 수 없는 현실 속에서 사람들은 허무감과 인생 무상을 느낍니다.

어떤 구약학자들은 '죽음'을 전도서의 독자적인 주제 중의 하나로 간주하지만, 저는 전도서에서 죽음이 초래하는 허무주의를 극복하게 만드는 비결(하나님 경외하기)을 더욱 강조하기 때문에, 죽음을 독자적인 주제로 고려하지는 않습니다. 구자용과 림버그(James Limburg)를 비롯하여 여러 학자가 공감하듯이, 전도서는 "인간은 죽는다는 것을 기억하라"(memento mori: 2:12-17; 3:19-22; 9:3-6)는 모티브와 "현재를 즐기라"(carpe diem: 5:17-19; 8:15; 9:7-10)는 모티브를 자주 병렬하여 제시함으로써 결론적으로는 하나님을 경외하는 삶을 살도록 독자들에게 도전합니다.[133]

2) 허무주의를 극복하는 비결/ 삶을 하나님의 관점에서 바라보기

허무주의에 빠진 사람들에게 전도자가 제시하는 해결책은 무엇입니까? 그것은 사람들이 자신의 삶을 하나님의 관점에서, 그리고 그분과의 관계 속에서 이해해보라는 것입니다. 그러면, 전도서는 하나님을 어떤 분으로 묘사하고 있습니까?

---

133 구자용, "메멘토 모리(Memento Mori), 카르페 디엠(Carpe Diem)!" 「구약논단」 제 43집 (2012년 3월), 99; James Limburg, *Encountering Ecclesiastes: A Book for Our Time* (Grand Rapids: Wm. B. Eerdmans Publishing Co., 2006), 135.

(1) 3:11: 하나님께서는 온 세상 만물과 사람을 창조하시고 그들의 삶이 당신의 때와 섭리에 따라 질서와 조화 속에 이루어지도록 인도하시는 분입니다.

(2) 5:18-19: 하나님은 당신의 백성이 이 땅에서 살아가는 동안 풍성한 삶을 누리도록 계획하고 계십니다.

(3) 2:24; 3:12, 13; 5:18-19; 9:7-9: 하나님께서는 당신의 백성에게 선물을 주셨는데, 그것은 일의 수고를 통해 얻은 열매로 가족들과 함께 먹고 마시며 즐거움을 누리고 이웃들에게 선을 베풀며 살아가면서 보람을 누리는 것입니다.

(4) 12:13-14: 하나님께서는 당신의 백성이 매일의 삶 속에서 하나님을 경외하기를 원하십니다.

하나님께서 각 사람을 위해 어떤 선한 계획과 기대를 가지고 계신지를 알고 하나님의 뜻에 합당하게 살아가는 삶이야말로 허무주의를 이겨낼 수 있는 신앙적 해결책이라는 점을 전도자는 가르칩니다.

3) 사람의 경험과 지혜의 한계/ 자유자 되시는 하나님

전도서에서 강조하는 주제 중의 또 하나는 사람의 경험과 지혜가 온전하지 못하고, 창조주가 되시며 주권자가 되시는 하나님의 계획과 뜻을 이해하는데 있어서는 더욱 그러하다는 점입니다. 그래서 사람의 어떤 경험도 영원할 수 없다고 말하고(3:1-8), 모든 지혜와 지식을 추구하는 것이 불가능하다고 지적합니다(1:12-18). 그래서 지혜로운 자는 자신의 경험과 지혜가 부족함을 인정하고 하나님 앞에서 겸손한 자세로 살아가는 자라고 가르칩니다.

그런데 사람의 지혜에 한계가 있다는 것을 인정하는 것은, 다른 한 편으로는 하나님께서 무엇인가를 계획하고 행동으로 옮기는 데 있어서 신비로우시고(8:1-3), 이 세상을 다스리실 때 누구의 간섭이나 방해가 없이 자유롭게 행동하실 수 있는 자유자가 되신다는 점도 인정하는 것입니다. "하나님이 모든 것을 지으시되 때를 따라 아름답게 하셨고 또 사람들에게는 영원을 사모하는 마음을 주셨느니라 그러나 하나님이 하시는 일의 시종을 사람으로 측량할 수 없게 하셨도다"(3:11). 이러한 깨달음은 "사람이 마음으로 자기의 길을 계획할지라도 그의 걸음을 인도하시는 이는 여호와이시니라"(잠 16:9)라는 구절과 마찬가지로 하나님을 초월자, 주권자, 자유자로 고백하게 만듭니다. 이러한 신학이야말로 하나님의 백성을 허무주의에 빠지게 만드는 여러 가지 요소들에 흔들리지 않고, 오직 하나님만을 경외하며 맡겨진 사역을 즐기며 기쁘게 살아가게 만듭니다. 카릴(Joseph S. Khalil)은 그의 논문, "자신만만한 설교자에 대한 전도자의 응답: 전도서 8:1-3의 새로운 접근"에서, 이 우주 속에서 역사하시는 하나님의 섭리에 대해, 또한 특히 그분의 보응과 심판에 대해 잘 알고 있다고 주장하는 설교자들을 지적하며, 전도서 8장 1절부터 3절을 통해서 강조되는 하나님의 불가사의함/신비함이 이러한 영적 교만을 깨뜨리게 만든다고 주장합니다.[134]

4) 하나님 경외하기
전도서의 결론 부분인 12장 13절과 14절은 전도서 전체에서 거듭하

---

134   Joseph S. Khalil, "Qoheleth's Response to the Overconfident Preacher: A New Approach to Ecclesiastes 8:1-3," *Word & World*, vol. 32, no. 3 (Summer 2012), 277.

여 다루었던 허무주의를 극복할 수 있는 최선의 방법이 무엇인지, 그리고 인생의 궁극적인 목적이 무엇인지를 단적으로 밝혀줍니다. 특히 이 부분이 전도서의 후문으로 간주되어, 서문(1:1-11)에서 언급하는 허무주의의 고백과 구조적 대조를 이루기 때문에, 독자들은 '하나님 경외하기'라는 주제가 전도서 전체의 핵심 주제가 된다는 점을 쉽게 깨달을 수 있습니다.[135]

> 일의 결국을 다 들었으니 하나님을 경외하고 그의 명령들을 지킬지어다 이것이 모든 사람의 본분이니라 하나님은 모든 행위와 모든 은밀한 일을 선악 간에 심판하시리라(전 12:13-14)

사실 하나님을 경외하라는 명령은 전도서에서 사람들을 허무감에 빠지게 만드는 경우들이 소개될 때마다 반복하여 언급됩니다.

> 하나님께서 행하시는 모든 것은 영원히 있을 것이라 그 위에 더 할 수도 없고 그것에서 덜 할 수도 없나니 하나님이 이같이 행하심은 사람들이 그의 앞에서 경외하게 하려 하심인 줄을 내가 알았도다 (3:14)
> 꿈이 많으면 헛된 일들이 많아지고 말이 많아도 그러하니 오직 너는 하나님을 경외할지니라(5:7)
> 너는 이것도 잡으며 저것에서도 네 손을 놓지 아니하는 것이 좋으니 하나님을 경외하는 자는 이 모든 일에서 벗어날 것임이니라(7:18)

---

135   이형원, "전도서에서 무슨 선한 것이 나올 수 있을까?", 146.

죄인은 백 번이나 악을 행하고도 장수하거니와 또한 내가 아노니 하나님을 경외하여 그를 경외하는 자들은 잘 될 것이요 악인은 잘 되지 못하며 장수하지 못하고 그 날이 그림자와 같으리니 이는 하나님을 경외하지 아니함이니라(8:12-13)

그러면 하나님을 경외한다는 것은 무슨 뜻입니까?

하나님을 경외하라는 교훈은 하나님을 사랑하고 그의 계명을 지키는 것이 인간의 본분이라는 오경 속의 명령(신 6:4-9)이나, 정의를 행하고 인자를 사랑하고 겸손히 하나님과 동행해야 하는 것이 하나님께서 원하시는 바라는 예언자적 전통의 가르침(미 6:8)과 연관되는 것이다. 하나님을 경외하는 것이란 하나님의 임재 앞에서 맹목적으로 두려워 떨면서 아무것도 하지 않고 지내는 것이 아니다. 오히려 매사에 하나님의 뜻을 존중하려는 마음을 가지고 결정하고 적극적으로 행하는 모습이야말로 하나님을 경외하는 것이다. 한 걸음 더 나아가서 자신의 뜻과 하나님의 뜻이 대치될 경우에 하나님의 뜻을 선택하는 것이요, 자신에게 일어나는 상황이 부당하게 여겨지는 상황 속에서도 하나님의 의에 문제를 제기하기보다 하나님의 의로우심과 선하심을 믿고 인내하는 자세를 유지하는 것이다(욥기). 그런데 하나님의 뜻의 기본이 사제적, 예언자적, 현인적 전통들의 가르침들을 통해 소개되고, 그 속에는 공통적으로 하나님을 경외하거나 사랑하라는 명령과 아울러 이웃들을 사랑하고 또 그들에게 정의를 행하라는 교훈이 포함되고 있기 때문에 전도자가 강조한 하나님 경외 사상과 사제들이나 예언자들이 강조한 하나님과 이웃을 사랑하라는 교훈이 같은 맥락이라

고 볼 수 있는 것이다.[136]

5) 행복하고 지혜로운 삶을 위한 필수 요소들

전도서는 위에서 언급한 신학적인 주제들과 아울러 하나님의 백성이 이 세상에서 행복하고 지혜롭게 살기 위해 고려해야 할 필수적인 요소들도 소개합니다.

> (1) 노동의 즐거움: 전도자는 살아가면서 인생무상을 느끼게 만드는 요소들이 많지만, 그럼에도 불구하고 매일 보람과 행복을 찾을 수 있는 길 중의 하나는 자신이 하는 일(노동, 사명)을 즐거운 마음으로 임하는 것이라고 제안합니다. 노동의 즐거움과 보람을 만끽하라는 것이죠. 그리고 노동의 대가로 받은 봉급을 가지고 가족들과 친지들과 함께 음식을 나누는 것이라고 합니다(2:24-25; 3:13; 5:18-19; 9:7-10).

> 사람에게는 먹는 것과 마시는 것, 자기가 하는 수고에서 스스로 보람을 느끼는 것, 이보다 더 좋은 것은 없다. 알고 보니, 이것도 하나님이 주시는 것, 그분께서 주시지 않고서야, 누가 먹을 수 있으며, 누가 즐길 수 있겠는가?(2:24-25: 새번역)

> (2) 우정과 사랑(4:9-12): 전도자는 평생 쉬지도 않고 외롭게 일만 하며 돈을 벌었지만 결국에는 물려줄 사람이 없는 사람의 허

---

136   Ibid., 147.

무한 삶을 소개한 후에, 행복하고 지혜로운 삶은 가족들과 아울러 좋은 동무들과 사랑과 우정의 관계를 유지하는 것이라고 가르칩니다.

(3) 참다운 예배(5:1-7): 전도자는 하나님께 예배를 드리는 자들이 예배의 감격을 맛보기 위해 주의해야 할 바들을 몇 가지 소개합니다: 악한 일을 행하고 제물을 바치는 것이 아니라 하나님의 말씀을 듣는 자세를 보이는 것(5:1), 하나님 앞에서 말을 할 때 함부로 입을 열지 않는 것(5:2), 하나님 앞에서 서원한 것을 지키는 것(5:4-6).

(4) 자기의 생명의 날을 깊이 생각하지 않기(5:20): 자기의 생명의 날을 깊이 생각한다는 말은 자신의 여생이 얼마 남지 않았다고 염려하고 두려워하는 마음을 뜻합니다. 지혜로운 사람은 자신의 여생이 너무나 짧게 남았다고 푸념하거나 두려워하고 지내기보다는, 나날이 하나님을 경외하며 일과 우정과 사랑을 즐깁니다.

(5) 인생의 기회들에 도전하기(11:1-6): 11장 4절은 "바람이 그치기를 기다리다가는, 씨를 뿌리지 못하고, 구름이 걷히기를 기다리다가는, 거두어들이지 못하는 것"처럼, 살아가면서 맞이하는 유익한 기회들을 놓치지 말라고 권합니다.

(6) 청년들을 위한 충고(11:9-10): 전도자는 청년들에게 자신의 앞날에 대해 근심하지 말고, 무엇인가 하고 싶은 일이 생겼을 때 주저하거나 포기하지 말라고 조언합니다. 아울러, 그들의 삶을 선하게 인도하시고 공의롭게 판단하시는 하나님께서 동행하신 것을 확신하는 가운데, 하나님과 백성들을 위해 가

치 있는 일에 진취적이고 적극적인 자세로 도전해보라고 권
합니다.

청년이여 네 어린 때를 즐거워하며 네 청년의 날들을 마음에 기뻐
하여 마음에 원하는 길들과 네 눈이 보는 대로 행하라 그러나 하나
님이 이 모든 일로 말미암아 너를 심판하실 줄 알라 그런즉 근심이
네 마음에서 떠나게 하며 악이 네 몸에서 물러가게 하라 어릴 때와
검은 머리의 시절이 다 헛되니라(11:9-10)

5. 전도서와 신약성경

전도서에 의하면, 사람을 허무주의에 빠지게 만드는 가장 심각한
요소 중의 하나가 죽음의 필연성입니다. 죽음의 필연성이 사람의 마
음에 심어주는 공포와 허무감은 살아오면서 이루어놓은 여러 업적과
경험했던 행복한 추억들조차도 무의미하게 느끼게 만듭니다. 그래서
어떤 이들은 죽음의 공포에 사로잡혀 이미 죽은 자가 걸어 다니는 것
처럼, 다시 말하여 "좀비처럼" 살아갑니다.

그러나 신약성경은 우리 삶의 행복과 생동감을 빼앗아가는 죽음의
공포를 극복하게 하신 분이 계신다고 선포합니다. 바로 우리 주 예수
그리스도이십니다. 예수님께서는 공생애 활동을 하시면서 자주 자신
이 죽은 후에 사흘 만에 다시 살아날 것을 예고하셨습니다(마 20:18-19;
막 9:31; 요 2:19). 그리고는 온 세상 사람의 죄를 대신 짊어지시고 십자
가에 달려 돌아가신 예수님께서는 사흘 만에 다시 살아나셔서 죽음의

권세를 물리치고 승리하셨습니다. 그래서 예수님께서 부활하신 사건이 사람들에게 죽음 너머에 있는 부활과 영생의 소망을 얻게 하시려는 하나님의 은혜를 보여준 사건이라는 점을 강조합니다(고전 15장). 그러므로 우리는 전도서를 통해 죽음의 필연성을 언급할 때마다, 예수님의 부활을 통해 얻게 된 부활과 영생의 소망도 소개해야 할 것입니다. 그래서 사도 바울이 외쳤던 고백을 우리도 외칠 수 있어야 할 것입니다.

사망아 너의 승리가 어디 있느냐 사망아 네가 쏘는 것이 어디 있느냐 사망이 쏘는 것은 죄요 죄의 권능은 율법이라 우리 주 예수 그리스도로 말미암아 우리에게 승리를 주시는 하나님께 감사하노니 그러므로 내 사랑하는 형제들아 견실하며 흔들리지 말고 항상 주의 일에 더욱 힘쓰는 자들이 되라 이는 너희 수고가 주 안에서 헛되지 않은 줄 앎이라(고전 15:55-58)

묵상과 토론을 위한 질문

 전도서는 우리를 허무감에 빠지게 만드는 것들이 무엇이라고 언급합니까?

 전도서는 우리를 허무감에서 벗어날 수 있게 만드는 비결이 무엇이라고 제안합니까?

 가족, 직장 동료, 그리고 성도들이 허무감에서 벗어나 행복하게 살도록 돕기 위해 우리가 할 수 있는 일은 무엇일까요?

31 욥기 개론

1. 기록 목적

욥("온전하고 정직하여 하나님을 경외하며 악에서 떠난 자")이 고난을 당하는 이유에 대한 욥과 친구들의 토론과 여호와 하나님의 최종적인 결론을 소개함으로써 의인의 고난에 관한 교훈을 제시하는 것이 기록 목적입니다.

2. 특징과 유의점

1) '욥'은 히브리어로 '대적, 원수'라는 뜻입니다. 그래서 욥기는 욥이 고난 속에서 하나님을 대적하던 모습을 주인공의 이름을 통해서도 암시합니다.

    (1) 13:24: "주께서 어찌하여 얼굴을 가리시고 나를 주의 원수로 여기시나이까"

(2) 40:2: "트집 잡는 자가 전능자와 다투겠느냐 하나님을 탓하는 자는 대답할지니라"

2) 에스겔서 14장 14절과 20절에 의하면, 욥은 노아와 다니엘과 함께 의인으로 간주됩니다.

3) 철학자들과 문학가들이 욥기의 철학적 깊이와 문학적 탁월성을 인정하며, 욥기의 주제를 자신들의 작품에서도 다룹니다.

    (1) 테니슨(Alfred L, Tennyson): "고대와 현대의 시들 중에서 최고의 시"

    (2) 마틴 루터(Martin Luther): "성경에서 욥기와 같이 위대하고 숭고한 책은 없다."

    (3) 빅토르 위고(Victor Hugo): "내일 모든 문학 서적들이 다 없어지고 단 한 권의 책만 남겨야 한다면 나는 욥기를 남기겠다."

    (4) 단테의 「신곡」, 괴테의 「파우스트」, 도스토예프스키의 「카라마조프 가의 형제」

    (5) 맥리시(A. MacLeish)의 연극 "J.B.(욥의 가명)"

4) 욥기처럼 의인의 고난과 관련한 신정론을 다루는 고대 근동의 지혜 문헌들이 다수 있습니다. 그러므로 이러한 문헌들과 욥기의 유사점과 차이점을 비교해보는 것은 흥미로운 연구가 될 수 있습니다.

    (1) 애굽의 지혜 문헌: 「유창한 농부의 항변」, 「이프웨의 교훈」, 「자살에 대한 논쟁」

    (2) 메소포타미아의 지혜 문헌: 「한 남자와 그의 신」, 「바벨론인 신정론」, 「나는 지혜의 주를 찬양한다」(「바벨론 욥기」라고도

함)[137]

5) 성경의 독자들이 가장 오해를 많이 하는 책 중의 하나가 욥기라고 봅니다.

　(1) 욥은 과연 의인인가?

　(2) 8:7: "네 시작은 미약했으나 네 나중은 심히 창대하리라"

　(3) 23:10: "그러나 내가 가는 길을 그가 아시나니 그가 나를 단련하신 후에는 내가 순금 같이 되어 나오리라"

6) 욥이 희곡적인 요소들을 갖추고 있기 때문에, 교회에서 욥기를 설교하거나 공부할 때 연극으로 공연하는 것을 적극 추천합니다.

3. 구조

욥기는 고난을 당했을 때 자신의 의로움을 내세우면서 억울함을 호소하는 욥과 고난이 그의 죄 때문이라고 지적하는 세 친구들(엘리바스, 빌닷, 소발) 간의 세 차례에 걸친 토론을 소개합니다. 이어서 엘리후가 등장하여 그들의 잘못된 신앙적 이해를 지적합니다. 그리고 절정 부분에서 창조주 되시는 여호와께서 나타나셔서 욥의 교만을 꾸짖습니다. 그러자 욥은 회개하고, 여호와는 욥에게 이전보다 더욱 복을 주십니다.

위에서도 언급했듯이, 욥기는 연극으로 공연될 수 있도록 만들어진 희곡으로 간주할 수 있습니다. 시작 부분에서 여호와와 사탄의 대화가 산문으로 소개되고(1-2장), 욥과 세 친구의 세 차례에 걸친 신학적

137　반 펠트, 「성경신학적 구약개론」, 371-372.

토론과 엘리후와 여호와 하나님의 출현, 욥의 독백 등이 시 형태로 소개된 후에(3:1-42:6), 여호와께서 욥에게 복을 내리시는 내용이 산문으로 언급되어 끝이 납니다(42:7-16). 특히 욥과 세 친구들의 신학적 논쟁에 마침표를 찍어버리는 여호와 하나님의 연설이 다양한 수사학적 용법들과 이미지들을 포함하는 뛰어난 시로 되어 있습니다. 그래서 독자들은 욥기에서 다루는 문제가 신학적으로 난해할 수 있지만, 탁월한 시들이 연극을 통해 읊어지는 것을 보면서 욥기의 주제를 보다 쉽게 이해할 수 있습니다. 제가 나름대로 욥기의 구조를 희곡으로 간주하여 간략하게 재구성한다면 아래와 같습니다.

1) 서언: 여호와께서 욥을 시험하는 행위를 사탄에게 허락하셨다(1:1-2:13)

(1) 욥의 인물 묘사
　　1:1; 2:3: 순전하고 정직하여 하나님을 경외하며 악에서 떠난 자.
　　1:21, 22; 2:10: 고난 중에도 하나님을 향하여 어리석게 원망하지 않았다.
(2) 욥의 세 친구의 일차적 반응(2:11-13)

2) 욥의 탄원(3:1-26)

3) 욥과 그의 세 친구 간의 삼차에 걸친 대화(논쟁)(4:1-31:40)

(1) 일차 대화: 4-14장
　　엘리바스: 4:1-5:27: 욥은 자신이 지은 죄를 회개해야 한다.
　　욥: 6:1-7:21: 이런 고난을 받을 정도로 잘못한 것 없다. 하나님이 부당하게 대하고 계신다.
　　　6:24: "내게 가르쳐 나의 허물된 것을 깨닫게 하라 내가 잠잠하리라"
　　빌닷: 8:1-22: 하나님의 공의에 문제를 삼다니 무례하다. 지금이라도 숨긴 죄악들을 회개하라.
　　　8:7: "네 시작은 미약했으나 네 나중은 심히 창대하리라"(빌닷의 이 말은 문맥에 맞게 해석해야 합니다. 개업 예배를 위한 것이 아닙니다)
　　욥: 9:1-10:22: 하나님의 지혜, 능력, 공의를 인정한다. 그러나 나에게 너무 심하게 대하신다고 본다.
　　　10:2: "무슨 연고로 나로 더불어 쟁변하시는지 나로 알게 하옵소서"
　　　10:7: "주께서는 내가 악하지 않은 줄을 아시나이다"

소발: 11:1-20: 하나님 앞에서 자신이 의롭다 하니 어리석다. 지금이라도 죄를 회개하라.

    11:13, 14: "…주를 향하여 손을 들 때에 네 손에 죄악이 있거든 멀리 버리라"

욥: 12:1-14:22: 너희만 하나님을 잘 알고 의로운 것처럼 나를 비난하지 말라. 나도 하나님을 잘 안다. 나는 나의 의로움을 하나님께 변론하리라.

    13:23, 24: "…나의 허물과 죄를 내게 알게 하옵소서 주께서 어찌하여 얼굴을 가리우시고 나를 주의 대적으로 여기시나이까…"

(2) 이차 대화:15:1-21:34

    엘리바스: 15:1-35: 욥은 죄를 회개해야 한다.

        15:12-16: 인간이 죄인임을 강조하면서 욥이 회개하도록 유도함.

    욥: 16:1-17:16: 죽음의 위협을 느끼는 시점에서 내뱉는 탄원(17:1).

      16:17: "그러나 내 손에는 포학이 없고 나의 기도는 정결하니라"

    빌닷: 18:1-21: 욥은 자신이 행한 악의 덫에서 벗어날 수 없다.

    욥: 19:1-29: 인간적인 위로자가 없는 시점에서 하나님의 위로와 변호를 기대하는 욥.

      19:25: "내가 알기에는 나의 구속자가 살아 계시니 후일에 그가 땅 위에 서실 것이라"

    소발: 20:1-29: 악인에 대한 하나님의 심판이 냉엄하고 정당하다.

    욥: 21:1-34: 이 세상에 궁극적인 정의가 실현되지 않고 있다.

(3) 삼차 대화: 22:1-27:33

    엘리바스: 22:1-30: 욥은 하나님과 화목해야 한다(21절) 그러기 위해 회개하라.

    욥: 23:1-24:25: 하나님을 만나 따지려 하니, 의도적으로 나를 피하시는 것 같다.

      23:3: "내가 어찌하면 하나님 발견하고 그의 처소에 나아가랴"

    빌닷: 25:1-6: 하나님 앞에서 네가 의롭다고 말하지 말라.

    욥: 26:1-14: 하나님의 능력과 신비를 인정한다.

(4) 욥의 독백: 27:1-31:40

    27장: 자신의 의로움을 주장.

    2절: "나의 의를 빼앗으신 하나님…"

    28장: 참 지혜는 주를 경외함에 있다(28절): 나는 지혜를 추구하며 살았다.

    29장: 행복했던 지난날에 대한 회상: 자신의 의로운 행위들 소개(12-25절).

    30장: 현재의 극한 고난 언급.

    31장: 자신의 의로움을 주장하는 욥(5절부터).

    (저의 질문: 욥의 의로운 행위를 따라갈 현대의 성도들이 있을까?)

    (저의 묵상: 만약 우리가 욥처럼 의롭게 살지 못했다면 함부로 비판할 수가 없다.)

자신이 의롭다는 주장으로 친구들을 조용하게 만든 욥 앞에 엘리후가 나타나 욥을 조용하게 만든다. 그리고 창조주 되신 여호와 하나님의 출현을 암시한다.

32:2: 욥에게 노를 발하는 엘리후

　　"욥이 하나님보다 자기가 의롭다 함이요…"

33:9-12: 욥의 실수 ❶

　　욥: "나는 깨끗하여 죄가 없고 허물이 없으며 불의도 없거늘…"

　　엘리후: "네가 의롭지 못하니 하나님은 사람보다 크심이니라"

34:5-9: 욥의 실수 ❷ 하나님의 공의를 부정하는 불평

34:36, 37: "욥이 끝까지 시험받기를 내가 원하노라 이는 그 대답이 악인과 같음이라 그가 죄 위에 패역을 더하며…하나님을 거역하는 말을 많이 하는구나"

35:2, 3, 13-16: "네 생각에 네가 하나님보다 의롭다 하여…"

36-37장: 하나님의 공의와 창조주로서의 위엄을 변호하는 엘리후.

38-39장: 만물을 창조하시고 보존하시는 하나님의 능력을 보여줌.

　　땅, 바다, 광명과 흑암, 홍수, 우레, 번개, 별들을 창조하심.

　　젊은 사자와 까마귀 새끼의 먹이를 줌, 산 염소, 암사슴 새끼 낳는 것을 도와줌.

　　들나귀, 타조, 말, 매, 베헤못(하마), 리워야단(악어) 등을 심방 다니심.

　　'창조주인 나 여호와가 이런 것들을 창조하고 돌보는 동안 피조물인 욥 너는 뭘 했냐?'

40:4-5: 욥의 대답: "나는 미천하오니 무엇이라 주께 대답하리이까 손으로 내 입을 가릴 뿐이로소이다 내가 한두 번 말했사온즉 다시는 더하지도 아니하겠고 대답지도 아니하겠나이다"

40:6-41:34: 창조주 하나님의 힐책

42:1-6: 욥의 회개: "내가 주께 대하여 귀로 듣기만 했삽더니 이제는 눈으로 주를 뵈옵나이다 그러므로 내가 스스로 한하고 티끌과 재 가운데에서 회개하나이다"

4. 주제들과 교훈들

1) 왜 의인이 고난을 당해야 하는가?

욥기가 다루는 가장 중요한 신학적 질문은 "왜 의인이 고난을 당해야 하는가?"라는 것으로 볼 수 있습니다. "온전하고 정직하여 하나님을 경외하며 악에서 떠난 자"(1:1) 욥이 스바 사람들에게 가축들을 빼앗기고, 종들이 죽임을 당하고, 하늘에서 불이 떨어져서 양과 종들을 잃고, 태풍으로 자녀들을 다 잃고, 자기 몸도 발바닥에서 정수리까지 종기가 나서 괴로운 나날을 보내었을 때, 처음에는 여호와의 주권을 인정하여 원망하지 않았습니다(1:21-22; 2:10). 그러나 자신의 육체적 고통이 길어지자 자기가 태어난 것을 저주하기 시작하더니, 의롭게 살아왔던 자신이 왜 고난을 당해야 하는지 질문을 던졌습니다(6:24; 10:2; 23:3-12).

> 내게 가르쳐서 나의 허물된 것을 깨닫게 하라 내가 잠잠하리라(6:24)
> 내가 하나님께 아뢰오리니 나를 정죄하지 마시옵고 무슨 까닭으로
> 나와 더불어 변론하시는지 내게 알게 하옵소서(10:2)

욥이 제기하는 이러한 질문에 대해 욥의 세 친구는 율법서와 예언서에서 전통적으로 가르쳐왔던 신앙적 인과응보 사상에 근거하여, 욥과 그의 자녀들이 죄를 지었기 때문에 하나님께서 심판하셔서 고난을 당하고 있다고 세 차례에 걸친 욥과의 토론 속에서 거듭 강조했습니다. 그러나 욥은 자신이 죄인인 것을 인정하면서도 자신이 당하는 심각한 고통은 너무나 지나치다고 억울해합니다. 그리고는 자신이 의롭

게 살아온 것을 내세우며, 마침내는 여호와께서 자기를 부당하게 대하셔서 너무 억울하여(19:6), 여호와를 직접 뵙고 이유를 물으려 해도 피하신다고 말합니다(23:1-9).

욥이 당하는 고난의 이유에 대한 욥과 세 친구의 해석이 다른 것을 지켜보고 있던 엘리후는 욥과 세 친구가 모두 틀린 답을 내놓고 있다고 지적합니다. 다시 말하여, 엘리후는 욥의 세 친구가 고난을 당하는 친구 욥을 함부로 정죄한 것을 꾸중했습니다(32:3). 그래서 의인으로 간주 되던 욥의 고난은 인과응보의 원리로만 해석할 수 없다는 점을 일깨워줍니다.

엘리후는 욥도 꾸중하는데, 욥의 잘못은 자기가 옳다는 것을 끝까지 주장하면서 "하나님보다 자기가 의롭다 함"을 내세웠기 때문입니다(32:1-2). 38장부터 드디어 등장하신 창조주 여호와께서는 피조물 욥에게 연속적인 질문들을 던지십니다. 그래서 일개의 피조물인 욥이 온 세상을 창조하시고 공의와 인자로 주관하시는 여호와 앞에서 자신의 의로움을 변호하기 위해 여호와께서 실수하고 계신 것처럼 논리를 펴는 것을 호되게 꾸짖으십니다.

> 너는 대장부처럼 허리를 묶고 내가 네게 묻겠으니 내게 대답할지니라 네가 내 공의를 부인하려느냐 네 의를 세우려고 나를 악하다 하겠느냐 네가 하나님처럼 능력이 있느냐 하나님처럼 천둥 소리를 내겠느냐(40:7-9)

욥은 평생 율법이 명령하는 대로 준행하며 의롭게 살아온 것을 근거로 하여 자신의 의로움을 내세우고, 여호와께서 이러한 의인에게 고난을 주시는 것은 부당한 처사라고 따졌지만, 여호와께서는 욥이 하나의 피조물이기에 감히 창조주 앞에서 자신의 의를 내세우며 여호와의 공의를 부인해서는 안 된다는 점을 일깨워줍니다. 다행히도, 욥은 창조주 여호와의 임재 앞에서 이러한 깨달음을 수용하고 자신의 의로운 행위에 근거한 영적인 교만을 진정으로 회개했습니다(42:1-6).

"왜 의인이 고난을 당해야 하는가?"라는 질문을 여호와께 던지면서 합리적이고 납득할 수 있는 해답을 기다리던 욥에게, 여호와께서는 그가 기대하던 답을 제공하지 않습니다. 단지 여호와께서 이 세상의 창조주와 주관자로서 공의와 인자로 세상 만물과 사람들을 다스리고 계신 것을 보여주고, 욥이 여호와 앞에서 일개의 피조물밖에 되지 않는 존재라는 점을 깨닫게 하셨습니다. 그래서 의인이 고난을 당하는 이유에 대해 신앙적 인과응보 사상이나 다른 어떤 논리적 해답도 온전하지 못하며, 오히려 고난 속에서 창조주 하나님의 능력과 공의와 인자를 믿으며 인내하는 모습을 보이는 것이 중요하다는 점을 가르쳐줍니다.

그리산티(Michael A. Grisanti)가 소개하는 욥기의 신학이 저의 설명의 정당성을 더해 주기에 소개하고자 합니다.

> 욥기의 중요한 신학적 진리는 하나님과 인간의 바른 관계의 유일한 기초는 "하나님의 주권적 은혜와 인간의 절대적 순종 및 믿음의 반응"이라는 것이다.…하나님은 주권적이고 전지전능하시며 돌보신다. 대조적으로 인간은 유한하고 무지하며 악하다. 그러나 인간은 고난 가운데서도 하나님을 예배할 수 있으며 그의 도는 완전하고(시 18:30) 그 앞에서는 어떤 교만도 설 자리가 없다는 사실을 확신할 수 있다. 고난

중에 있는 신자는 우주를 다스리는 주권적 창조주에 대한 믿음으로 사는 법을 배워야 한다. 그의 통치는 의로우며 지혜롭기 때문이다.[138]

2) 누가 참 의인인가?[139]

욥기를 읽으면서 던지는 또 하나의 질문이 있다면 "욥이 의인인가?"라는 질문입니다. 이 질문에 대해 많은 이는 1장과 2장에서 소개하는 욥("온전하고 정직하여 하나님을 경외하며 악에서 떠난 자"(1:1; 2:3)에 근거하여 욥을 의인으로 단정합니다. 그러나 이 부분은 욥기의 발단 부분에 지나지 않으며, 욥기는 2장으로만 끝나지 않습니다. 욥기는 1장과 2장의 욥과 3장부터 42장의 욥을 대조시킴으로써 독자들에게 인물 묘사의 반전을 통한 교훈을 오래 기억하게 만듭니다.

욥은 온전하고 정직하여 하나님을 경외하고 악에서 떠나 살며, 예기치 못한 고난 속에서도 입술로 여호와께 범죄하지 않았지만, 안타깝게도 고난이 길어지자 자신의 의로운 행동들을 내세우며 여호와께서 자신에게 이같이 큰 고난을 주신 이유를 묻기 시작합니다. 세 친구가 욥의 죄 때문에 욥에게 고난이 임했다고 말할 때, 그는 모두가 죄인인 것을 인정하지만 자신은 자신이 당하는 고난을 겪어야 할 심각한 죄를 지은 적이 없다고 말합니다. 그리고는 한 걸음 더 나아가, 여호와 하나님을 찾아가서 자신이 고난을 당하게 된 납득할 만한 이유를 듣기를 원합니다. 엘리후의 연설과 이어지는 여호와의 연설은 욥이 자

---

138 메릴, 루커, 그리산티, 「현대인을 위한 구약개론」, 794.
139 이 부분의 추가적인 설명을 위해서 저의 논문, "과연 욥은 의인인가─욥기의 바른 해석을 위한 제안"을 참고하세요: 「말씀의 뜻 밝혀 주시오: 주석과 성서 번역」 (서울: 대한기독교서회, 2000), 63-75.

신을 의롭다고 주장하며 여호와께서 자기에게 불의를 행하셨다고 불평하는 영적인 교만을 엄하게 꾸짖습니다(32:1-2; 40:7-9).

그러면 욥기 전체를 통해서 묘사하고자 하는 참된 의인은 어떤 사람입니까? 온전하고 정직하여 하나님을 경외하며 악에서 떠나 살다가, 고난이 길어지자 자신의 착한 행동들에 근거하여 자신의 의로움을 내세우며 하나님을 불의하다고 판단하는 자일까요? 아니면 평생 하나님의 말씀에 순종하며 살면서도, 자신은 창조주 하나님 앞에서 일개의 피조물밖에 되지 않는다는 겸손한 마음을 가지고, 어떤 고난이 닥쳐와도 선하신 하나님의 인도하심을 믿고 끝까지 인내하는 사람일까요? 욥기는 후자가 참된 의인이라고 가르칩니다.

그러면 과연 욥은 의인이었을까요? 대답은 "예"입니다. 온전하고 정직하여 하나님을 경외하며 악에서 떠나 살던 행위로 말미암아 의인이 된 것이 아니고, 온 세상의 창조주요 만민의 주권자가 되시는 여호와 앞에서 자신이 품었던 영적인 교만을 내려놓고 티끌과 재 가운데서 회개하는 모습을 보인 욥을 의인으로 간주할 수 있을 것입니다. 이것이야말로 "믿음으로 말미암아 의롭게 된다"는 이신득의(以信得義) 사상과 일치합니다(롬 3:28).

3) 8장 7절과 23장 10절의 올바른 해석

(1) 8장 7절: 이 구절은 한국의 그리스도인들에게 익숙합니다. "네 시작은 미약했으나 네 나중은 심히 창대하리라"라는 구절은 성도들이 무엇인가 새 일을 시작하려 할 때 희망을 제공하기 위해 인용하거나, 새 가게를 개업하려 할 때 앞으로 가게가 잘 되기를 기원하는 의미에서 액자로 만들어 선물하기

도 합니다. 그러나 욥기에서 이 구절이 언급되는 상황을 보면 이러한 해석이 본문의 문맥을 고려하지 않은 것임을 발견할 수 있습니다. 왜냐하면, 이 구절은 욥이 길어지는 고난 속에서 자신의 의로움을 내세우고 있을 때, 빌닷이 욥에게 죄를 회개하면 하나님께서 죄를 용서하시고, 회개한 이후로 모든 일이 형통하게 하실 것이라고 약속하는 상황이기 때문입니다. 그러므로 이 구절은 개업이나 새 출발을 위한 구절이 아니라 진정한 회개를 요청하는 구절입니다. 비록 이 구절이 욥에 의해 받아들여지지 않았지만, 빌닷의 이러한 원리는 성경의 다른 곳에서도 자주 소개되는 인과응보의 원리라고 볼 수 있습니다(신 28, 30장, 욜 2, 3장).

(2) 23장 10절: 이 구절은 하나님의 백성이 고난을 당하게 되면 그것을 통하여 영적으로 단련이 되어 더욱 강건한 신앙인이 될 수 있으니, 고난을 연단의 기회로 생각하고 인내하도록 가르치는 구절로 이해되곤 합니다. 그러나 이 구절의 앞뒤 문맥을 살펴보면, 고난이 주는 연단의 효력을 언급하는 것이 아닙니다. 오히려, 세 친구가 욥에게 숨겨둔 죄악들을 회개하라고 강요하자, 욥은 자신이 지금까지 살아온 삶이 정결하고 의로웠다는 것을 내세우기 위해 한 말입니다. 다행히 새번역이 이러한 상황을 바로 파악하여 번역합니다.

하나님은 내가 발 한 번 옮기는 것을 다 알고 계실 터이니, 나를 시험해 보시면 내게 흠이 없다는 것을 아실 수 있으련만! 내 발은 오직 그분의 발자취를 따르며, 하나님이 정하신 길로만 성실하게 걸으며, 길을 벗어나서 방황하지 않았건만!

그러므로 우리는 이 구절들뿐만 아니라 성경의 다른 본문들을 가르칠 때, 본문의 문맥을 고려하는 가운데 바르게 해석하여 가르칠 필요가 있습니다.

4) 욥의 고난과 예수님의 고난

고난은 사람들에게 자신들이 살아온 삶의 방식과 자세를 되돌아보게 해줄 뿐만 아니라 삶의 목표와 존재 이유까지도 새롭게 깨달을 수 있는 기회를 제공합니다. 욥은 고난 중에서 여호와의 임재를 경험함으로 말미암아 자신의 의로운 행동들에 근거한 영적인 교만을 내려놓고 겸손한 신앙인으로 거듭났습니다.

그런가 하면, 우리 주 예수님이 당하신 고난은 완전히 다른 의미를 지닙니다. 하나님의 아들로서 육체를 입고 이 땅에 오신 예수님께서는 죄가 없으신 분이지만, 온 세상 죄인들의 죄를 대신 지기 위해 십자가에 달려 고난을 당하셨습니다(벧전 2:24). 그래서 예수님의 고난이야말로 진정한 의인의 고난이요, 죄인들의 죄를 대속하기 위한 고난이었습니다.

그러므로 우리 그리스도인들은 욥의 고난을 통해서 우리도 영적인 교만을 내려놓는 결단을 해야 합니다. 한 걸음 더 나아가, 우리 주 예수님께서 십자가를 지심으로써 감당하셨던 대속적인 고난을 통해 죄인들을 구원하셨던 것처럼, 우리도 우리가 속한 교회와 사회를 위해 우리에게 맡겨진 십자가를 질 수 있어야 합니다(마 16:24).

묵상과 토론을 위한 질문

 욥기를 전체적인 구조에 따라 간략하게 설명할 수 있나요?

 욥기에서 중심적으로 다루는 주제는 무엇인가요?

 살아오면서 전혀 예상하지 못했던 고난을 경험한 적이 있나요? 그때 하나님께 어떤 기도를 드렸나요? 그 고난을 통해 어떤 깨달음을 가졌나요?

 욥기에 의하면 참 의인은 어떤 사람인가요?

32 역대상·하 개론

1. 기록 목적

남 왕국 유다의 역사를 바벨론 포로기 이후 시대에 살았던 신앙적 지도자(특히 제사장)의 관점에서 재해석하여 그들이 속한 사회를 보다 거룩한 사회로 만들려는 목적으로 기록한 책입니다.

2. 특징과 유의점

1) 역대기(Chronicles)라는 책 제목은 "이 책을 크로니콘(*chronikon*), 즉 하나님의 계시가 시작된 시점으로부터 시간의 경과에 대한 기록으로 불러야 한다는 제롬의 주장을 따른 것"입니다.[140] 그러므로 우리는 이 책을 대할 때, 여러 사건을 시대적 순서에 따라 나열한 것으로만 이해

---

140   Ibid., 527.

하지 말고, 그 사건들 속에 내포되는 하나님의 계시와 교훈을 찾을 수 있어야 합니다.

2) 역대상·하의 저자가 참고했던 자료들로는 유다와 이스라엘 열왕기(대하 16:11), 이스라엘과 유다 열왕기(대하 27:7), 이스라엘 열왕기(대상 9:1; 대하 20:34), 이스라엘 열왕의 행장(대하 33:18), 열왕기 주석(대하 24:27), 이사야의 묵시책(대하 32:32), 잇도의 주석 (대하 13:22) 등이 있습니다. 그러나 역대상·하의 내용이 열왕기상·하의 기록들과 많은 부분에 있어서 같거나 조금씩 변경된 점들을 미루어 볼 때, 열왕기상·하가 역대상·하의 가장 중요한 기초 자료가 된 것으로 추정할 수 있습니다.

역대상·하보다 백여 년 전에 완성된 것으로 추정되는 열왕기상·하의 내용과 역대상·하를 비교해 보면 후자가 전자의 내용 중에서 삭제(예를 들면, 출애굽 사건, 다윗과 밧세바 사건, 그리고 북 왕국 이스라엘의 역사), 첨가(제사 의식과 음악적인 기록들, 므낫세의 회개), 변경(대하 14:15; 17:6), 확대(대상 18:4; 19:1-19; 대하 13:3, 17) 등의 편집 작업을 시도한 흔적을 찾을 수 있습니다.[141] 이러한 저자의 문학적 활동은 이전 시대에 존재했던 하나님의 말씀들을 당대의 백성에게 더욱 적합하고도 효과적으로 전달하기 위한 의도 속에서 이루어진 것이고, 성령께서 이러한 저자나 편집자의 작업 속에 감동을 주셔서 하나님께서 계시하고자 하신 메시지가 온전하게 전달되도록 도우셨다고 봅니다.

3) 히브리어 구약성경의 맨 마지막 책입니다.

4) 구약학자들은 일반적으로 역대상·하, 에스라, 느헤미야가 동일한 신학적 주제들을 다룬다고 간주하여 이 책들을 "역대기적 역사

---

141   Mills, "Chronicles, First and Second," *Mercer Dictionary of the Bible* (Macon: Mercer University Press, 1990), 147.

서"(Chronicler's history)라고 부릅니다. 역대기적 역사서의 핵심 주제들은
아래와 같습니다.

(1) 나라를 회복하도록 성전 예배부터 부활시키자
(2) 정치적인 개혁 이전에 신앙적 개혁을 우선하는 나라를 만들자
(3) 이 일을 위해 에스라를 비롯한 제사장들의 지도를 따르자
(4) 안식일을 지키고 제사와 절기를 준행하자
(5) 우상 숭배에 빠진 이방인들과 결혼한 자들은 이혼하라
(6) 신앙적 인과응보 사상
(7) 제사장들과 레위인들이 중요한 인물로 부각됨
  • 레위인들을 바벨론 포로기 이후에 신앙적 풍습을 보존한 자들로 묘사함
  • 중요한 사건마다 레위인들이 설교함(대상 13:4-12; 16:7-9; 25:2).
  • 레위인들의 활동을 예언자들의 예언 활동과 같이 중요하게 간주함
  • 성전에서 섬겼던 레위인들의 활동을 구체적으로 소개함(희생 제물을 준비하는 이들, 성전의 잡역부들, 가수들, 문지기)

5) 구약학자들 중에는 역대기적 역사서와 신명기적 역사서의 신학적인 차이에 관해 연구하는 학자들이 많이 있습니다(Martin Noth, Ralph W. Klein, Terence E. Fretheim 등).

(1) 그들은 일반적으로 하나님의 심판이 신명기적 역사서에서는
공동체의 죄 때문이라는 점을 부각한다면, 역대기적 역사서
에서는 개인적인 죄 때문으로 강조한다고 봅니다. 예를 들어,
유다가 멸망한 이유에 대해 열왕기하는 모든 백성의 책임으
로 돌리지만(왕하 24:1-4, 18-20), 역대하는 시드기야 왕의 잘못
때문이라고 언급합니다(대하 36:11-21). 또한 히스기야가 마음
이 교만하여 하나님의 은혜에 보답하지 않아서 하나님의 진
노가 유다와 예루살렘에 내렸다고 언급합니다(대하 32:5).

(2) 신명기적 역사서에서는 왕들을 평가한 기준이 신명기의 가
르침이었습니다. 그래서 그들의 우상 숭배, 예배 장소의 일
원화 여부, 윤리적 삶 등을 종합적으로 평가합니다. 그러나
역대기적 역사서에서는 예루살렘 성전 건축에 헌신한 왕이
나 우상 숭배를 멀리하고 성전 예배를 수호하는데 기여한 왕
들은 선한 왕으로 간주하면서, 그들의 윤리적인 면모와 같은
기준은 배제합니다.

3. 구조

역대상·하는 크게 바벨론 포로기 이후의 유다 족속들의 족보, 다윗
의 통치 활동, 솔로몬의 통치 활동, 그리고 남 왕국 유다 왕들의 통치
활동을 소개하는 부분들로 나눌 수 있습니다.

1) 역대상 1-9장 아담부터 바벨론 포로기 이후의 유다 족속들의 족보
2) 역대상 10장 사울의 통치
3) 역대상 11-29장 다윗의 통치

(1) 11-12장   다윗의 용사들과 신하들
(2) 13-16장   다윗이 언약궤를 예루살렘으로 옮김
(3) 17장   성전을 건축하려는 다윗과 하나님의 약속
(4) 18-20장   다윗의 승전 기록
(5) 21장   다윗의 인구 조사 - 삼하 24:1
(6) 22-29장   성전 건축을 준비한 다윗

4) 역대하 1-9장 솔로몬의 통치

(1) 1장   지혜를 구하는 솔로몬, 솔로몬의 부귀영화
(2) 2-9장   솔로몬의 성전 건축과 봉헌식

5) 역대하 10-36장 남 왕국 유다의 역사

이스라엘과 유다의 분열 시기부터 바사 왕 고레스가 유다 백성을 본국으로 돌아가
도록 결정한 내용까지

4. 주제들과 교훈들

1) 성전을 중심으로 예배를 드리는 공동체

신명기적 역사서와 역대기적 역사서를 비교해 보면, 후자는 전자
보다 더욱 예루살렘 성전을 중심으로 제사를 드리는 일의 중요성을
강조하고, 유다 백성의 제사 생활을 책임지는 제사장들과 레위인들의
활동을 중차대한 것으로 부각합니다. 그래서 "다윗의 성전 건축 준비
와 나중 왕들의 성전 관련 건축 조치와 보수 작업에 대하여 이전의 신
명기 역사서보다 다 자세하게 알려"줍니다.[142] 뿐만 아니라, 바벨론 포

---

142   김영진, 「구약성서의 세계」 (서울: 하늘기획, 2009), 645.

로 생활을 끝내고 고향으로 돌아온 유다 백성이 무엇보다도 먼저 성전을 재건하여, 하나님께 제사를 드리고, 신앙적인 개혁을 시도하는 신앙 공동체를 만들어야 한다는 점을 강조합니다. 이것이야말로 이스라엘이 하나님 앞에서 제사장 나라요 거룩한 백성이 되는 비결로 간주했기 때문입니다(출 19:6). 그래서 성전 건축과 성전 예배에 앞장선 다윗과 솔로몬 왕, 히스기야와 요시야 왕 등을 선한 왕들로 묘사합니다. 그리고 역대하의 마지막 부분에서도 바벨론에서 고향으로 돌아온 백성에게 성전을 재건하는 일에 동참하도록 호소합니다(대하 36:22-23). 하나님의 백성에게 하나님 앞에 함께 모여 찬양과 예배를 드리는 공동체로 유지되도록 가르치는 역대기의 메시지는 이 시대에도 강조되어야 합니다.

2) 유다의 역사를 주관하시는 여호와

역대상·하는 여호와께서 유다의 주권자가 되신다는 점을 강조합니다. 이러한 점은 다윗이 하나님을 위해 성전을 건축하고자 했을 때 하나님께서 주신 언약을 기록하는 사무엘하 7장의 내용과 역대상 17장의 내용을 비교해 보면 단적으로 나타납니다. 사무엘하 7장 16절에서는 여호와께서 다윗의 집과 다윗의 나라가 영원히 보전될 것을 약속하셨다고 언급합니다. 그러나 역대상 17장 14절에서는 여호와의 집과 여호와의 나라에서 다윗의 자손이 견고히 서게 하겠다고 약속하셨습니다. 그래서 이스라엘의 참된 주권자가 왕이 아니라 여호와이시라는 점을 더욱 명백하게 선포합니다. 이 주권자 하나님은 유다 백성이 하나님의 율법과 명령과 규례를 순종하여 살면 복을 주시지만, 그렇지 않으면 주변의 적들을 통해 나라를 패망하게도 할 수 있는 분이시라는 점을 역대기는 분명히 밝히고 있습니다. 유다가 바벨론의 침략으로 말미암아 패망하게 된 것을 유다의 범죄 때문으로 해석하는 이유도 이 점을 강조하기 위한 것입니다(대상 9:1).

3) 백성들의 회개와 하나님의 용서

역대상·하는 하나님의 백성이 죄악을 회개할 때 그들을 용서하시는 은혜로우신 하나님을 강조합니다. 그래서 포로 생활에서 돌아온 유다 백성이 예루살렘 성전을 재건하고 그곳을 중심으로 제사를 드리며 기도하고, 자신들의 죄악을 회개할 때 하나님께서 개인적으로나 국가적으로도 죄를 용서하시고 삶을 회복시켜주실 것이라는 점을 분명히 합니다(대하 7:11-18). 열왕기하에서 가장 악한 왕으로 평가하는 므낫세와 관련하여, 그가 말년에 자신의 죄를 여호와께 회개하여 용서를 받은 사건을 역대하에서 독자적으로 언급하는 것도 회개하는 자를 향한 하나님의 용서를 강조하기 위한 것입니다(대하 33:10-20). 롱맨은 이 사건을 통해서, 역대기가 하나님의 즉각적인 응보의 원리를 강조하는 것을 보여준다고 이해했습니다.[143] 다시 말하면, 여호와께서는 죄를 자백하는 자를 즉시 용서하시고, 당신의 말씀에 불순종하는 자를 즉시 벌하신다는 말입니다. 롱맨은 요시야의 갑작스러운 죽음을 후자의 예로 들었는데, 요시야는 애굽의 왕 느고가 북으로 진군하는 것을 막지 말라는 여호와의 경고를 듣지 않아서 전쟁에서 죽었다는 것입니다(대하 35:20-24).

반면에, 하나님을 떠나 우상 숭배에 빠져 사는 자들을 향한 하나님

143　롱맨, 「손에 잡히는 구약 개론」, 100-101.

의 준엄한 심판을 소개하는 내용(대하 7:19-22)은 회개할 줄 모르는 자들이 맞이하게 될 처참한 결과를 예언함으로써 진정한 회개가 생명과 복된 삶을 위해 필수적임을 깨닫게 합니다. 역대기는 진정한 회개와 그에 따른 하나님의 용서가 상호 연관되는 중요한 사안이라는 점을 가르쳐줌으로써, 복음의 가르침이 균형을 잃지 않아야 한다는 점을 상기해줍니다. 참된 회개가 없이도 하나님의 용서와 구원을 경험할 수 있다는 가르침은 건전한 것이 아닙니다.[144]

4) 유다 백성의 족보(대상 1-9장)

성경에 언급되는 족보들이 독자들에게는 따분함을 느끼게 할지 몰라도, 신앙적 교훈을 전하는데 있어서는 독특한 역할을 합니다. 역대상 1장부터 9장에 언급되는 족보는 몇 가지 특징을 지닌 가운데 교훈을 제공합니다.

(1) 이스라엘 백성의 족보를 다윗 왕과 아브라함을 거쳐 아담까지 거슬러 올라가게 함으로써 그들이 하나님께서 창조하시고 선택하신 민족임을 강조합니다. 특히 나라의 패망과 바벨론 포로 생활을 경험한 유다 백성에게는 이러한 족보가 민족적인 자부심과 정체성을 유지하는데 중요한 역할을 했을 것입니다.

(2) 비록 역대상·하 전체의 역사 속에서 북 왕국 이스라엘의 역사와 왕들의 업적을 소개하는 일은 없지만, 이 족보 속에 북

---

144 침례교신학연구소, 「성서입문」, 102.

왕국 이스라엘의 족속들도 언급함으로 말미암아 그들 모두가 여호와 앞에서 한 백성이라는 점을 암시합니다. 아울러 바벨론 포로기 이후 시대에 살아남은 모든 이스라엘 백성이 하나님 안에서 다시 한 공동체를 이루는데 기여하도록 도전합니다.

(3) 유다 자손들과 다윗 왕과 솔로몬 왕의 자손들을 먼저 소개함으로써 유다 공동체 속에서 유다 족속이 지니는 권위와 책임을 부각합니다.

(4) 바벨론에서 돌아온 제사장들과 레위인들, 회막 문지기들, 성소의 기구들을 맡은 이들의 명단(9장)은 바벨론 포로기 이후의 유다 공동체에서 그들이 신앙적으로 중요한 역할을 했다는 점을 인정해줌으로써 백성들이 그들을 존경하도록 권유합니다.

묵상과 토론을 위한 질문

 자신이 속한 교회가 거룩한 예배 공동체로 세워지도록 자신이 할 수 있는 일은 무엇입니까?

 하나님 앞에서 자신의 죄와 실수에 대해 진정으로 회개하는 시간을 자주 가지고 있습니까?

 하나님께서 우리 민족의 역사를 선하게 이끄신다는 것을 확신하게 만드는 사건은 어떤 것이 있습니까?

33 에스라
개론

1. 기록 목적

바벨론에 포로로 잡혀갔던 유다 백성이 바사의 고레스 왕의 칙령 (BC 538)으로 유다로 돌아가서 무너진 예루살렘 성전을 재건한 후에 (BC 515), 에스라를 중심으로 신앙적 회개 운동을 시도한 것을 소개함으로써 독자들에게 신앙적 교훈을 제공하는 것이 주된 기록 목적입니다.

2. 특징과 유의점

1) 히브리어 성경은 중세 시대(15세기)까지 에스라와 느헤미야를 한 권으로 간주하여 편집했고, 지금은 책 이름은 다르지만 두 책을 구분하지 않고 이어서 편집하고 있습니다. 칠십인 역의 가장 오래된 사본들과 요세푸스(AD 37-100년경), 그리고 바벨론 탈무드(AD 500년경)도 에스

라와 느헤미야를 한 권으로 다루었습니다.[145] 초대 교부 오리게네스 (AD 185-253년경)는 에스라와 느헤미야를 나눈 최초의 교부로 알려졌으며, 히에로니무스(제롬)도 벌게이트에서 이 두 권을 나누었습니다.[146]

2) 히브리어 성경에서는 에스라와 느헤미야가 역대상·하 앞에 위치합니다. 칠십인 역과 벌게이트, 영어 성경과 한글 성경은 고대 이스라엘의 역사서들을 배치하면서 연대기적 순서를 고려했다면, 히브리어 성경은 신학적인 의도를 가지고 이 책들의 순서를 배열한 것으로 보입니다. 푸타토(Mark D. Futato)는 "에스라-느헤미야서의 핵심 주제가 하나님의 집을 재건하는 것이라면, 역대기서의 핵심 주제는 하나님의 집에서 회복을 경험하는 것"으로 간주하여, 당연히 하나님의 집이 하나님의 백성이 그 안에서 회복을 경험하기 이전에 재건되어야 했고, 그런 의미에서 에스라와 느헤미야가 역대상·하보다 먼저 위치했다고 봅니다.[147]

3) 4장 8절부터 6장 16절까지와 7장 12절부터 25절까지는 바사 시대에 통상적 대화를 위해 사용하던 아람어(Aramaic language)로 기록되었습니다.

4) 바벨론 포로기 이후 시대의 지도자들이었던 에스라와 느헤미야의 관계나 성전 재건과 성벽 재건의 시점에 관해 구약학자들의 연구와 논쟁이 활발합니다. 이미 재건된 예루살렘 성전을 중심으로 에스라가 먼저 와서 신앙적 개혁 운동을 시도했는지, 아니면 느헤미야가 먼저 와서 성벽을 재건하고 난 후에 성전이 재건되고, 이어서 에스

---

145   반 펠트, 「성경신학적 구약개론」, 539.
146   Ibid.
147   Ibid., 540.

라가 신앙적 개혁 운동을 주도했는지에 관해 주장들이 나뉘었습니다. 일반적으로 에스라가 먼저 예루살렘으로 와서 재건된 성전을 중심으로 개혁 운동을 일으켰다는 주장에 더 많은 학자들이 동의합니다.[148]

3. 구조

에스라는 예루살렘 성전을 재건하도록 유다로 돌아간 백성의 명단, 그들이 총독 스룹바벨과 대제사장 예수아를 중심으로 성전을 재건하는 과정, 그리고 성전이 재건된 후에 에스라를 중심으로 진행되었던 회개 운동을 소개하는 부분들로 구성되었습니다.

1) 예루살렘 성전을 재건하도록 본국으로 돌아간 백성들	
(1) 1:1-4	고레스 왕의 조서
(2) 1:5-11	성전 재건을 위한 예물들
(3) 2:1-70	본국으로 돌아간 백성들의 명단 - 49,897명(64절) - 스룹바벨, 예수아를 중심으로
2) 제 2 성전 재건	
(1) 3:1-13	성전 재건 시작 - 스룹바벨과 예수아를 중심으로
(2) 4:1-24	사마리아 사람들의 방해
(3) 5:1-6:22	제 2 성전 재건이 완성되어 봉헌함
3) 에스라를 중심으로 한 회개 운동	
(1) 7:1-28	에스라의 임무
(2) 8:1-36	에스라와 백성들의 귀환
(3) 9:1-15	에스라의 회개기도
(4) 10:1-44	에스라를 중심으로 한 회개 운동 - 이방 여인과 자녀들을 내쫓음

---

148   Mills, "Ezra, Book of," *Mercer Dictionary of the Bible*, 286.

4. 주제들과 교훈들

1) 바사 왕 고레스를 감동시킨 여호와의 주권적 통치(스 1:1-4)

에스라는 여호와께서 바사 왕의 마음을 감동시켜서 유다 백성에게 예루살렘으로 돌아가서 성전을 재건하도록 하고, 바벨론에 남아 있는 유다 백성은 예물로 도우도록 하셨다고 기록합니다(스 1:1-4). 그래서 기원전 6세기 후반에 바사를 초강대국으로 만든 고레스를 여호와께서 사용하셔서서 당신의 백성을 위해 계획하신 일을 이루어가는 통로로 삼으셨다는 점을 깨닫게 합니다. 비록 바사의 고레스 왕을 비롯한 여러 왕이 왕권을 굳건하게 세우려는 목적으로 바사 제국에 속한 다른 민족들의 문화와 종교를 존중하는 유화정책을 썼지만, 이러한 정책 이면에 여호와의 주권적인 이끄심이 있었다고 볼 수 있습니다.

반세기 전에 유다 백성의 불순종과 죄악에 대해 심판하시려고 당시의 초강대국 바벨론의 왕 느부갓네살을 사용하신 여호와께서는 유다의 회복과 성전 재건을 위해 바사 왕 고레스를 사용하셨습니다. 그래서 이 세상의 참 주권자가 제국의 왕들이 아니라 여호와시라는 점을 분명히 합니다. 이러한 가르침은 현재의 국제 정세가 각 나라의 이권을 중심으로 복잡하게 얽혀 있지만, 가장 적합한 시기에 신기한 방식으로 개입하셔서 하나님의 백성을 보호하시고 세상의 질서를 잡아가시는 분이 여호와 하나님이시라는 점을 일깨워줍니다.

2) 예루살렘 성전을 재건하도록 참여하는 백성의 헌신적 모습

1장 5절은 "유다와 베냐민 족장들과 제사장들과 레위 사람들과 그 마음이 하나님께 감동을" 받은 사람들이 예루살렘 성전을 재건하기 위해 유다로 돌아갔다고 언급합니다. 또한 유다로 가지 않고 바벨론에 남아 있기 원했던 사람 중에는 은 그릇, 금, 물품, 짐승, 보물 등의 예물을 드림으로써 성전 재건에 동참한 이들도 있었습니다. 비록 그들이 바벨론에 잘 정착하고 있어서 예루살렘에서 새롭게 삶을 시작하는 것에 부담을 느꼈을 수도 있지만, 그럼에도 불구하고 그들은 자신들이 할 수 있는 최선을 다하여 성전 재건에 동참했습니다.[149]

2장은 고레스 왕이 바벨론에 포로로 잡혀간 백성으로 하여금 예루살렘 성전을 재건하기 위해 유다로 돌아갈 수 있도록 허용한 후에, 자원하여 유다로 돌아간 백성들의 명단과 숫자를 소개합니다. 이 명단에는 특히 제사장과 레위인의 자손들, 노래하는 자들, 문지기들도 포함되었습니다. 68절과 69절은 어떤 족장들이 성전 재건을 위해 필요한 예물을 드리기 위해 "힘 자라는 대로 공사하는 금고에" 들였다고 기록합니다.

3장은 바벨론에서 돌아온 백성이 총독 스룹바벨과 대제사장 예수아를 중심으로 하여 성전 건축 공사를 시작했고, 참여한 모두가 감격에 겨워했다는 점을 언급합니다. 성전을 재건하는 중에 사마리아 사람들의 문제 제기와 방해로 한동안 공사가 중단되었지만(4-5장), 예루살렘 성전 재건을 허락한 고레스 왕의 조서를 발견한 다리오 왕이 조서를 내려 공사를 재개하도록 허락하자 성전 재건이 속히 완성되었습니다(6장). 5장 1절에 의하면 공사가 중단된 날이 길어지자 선지자 학개와 스가랴도 이스라엘 하나님의 이름으로 백성에게 예언하면서 공사를 재개하도록 촉구했습니다(학 1:4; 슥 4:6).

에스라는 하나님의 성전을 재건하는 일이 어떤 영향력 있는 한 사

---

149   https://www.studylight.org/commentary/ezra/1-6.html

람이나 부유한 소수의 사람에 의해서가 아니라, 마음이 여호와의 감동을 받아 자발적으로 참여한 많은 백성의 수고와 헌신으로 완성되었다는 점을 강조합니다. 그러므로 이러한 원리는 주님의 나라를 이루어가려는 교회에서도 적용되어야 합니다.

3) 에스라가 신앙적 지도자로 선택된 비결

기원전 515년에 예루살렘 성전이 완성되자 성전을 중심으로 하여 유다 공동체를 신앙적으로 이끌 신앙적 지도자가 필요했습니다. 그때 바사 왕 아닥사스다는 주위의 신하들에게 적합한 사람을 추천해달라고 했을 것입니다. 결과적으로 에스라가 가장 적합한 인물로 발탁되어 그는 당대의 최고 권력자인 아닥사스다 왕의 도움 아래 유다의 신앙적, 사회적 개혁 운동을 주도했습니다. 그러면 에스라가 유다 공동체의 신앙적 지도자로 발탁이 될 수 있었던 비결이 무엇일까요?

(1) 7:6: "이 에스라가 바벨론에서 올라왔으니 그는 이스라엘의 하나님 여호와께서 주신 모세의 율법에 익숙한 학자로서 그의 하나님 여호와의 도우심을 입음으로 왕에게 구하는 것은 다 받는 자이더니"

(2) 7:9-10: "…하나님의 선한 손의 도우심을 입어 다섯째 달 초하루에 예루살렘에 이르니라 에스라가 여호와의 율법을 연구하여 준행하며 율례와 규례를 이스라엘에게 가르치기로 결심했었더라"

(3) 7:28: "…내 하나님 여호와의 손이 내 위에 있으므로 내가 힘을 얻어 이스라엘 중에 우두머리들을 모아 나와 함께 올라오게 했노라"

이렇게 볼 때, 에스라는 서기관이자 제사장으로서 백성들에게 하나님의 뜻을 바르게 전하도록 갖추고 있어야 했던 하나님의 율법에 관한 지식에 통달한 사람이었습니다. 아울러 그의 삶의 최고의 즐거움은 모세의 율법을 연구하여 준행하고 백성들에게 가르치는 것이었습니다. 또한 에스라는 여호와께서 도와주시는 손길을 시시때때로 느끼는 체험적인 신앙을 가졌습니다. 한 걸음 더 나아가, 그는 왕을 비롯하여 주변 사람들과 좋은 관계를 유지하면서 활동했고, 결코 독불장군 식으로 일을 하지 않았습니다. 에스라의 삶을 통해 드러난 이 세 가지 장점은 오늘날 주님의 사역을 감당하는 지도자들도 반드시 지녀야 할 덕목이라고 봅니다.

4) 바벨론 포로기 이후의 유다 공동체에서 우선적으로 개혁해야 했던 것
(9-10장)

바벨론에서 유다로 돌아온 제사장 에스라가 유다 공동체에서 우선적으로 개혁해야 할 것으로 지적한 것은 백성과 제사장들과 레위 사람들이 이방 여인들과 결혼하는 것이었습니다. 하나님께서는 이스라엘 백성이 가나안으로 들어가면, 그곳에 사는 일곱 족속을 진멸하고, 어떤 언약도 하지 말고, 불쌍히 여기지도 말고, 그들과 혼인하지도 말라고 모세를 통해 명령하셨습니다(신 7:1-3). 그리고 그 이유는 그들이 유혹하여 여호와를 떠나게 만들고 다른 신을 섬기게 하므로 여호와께서 진노하사 이스라엘 백성을 멸하실 수 있기 때문이라고 밝혔습니다(신 7:4). 그런데도 그들이 이방 여인들과 결혼을 한 후에 이방 여인들이 섬기는 다른 신들과 우상들을 섬기는 가증한 일에 동참하거나 허용하는 것을 알게 된 에스라는 공동체의 죄악에 대해 먼저 회개 기도를 드렸습니다. 그러자 많은 백성이 크게 통곡하며 이방 여자들을 맞아 아내로 삼은 죄를 고백하며, 에스라의 가르침에 따라 모든 이방 아내와 자녀들을 내보내기로 약속했습니다(10:3). 에스라는 한 걸음 더 나아가 그들이 더불어 사는 이방 사람들과의 관계를 끊고 이방 아내와도 헤어지게 했습니다(10:11).

이렇게 볼 때, 에스라는 바벨론 포로기 이후의 유다 공동체가 하나님 앞에 바로 서기 위해 무엇보다 먼저 백성의 가정부터 거룩해야 한다는 점을 강조했습니다. 이러한 점은 오늘날 성도들의 삶에도 그대로 적용되어야 할 원리입니다. 이방 여인들과 결혼하여 그들이 섬기는 신들과 우상들을 섬기는 일이 하나님의 백성으로부터 사라지기를 기대했던 하나님은 오늘날 그리스도인의 가정에도 스며 들어 있는 수많은 현대판 우상을 없애기를 원하실 것입니다.

하나님의 백성이 우상 숭배에 빠지지 않게 하도록 이방 여인과 결혼한 사람들에게 아내와 아이들과 헤어지도록 한 에스라의 명령은 오늘날 우리 주위에 있는 다문화 가정에 대한 편견을 합리화하게 만드는 근거가 되어서는 안 됩니다. 에스라는 결코 국제결혼이나 다문화 가정을 부정적으로 평가하지 않습니다.

5) 성전과 교회

에스라는 바벨론 포로기 이후의 유다 백성이 여호와께 제사와 예배를 드리며 율법을 준수하는 신앙 공동체로 회복되기 위해 성전을 재건하는 일의 중요성을 강조합니다. 그래서 현대의 여러 교회에서 성도들이 함께 모여 예배를 드리고 말씀을 공부하고 이웃들을 위해 봉사하기 위한 공간이 필요할 때, 성도들에게 교회당 건축에 한 마음으로 헌신할 수 있도록 에스라에 소개되는 성전 재건 사건을 소개할 수 있습니다.

그렇지만 우리가 기억해야 할 더 중요한 사실이 있는데, 그것은 구약성경에서 재건하도록 강조했던 예루살렘 성전과 신약성경에서 언급하는 예수님의 피 값으로 세워진 교회는 다르다는 점입니다. 그러므로 에스라를 통해서 예루살렘 성전을 재건하는데 헌신했던 유다 백성의 모습을 예를 들면서 교회당이나 부속 건물들을 짓는데 헌신하자고 권고하는 것이 에스라의 주된 교훈이 되어서는 안 됩니다. 오히려 우리는 신약성경의 저자들이 강조하는 것처럼, 우리 자신이 성령님을 모시는 성전이라는 사실을 깨달아 거룩한 삶을 살기 위해 힘써야 합니다(고전 3:16-17). 한 걸음 더 나아가, 예수님을 구세주와 주님으로 모신 성도들의 모임인 교회가 예수님을 모퉁잇돌로 모시는 거룩한 성전이 될 수 있도록 하는데 헌신해야 합니다.

너희는 사도들과 선지자들의 터 위에 세우심을 입은 자라 그리스도 예수께서 친히 모퉁잇돌이 되셨느니라 그의 안에서 건물마다 서로 연결하여 주 안에서 성전이 되어 가고 너희도 성령 안에서 하나님이 거하실 처소가 되기 위하여 그리스도 예수 안에서 함께 지어져 가느니라(엡 2:20-22)

사람에게는 버린 바 되었으나 하나님께는 택하심을 입은 보배로운 산 돌이신 예수께 나아가 너희도 산 돌 같이 신령한 집으로 세워지고 예수 그리스도로 말미암아 하나님이 기쁘게 받으실 신령한 제사를 드릴 거룩한 제사장이 될지니라(벧전 2:4-5)

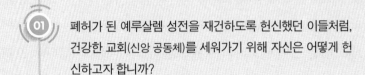

묵상과 토론을 위한 질문

01 폐허가 된 예루살렘 성전을 재건하도록 헌신했던 이들처럼, 건강한 교회(신앙 공동체)를 세워가기 위해 자신은 어떻게 헌신하고자 합니까?

02 우리도 이 시대에 에스라처럼 쓰임 받기 위해 어떤 준비가 필요한가요?

03 우리가 속한 사회와 교회의 개혁을 위해 우선적으로 시도해야 할 변화는 어떤 것이라고 생각합니까?

34 느헤미야 개론

1. 기록 목적

기원전 586년에 예루살렘이 바벨론에 함락될 때 무너진 성벽을 느헤미야의 지도아래 52일 만에 재건한 과정과, 그 이후에 진행된 신앙적, 사회적 개혁에 관하여 소개함으로써 독자들에게 신앙적 교훈을 제공하는 목적으로 기록되었습니다.

2. 특징과 유의점

1) 히브리어 성경 본문은 중세 시대(15세기)까지 에스라와 느헤미야를 한 권으로 간주하여 편집했고, 지금은 책 이름은 다르지만, 두 책을 구분 없이 이어서 편집하고 있습니다.

2) 시대적 배경

(1) 바벨론 포로기(BC 586-538)가 끝난 후에 유다로 돌아온 백성이 기원전 515년에 총독 스룹바벨과 대제사장 예수아를 중심으로 하여 성전을 재건한 뒤 수십 년이 지난 상황이었습니다(기원전 5세기 중, 후반).

(2) 유다 백성은 정치적으로는 바사의 지배 아래 있었고, 주위의 이방 민족들(사마리아, 암몬, 아라비아)의 괴롭힘을 경험하고 있던 상황이었습니다.

(3) 경제적으로는 바벨론과의 전쟁에서 패배함으로 말미암아 온 땅이 폐허가 된 상태에서 가난을 벗어나지 못한 상황이었습니다.

(4) 사회적으로는 공동체 의식이 결여되고 이기주의가 만연했고, 앗수르, 바벨론 사람들과 결혼한 다문화 가정이 다수인 상황이었습니다.

(5) 신앙적으로는 여전히 여호와의 율법을 무시하고 안식일과 절기를 지키지 않고 우상들을 섬기던 상황이었습니다.

(6) 기억해야 할 중요한 연대들은 다음과 같습니다.

- BC 586-538: 유다 백성들이 바벨론에 포로로 잡혀간 시기
- BC 538: 유다 백성들의 일차 귀환(스룹바벨과 예수아를 비롯한 49,897명(스 2:64-65)
- BC 515: 예루살렘 성전 재건(스룹바벨과 예수아를 중심으로)
- BC 457(아닥사스다 왕 7년: 스 7:7): 에스라를 비롯한 2차 귀환(신앙적, 사회적 개혁 시도)

• BC 444(아닥사스다 왕 20년: 느 2:1): 느헤미야를 비롯한 3차 귀
환(성벽 재건, 신앙적, 사회적 개혁
시도)

3. 구조

느헤미야는 느헤미야의 지도하에 예루살렘 성벽이 재건된 과정을
소개하는 부분과 그 이후에 에스라와 느헤미야를 중심으로 이루어진
신앙적, 사회적 개혁 운동을 소개하는 부분으로 나눌 수 있습니다.

1) 1:1-7:73 느헤미야의 지도하에 이루어진 예루살렘 성벽 재건

(1) 1:1-2:10   어려운 처지에 처한 자기 민족(예루살렘 거민)을 향한 긍휼의 마음
을 가지고 돕고자 하는 느헤미야
(2) 2:11-20   성벽 재건을 준비함
(3) 3:1-32   온 백성이 참여한 성벽 건축
(4) 4:1-23   방해자들의 출현과 느헤미야의 대응
(5) 5:1-19   가난한 백성들의 원망과 느헤미야의 해결책
(6) 6:1-15   느헤미야에 대한 음모와 성벽 재건 공사의 완성
(7) 7:1-73   예루살렘 지도자들, 포로 생활에서 돌아온 사람들의 명단

2) 에스라를 중심으로 한 신앙적 개혁(8:1-10:39)

(1) 8:1-18   나팔절과 초막절 성회
(2) 9:1-38   금식 회개 기도회
(3) 10:1-39   언약에 서명한 사람들
이방인과의 결혼 금지, 안식일, 안식년 준수, 하나님의 성전 돌보기
(성전세, 헌물, 십일조 드리기)

3) 11:1-13:31 느헤미야를 중심으로 한 사회적, 신앙적 개혁

(1) 11:1-36   예루살렘에 거주할 이들과 주변 동네에 거주할 이들의 명단
(2) 12:1-47   제사장과 레위 사람들의 명단과 성벽 봉헌식

4. 주제들과 교훈들

1) 성벽 재건의 필요성

바벨론 포로기 이후의 유다 공동체가 예루살렘 성벽을 재건해야 했던 이유를 느헤미야의 형제 하나니와 함께 유다에서 온 사람들이 잘 설명합니다. "사로잡힘을 면하고 남아 있는 자들이 그 지방 거기에서 큰 환난을 당하고 능욕을 받으며 예루살렘 성은 허물어지고 성문들을 불탔다"(느 1:3). 바벨론의 침공으로 예루살렘 성전과 성벽을 비롯한 여러 건물이 불타고 무너진 후에, 성전은 재건되었지만 한 세기 정도가 지난 시점까지도 성벽이 재건되지 못한 상황에서 하나님의 선민이라는 자부심을 가졌던 유다 백성이 느꼈던 패배감, 절망감, 죄책감 등이 컸을 것입니다. 뿐만 아니라 유다 주위에 거주하는 사마리아, 암몬, 아라비아 사람들이 시시때때로 침략하여 유다 백성과 특히 예루살렘 주민들을 약탈했기 때문에 그들이 느끼는 두려움과 물질적 손해를 막아줄 수 있는 실제적인 대안 중의 하나는 예루살렘 성벽을 재건하는 것이었습니다.

2) 성벽을 재건하는 과정을 묘사하는 본문에서 강조하는 교훈

이 부분은 예루살렘 성벽을 재건하는데 참여한 백성의 헌신과 희

생을 부각합니다: "…그들의 말이 일어나 건축하자 하고 모두 힘을 내어 이 선한 일을 하려 하매"(느 2:18). 3장에서 반복하여 언급하는 "그 다음은"이란 구절도 백성이 모두 참여하여 적재적소에 배치되었다는 점을 보여줍니다. 또한 성벽 재건 공사에 동참한 일꾼들의 이름과 신상을 자세하게 소개하는 것도 그들의 헌신과 희생을 백성들이 기억하게 하기 위한 것입니다. 그들 중에는 대제사장 엘리아십과 형제 제사장들, 살룸과 같은 고위 관리와 그의 딸들, 멀리서 온 사람들도 포함되었습니다. 아울러 다른 사람들보다 훨씬 긴 구간을 맡은 사람들과 '분문'(dung gate/ 쓰레기 하차장)을 맡은 말기야(14절), 그리고 성벽의 두 군데를 맡은 사람들(므레못:4, 21절/ 하나냐: 8, 30절/ 므술람: 4, 30절)도 소개됩니다. 그래서 이 시대에 주님의 교회를 건강한 신앙공동체로 세우는데 있어서 성도들이 어떤 자세로 섬겨야 하는지 교훈해줍니다.

3) 예루살렘 성벽 재건을 방해한 자들의 출현과 백성들의 대응

4장은 사마리아 총독 산발랏과 암몬 사람 도비야를 중심으로 하여 성벽 재건을 방해하는 자들의 모습을 소개하며, 그에 대처하는 느헤미야와 유다 백성의 행동을 보여줍니다. 그들은 분노와 비웃음(1절), 그리고 집단행동으로 유다 백성을 위협했습니다(4:3, 7-8절). 그러자 느헤미야는 하나님께 기도하고 난 후에, 유다 백성이 절반은 일하고 절반은 갑옷을 입고 창과 방패를 가지고 지키게 했습니다(16절). 그리고 한 손으로 일하며 다른 한 손에는 병기를 잡게 했습니다(17절). 또한 무리 중의 절반은 동이 틀 때부터 별이 나기까지 창을 잡고 방해자들의 침입을 경계했습니다(21절).

주님께서 교회를 통해 맡기신 다양한 사역을 하다 보면 교회 내외적으로 방해자들이 나타나기도 합니다. 그 사역이 중요하고 의미 깊은 사역일수록 더욱 방해가 심합니다. 그러나 방해자들이 나타났다고 해서 사역을 접기보다는 온 성도들이 함께 하나님께 기도해서 용기와 지혜를 얻어 방해자들을 물리치고 맡겨진 사역을 감당할 수 있어야 합니다.

4) 느헤미야를 통한 교훈

한 세기가량이나 무너져 있었던 예루살렘 성벽을 백성과 힘을 합하여 52일 만에 재건한 느헤미야는 하나님의 백성을 이끌어가는 지도자들이 지녀야 할 덕목들을 잘 보여줍니다.

⑴ 그는 어려움에 처한 자기 백성을 향한 관심과 긍휼을 품은 지도자였습니다(1:2-4).

⑵ 그는 어려움에 처한 자기 백성을 위해 금식하며 기도하는 지도자였습니다(1:4-11).

⑶ 그는 자기 백성의 안전을 위해 필요한 것(예루살렘 성벽 재건)을 만들기로 결심한 지도자였습니다(2:5).

⑷ 그는 더불어 살아가는 사람들과 좋은 관계를 맺고, 그들에게 선한 영향력을 발휘한 지도자였습니다(2:1-4).

⑸ 그는 가치 있는 사역을 이루어가는 데 있어서 구체적인 과정들과 방법들을 아는 지도자였습니다. 특히 백성들의 참여를 장려하여 동참할 수 있도록 할 수 있는 지도자였습니다(2:5-8).

⑹ 그는 가치 있는 사역을 이루어가는 데 방해하는 자들을 이기

기 위해 필요한 용기와 지혜를 가진 지도자였습니다(4:10-23).

(7) 그는 하나님께서 함께하셔서 도와주고 계심을 체험한 지도자
였습니다: "내 하나님의 선한 손이 나를 도우시므로…"(2:8, 11).

(8) 그는 가치 있는 사역을 감당하면서 백성을 착취하거나 자신
의 사리사욕을 취하지 않고, 어려움에 처한 백성들과 삶을
같이 나눴습니다(5:14-19).

묵상과 토론을 위한 질문

 느헤미야를 통해 배울 수 있는 삶과 신앙을 위한 교훈은 어떤 것이 있을까요?

 예루살렘 성벽 재건에 참여한 백성 중에 감동을 제공하는 이들은 누구인가요?

 주님께서 맡겨주신 사역을 감당하는 도중에 방해자나 비난자가 생기면 어떻게 반응하나요?

35 에스더 개론

1. 기록 목적

바사의 아하수에로 왕(헬라식 이름은 '크세르크세스')이 통치하는 동안(BC 485-465) 유다 백성을 몰살하려는 하만의 음모가 있었을 때, 에스더와 모르드개를 통해 유다 백성이 구원을 받은 사건을 소개함으로써, 자기 백성을 구원하기 위한 여호와의 신비로운 섭리를 깨닫게 함과 아울러 유다 백성으로 하여금 애족심을 가질 수 있도록 권유할 목적으로 기록되었습니다.

2. 특징과 유의점

1) 에스더란 이름은 바사 용어로써 '별'이라는 뜻입니다. 에스더의 유대식 이름은 하닷사입니다.
2) 에스라와 느헤미야가 바벨론 포로기 이후 시대에 유다에 살았

던 백성의 삶에 관해 언급하고 있다면, 에스더는 유다로 귀환하지 않고 바사에 거주하던 백성의 삶과 관련된 이야기를 소개합니다.[150]

3) 이스라엘 백성이 지금도 지키는 부림절(feast of Purim)의 기원을 소개합니다.

4) 이스라엘 백성들이 다섯 절기 때에 읽는 다섯 두루마리 책(megillot) 중의 하나입니다.

(1) 아가	유월절	3-4월
(2) 룻기	오순절	5-6월
(3) 애가	아빕월 9일	7-8월
(4) 전도서	초막절	9-10월
(5) 에스더	부림절	2-3월

5) 여호와의 이름이 한 번도 언급되지 않고, 구약성경의 다른 역사서들에서 강조하는 것처럼 성전 예배, 율법 준수 등의 명령도 없습니다.[151]

6) 에스더서는 정경으로서의 가치에 대해 논쟁이 많이 있었습니다. 초대 교부 중에서 멜리토, 아타나시우스, 그레고리, 테오도르 등은 에스더가 가장 오래된 정경 목록에 포함되지 않았기에 정경적 가치를 인정하지 않았습니다. 사해 사본(쿰란 사본)에도 에스더는 빠져 있습니다. 루터는 에스더가 너무나 유대교적이고, 이교도적인 부적절한 내

---

150   롱맨, 「손에 잡히는 구약 개론」, 112.
151   칠십인 역의 에스더에는 107절의 보충자료를 추가하는데, 하나님의 활동과 에스더의 기도가 응답된 것을 소개합니다.

용이 많아서 이 책이 존재하지 않았으면 좋겠다고 했습니다.[152]

반면, 탈무드는 "메시야가 오실 때에, 예언서와 성문서가 사라지겠지만, 에스더와 오경은 예외일 것이다…"라고 기록할 정도로 에스더의 가치를 높이 평가했습니다.[153]

3. 구조

1) 발단

(1) 1장	아하수에로 왕의 잔치 초대에 응하지 않은 와스디가 왕후에서 쫓겨나다.
(2) 2:1-18	에스더가 왕후가 되다.
(3) 2:19-23	모르드개가 왕의 목숨을 구하다.

2) 전개

(1) 3장	하만이 유다 백성을 멸하려고 음모를 꾸미다.
(2) 4장	모르드개가 유다 백성을 구하도록 왕후 에스더에게 도움을 요청하다.
(3) 5장	에스더가 왕과 하만을 잔치에 초청하고, 하만은 다시 음모를 꾸미다.
(4) 6장	왕이 모르드개의 업적을 알고, 하만으로 하여금 모르드개를 존귀하게 대하게 하다.

3) 절정

7장	에스더가 베푼 잔치에서 하만의 음모가 밝혀지고, 하만은 모르드개를 매달려고 준비한 나무에 자신이 매달리다.

4) 대단원

(1) 8장	왕이 유다 백성을 위해 조서를 내리다.
(2) 9:1-19	유다 백성이 대적을 진멸하다.
(3) 9:20-32	부림절의 기원.
(4) 10장	왕과 모르드개에 대한 좋은 평가.

---

152   롱맨, 딜러드, 「최신구약개론」, 278.
153   라솔, 허바드, 부쉬, 「구약개관」, 539.

4. 주제들과 교훈들

1) 유다 백성을 위기에서 구원하시는 여호와의 주권적인 활동

에스더는 여호와의 선민 유다 백성이 멸절될 위기에 처했을 때, 신비한 방식으로 그들의 역사에 개입하셔서 구원하시는 여호와의 주권적 섭리를 깨닫게 합니다. 비록 여호와께서 출애굽 사건 때처럼 홍해를 가르고, 가나안 족속들과 전쟁할 때처럼 우박이 내려 적을 죽게 하고, 태양이 거의 하루 동안 머물게 하는 초자연적인 기적을 일으켜서 유다 백성을 구원하지는 않았지만, 용기 있는 사람들을 사용하시고, 우연히 발생한 개별적 사건들을 절묘하게 엮어서 택하신 백성을 구원하셨습니다. 다시 말하여, 와스디가 왕후에서 쫓겨나 유다 사람 에스더가 왕후가 된 사건, 왕을 암살하려는 신하들의 음모를 모르드개가 보고하여 왕을 구해준 사건, 하만이 유다 백성을 멸절시키려는 계획을 사촌인 모르드개를 통해 듣고 에스더가 왕 앞에 알리려고 잔치를 베풀었을 때, 왕이 수락하고 그녀에게 나라의 절반이라도 줄 터이니 소원을 말하라고 한 사건, 왕이 밤에 잠이 오지 않아 역대 일기를 읽게 했을 때 모르드개가 왕을 구한 일을 알고 보답하려 한 사건 등이 정교하게 엮어져서 결과적으로 유다 백성이 멸절하는 것을 막았습니다. 에스더는 여호와의 이름을 한 번도 언급하지 않지만, 여호와께서 유다 백성의 역사 배후에서 말없이 동행하시며, 가장 적합한 때에 필요한 사람들과 사건들을 엮어서 자신의 섭리를 이루신다는 점을 깨닫게 해줍니다.

에스더서는 하나님을 전혀 언급하지 않지만 요셉의 이야기를 뛰어넘는 것이 분명하다. 하나님은 사건들 가운데 부재한 듯 보일 때조차

자신의 구원 목적을 수행하면서 여전히 실제적으로 사건들 가운데 현존하신다.[154]

피터 리(Peter Y. Lee, 리폼드 신학교 구약학교수)는 이 주제와 관련하여 "하나님의 부재 속 하나님의 임재"라는 표현을 사용하면서 신학적으로 깊은 통찰력을 제공합니다.

> 우리는 하나님에 대한 명시적인 언급이 그토록 필요했기 때문에 그의 이름이 생략된 것이 귀청이 떨어져 나갈 정도로 너무 큰 침묵으로 다가온다고 말할 수도 있을 것이다. 기대했던 신학적인 폭탄 폭발은 뜻밖에도 압도적인 침묵 속에서 전달된다.
>
> 다시 말해서, 나는 에스더서의 저자가 문학적-신학적 공백 상태를 만들어서 경외감을 불러일으키는 하나님의 임재 느낌을 창조했다고 생각한다. 이 공백의 효과는 독자에게 하나님은 자기 백성이 그의 주권적인 은혜를 가장 필요로 했을 때 그들을 저버리지 않는다는 그의 섬세한 활동을 상기시킨다. 실로 에스더서에서 유다인들이 구원받았던 것은 모르드개의 창의적인 책략에도 에스더의 용기에도 그 원인이 있었던 게 아니었다. 이 믿음의 영웅들은 진정 그들의 의지에 있어 흔들림이 없었지만, 이 땅의 무대 배후에서는 자기 자신의 영광과 자기 백성의 복을 위해 이 책이 전달하는 이야기 전체를 지휘했던 하나님의 손길이 있었다.[155]

---

154 필립 세터트웨이트, 고든 맥콘빌, 「역사서」, 김덕중 역 (서울: 성서유니온선교회, 2011), 400.

155 반 펠트, 「성경신학적 구약개론」, 511.

그러므로 에스더는 사도 바울의 신앙 고백과 동일한 교훈을 우리에게 제공합니다.

> 우리가 알거니와 하나님을 사랑하는 자 곧 그의 뜻대로 부르심을 입은 자들에게는 모든 것이 합력하여 선을 이루시느니라(롬 8:28)

2) 죽으면 죽으리이다(4:16)

에스더는 하나님께서 자기 백성을 위기에서 구출하실 때, 그들을 사랑하는 자들의 책임감 있고 용기 있는 참여를 요구하기도 하신다는 점을 깨닫게 합니다. 하만이 유다 백성을 멸절시키려는 음모를 꾸미고 있다는 사실을 알고, 왕후 에스더로 하여금 이 사실을 왕에게 알리도록 모르드개가 권유할 때 했던 말이 의미가 깊습니다: "이 때에 네가 만일 잠잠하여 말이 없으면 유다인은 다른 데로 말미암아 놓임과 구원을 얻으려니와 너와 네 아버지 집은 멸망하리라 네가 왕후의 자리를 얻은 것이 이 때를 위함이 아닌지 누가 알겠느냐"(4:14). 이 말은 하나님의 백성이 자신들이 처한 위치에서 하나님과 더불어 사는 백성을 위해 주어진 책임을 감당해야 할 의무가 있음을 강조합니다. 그래서 에스더는 공동체의 역사와 개인의 삶에 있어서 하나님의 주권과 인간의 책임 사이의 관계에 대해 생각하게 만듭니다.[156] 이 제안에 대해 에스더가 한 말도 그녀가 자기 백성을 구원하도록 목숨을 건 용기 있는 결단을 내릴 것을 표현합니다: "죽으면 죽으리이다."

---

156 Ibid.

3) 부림절(9:20-32)

부림절은 유다 백성이 바사 시대에 하만이라는 악한 자에 의해 몰살당할 위기에 처했을 때 에스더의 용기 있는 행동을 통해 구원된 사건을 기념하는 절기입니다. 지금까지도 이스라엘 백성은 2월이나 3월의 한 날에 부림절을 지킵니다(텔아비브에서는 아달월 14일, 예루살렘에서는 아달월 15일).

(1) 그들은 부림절에 회당에 참석하여 에스더를 읽습니다. 아파서 회당에 나갈 수 없는 이들은 집에서라도 읽습니다. 회당 예배 중에 에스더를 함께 읽다가 하만의 이름이 나오면, 일제히 야유를 보내거나 욕을 합니다. 어떤 사람은 특별한 기구로 시끄러운 소리를 내어 하만의 이름이 지워지게 하는가 하면, 다른 사람들은 종이에 하만이라고 써서 찢어버리기도 합니다. 또한 하만의 열 아들이 언급되는 9장 7절부터 10절을 읽을 때, 그들이 한꺼번에 처형된 것을 상기하는 의미에서 그들의 이름을 한숨에 읽습니다.[157]

(2) 그들은 회당 예배가 끝나면 사탕이나 선물을 나누고, 다같이 음식을 나눕니다.

(3) 그들은 부림절이 유다 민족의 구원을 기념하는 기쁜 날이기 때문에 그날은 금식하지 않고 장례도 치르지 않습니다.

(4) 에스더, 아하수에로 왕, 모르드개 등의 가면을 쓰고 화려한 옷을 입고 가장행렬을 합니다. 어떤 이는 신발 바닥에 하만

---

157   http://www.goodspoon.org/story/2016/12/9

의 이름을 써서 밟고 다닙니다.

(5) 그들은 최소한 두 사람 이상에게 음식이나 선물을 보내고, 둘 이상의 가난한 사람들에 돈을 보내기도 합니다.

4) 인생의 아이러니/반전을 경험한 하만

아하수에로 왕의 총애를 받고 권력을 누리던 하만이 자기에게 꿇어 절하지 않는 모르드개에게 적개심을 품고 그와 유다 백성을 모두 죽이려는 계략을 꾸몄습니다. 그러나 모르드개와 유다 백성을 높이가 50 규빗(25미터 정도)이나 되는 장대 높이 매달아 죽이려던 하만이 왕의 명령에 따라 자신이 준비해놓은 그 장대에 매달려 죽게 된 것은 극적인 아이러니요 반전입니다. 이 일회적인 사건은 시대를 막론하고 발생하는 반유대주의(anti-semitism)적 학살 사건들을 비롯하여 다른 민족들을 말살하려는 시도들에 대해서도 하나님께서 반드시 심판하실 것이라는 사실을 암시해줍니다. 현재에도 세계 곳곳에서 주위의 다른 민족들을 학살하는 전쟁들이 빈번하게 일어나는 것을 볼 때, 에스더의 교훈은 이 시대에도 가르쳐야 할 진리입니다.

묵상과 토론을 위한 질문

 에스더의 결단과 행동을 통해 배울 수 있는 교훈은 어떤 것이 있습니까?

 살아오면서 우연한 일로 간주했던 것이 하나님께서 뒤에서 보이지 않게 관여하신 것으로서, 삶과 신앙을 위한 전환점이 된 경우들이 있었나요?

 이스라엘 백성이 지금도 부림절을 지키면서 여호와께서 자기 민족을 구원하신 것을 기념하는 것처럼, 우리 민족이 하나님의 선하신 인도하심과 구원하심을 기념할 수 있는 절기로 어떤 것이 있을까요?

36 룻기 개론

1. 기록 목적

사사 시대에 살았던 모압 여인 룻이 여호와를 의지하는 믿음을 가졌을 때, 여호와께서 그녀의 삶을 선하게 인도하셔서 보아스를 만나 행복한 가정을 이루게 되었다는 이야기를 통해, 이방인이라 할지라도 여호와를 의지하는 신앙을 가지면 여호와께서 그/그녀의 삶을 선하게 이끄시고 은혜를 베푸시는 분이라는 점을 가르쳐주기 위해 기록되었습니다.

2. 특징과 유의점

1) 룻기는 이스라엘 백성이 다섯 절기에 읽는 '메길롯'(Megillot)이라고 부르는 다섯 두루마리 중의 하나로, 오순절(5-6월 사이) 때 읽는 본문입니다. 룻이 보리밭에서 이삭을 줍는 장면을 밀농사의 수확에 감사

하는 오순절과 연관 지어 오순절 회당 예배 때에 낭송하는 전통이 생겼습니다.

2) 룻기의 주요 등장인물들은 엘리멜렉과 나오미, 말론과 기룐, 오르바(불충실한 자)와 룻(동반자), 그리고 보아스(힘 있는 자)입니다.

3) 한글 성경, 영어 성경 등에서 룻기는 사사기 다음과 사무엘상 앞에 위치합니다. 아마도 룻기의 시대적 배경이 사사 시대라는 연대적 관점을 고려한 듯합니다. 그러나 히브리어 성경에서 룻기는 성문서의 잠언 다음과 아가 앞에 놓여 있습니다. 잠언의 마지막 장(31장)이 현숙한 여인에 관해 설명하고, 아가가 남녀 관계를 주도하는 여성의 당당함을 묘사하는 것을 볼 때,[158] 히브리 성경의 편집자가 룻기를 이 둘 사이에 배치하여 룻을 지혜로운 여성의 모델로 제시하려고 한 것으로 추정할 수 있습니다. 잠언 31장에서 소개하는 '현숙한 여인'(eshet hayil)이라는 표현을, 룻기에서 보아스가 룻을 부를 때 사용한다는 점은 이러한 추정이 합당하다는 점을 입증해줍니다.[159]

3. 구조

1) 1장: 남편을 사별한 모압 여인 룻이 같은 처지의 시어머니인 유다 사람 나오미를 떠나지 않고 함께 베들레헴으로 이주하다.

2) 2장: 룻이 나오미의 기업을 무를 자인 보아스의 밭에서 일하면서 보아스의 관심을 얻고 은혜를 입다.

3) 3장: 룻이 보아스와 가까워지고, 기업 무를 자가 되어 주도록 요청하다.

---

158   롱맨, 딜러드, 「최신구약개론」, 191.
159   롱맨, 「손에 잡히는 구약 개론」, 75.

4. 주제들과 교훈들

1) 이방 여인 룻의 삶을 선하게 이끌어주신 하나님의 주권

남편을 사별하고 연로한 시어머니를 모셔야 하는 어려운 처지에 있던 이방 여인 룻이 유다 사람 시어머니 나오미를 모시면서 시어머니가 믿고 있던 여호와를 자기의 하나님으로 믿고 살겠다는 신앙적 결단을 했을 때(1:16), 여호와께서는 그녀를 지켜주시고 선하게 이끌어주셨습니다. 또한 룻이 보아스의 밭에서 일하고 있을 때 보아스가 룻을 잘 보살펴주었는데, 룻이 그 이유를 물었을 때 보아스가 대답한 내용 역시 여호와를 하나님으로 신뢰하는 이방 여인을 향한 하나님의 인도하심과 은혜를 발견하게 합니다.

> … 나는 이방 여인이거늘 당신이 어찌하여 내게 은혜를 베푸시며 나를 돌보시나이까 하니 보아스가 그에게 대답하여 이르되 … 이스라엘의 하나님 여호와께서 그의 날개 아래에 보호를 받으러 온 네게 온전한 상 주시기를 원하노라 … (2:10-12)

2장 3절에 의하면 룻이 곡식을 거두는 일꾼들을 따라 밭에서 일하게 된 곳이 "우연히도" 보아스의 밭이었습니다. 룻기의 저자는 "우연히도"라는 표현을 통해 룻의 결정과 보아스와의 만남에 어떤 인간적인 조작이 없었다는 것을 밝히려 했다고 봅니다.[160] 한 걸음 더 나아가, 룻에게 벌어진 일이 룻이나 독자들의 관점에서는 우연으로 간주될 지 몰라도, 사실은 여호와 하나님께서 우연적인 사건들을 엮어서 하나님의 구원 섭리를 이루어가신다는 점을 암시하고 있다고 봅니다.

> 룻기에는 초자연적인 사건들이나 기적들이 등장하지 않는다. 그러나 주의 깊은 독자들은 출애굽의 이야기에서만큼이나 하나님의 손이 이 이야기의 사건들을 인도하고 계시다는 것을 이 이야기의 끝에 가서 깨닫게 된다.[161]

2) 하나님의 세계 보편적인 사랑

위에서 언급한 룻기의 주제는 아마도 바벨론 포로기 이후의 유다 공동체에서 사회 문제로 대두되었을 것으로 추정되는 이방인과의 결혼이나 다문화 가정에 대한 편견을 바로잡아주는 역할을 했을 것입니다. 에스라와 느헤미야에 의하면, 바벨론에서 돌아온 제사장 에스라가 유다 공동체의 신앙적, 사회적 개혁을 위한 처방 중의 하나로, 우상을 숭배하는 이방 여인들과 결혼한 사람들에게 헤어지도록 명령했고, 백성들은 순종했습니다. 그러나 세월이 지나면서 이러한 신앙적 순수성을 회복하기 위한 목적은 사라진 채, 유다 공동체에서 더불어 살고 있던 이방인들이나 다문화 가정에 대한 편견이 심각했습니다. 그때 여호와의 날개 아래 보호를 받으러 온 이방 여인 룻의 인생을 선하게 인도하신 하나님의 은혜와 주권을 전하는 룻기는 커다란 파장을 일으켰을 것으로 봅

---

160   롱맨, 딜러드, 「최신구약개론」, 199.
161   Ibid.

니다. 구약학자들은 룻기와 아울러 요나서와 이사야서 40장부터 66장도 하나님의 선민이라는 특권의식에 사로잡혀 더불어 사는 이방 사람들을 섬기기는커녕 그들을 무시하고 편견을 가지고 대하는 유다 백성의 모습을 지적한다고 이해합니다. 한 걸음 더 나아가 이러한 책들이 유다 백성에게 이방의 빛이 되어야 하는 사명을 상기시킨다고 봅니다.

> …네가 나의 종이 되어 야곱의 지파들을 일으키며 이스라엘 중에 보전된 자를 돌아오게 할 것은 매우 쉬운 일이라 내가 또 너를 이방의 빛으로 삼아 나의 구원을 베풀어서 땅 끝까지 이르게 하리라(사 49:6; 참조: 42:6)

3) 룻, 나오미, 보아스: 선한 사람들

룻기는 룻, 나오미, 보아스라는 주인공들을 선한 사람들로 묘사합니다. 이들은 모두 여호와 하나님을 의지하는 사람들인 동시에 더불어 사는 사람들에게 친절과 배려와 은혜를 베풀 줄 아는 사람들이었습니다. 남편을 잃고 두 아들을 잃은 삶의 아픔 속에서도 젊은 두 며느리에게 다른 사람과 결혼하여 행복한 가정을 이룰 수 있도록 제안하는 나오미와, 홀로 늙어 가는 시어머니를 공경하고 섬기기 위해 자신의 젊음과 미래를 희생할 줄 알았던 룻의 서로를 향한 사랑과 충성스러운 섬김은 독자들에게 감동을 제공합니다. 보아스의 입을 통해 전해진 룻의 삶에 대한 평가도 그녀의 현숙함을 입증해줍니다.

> 네 남편이 죽은 후로 네가 시어머니에게 행한 모든 것과 네 부모와 고국을 떠나 전에 알지 못하던 백성에게로 온 일이 내게 분명히 알

려졌느니라(2:11)

네가 가난하건 부하건 젊은 자를 따르지 아니했으니 네가 베푼 인애가 처음보다 나중이 더하도다···네가 현숙한 여자인 줄을 나의 성읍 백성이 다 아느니라(3:10-11)

뿐만 아니라 가난하고 힘없는 이방 여인으로서 낯선 땅에서 인종적 차별을 경험하며 살 수도 있었을 룻에게 친절과 은혜를 베풀고, 자기에게 주어진 기업 무를 자로서의 책임을 다하려고 룻을 아내로 맞이했던 보아스도 참 선한 사람입니다. 그래서 3장부터는 룻기의 참 주인공이 보아스로 바뀌는 듯합니다. 그리고 이방 여인 룻과 결혼하겠다는 보아스의 말에 그를 축복하던 모든 백성과 장로들, 룻이 아들을 낳았을 때 그녀의 시어머니 나오미를 축하하고 하나님께 찬송하던 여인들도 선한 사람들입니다. 그래서 룻기는 선한 사람들의 감동적인 행동들을 통해서 하나님의 백성이 주위 사람들과 특히 이방인에게 어떻게 대해야 하는지를 교훈합니다.

4) 보아스의 발치 이불을 들고 누운 룻(3:7)을 어떻게 볼 것인가?

타작마당에서 밤에 잠을 자고 있던 보아스에게 다가가 그의 발치 이불을 들고 누운 룻의 행동에 대해 다양한 해석들이 있습니다. 어떤 이들은 '발치를 들다'라는 구문에서 '발치/발'(regel)이 단순히 발만을 뜻하지 않고 다리를 포함한 하체를 의미할 수도 있기 때문에, 성기를 완곡하게 표현한 것으로 이해합니다(BDB, P. Trible)[162] 그래서 룻이 잠든

---

162   Frederich Bush, Ruth/Esther, Word Biblical Commentary (Waco: Books, Publisher, 1996), 152-153.

보아스에게 접근하여 성적으로 유혹했거나, 보아스 곁에서 마치 남편과 아내처럼 누워 있었다고 봅니다.

그러나 이러한 것은 많은 가족과 일꾼이 타작마당에서 함께 일하고, 함께 먹고, 함께 잠을 자는 열린 공간에서 벌어질 수 있는 일이 아니었습니다. 그리고 룻기에서 묘사하는 나오미, 룻, 그리고 보아스의 품격과 전혀 맞지 않습니다. 발치에 누워 있는 룻을 잠에서 깨어 보고 놀란 보아스에게 룻이 했던 말과 그에 대한 보아스의 대답은 이러한 해석이 잘못되었다는 것을 입증합니다.

> 나는 당신의 여종 룻이오니 당신의 옷자락을 펴 당신의 여종을 덮으소서 이는 당신이 기업을 무를 자가 됨이니이다 하니 그가 이르되 내 딸아 여호와께서 네게 복 주시기를 원하노라 네가 가난하건 부하건 젊은 자를 따르지 아니했으니 네가 베푼 인애가 처음보다 나중이 더하도다 그리고 이제 내 딸아 두려워하지 말라 내가 네 말대로 네게 다 행하리라 네가 현숙한 여자인 줄을 나의 성읍 백성이 다 아느니라

그러므로 시어머니 나오미나 며느리 룻이 부자인 보아스에게 성적으로 접근할 계획을 세우고 실행에 옮긴 것이야말로 생존을 위한 그들의 도발적이고도 적극적인 모습을 보여준다고 해석하는 것은 룻기 전체에서 제시하고자 하는 삶과 신앙을 위한 교훈에 결코 부합하지 않습니다. 그리고 이러한 해석은 룻기를 '에로 소설'로 전락시키는 것입니다.

룻이 보아스의 발치 이불을 들고 누운 것은 보아스로 하여금 많은

사람 앞에서 기업 무를 자가 될 것을 강요하기보다 오히려 그가 그 책임을 수용하거나 거부하는 것을 조용히 결정하도록 기회를 제공한 룻의 배려 있는 행동이었다고 볼 수 있습니다.[163] 그런가 하면, 이러한 행동이 그 당시에는 종이 주인에게 온전히 순종하겠다는 표현의 하나였다는 견해도 나오미의 제안을 실행한 룻의 행동에 대한 오해를 막아줍니다.[164]

5) 하나님의 인간 구원 역사가 이어지다

"보아스가 오벳을 낳았고 오벳은 이새를 낳고 이새는 다윗을 낳았더라"(4:21-22)라는 룻기의 마지막 구절들은 룻과 보아스가 다윗 왕의 할머니와 할아버지가 되었다는 사실을 알려줍니다. 그래서 룻기가 룻과 보아스 사이의 애틋한 사랑 이야기로 그치지 않고, 하나님께서 아브라함을 비롯한 선조들과 맺었던 언약(땅의 약속, 자손의 약속, 모든 족속에게 복이 되게 하겠다는 약속)과 다윗 왕과 맺은 언약(자손들을 통해 왕위가 영원하게 하겠다는 약속)이 중단 없이 이루어지고 있다는 점을 깨닫게 해줍니다. 그리고 이러한 언약들이 궁극적으로는 다윗의 후손이신 예수님을 만백성의 구세주와 주님으로 이 땅에 보내심으로써 성취되게 하셨다는 점을 상기하게 해줍니다. 마태복음 1장에 소개되는 예수님의 족보에 여인이 네 명 언급되는데, 룻이 그중의 한 명입니다(마 1:5).[165] 특히 룻은 이방 여인이었지만 메시야를 낳은 계보의 일원이 되어 하나님께서 인간을 구원하시는 계획을 성취해나가는 과정에 참여합니다.

163　Dr. Constable's Expository Notes, Ruth 3:6-13, https://www.studylight.org/commentary/ruth/3-7.html

164　https://enduringword.com/bible-commentary/ruth-3/

165　롱맨, 「손에 잡히는 구약 개론」, 76: 나머지 셋은 다말, 라합, 우리야의 아내입니다.

묵상과 토론을 위한 질문

 친지나 이웃 중에 사랑하는 이들과 사별하고 어렵게 사는 이들이 있나요? 어떻게 하면 그들을 섬길 수 있을까요?

 친지나 이웃 중에 다문화 가정을 이루는 이들이 있나요? 어떻게 하면 그들을 섬기고 주님의 사랑을 전할 수 있을까요?

 룻기에 등장하는 좋은 사람들처럼 우리도 좋은 사람이 되기 위해 갖추어야 할 바들이 무엇일까요?

37 다니엘 개론

1. 기록 목적

바벨론에서 포로 생활을 하던 다니엘과 세 친구의 신앙적 행위들과 아울러 유다의 역사가 먼 미래까지 어떻게 펼쳐질 것인지를 보여주는 다니엘의 환상들을 통해 여호와께서 세상 만국의 주권자가 되심을 독자들에게 가르치는 것이 이 책의 기록 목적입니다.

2. 특징과 유의점

1) '다니엘'은 히브리어로 '하나님께서 나의 재판장/심판자이시다'라는 의미입니다.

2) 구약학자들은 다니엘을 구약성경 중에서 가장 발전된 '묵시서(계시록: apocalyptic book)'로 간주합니다. 여기에서 묵시서란 구약성경의 문학 양식의 한 형태인 묵시(계시: apocalypse)를 통해 하나님의 계시를

소개하는 책을 말하는데, 묵시란 일반적으로 예언보다 훨씬 미래에 일어날 일들까지 소개하며, 그것도 여러 가지 상징적인 이미지를 담는 환상(vision)들을 포함하는 문학 양식을 말합니다.

3) 다니엘 2장 5절부터 7장 28절까지는 아람어로 기록되었습니다. 아람어는 바벨론과 바사 시대를 걸쳐 예수님 당시까지도 고대 근동 지역의 일상 대화를 위한 언어로 사용되었습니다.

3. 고대 이스라엘 묵시서의 특징

고대 이스라엘에서는 바벨론 포로기와 그 이후에 다니엘을 비롯하여 여러 묵시서가 기록되었습니다. 아마도 유다가 바벨론에 멸망한 이후로 유다 백성이 바알을 비롯한 여러 이방 신들을 섬기는 바벨론, 바사, 헬라 등의 통치 아래 살면서 자신들의 신앙적 정체성을 유지하고, 국가적 독립에 대한 염원을 표현하도록 안전하고 효과적인 문학 양식인 묵시를 이용한 것으로 보입니다. 포로기 이후 유다 공동체의 신앙적 지도자들이 바벨론 포로기 예언자들의 예언을 종말론적으로 재해석한 것이 묵시서라고 이해하여, 묵시서의 기원을 기원전 6세기 말로 간주하는 학자들의 주장도 합리적인 추론이라고 봅니다(R. H. Charles, H. H. Rowley, D. S. Russell, P. D. Hanson).[166]

구약학자들은 구약성경 내에서 다니엘이 가장 발전된 묵시서의 형태를 띠고 있다고 간주하지만, 묵시서의 초기 형태를 담는 본문들

---

166   왕대일, 「묵시문학연구」 (서울: 대한기독교서회, 1994), 38-39.

에 대해서는 견해가 다릅니다. 예를 들어, 핸슨(Paul D. Hanson)은 이사야 24-25장, 34-35장, 56-66장, 스가랴 9-14장을 초기 묵시서(원 묵시서: proto-apocalypse)로 간주했습니다. 타우너(W. Sibley Towner)는 핸슨이 제시한 주장을 기초로 하여 이사야서 24장부터 27장과 스가랴서 9장부터 12장, 요엘서 2장 28절부터 3장 21절 그리고 다니엘서를 구약성경의 초기 묵시서에 속하는 본문들로 보았습니다. 그리고 신약성경의 마태복음 24장과 25장, 마가복음 13장, 누가복음 21장 5절부터 36절, 고린도전서 15장 20절부터 57절, 데살로니가후서 1장과 2장, 베드로후서 3장, 그리고 요한계시록 등을 묵시서로 간주할 수 있다고 주장했습니다.[167] 레온 모리스(Leon Morris)는 다니엘서, 이사야서 24장부터 27장, 에스겔서 38장과 39장, 요엘서 그리고 스가랴서 9장부터 14장을 묵시서에 포함시키고 있습니다.[168] 그런가 하면, 존 카터(John W. Carter)는 이사야서 56장부터 66장과 에스겔서 37장부터 48장을 원묵시서로 간주하고 다니엘서를 묵시서로 규정하고 있습니다.[169]

구약성경에 포함되지 못한 고대 이스라엘의 묵시서가 많이 있습니다: 아브라함의 언약서, 스바냐의 묵시, 제 3 바룩서, 레위의 증언 2-5, 제 2 에녹서, 에녹의 비유, 별들의 책, 제 1 에녹서 1-36, 아브라함의 묵시, 제 2 바룩서, 제 4 에스라서, 희년서, 동물 묵시 등.[170]

---

167   Paul D. Hanson, *The Dawn of Apocalyptic* (Philadelphia: Fortress, 1975); W. Sibley Towner, "The Danger of Dualism and the Kerygma of Old Testament Apocalyptic," *Word & World* 25, no. 3 (Summer 2005), 269.

168   Leon Morris, *Apocalyptic* (Downers Grove: Inter-Varsity Press, 1973), 76-84.

169   John W. Carter, "An Introduction to the Interpretation of Apocalyptic Literature," http://www.biblicaltheology.com/Research/CarterJ08.pdf, p. 3.

170   왕대일, 「묵시문학연구」, 33.

구약성경 묵시서를 집중적으로 연구한 학자들이 공통적으로 언급하는 묵시서의 특징들은 다음과 같습니다.

1) 현재와 미래에 관한 비밀을 계시합니다.

2) 국가적인 환란과 신앙적인 핍박의 시기에 기록되었습니다.

3) 정치적, 사회적, 경제적, 신앙적으로 어려운 현실을 헤쳐나가는 이들에게 위로와 용기를 주려는 현실적 목적을 가지고 기록되었습니다.

4) 상징적인 언어를 사용합니다. 소수의 선택된 무리만이 이해할 수 있는 은어를 사용합니다.

5) 우주적인 관점을 보여줍니다. 천사와 마귀 등의 신적인 존재들도 언급합니다.

6) 현시대에 대한 비관적인 관점을 보여줍니다.

7) 이원주의(dualism): 이 세상은 선과 악의 싸움이 진행되는데, 악이 승리하는 것처럼 보입니다.

8) 결정론: 이 세상의 역사는 이미 결정되었습니다. 현재는 악이 성행하는 것으로 보이지만, 하나님께서 결국 악을 물리치시고 승리하십니다.

9) 정치적 억압과 신앙적 핍박 속에서도 여호와에 대한 믿음을 지킨 의인을 위해 하나님께서 중재하십니다. 그리고 순교자를 기억하십니다.

10) 부활 사상: 믿음을 지킨 의인은 보상을 받고 배교한 자는 심판을 받습니다.

11) 새 하늘과 새 땅의 존재를 강조합니다.

12) 저자가 익명인 경우가 많습니다.

4. 시대 상황

다니엘은 다니엘과 세 친구가 활동하던 바벨론 포로기로부터 메데, 바사, 헬라 시대까지의 역사적 변천을 소개합니다(BC 6세기부터 2세기까지). 특히 7장은 네 마리 신비한 짐승들의 환상을 통하여 고대 근동을 지배하던 제국들이 바꾸어질 것을 보여줍니다: 독수리(바벨론), 곰(메데), 표범(바사), 그리고 열 뿔 달린 짐승(헬라). 8장은 바사의 통치가 헬라로 넘어가는 것을 수양과 수염소의 환상을 통해 계시합니다.

다니엘이 가장 자세하게 다루는 시대는 헬라 시대입니다. 특히 다니엘 11장 5절부터 20절은 헬라의 알렉산더 대왕이 죽고 난 후에 헬라 제국이 네 지도자에 의해 나누어진 것을 자세하게 설명합니다.

"북방 왕" 셀루크스 ———	시리아, 팔레스타인 통치
"남방 왕" 프톨레미 ———	이집트 통치
리지마쿠스 ———	소아시아 통치
카산더 ———	마게도니아와 헬라 통치

11장 6절은 프톨레미 2세의 딸 베레니게와 안티오쿠스 2세가 결혼한 것을 언급하며(BC 249), 11장 17절은 안티오쿠스 3세가 그의 딸 클레오파트라를 프톨레미 5세에게 결혼시킨 것을 말합니다(BC 194). 11장 29절부터 39절은 시리아를 다스린 셀루크스 왕조의 막강한 왕 안티오쿠스 4세(안티오쿠스 에피파네스: BC 175-164)가 등장하여, 유다 백성의 신앙 풍습을 멸시하고, 예루살렘 성전을 제우스 신전화하고, 돼지머리를 단에 바친 사건을 자세하게 언급합니다.

5. 구조

다니엘 1장부터 6장은 바벨론에 포로로 잡혀가서 왕궁에서 일하던 다니엘과 세 친구가 여호와의 율법에 순종하며 살다가 여러 가지 어려움을 당했지만, 그럼에도 불구하고 믿음의 정절을 지켜나가던 영웅적인 이야기들을 소개합니다. 7장부터 12장은 바벨론, 메데, 바사, 헬라 시대에 이르는 오랜 세월 동안 제국의 왕들이 등극하고 폐위되는 과정과 이유를 여러 가지 환상을 통해 소개하면서 궁극적으로는 여호와 하나님께서 세상 만국을 통치하시고 심판하신다는 사실을 일깨워줍니다.

1) 1-6장 다니엘과 세 친구에 관한 전기

(1) 1장: 채식을 통해 신앙의 지조를 보여줌
(2) 2장: 느부갓네살 왕의 신상 꿈을 해석하는 다니엘 - 하나님 나라의 영원성 증거 (44절)
(3) 3장: 느부갓네살 왕의 신상에 절하지 않고 풀무 불에 던져진 다니엘의 세 친구
  • 3:17-18: "그리 아니하실지라도…"
  • 3:25. 하나님의 구원: "그 넷째의 모양은 신들의 아들과 같도다"
(4) 4장: 느부갓네살의 나무 꿈을 해석하는 다니엘
(5) 5장: 벨사살 왕의 축제와 벽에 나타난 글씨
(6) 6장: 사자 굴에 들어간 다니엘

2) 7-12장 네 가지 환상

(1) 7장: 네 마리 짐승 환상
  • 독수리(바벨론), 곰(메데), 표범(바사), 열 뿔 달린 짐승(헬라)
  • 하나님의 심판(7:26-27)
(2) 8장: 수양(바사)과 수염소(헬라)
  • 6절: 두 뿔 가진 수양 - 메데와 바사
  • 8절: 수염소의 현저한 네 뿔
  • 9절: 그 중의 한 뿔에서 나온 또 작은 뿔 하나 - 안티오쿠스 에피파네스

(3) 9장: 칠십 이레의 예언 - 포로 시대부터 이어지는 각 시대
- 7 이레: 49년(587-538년) - 바벨론 포로 시대
- 62 이레: 434년 - 바사 시대와 헬라 시대
- 1 이레: 삼 년 반 - 안티오쿠스 에피파네스의 격한 핍박 시대
(4) 10장: 다니엘을 위로하는 천사
- 핍박을 견디는 하나님의 사람들을 대변함
(5) 11장: 바사와 헬라 시대의 핍박
- 31절: "매일 드리는 제사를 폐하며 멸망하게 하는 가증한 것을 세울 것이며"
(6) 12장: 메시야 시대의 도래
- 1-2절: 부활 신앙
- 3절: 신앙 안에서 인내한 자들과 전도인들에게 주어지는 보상
- 10-13절: 핍박과 고난 중에 있는 자들이 지켜야 할 것

6. 주제들과 교훈들

1) 핍박 속에서도 믿음의 정절 지키기

묵시서의 기록 목적이 그러한 것처럼, 다니엘도 바벨론, 메대, 바사, 헬라 제국의 지배 아래에서 정치적 억압과 신앙적 핍박이 가해지는 상황 속에서 여호와의 백성이 신앙의 정절을 지키도록 격려하기 위해 기록한 책입니다. 그래서 독자들로 하여금 시대를 막론하고 신앙적 핍박을 당했을 때 여호와를 부인하고 배신하여 목숨을 유지할 것인지 아니면 여호와의 율법을 끝까지 지키며 순교의 자리에까지 이를 것인지 결단하게 만듭니다.

이 책은 다니엘의 세 친구(사드락, 메삭, 아벳느고)가 여호와의 율법에서 금한 음식은 왕의 진미라고 할지라도 먹지 않고(1장), 자기의 몸이 풀무 불에 던져질 것을 알면서도 왕의 신상에 절하지 않은 것처럼(3장),

그리고 다니엘이 사자 굴에 던져질 것을 알면서도 왕의 명령을 어기고 하루에 세 번씩 예루살렘을 향하여 기도하여(6장) 믿음의 정절을 지켰던 것처럼 독자들도 그렇게 살도록 도전합니다. 아울러, 이렇게 목숨의 위협 속에서도 신앙의 정절을 지킨 이들을 여호와께서 다니엘과 세 친구를 지켜주셨던 것처럼 기적적으로 지켜주신다는 점도 확신시켜줍니다. 한 걸음 더 나아가서, 신앙의 정절을 지키다가 순교한 이들은 여호와께서 영생을 얻게 하시고, 배교자들은 수치를 당하고 영원히 부끄러움을 당하게 될 것이라고 언급합니다(12:2-3). 이와 같은 교훈이 신약성경의 복음서, 서신서, 그리고 신약성경의 묵시서인 요한계시록에도 소개됩니다(마 10:31-33; 고후 5:8-10; 계 14, 20장).[171]

2) 여호와께서 만국의 주권자가 되심

다니엘은 여호와께서 온 세상 만국의 흥망성쇠를 주관하시는 주권자가 되심을 강조합니다. 책 이름에서부터 하나님께서 재판장/심판자가 되시는 분이라는 것을 암시하는 다니엘은, 바벨론 제국과 온 주변 나라를 통치하던 느부갓네살 왕의 꿈을 다니엘이 해석한 사건과 벨사살 왕에게 주신 예언을 성취하신 사건을 통해 여호와께서 만국의 주권자가 되심을 깨닫게 합니다. 특히 바벨론, 메대, 바사, 헬라의 제국들과 왕들이 출현했다가 역사 속으로 사라지는 것을 다양한 환상들을 통해 보여주는 묵시서 부분(7-12장)은 만국의 주권자가 되시는 여호와의 권세와 능력을 밝혀줍니다. 이어서 "옛적부터 항상 계신 이"(7:9)이신 여호와께서 온 세상 만국을 최종적으로 다스리실 것이라는 예언은

---

171   침례교신학연구소, 「성서입문」, 173.

여호와께서 만국의 주권자가 되신다는 점을 결정적으로 선포하는 것입니다.

3) 7장부터 12장까지의 환상을 해석할 때의 유의점

이 부분의 여러 가지 환상들과 관련하여 어떤 해석가들은 본문이 기록되었을 당시의 국제 정세와 유다 백성이 겪어야 했던 신앙적 핍박을 중심으로 해석하려 합니다. 다른 해석가들은 이 부분에 소개되는 네 가지 짐승이나, 수양과 수염소를 다니엘이 살던 바벨론 시대부터 우리가 사는 현재까지를 포함해서 해석하는 경우들도 있습니다. 그러나 특히 네 짐승의 환상(7:1-14)에 대한 해석이 8장까지에 걸쳐 바로 이어지고, 그 내용이 알렉산더 대왕이 죽은 후에 바벨론이 네 명의 지도자들로 분열되는 것과 메대와 바사가 등장하는 것과 부합하기 때문에 후자의 해석은 문제가 있다고 봅니다. 그러므로 우리는 다니엘의 환상들을 해석할 때, 역사적 사실들에 관하여 본문이 제공하는 실마리들을 찾는 일에 더욱 주의를 기울여야 합니다.

묵상과 토론을 위한 질문

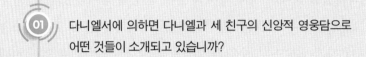 다니엘서에 의하면 다니엘과 세 친구의 신앙적 영웅담으로 어떤 것들이 소개되고 있습니까?

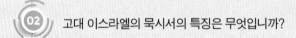 고대 이스라엘의 묵시서의 특징은 무엇입니까?

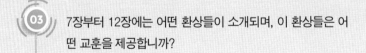 7장부터 12장에는 어떤 환상들이 소개되며, 이 환상들은 어떤 교훈을 제공합니까?

북 왕국 이스라엘 왕들 도표[172]

왕의 이름 통치 기간 성경 본문	정치, 사회, 외교적인 면	종교적인 면	예언자의 활동
1. 여로보암 1세 (922-901) 왕상 12:1-14:20	1. 솔로몬의 신하 2. 르호보암의 악정에 반대하여 열 지파를 이끌고 북 왕국 이스라엘을 세움	1. 단과 벧엘에 금송아지 상을 만들어 제사를 드리게 함 2. 산당들을 짓고 보통 백성으로 제사장을 삼음 3. 초막절을 8월 15일로 정함	아히야의 경고에도 회개하지 않아 손이 마르고 자식이 죽게 됨
2. 나답 (901-900) 왕상 15:25-31	1. 여로보암의 아들 2. 블레셋과 전쟁 3. 블레셋의 깁브돈을 에워싸고 있을 때 바아사의 모반으로 죽게 됨	여호와 보시기에 악을 행하여 그의 아버지의 길로 행하고, 이스라엘로 범죄하게 함	아히야의 예언대로 여로보암의 가문이 전멸됨
3. 바아사 (900-877) 왕상 15:32-16:7	1. 나답을 살해하고 왕이 됨 2. 유다 왕 아사와 평생 싸움	여로보암의 길로 행하여 이스라엘로 범죄하게 함	예후가 바아사 가문의 멸망을 예언함: 성읍에서 죽은 자는 개가 먹고, 들에서 죽은 자는 공중의 새가 먹게 됨
4. 엘라 (877-876) 왕상 16:8-14	1. 바아사의 아들 2. 디르사에 있는 궁내대신 아르사 집에서 술을 마시는 중에 시므리 장군에 의해 살해당함	바아사와 엘라가 범죄하고 이스라엘에게 범죄하게 하여 여호와를 노하게 함	예후의 예언대로 온 가문이 전멸됨
5. 시므리(876) 왕상 16:15-23	1. 엘라를 살해하고 칠 일 동안 왕이 됨 2. 군대 지휘관 오므리가 디르사를 에워싸자, 왕궁 요새에 들어가 왕궁에 불을 지르고 죽음	여호와 보시기에 악을 행하여 범죄함 이스라엘로 범죄하게 함	
6. 오므리 (876-869) 왕상 16:23-28	1. 시므리가 엘라를 모반하여 죽이자, 백성들이 오므리를 왕으로 세움 2. 시므리를 따르던 자들은 디브니를 왕으로 세우려 했으나 4년 후에 오므리가 그를 무찌르고 왕이 됨	1. 여호와 보시기에 악을 행하되 그 전의 모든 사람보다 더욱 악하게 행함	

172　왕들의 통치 연대는 존 브라이트의 「이스라엘 역사」의 연대표를 참조했습니다. (서울: 크리스챤 다이제스트, 2006).
　　　북 왕국 이스라엘 왕들 도표에서 바탕색의 변화는 왕조가 바뀐 것을 의미합니다.

왕의 이름 통치 기간 성경 본문	정치, 사회, 외교적인 면	종교적인 면	예언자의 활동
6. 오므리 (876-869) 왕상 16:23-28	3. 은 두 달란트로 사마리아 산을 사서 사마리아 성읍을 건축함 4. 모압을 정복하고 세금 부과/ 아람에게도 승리함	2. 이스라엘을 범죄하게 함 3. 그들의 헛된 것들로 여호와를 노하게 함	
7. 아합 (869-850) 왕상 16:29-22:40	1. 오므리의 아들 2. 시돈 왕 엣바알의 딸 이세벨과 결혼 3. 호화로운 상아궁을 비롯하여 성읍들을 건축함 4. 나봇의 포도원을 빼앗음 5. 유다 왕 여호사밧과 동맹하여 아람(시리아)과 전쟁을 함 6. 미가야 예언자의 경고를 무시하고 아람과의 전쟁에 나갔다가 적병이 무심코 당긴 화살에 맞아 죽음	1. 이전의 모든 사람보다 여호와 보시기에 악을 더욱 행함 2. 여로보암의 죄를 따라 행하는 것을 가볍게 여김 3. 아내 이세벨을 따라 바알을 섬기고, 바알을 위한 제단과 아세라 목상을 만듦 4. 이세벨은 여호와의 예언자들을 죽이고, 바알과 아세라 예언자들을 세움	1. 엘리야가 국가적인 가뭄이 끝난 것을 예언함 2. 엘리야가 나봇의 포도원을 빼앗은 아합을 꾸짖음 3. 미가야가 아람과의 전쟁에 나가지 말도록 경고함
8. 아하시야 (850-849) 왕상 22:51-53 왕하 1:18	아합 왕의 아들	다락 난간에서 떨어져 병들었을 때 에그론의 신 바알세불에게 병이 나을지 물음	엘리야가 아하시야의 죽음을 예언함
9. 여호람(요람) (849-842) 왕하 3:4-27	1. 아합 왕의 아들/ 아하시야 왕의 동생 2. 모압 왕 메사가 양 털을 바치는 것을 중단하자, 유다 왕 여호사밧과 함께 모압을 공격함	1. 여호와 보시기에 악을 행했지만 부모 같지는 않았음 2. 아버지가 만든 바알 주상을 없앰 3. 여로보암의 죄를 떠나지 않음	전쟁 중에 물이 필요한 여호람과 여호사밧 왕을 위해 엘리사가 개천을 파게 하고 물을 제공함
10. 예후 (842-815) 왕하 9:1-10:36	1. 여호람 왕이 유다의 아하시야 왕과 함께 아람의 하사엘 왕과 싸우다가 부상을 당했을 때, 엘리사를 통해 왕으로 기름 부음을 받게 됨 2. 아합의 가문을 진멸함 3. 바알을 섬기는 자들을 살해함 4. 유다 왕 아하시야 왕의 형제들 42명을 죽임 5. 베니게와의 동맹이 깨어짐 6. 다메섹의 하사엘과 전쟁에서 많은 영토를 잃음	1. 여호와 보시기에 정직한 일을 행하고, 아합의 가문을 처리함 2. 전심으로 여호와의 율법을 지켜 행하지 않았음 3. 여로보암이 이스라엘에게 범하게 한 그 죄에서 떠나지 아니함	엘리사가 예후를 왕으로 기름 부음

왕의 이름 통치 기간 성경 본문	정치, 사회, 외교적인 면	종교적인 면	예언자의 활동
11. 여호아하스 (815-801)/ 왕하 13:1-9	1. 예후의 아들 2. 아람 왕 하사엘과 벤하닷의 침입으로 많은 성읍을 빼앗기고 백성은 흩어짐	여로보암의 죄에서 떠나지 않아서, 여호와께서 하사엘과 벤하닷의 손에 넘기심	
12. 요아스 (여호아 스) (801-786) 왕하 13:10-25	1. 여호아하스 왕의 아들 2. 유다와의 전쟁에서 승리하여 사회적 안정을 누림 3. 유다 왕 아마샤를 사로잡고, 성전을 파괴하고 보물과 인질을 취함 4. 아람이 앗수르에 의해 정복되자 아람을 침공하여 조부와 부친의 때 잃었던 영토를 회복함	1. 여호와 보시기에 악을 행함 2. 여로보암의 죄에서 떠나지 않음 3. 엘리사의 죽음을 슬퍼함	엘리사가 아람과의 전쟁에서 승리할 것을 세 번이나 예언함
13. 여로보암 2세 (786-746) 왕하 14:23-29	1. 요아스 왕의 아들 2. 아람과의 전쟁에서 승리하여 영토를 다윗과 솔로몬 시대처럼 확장함(다메섹과 하맛까지) 3. 전쟁에서의 승리로 무역로가 열려서 무역이 활발해짐, 신도시 개발도 활발함 4. 경제적인 부유를 누리는 백성이 많아졌지만, 빈부의 격차가 심해짐 5. 북쪽으로 아람과의 전쟁에서 승리하고, 남쪽으로 유다의 웃시야 왕과 평화로운 관계를 유지함	1. 여호와 보시기에 악을 행함 2. 여로보암의 죄에서 떠나지 않음	아모스 예언자가 여로보암 2세 시대의 이스라엘 백성이 보였던 여러 가지 죄악들에 대해 지적하고, 공의로운 사회를 건설하도록 외침
14. 스가랴 (746-745) 왕하 15:8-12	1. 여로보암 2세의 아들 2. 육 개월 통치 3. 살룸의 반역으로 죽음	1. 여호와 보시기에 악을 행함 2. 여로보암의 죄에서 떠나지 않음	아모스, 호세아
15. 살룸 (745) 왕하 15:13-16	1. 스가랴를 죽이고 왕이 되어 일 개월 통치하다가 므나헴에게 살해됨 2. 쿠데타의 연속		아모스, 호세아
16. 므나헴 (745-738) 왕하 15:17-22	1. 딥사에 있는 살룸과 따르는 자들을 죽임 2. 아이 밴 부녀까지 죽임 3. 앗수르 왕 불이 쳐들어왔을 때, 부자들로부터 강탈하여 은 천 달란트를 줌	1. 여호와 보시기에 악을 행함 2. 여로보암의 죄에서 떠나지 않음	호세아

왕의 이름 통치 기간 성경 본문	정치, 사회, 외교적인 면	종교적인 면	예언자의 활동
17. 브가히야 (738-737) 왕하 15:23-26	1. 므나헴의 아들 2. 부관 베가의 반역으로 죽임을 당함	1. 여호와 보시기에 악을 행함 2. 여로보암의 죄에서 떠나지 않음	
18. 베가 (737-732) 왕하 15:27-31	1. 브가히야를 죽이고 왕이 됨 2. 아람의 르신 왕과 함께 유다의 아하스 왕과 전쟁을 함 3. 유다를 돕기 위한 앗수르의 침공으로 8지역을 점령당하고, 백성이 앗수르로 잡혀감 4. 호세아의 반역으로 살해됨	1. 여호와 보시기에 악을 행함 2. 여로보암의 죄에서 떠나지 않음	
19. 호세아 (732-724)/ 왕하 17:1-41	1. 베가를 죽이고 9년간 통치 2. 앗수르 왕 디글랏빌레셀이 죽고 살만에셀이 왕이 되자 조공을 끊고, 애굽의 도움을 요청함 3. 살만에셀이 침략하여 사마리아를 3년간 포위함 4. 사르곤 2세에게 사마리아가 함락당함	1. 여호와 보시기에 악을 행함 2. 이스라엘의 이전 여러 왕들과 같이 하지는 않음	

남 왕국 유다 왕들 도표

왕의 이름 통치 기간 성경 본문	정치, 사회, 외교적인 면	종교적인 면	예언자의 활동
1. 르호보암 (931-915) 왕상 12:1-14; 14:21-31 대하 11:5-12:15	1. 솔로몬 왕의 아들 2. 여로보암의 제안을 거절했다가 여로보암과 열 지파가 북 왕국 이스라엘을 세우는 것을 보게 됨 3. 방어하는 성읍 건축 4. 백성이 중과세로 고생함 5. 애굽 왕 시삭이 침공하여 성전과 왕궁의 보물과 솔로몬의 금 방패를 빼앗아감 6. 여로보암과 항상 전쟁을 함	1. 유다 백성이 여호와 보시기에 악을 행함 2. 조상들보다 더 악한 죄를 범하여 여호와를 노하게 함 3. 산당, 우상, 아세라 상 세움/ 남색 / 가나안 족속의 가증한 일들을 행함	스마야 예언자가 여로보암과 열 지파를 공격하려는 르호보암을 막음
2. 아비야(아비얌) (915-913) 왕상 15:1-8/ 대하 13:1-22	1. 르호보암의 아들 2. 아내 열넷, 아들 스물둘, 딸 열여섯을 둠 3. 여로보암과 자주 전쟁을 함	1. 아버지가 행한 죄를 행함 2. 여호와 앞에서 온전하지 못함	
3. 아사 (913-873) 왕상 15:9-24; 대하 14:1-16:14	1. 아비야의 아들 2. 통치 12년 동안 땅이 평안함 3. 견고한 성읍들을 유다에 건축함 4. 이스라엘의 바아사와 자주 전쟁을 함 5. 바아사가 침입했을 때, 아사가 아람 왕 벤하닷에게 은금 예물을 보내어 바아사와 싸우게 함 6. 구스 사람 세라가 침입했을 때, 여호와께 부르짖어 기도했고, 승리를 얻게 됨	1. 여호와 보시기에 선과 정의를 행함 2. 이방 제단과 산당을 없애고, 주상, 아세라 상, 태양상을 찍음 3. 백성들이 여호와를 찾고, 율법을 행하게 함 4. 어머니가 만든 목상을 찍고 빻아 기드론 시냇가에 불사르고, 어머니를 태후의 자리에서 폐위함 5. 구별한 물건들, 은, 금, 그릇들을 하나님의 전에 드림 6. 발이 병들어 위독했을 때, 여호와께 구하지 않고 의원들에게 구함	아사랴 예언자가 아사로 하여금 종교 개혁을 주도하도록 함
4. 여호사밧 (873-849) 왕상 22:41-50 대하 4:1-16:14	1. 아사 왕의 아들 2. 이스라엘의 침략을 막으려고 국방을 튼튼히 함 3. 모든 성읍에 군대, 수비대 배치 4. 유다 무리가 여호사밧에게 예물을 드려서 부귀와 영광을 크게 떨침 5. 각 지역에 재판관을 세우고 정의로운 재판이 이루어지도록 함	1. 다윗의 길을 따름 2. 바알 신들을 찾지 않고, 하나님만 찾고, 하나님의 계명을 따라 살아감	

왕의 이름 통치 기간 성경 본문	정치, 사회, 외교적인 면	종교적인 면	예언자의 활동
4. 여호사밧 (873-849) 왕상 22:41-50 대하 4:1-16:14	6. 여호와께서 유다 사방의 모든 나라에 두려움을 주사 여호사 밧과 싸우지 못하게 하심 7. 여호사밧에게 은, 짐승 등을 조 공으로 바침	1. 산당들과 아세라 목상들을 제 거함(산당을 온전히 제거하지 는 못함: 대하 20:33) 2. 방백들과 제사장들을 각 지역 에 보내어 여호와의 율법책을 가르치게 함	아합과 함께 전쟁 에 나가는 여호사 밧을 향하여 미가 야 예언자가 경고 함
5. 여호람 (849-842) 왕하 8:16-24 대하 21:1-20	1. 여호사밧 왕의 장자 2. 왕이 된 후 모든 아우들과 방백 들 중 몇 명을 죽임 3. 에돔과 립나의 독립으로 경제 적 손실을 봄 4. 에돔과 립나의 반기(여호람이 여호와를 버렸기 때문) 5. 블레셋과 아라비아 사람들이 침략하여 왕궁의 모든 재물과 여호람의 아들들, 아내들을 탈 취하고, 막내 아들 여호아하스 (아하시야)만 남김 6. 엘리야의 예언대로 창자에 중 병이 들어 이 년을 앓다가 죽음	1. 아합의 딸 아달랴를 아내로 맞 이하여 이스라엘 왕들이 간 길 로 행함 2. 여러 산에 산당을 세워 음행하 게 하고 미혹하게 함 3. 여호와 보시기에 악을 행함	엘리야의 예언: 백 성과 자녀들과 아 내들과 모든 재물 을 큰 재앙으로 칠 것임/ 여호람은 창 자에 중병이 들어 창자가 빠져나올 것임
6. 아하시야 (여호아하스/ 아사랴) (842) 왕하 11:1-16 대하 22:1-9	1. 여호람 왕의 막내 아들 2. 이스라엘 왕 요람과 함께 아람 왕 하사엘을 대적하여 싸움 3. 전쟁에서 부상을 당한 요람을 방문했다가, 예후에 의해 죽임 을 당함	어머니 아달랴가 꾀어서 아합 가 문의 길을 따르고 여호와 보시기 에 악을 행함	
7. 아달랴 (842-837) 왕하 11:21- 12:21 대하 22:10-21	1. 아하시야 왕의 어머니/ 아합 왕 의 딸 2. 유다의 왕족들을 진멸하려 했으 나 손자 요아스는 죽이지 못함 3. 제사장 여호야다의 명령으로 죽게 됨	1. 제사장 여호야다가 바알 신당 을 부수고, 제단들과 형상들을 깨뜨리고, 바알 제사장 맛단을 죽임 2. 또한 언약을 새롭게 하고, 여호 와께 번제를 드림	
8. 요아스 (837-800) 왕하 11:21- 12:21 대하 24:1-27	1. 아하시야 왕의 아들 2. 아달랴가 왕족들을 진멸할 때 누이 여호세바(여호사브앗)의 도움으로 살아남아 성전에서 육년간 숨어지냄 3. 제사장 여호야다의 도움으로 왕이 됨	제사장 여호야다가 교훈하는 날 동안 여호와 보시기에 정직하게 행함	

왕의 이름 통치 기간 성경 본문	정치, 사회, 외교적인 면	종교적인 면	예언자의 활동
8. 요아스 (837-800) 왕하 11:21- 12:21 대하 24:1-27	4. 아람 왕 하사엘이 쳐들어와서 가드를 점령하자, 여호사밧과 여호람과 아하시야 왕이 구별해 둔 성물과 성전 곳간과 왕궁에 있는 금을 줘서 물러가게 함 5. 심복들이 반역하여 밀로 궁에서 그를 죽임	1. 산당을 제거하지 아니함 2. 성전의 파손된 곳을 수리하게 함	
9. 아마샤 (800-783) 왕하 14:1-22 대하 25:1-28	1. 요아스 왕의 아들 2. 아버지 요아스를 죽인 신복들은 죽였으나 그들의 자녀들은 죽이지 않음 3. 소금 골짜기에서 에돔 사람 만 명을 죽이고 셀라를 취함 4. 북 왕국의 요아스 왕에게 딸을 아내로 달라고 했다가 거절당하고, 전쟁에서 패함 5. 성전과 왕궁 곳간에 있는 금, 은과 그릇들을 빼앗기고, 백성들도 끌려감 6. 예루살렘에서 무리가 반역하여 라기스로 도망갔지만 거기서 죽임을 당함	여호와 보시기에 정직하게 행했으나, 다윗 같지는 않았고, 아버지 요아스가 행한대로 다 행했어도 산당들은 제거하지 않음	
10. 웃시야(아사랴) (783-742) 왕하 15:1-7 대하 26:1-23	1. 아마샤 왕의 아들 2. 예루살렘과 광야에 망대를 세우고, 물웅덩이를 파고, 여러 산과 좋은 밭에 농사를 지음 3. 재주 있는 이들에게 무기를 만들게 함 4. 블레셋, 구르바알, 아라비아, 마온 사람들을 침 5. 여호와께서 치셔서 죽는 날까지 나병환자가 되어 별궁에 거하며 아들 요담이 백성을 치리함	1. 아버지 아마샤의 모든 행위대로 여호와 보시기에 정직하게 행함 2. 산당은 제거하지 않음 3. 여호와의 성전에 들어가 향단에 분향하려 함/ 말리는 제사장에게 화를 내다가 이마에 나병이 생김	하나님의 묵시를 밝히 아는 스가랴가 사는 날 동안 웃시야가 하나님을 찾음
11. 요담 (742-735) 왕하 15:32-38 대하 27:1-9	1. 웃시야 왕의 아들 2. 성전 윗 문을 건축하고, 성벽과 성읍, 요새와 망대를 많이 건축함 3. 암몬 왕과의 전쟁에서 이겨서 은, 밀, 보리를 받음	여호와 앞에서 바른 길을 걸어서 점점 강하여짐	

왕의 이름 통치 기간 성경 본문	정치, 사회, 외교적인 면	종교적인 면	예언자의 활동
12. 아하스 (735-712) 왕하 16:1-20 대하 28:1-27	1. 아람과의 전쟁에서 패해서 백성이 다메섹으로 잡혀감 2. 이스라엘에 패해서 백성이 살육당함(하루 동안 십이만 명이 죽음)	1. 여호와 보시기에 정직하게 행하지 않음 2. 바알 우상을 만들고, 힌놈의 아들 골짜기에서 분향함 3. 자녀들을 불사름	
13. 히스기야 (715-687) 왕하18:1-20:21 대하29:1-33:23 사 36-39장	1. 아하스 왕의 아들 2. 질병에 걸렸을 때 기도하여 15년의 생명을 연장받음 3. 부와 영광이 지극함 4. 은, 금, 보석, 향품, 방패, 온갖 보배로운 그릇을 창고에 보관함 5. 짐승을 위한 외양간을 지음 6. 기혼 윗 샘물을 막아 그 아래로부터 다윗 성 서쪽으로 곧게 끌어들임 7. 앗수르 왕 산헤립이 쳐들어 왔을 때, 이사야 예언자와 함께 부르짖어 기도함/여호와께서 한 천사를 보내어 앗수르 왕 진영의 큰 용사, 대장, 지휘관을 멸하게 하심	1. 다윗의 모든 행실 같이 여호와 보시기에 정직하게 행하고, 선과 정의와 진실함으로 행함 2. 성전 문을 열고 수리함 3. 성전에 있던 더러운 것들을 기드론 시내로 가져가 버림 4. 성전 제사를 재개함 5. 유월절을 지키게 함 6. 유다 여러 성읍의 주상, 아세라 목상을 찍어버리고, 산당과 제단들을 없앰	이사야 예언자가 외교적인 면이나 전쟁을 위해, 그리고 히스기야의 개인적인 질병을 위해 도움
14. 므낫세 (687-642) 왕하 21:1-18 대하 33:1-20	1. 히스기야 왕의 아들 2. 앗수르 군대가 쳐들어와서 므낫세를 잡아 쇠사슬로 결박하여 바벨론으로 끌고 감 3. 므낫세가 회개 기도를 하고 난 후에 풀려나서 다시 왕권을 잡음 4. 그후에 회개하여 이방신들과 우상들을 제거하고 성전 제사를 회복함	1. 여호와 보시기에 악을 행하고, 이방 사람들의 가증한 일을 본받음 2. 산당을 다시 세우고, 바알을 위해 제단을 쌓으며 아세라 목상을 만들며, 일월성신을 경배함/성전에 일월성신을 위한 제단을 쌓음 3. 힌놈의 아들 골짜기에서 아들들을 불 가운데로 지나가게 함 4. 점쟁이, 신접한 자, 박수를 신임함 5. 백성들의 죄악이 여호와께서 멸하신 모든 나라보다 더욱 심함	이사야가 므낫세의 죄악에 대해 경고함
15. 아몬(642-640) 왕하 21:1-18 대하 33:21-25	1. 므낫세 왕의 아들 2. 여호와 앞에 교만하다가, 신하가 반역하여 궁중에서 죽임 3. 백성들이 아몬을 반역한 사람들을 다 죽이고 요시야를 왕으로 세움	1. 아버지 므낫세처럼 여호와 보시기에 악을 행함 2. 므낫세가 만든 우상에게 제사함	

왕의 이름 통치 기간 성경 본문	정치, 사회, 외교적인 면	종교적인 면	예언자의 활동
16. 요시야 (640-609) 왕하 22:1-23:4 대하34:1-35:27	1. 아몬 왕의 아들 2. 8세에 즉위 3. 반 앗수르 정책 시도 4. 광범위한 종교 개혁 시도 5. 므깃도에서 애굽의 느고 왕과 전투를 하다가 활에 맞아 예루살렘으로 돌아와 죽음	1. 여호와 보시기에 정직하게 행함 2. 산당, 아세라 목상을 비롯한 여러 우상들을 없앰 3. 바알의 제단에 세워진 태양상과 우상들을 가루로 만들어 제사하던 자들의 무덤에 뿌리고, 제사장들의 뼈를 제단 위에 불사름 4. 성전을 청소하다가 발견된 율법책을 중심으로 하여 종교개혁을 단행함 5. 유월절을 지킴	여예언자 훌다가 율법책이 발견된 이후에 왕으로 하여금 종교개혁을 시도하도록 권함
17. 여호아하스 (살룸) (609) 왕하 23:31-34 대하 36:1-4	1. 요시야 왕의 넷째 아들 2. 석달 통치 3. 애굽의 느고 왕이 그를 립나에 가두어 왕이 되지 못하게 함 4. 느고가 은 백 달란트와 금 한 달란트를 벌금으로 내게 함 5. 느고가 그를 애굽으로 잡아가서 거기서 죽음 6. 느고가 요시야의 아들 엘리아김을 여호야김이란 이름으로 개명하여 통치하게 함	여호와 보시기에 악을 행함	
18. 여호야김 (엘리아김) (609-598) 왕하 23:35-24:7 대하 36:5-8	1. 요시야 왕의 둘째 아들 2. 애굽의 느고 왕의 요구에 따라 은과 금을 주려고 백성들에게 세금을 부과함 3. 여호야김이 무죄한 자의 피를 흘리게 해서 그 피가 예루살렘에 가득하게 함 4. 애굽을 물리친 바벨론의 느부갓네살 왕에게 삼 년간 조공을 바치다가 중단함 5. 갈대아, 모압, 암몬 부대가 쳐들어와서 유다를 멸망시키려 함	여호와 보시기에 악을 행함	

왕의 이름 통치 기간 성경 본문	정치, 사회, 외교적인 면	종교적인 면	예언자의 활동
19. 여호야긴 (여고니야/ 여고냐) (598) 왕하 24:8-17 대하 36:11-21 렘 22장	1. 여호야김 왕의 아들 2. 바벨론의 느부갓네살 왕이 쳐들어와서 성전과 왕궁의 보물을 탈취해 감 3. 바벨론의 느부갓네살 왕에 의해 예루살렘 지도자와 용사 사만 명과 장인, 대장장이 등이 함께 사로잡혀 감 4. 이후에 여호야긴과 왕의 어머니, 아내들, 내시들, 권세 있는 자들, 용사 칠천 명, 장인, 대장장이 등을 바벨론으로 잡아감 5. 바벨론에 포로로 잡혀간지 37년이 되던 해에 바벨론 왕 에윌므로닥에 의해 옥에서 풀려남 6. 에윌므로닥은 여호야긴을 바벨론에 함께 있는 다른 왕들보다 지위를 높이고, 죄수의 의복을 벗게 하고, 일평생 항상 왕의 앞에서 양식을 먹게 함/ 또한 여호야긴의 생계비를 일정하게 제공해 줌	여호와 보시기에 악을 행함	
20. 시드기야 (맛다니야) (597-586) 왕하 24:18- 25:7 대하 36:11-21	1. 요시야 왕의 셋째 아들 2. 바벨론의 느부갓네살 왕이 왕으로 세움 3. 왕궁 예언자들의 조언에 따라 반 바벨론 정책을 펴다가 느부갓네살의 침공을 받음 4. 시드기야는 예루살렘이 함락되자 도망가다가 여리고 평지에서 잡혀서 자기 아들들이 눈 앞에서 죽는 것을 보고, 자신도 두 눈이 뽑힌 채 놋사슬에 결박되어 바벨론으로 끌려 감	1. 여호와 보시기에 악을 행함 2. 예루살렘과 유다가 여호와를 진노하게 했기 때문에 그들을 주님 앞에서 쫓아내심	

· 김영진. 「구약성서의 세계」. 서울: 하늘기획, 2009.

· 김지찬. 「구약개론」. 서울: 대한예수교장로회총회, 1998.

· 왕대일. 「묵시문학연구」. 서울: 대한기독교서회, 1994.

· 이형원. 「설교자를 위한 구약지혜문학」. 대전: 침례신학대학교출판부, 2007.

· 차준희. 「최근 구약성서의 신앙」. 서울: 프리칭 아카데미, 2010.

· 최종진. 「구약성서개론」. 서울: 토판, 2019.

· 최종태. 「구약개론신학」. 서울: 선교햇불, 2023.

· 침례교신학연구소 편. 「성서입문」. 대전: 침례신학대학교 출판부, 2007.

· Boadt, Lawrence. *Reading the Old Testament*. New York: Paulist Press, 1984.

· Bright, John. 「이스라엘 역사」. 박문재 역. 고양: 크리스챤다이제스트, 2006.

· Brueggemann, Walter. 「구약개론」. 서울: CLC, 2007.

· Bullock, C. Hassell. *An Introduction to the Old Testament Poetic Books: The Wisdom and Songs of Israel*. Chicago: Moody Press, 1979.

· Childs, B. S. 「구약 정경 개론」. 김갑동 역. 서울: 대한기독교출판사, 1987.

· Estes, Daniel J. 「지혜서와 시편 개론」. 강성열 역. 고양: 크리스챤다이제스트, 2007.

· Foster, Richard, ed. 「레노바레 성경」. 서울: 두란노, 2006.

· Fretheim, Terence E. *Deuteronomic History*. Nashville: Abingdon Press, 1983.

· Goldingay, John. 「구약성서개론」. 서울: CLC, 2019.

· Gottwald, Norman K. 「히브리성서: 사회·문학적 연구 1」, 「히브리성서: 사회·문학적 연구 2」. 서울: 한국신학연구소, 1991.

· Harrison, Roland K. 「구약서론 Ⅰ」, 「구약서론 Ⅱ」. 류호준, 박철현 역. 고양: 크리스챤다이제스트, 2007.

· Hill, Andrew E. and John H. Walton. 「구약개론」. 유선명, 정종성 역. 서울: 은성, 1993.

- LaSor, William S, David A, Hubbard, Fredrick W. Bush. 「구약개관」. 박철현 역. 서울: 크리스챤다이제스트, 1997.
- Longman Ⅲ, Tremper. 「손에 잡히는 구약 개론」. 김동혁 역. 서울: IVP, 2015.
- Longman Ⅲ, Tremper and Raymond B. Dillard. 「최신구약개론」. 박철현 역. 고양: 크리스챤다이제스트, 2009.
- Lucas Ernest. 「시편과 지혜서」. 박대영 역. 서울: 성서유니온선교회, 2008.
- McConville, Gordon. 「선지서」. 박대영 역. 서울: 성서유니온선교회, 2009.
- Merrill, Eugene H., Mark F. Rooker, Michael A. Grisanti. 「현대인을 위한 구약개론」. 서울: CLC, 2016.
- Mills, Watson E. eds. *Mercer Dictionary of the Bible*. Macon: Mercer University Press, 1990.
- Satterthwaite, Philip and Gordon McConville. 「역사서」. 김덕중 역. 서울: 성서유니온선교회, 2011.
- Vogt, Peter T. 「모세오경을 어떻게 해석할 것인가?」. 류근상 역. 고양: 크리스챤출판사, 2010.
- Waltke, Bruce. 「구약신학: 주석적·정경적·주제별 연구 방식」, 김귀탁 역. 서울: 부흥과개혁사, 2012.
- Wenham, Gordon J. 「모세 오경」. 박대영 역. 서울: 성서유니온선교회, 2007.
- West, James K. *Introduction to the Old Testament*. New York: Macmillan Publishing Co., Inc., 1981.